| 변호사시험 및 각종 국가고시 대비 |

상법정리

선택형 진도별 모의고사

제5판 | 이종모 박사 편저

PREFACE
이 책의 머리말

5th Edition

변호사 시험의 상법은 비교적 안정적인 난이도로 출제되고 있습니다. 그 때문인지 많은 분들이 사례형 문제를 중심으로 시험에 대비하고 있는 것으로 보입니다.

그러나 지나치게 사례형 위주로 준비할 경우 사례형 민사 3문에서 약간의 추가득점이 있을지 모르나, 자칫 선택형에 소홀하게 되어 상당수의 문제를 틀리게 되는 경우가 발생하기도 합니다.

이러한 현상은 상법 사례형 문제가 비교적 난이도가 높지 않다는 평가와 더불어 선택형의 경우 지나치게 난이도가 높다는 두려움 때문이기도 합니다. 그러나 과연 선택형 문제의 난이도가 어려운 것인가는 다시 생각해 볼 필요가 있습니다. 문제해결 기술향상을 위한 약간의 시간투자를 통해 해결할 수 있는 문제이기 때문입니다.

이를 위해서는 출제가능한 범위의 실전적 문제풀이 연습이 선행되어야 합니다.

기본강의를 수강하시면서 진도에 따라 기출문제를 풀어보신 분들은 느낄 수 있을 것으로 생각됩니다. 결론적으로 문제의 난이도가 시험시행 초기에 비해 급상승한 것도 아니며, 매우 광범위하게 그 범위가 확대된 것도 아니라는 것을 말입니다.

이 문제집은 선택형 문제에 대한 막연한 두려움의 제거에 목적을 두고 있습니다. 이를 위해 기본강의 수준의 상세한 설명과 모든 문항의 키워드를 수록하였습니다. 이를 통해 출제가 예상되는 지문의 핵심적 사항을 암기할 수 있습니다.

목차는 상법정리의 예에 따라 잡았으나, 문제가 출제되지 않은 부분도 목차를 수록하였습니다. 이는 기본강의의 흐름에 맞추기 위한 것입니다. 상법 기본강의를 수강하신 분이라면 더불어 기출문제집의 풀이를 권합니다. 실전문제에 익숙해지는 것과 동시에 주요논점도 함께 파악할 수 있게 됩니다.

문제집의 적절한 사용방법으로서 1회차에는 문제풀이를 중심으로 빠르게 진행하시고, 2회차에 '모르는' 지문에 한하여 상세하게 해설을 읽어 보시길 바랍니다. 그리고 제기된 키워드를 통해 관련 내용을 반드시 암기하시기 바랍니다.

수록된 문제가 최신 판례를 모두 반영하고 있는 것은 아닙니다. 판례에 대한 대비는 '3개년 판례' 등을 정리한 교재로 준비하시기 바랍니다.

교재의 해설로 부족한 부분에 대한 질문은 언제나 카카오톡 아이디 "obaltop" 혹은 이메일 "obaltop@daum.net"으로 해주시기를 바랍니다. 질문을 통해 고득점을 얻은 분들이 많습니다.

언제나 여러분의 합격을 바라고 또 바랍니다.

이중모 드림

CONTENTS 이 책의 차례

▶ 1. 상법총칙 및 상행위 ... 2

  1.1. 상법총칙 ... 2

    Ⅰ. 상법의 개념 / 2
    Ⅱ. 상법의 법원 / 4
    Ⅲ. 상인의 개념 / 4
    Ⅳ. 상업사용인 / 7
    Ⅴ. 상 호 / 17
    Ⅵ. 상업등기 / 24
    Ⅶ. 영업양도 / 26

  1.2. 상행위 ... 31

    Ⅰ. 상행위 통칙 / 31
    Ⅱ. 상행위 각칙 / 41

▶ 2. 회사법 ... 56

  2.1. 회사법 통칙 ... 56

    Ⅰ. 회사의 개념 / 56
    Ⅱ. 회사의 능력 / 58
    Ⅲ. 회사의 합병 / 60

  2.2. 회사의 해산 ... 60

    Ⅰ. 의 의 / 60
    Ⅱ. 해산사유 / 60
    Ⅲ. 해산명령과 해산판결 / 60
    Ⅳ. 해산의 효과 / 62

2.3. 회사의 청산 —— 62

2.4. 회사의 계속 —— 63

2.5. 주식회사법 —— 65

    Ⅰ. 주식회사의 개념 / 65

    Ⅱ. 주식회사의 설립 / 66

    Ⅲ. 주식과 주주 / 73

    Ⅳ. 회사의 기관 / 98

    Ⅴ. 자본의 증가와 감소 / 160

    Ⅵ. 회사의 회계 / 166

    Ⅶ. 사 채 / 172

    Ⅷ. 기업의 구조조정 / 176

    Ⅸ. 정관의 변경 / 188

2.6. 기타회사 —— 189

    Ⅰ. 합명회사 / Ⅱ. 합자회사 / 189

    Ⅲ. 유한책임회사 / Ⅳ. 유한회사 / 192

▶3. 어음·수표법 —— 195

3.1. 총 설 —— 195

    Ⅰ. 환어음·약속어음·수표의 정의 / 195

    Ⅱ. 어음·수표의 법적 성질 / 195

    Ⅲ. 어음·수표의 경제적 기능 / 195

CONTENTS
이 책의 차례

3.2. 어음·수표 총론 —— 195
  Ⅰ. 어음·수표행위 / 195
  Ⅱ. 어음행위의 대리 / 199
  Ⅲ. 어음의 위조와 변조 / 201
  Ⅳ. 백지어음 / 205
  Ⅴ. 어음의 실질관계 / 207
  Ⅵ. 어음할인 / 210

3.3. 어음·수표 각론 —— 211
  Ⅰ. 어음상 권리와 책임 / 211
  Ⅱ. 어음상 권리의 발생 / 213
  Ⅲ. 어음상 권리의 이전 / 215
  Ⅳ. 어음상 권리의 행사 / 217
  Ⅴ. 어음상 권리의 소멸 / 222

▶ 판례색인 —— 225

商法整理

상법정리
선택형 진도별 모의고사

제01장 상법총칙 및 상행위

1.1. 상법총칙

Ⅰ. 상법의 개념

▶ 상법의 법원, 상법의 적용, 상사소멸시효　　　　　　　　　　　　　중요도 ★★☆

001 상법의 적용에 관한 다음의 설명 중 옳은 것은? (다툼이 있는 경우 판례에 의함)

① X회사의 감사인 A는 대표이사이며 남편인 B의 부탁으로 감사의 직무를 수행할 의사가 전혀 없이 명목상 감사인 비상임감사로 재직하며 자신의 도장을 남편에게 맡기고 전혀 회사의 경영에 관여한 바 없다면, 관습법에 따라 선관주의의무를 부담하지 않는다.

② 상인 간에서 금전소비대차가 있었음을 주장하면서 약정이자의 지급을 구하는 청구에는 약정이자율이 인정되지 않는다면 「상법」에서 정한 법정이자의 지급을 구하는 취지가 포함되어 있다고 볼 수 없다.

③ 한국전력공사가 전기공급계약을 체결하는 것은 기본적 상행위에 해당하나 이 계약에 근거한 위약금 지급채무는 민법 제163조 제1호의 '1년 이내의 기간으로 정한 금전의 지급을 목적으로 한 채권'에 해당하므로 3년의 단기소멸시효가 적용된다.

④ 甲 은행으로부터 대출받으면서 근저당권설정비용 부담의 근거가 된 약관 조항이 약관의 규제에 관한 법률 제6조에 따라 무효인 경우 그 비용을 부담한 채무자 乙이 비용 등 상당액의 부당이득 반환을 구하는 부당이득 반환채권은 상법 제64조가 적용되어 소멸시효가 5년이다.

⑤ 대한석탄공사가 광물채취에 관한 행위를 하는 경우에 이를 위해 피용자들과 체결한 근로계약에 따른 퇴직금채무는 민사채무이다.

> **해설**
>
> ① |×| 판례는 명목상 감사이거나 비상임감사인 경우 선관주의의무를 부담하지 않는다는 관습법이 존재하지 않는다고 판시한 바 있다(2007다53785). 즉, 감사는 비상임이라 할지라도 회사와 위임관계로서 선관주의의무를 부담하며, 감사로서의 직무를 전혀 수행하지 않는 등 의무위반이 있는 경우 손해배상책임을 부담한다.
>
> > [대법원 2009.11.12. 선고, 2007다53785, 판결] 우리 상법이 감사를 감사와 비상임 감사로 구별하여 비상임 감사는 상임 감사에 비해 그 직무와 책임이 감경되는 것으로 규정하고 있지도 않을 뿐 아니라, 우리나라의 회사들이 비상임 감사를 두어 비상임 감사는 상임 감사의 유고시에만 감사의 직무를 수행하도록 하고 있다는 상관습의 존재도 인정할 수 없으므로, 비상임 감사는 감사로서의 선관주의의무 위반에 따른 책임을 지지 않는다는 주장은 허용될 수 없다.
>
> **키워드**
> 명목상 감사(이사), 선관주의 의무, 보수청구권, 상관습법

② |×| 적어도 대주가 상인이라면 약정한 바가 없어도 연 6분(제54조)인 법정이자를 청구할 수 있다(제55조). 따라서 상인이 금전소비대차를 주장하면서 약정이자의 지급을 청구하는 경우에는 약정이자가 없더라도 "법정이자"를 청구하는 취지가 포함된 것으로 본다(판례).

> [대법원 2007. 3. 15. 선고 2006다73072 판결] 상인 간에서 금전소비대차가 있었음을 주장하면서 약정이자의 지급을 구하는 청구에는 약정 이자율이 인정되지 않더라도 상법 소정의 법정이자의 지급을 구하는 취지가 포함되어 있다고 보아야 한다…대여금에 대한 약정이자의 지급 청구에는 상법 소정의 법정이자의 지급을 구하는 취지도 포함되어 있다고 보아야 하므로, 법원으로서는 이자 지급약정이 인정되지 않는다 하더라도 곧바로 위 청구를 배척할 것이 아니라 법정이자 청구에 대하여도 판단하여야 한다.

키워드
공법인, 상법적용, 상행위

③ |×| 단기시효가 적용되지 않는다. 약관에 의하여 부담하는 위약금 지급채무는 전기의 공급에 따른 전기요금 채무 자체가 아니므로, 3년의 단기소멸시효가 적용되는 것이 아니다. '영업으로 하는 전기의 공급에 관한 행위'는 기본적 상행위(제46조)에 해당하고 전기공급주체가 공법인인 경우 법령에 다른 규정이 없는 한 상법이 적용되므로 5년의 소멸시효기간이 적용된다(제64조).

민사시효 적용 사례		상사시효 적용 사례	
보험회사의 그 피해자에 대한 부당이득반환청구권	매매계약의 해제를 원인으로 매도인에게 행사하는 부당이득반환청구권	외국환거래약관에 따라 지급한 손해배상금과 관련하여 가지는 부당이득반환청구권	보증보험계약에 기초한 급부가 이루어짐에 따라 발생한 부당이득반환청구권

키워드
상사소멸시효, 손해배상청구권, 원상회복청구권, 부당이득반환청구권

④ |○| 당해 채권이 상사채권인 경우 그 부당이득반환청구에 대해서는 상사시효가 적용된다. 상행위로부터 생긴 채권뿐 아니라 이에 준하는 채권에도 상법 제64조가 적용되거나 유추적용된다(2002다64957, 64964). 다만 판례가 부당이득반환청구권에 대해서는 '신속하게 해결할 필요성'이 있는 경우 상사시효를 적용한다는 것을 주의해야 한다(2015다210811).

키워드
부당이득반환청구권, 상사채권, 신속한 해결

⑤ |×| 퇴직금채무는 상사채무이다. 대한석탄공사가 상사회사가 아닌 것은 맞다. 그러나 광물채취에 관한 행위는 기본적 상행위에 해당하고(제46조), 이를 영업으로 하는 경우 그 범위에 한하여 상법의 적용대상이 된다. 공법인이라 하여도 법령에 다른 규정이 없는 이상 상법이 적용되기 때문이다(제2조). 따라서 이를 위해 체결한 근로계약은 보조적 상행위가 되고, 이에도 상법이 적용된다(제47조 제1항).

키워드
보조적 상행위, 상사소멸시효

▶ 정답 ④

Ⅱ. 상법의 법원
Ⅲ. 상인의 개념

▶ 상인의 개념, 영업의사, 상인의 영리성　　　　　　　　　　　중요도 ★★☆

002 상인에 관한 다음의 설명 옳지 않은 것은? (다툼이 있는 경우에는 판례에 의함)

① 개업준비행위가 보조적 상행위로서 상법의 적용을 받기 위해서는 그 행위를 하는 자가 장차 상인자격을 취득하는 것을 당연한 전제로 하므로, 그 행위자의 어떤 행위가 상인자격을 취득할 주관적 의사 아래 영업을 위한 준비행위로서 이루어진 것이라는 점에 대한 입증이 없다면 이는 그 행위자의 보조적 상행위라고 볼 수 없다.

② 영업자금의 차입 행위와 같이 행위 자체의 성질로 보아서는 영업의 목적인 상행위를 준비하는 행위라고 할 수 없지만, 행위자의 주관적 의사가 영업을 위한 준비행위였고 상대방도 행위자의 설명 등에 의하여 그 행위가 영업을 위한 준비행위라는 점을 인식하였던 경우에는 상행위에 관한 상법의 규정이 적용된다.

③ 회사 설립을 위하여 개인이 한 행위는 장래 설립될 회사가 상인이라는 이유만으로 당연히 그 개인의 상행위가 되어 상법 규정이 적용된다고 볼 수는 없다.

④ 공법인도 영업을 목적으로 상행위를 하는 경우 상법의 적용대상이 되나, 영리법인인 회사와는 달리 설립등기시부터 상인자격을 취득하는 것은 아니고, 영업의사가 객관적으로 인식가능하거나 주관적으로 인식할 수 있는 경우 상인자격을 취득한다.

⑤ 변호사의 직무 관련 활동과 그로 인하여 형성된 법률관계에 대하여 상인의 영업활동 및 그로 인한 형성된 법률관계와 동일하게 상법을 적용하지 않으면 아니 될 특별한 사회경제적 필요 내지 요청이 있다고 볼 수는 없으나, 변호사가 상인적 설비와 방법으로 법률행위를 하는 경우 상법 제5조 제1항이 규정하는 의제상인에 해당할 수 있다.

해설

① |○| 개업준비행위는 최초의 보조적 상행위가 된다(2012다47388). 그러나 상인의 개업준비가 상법의 적용을 받는 보조적 상행위가 되기 위해서는 그 영업의사가 객관적으로 인식가능한 상황이거나(98다1584), 행위자의 주관적 의사가 영업을 위한 준비행위이었고 상대방도 행위자의 설명 등에 의하여 그 행위가 영업을 위한 준비행위라는 점을 인식하였어야 한다(2011다104246). 따라서 객관적으로 인식할 수 없는 상황이라고 하여도 설명을 듣고 인식하고 있다면 보조적 상행위가 된다. 그러나 주의할 것은 행위자의 주관적 의사가 장차 상인자격을 취득하려는 것이어야 한다.

> [대법원 2012.11.15, 선고, 2012다47388] 소외인은 이 사건 매매계약 체결 직후 원고와 사이에 그 계약금을 소비대차의 목적물로 할 것을 약정하는 이 사건 준소비대차계약을 체결함으로써 소비대차상의 채무인 이 사건 채무를 부담하게 되었고, 피고들은 이에 대하여 연대보증을 한 사실, 그 후 소외인과 피고들 등은 이 사건 부동산에서 모텔 건물 신축을 위한 기초공사를 진행하다가 원고의 요구로 이 사건 포기각서를 작성한 뒤 그 공사현장에서 철수한 사실을 알 수 있을 뿐, 나아가 소외인이 이 사건

채무를 부담하게 된 것이 장차 상인자격을 취득할 의사 아래 영업을 위한 준비행위로서 이루어진 것인지에 대하여는 아무런 입증이 없다.
이러한 사정을 앞에서 본 법리에 비추어 살펴보면, 원심의 판단은 그 이유 설시에 다소 부적절하거나 미흡한 부분이 있기는 하나, 이 사건 채무가 상사채무에 해당하지 않는다고 보아 피고들의 소멸시효 완성 주장을 배척한 결론에 있어서는 정당하고, 거기에 상고이유의 주장과 같은 법리오해의 위법이 없다.

> **키워드**
>
> 개업준비행위, 보조적 상행위, 상인자격의 취득

② |○| 과거 판례는 객관적으로 인식하는 경우 상인자격의 취득을 인정했으나, 객관적으로 인식가능한 상태가 아니라고 하여도 행위자의 주관적 의사가 영업을 위한 준비행위이고 상대방이 그 행위가 영업준비행위라는 점을 인식한다면 행위자는 상인자격을 취득하는 것으로 본다(2012다47388).

> [대법원 2012.4.13. 선고 2011다104246] 甲이 학원 설립과정에서 영업준비자금으로 乙에게서 돈을 차용한 후 학원을 설립하여 운영한 사안에서, 제반 사정에 비추어 甲이 운영한 학원업은 점포 기타 유사한 설비에 의하여 상인적 방법으로 영업을 하는 경우에 해당하여 甲은 상법 제5조 제1항에서 정한 '의제상인'에 해당하는데, 甲의 차용행위는 학원영업을 위한 준비행위에 해당하고 상대방인 乙도 이러한 사정을 알고 있었으므로 차용행위를 한 때 甲은 상인자격을 취득함과 아울러 차용행위는 영업을 위한 행위로서 보조적 상행위가 되어 상법 제64조에서 정한 상사소멸시효가 적용된다.

> **키워드**
>
> 영업의사, 개관적 인식가능성, 주관적 인식가능성, 상인자격의 취득시기

③ |○| 어떤 행위자의 개업준비행위가 보조적 상행위가 되기 위해서는 본인을 위한 의사로 한 행위이어야 한다. 스스로 상인자격을 취득하는 것을 당연한 전제로 하기 때문이다. 따라서 다른 상인의 영업을 위한 준비행위를 하는 것이라면 그 행위는 행위자의 개업준비행위가 될 수 없다(2011다43594). 예컨대 회사의 설립과정에서 발기인이 한 개업준비행위는 그 회사의 개업준비행위는 될 수 있으나 발기인 개인에 대한 보조적 상행위가 될 수는 없다.

> [대법원 2012.4.13. 선고 2011다104246 판결] 甲이 乙 등과 함께 시각장애인용 인도블록을 제조하는 공장을 운영하기로 한 후 丙에게서 사업자금을 차용하기 위하여 乙이 丙에게 부담하고 있던 채무를 연대보증하고 추가로 자금을 차용하여 그 합계 금액을 차용금액으로 하는 금전차용증서를 작성하였고, 그 후 시각장애인용 점자블록 제조 등을 목적으로 하는 丁 주식회사를 설립하여 대표이사로 취임한 사안에서, 甲을 자기 명의로 시각장애인용 인도블록 사업을 하는 상인이라고 볼 수 없으므로 丁 회사의 행위가 아닌 甲의 차용행위를 보조적 상행위로서 개업준비행위 등에 해당한다고 볼 수 없다.

> **키워드**
>
> 영업의사, 자신을 위한 영업의사

④ |○| 공법인도 영리를 추구하는 범위 내에서 상행위를 할 수 있고 상법의 적용대상이 된다(제2조). 일반적으로 영리법인인 회사는 설립등기에 의하여 법인격을 취득하므로 설립등기를 함으로써 상인자격을 취득한다. 그러나 회사는 해산을 하더라도 청산의 목적범위 내에서는 존속하므로 청산을 종결할 때까지는 법인격

및 상인성이 유지된다. 따라서 청산업무가 사실상 종결할 때에서야 비로소 법인격이 소멸한다. 그러나 공법인은 부수적으로 영업을 함으로써 상인자격을 취득하고 상실하는 시기는 자연인인 상인의 경우와 같다(통설).

> [대법원 1976. 6. 22. 선고 76다28 판결] 대한석탄공사는 상사회사는 아니라 하여도 광물채취에 관한 행위를 영업으로 하는 상인의 성질을 띤 법인이라 할 것이며 위 공사가 피용자들과 체결한 근로계약은 그의 영업을 위한 보조적 상행위이므로 그 보조적 상행위에 따른 퇴직금채무는 상사채무이다.

키워드

법인의 상인자격 취득, 설립등기, 영업의사

⑤ |×| 변호사의 행위가 제46조에 포함되지 않는다면 당연상인은 될 수 없으나, 상인적 방법에 의한다면 의제상인이 될 여지는 있다. 하지만 판례는 변호사법의 여러 규정과 제반 사정을 참작하여 볼 때, 변호사는 의제상인에 해당하지 아니한다고 본다(2006마334). 같은 취지에서 법무사도 상인이 아니라고 한다(2007마996).

> [대법원 2007.7.26. 자 2006마334 결정] 변호사의 영리추구 활동을 엄격히 제한하고 그 직무에 관하여 고도의 공공성과 윤리성을 강조하는 변호사법의 여러 규정에 비추어 보면 … 인적·물적 영업기반을 자유로이 확충하여 효율적인 방법으로 최대한의 영리를 추구하는 것이 허용되는 상인의 영업활동과는 본질적으로 차이가 있다 할 것이고, 변호사의 직무 관련 활동과 그로 인하여 형성된 법률관계에 대하여 상인의 영업활동 및 그로 인한 형성된 법률관계와 동일하게 상법을 적용하지 않으면 아니 될 특별한 사회경제적 필요 내지 요청이 있다고 볼 수도 없다. 따라서 … 변호사를 상법 제5조 제1항이 규정하는 '상인적 방법에 의하여 영업을 하는 자'라고 볼 수는 없다 할 것이므로, 변호사는 의제상인에 해당하지 아니한다.

> [대법원 1977.7.26. 선고 77다797 판결] 피고회사가 위와 같은 최○○에게 피고회사의 영업장소에서 또 같은 사무실내에서 같은 사업을 경영할 수 있도록 허용하여 왔다는 것이라면 피고회사는 위 최○○의 사업에 관하여 피고회사의 자동차정비사업에 관한 허가와 피고회사의 상호 밑에서 그 영업을 할 것을 허락했다고 볼 여지가 없지 않아 원고가 위 최○○의 영업이 피고회사의 영업과는 별개의 업체에 속함을 알면서도 그와 거래를 한 것이라고 인정될 자료가 없는한 피고회사는 상법 제24조 소정의 명의대여자로서의 책임을 면하기가 어렵다 할 것이다.

키워드

상인의 영리성, 전문직업인

▶정답 ⑤

Ⅳ. 상업사용인

▶ 상업사용인, 부분적 포괄대리권을 갖는 사용인   중요도 ★★★

003 「상법」상 상업사용인에 관한 다음의 설명 중 옳지 않은 것은? (다툼이 있는 경우 판례에 의함)

① A주식회사의 강남지사 영업2팀의 과장 甲은 A회사의 거래처를 정기적으로 방문하여 새로운 수요를 파악하고 이에 맞는 서비스를 제안하여 영업2팀의 팀장에게 보고하는 업무를 담당할 뿐 스스로 영업과 관련된 계약을 체결할 권한이 없다면, 부분적 포괄대리권을 갖는 사용인이라고 볼 수 없다.

② 乙은 B회사의 주주로서 자금조달 업무에 종사함과 동시에 대구연락사무소장으로서 B회사로부터 특정 지역의 토지를 분양받은 대구, 경북지역 투자자들과 연락 업무와 투자중개 업무를 담당하고 있다. 乙이 B회사를 위해 독립적으로 영업활동을 할 수 있는 지위에 있는 자가 아니라면, 乙이 회사를 위해 토지분양계약을 체결한 경우 그 효과가 회사에게 미친다.

③ C회사의 부산분실은 상당한 인적 조직을 갖추고, 독자적으로 부산 일원의 약국 등에 C회사가 제조한 약품을 판매하고 그 대금을 수금하며 거래처에서 수금한 약속어음 등을 할인하여 C회사에 입금시키는 등의 업무를 담당하고 있다. 이러한 경우 분실장인 丙이 개인적 목적으로 C회사 명의의 배서를 위조하여 제3자에게 교부한 경우 C회사는 그 어음에 대한 책임을 부담한다.

④ D증권회사의 구미지점 지점장대리인 丁이 고객과의 거래에서 증권회사의 채무부담행위에 해당하는 손실부담약정을 체결하는 경우, 그와 같은 행위는 무권대리행위로서 계약체결의 효과는 D증권회사에 미치지 않는다.

⑤ E보험회사의 영업소장인 戊가 보험료로 불입받은 약속어음에 'E보험회사의 영업소장 戊'로 기명날인 하여 배서한 경우, 영업소장 戊에게 실제로 그러한 권한이 없다면 상법 제14조의 표현지배인이 인정되지 않으므로 E보험회사는 당해 어음의 배서에 대해 책임을 부담하지 않는다.

해설

① |O| 스스로 계약을 체결할 권한이 없다면 부분적 포괄대리권을 갖는 사용인이라고 볼 수 없다. 상법 제15조의 부분적 포괄대리권을 가진 사용인은 영업의 특정한 종류 또는 특정한 사항에 관한 재판 외의 모든 행위를 할 수 있는 대리권을 가진 상업사용인을 말하는 것이므로, 이에 해당하기 위해서는 그 사용인의 업무 내용에 영업주를 대리하여 법률행위를 하는 것이 당연히 포함되어 있어야 하는 것이다(99다25969). 즉 대리권의 수여가 반드시 있어야 한다.

> [대법원 2007.8.23. 선고, 2007다23425. 판결] 원심은, 그 채용 증거들을 종합하여, 이 사건 매매계약 당시 피고 강남지사 영업2팀의 팀장은 소외 2이고, 소외 1은 피고 강남지사의 영업2팀에서 과장으로 불리며 근무하던 3급사원으로서, 피고의 거래처를 정기적으로 방문하여 거래처의 새로운 통신수요를 파악하고 이에 맞는 통신서비스를 제안하여, 그에 따라 거래처가 새로운 통신서비스의 제공을 원하는 경우 이에 관한 사항을 사업추진보고서로 작성하여 영업2팀장인 소외 2에게 보고하는 업무를 담당하였을 뿐, 스스로 피고를 대리하여 영업과 관련된 계약을 체결할 권한을 가지지는 않았던 사실, 피고의 2003년 당시 영업계약관리기준에 의하면 영업팀장인 소외 2도 1,000만 원 이상의 거래시에는 담당임

> 원이나 대표이사의 결재를 받아야 계약을 체결할 수 있도록 되어 있는 사실 등을 인정한 다음, 이와 같은 인정 사실에 나타나는 여러 사정들에 비추어 보면 소외 1이 피고의 **영업에 관하여 부분적 포괄대리권을 갖는 사용인**이라고 보기 어렵다고 판단…

> **키워드**
> 부분적 포괄대리권을 갖는 상업사용인, 부분적 포괄대리권, 대리권의 수여

② |×| 회사에 효과가 미치지 않는다. 사례에서 乙은 회사를 위해 분양계약을 체결할 권한이 없는 자이다. 그럼에도 불구하고 계약의 효과가 회사에 미치기 위해서는 상법 제14조의 표현지배인책임이 인정되는 경우이어야 할 것이다. 그러나 표현지배인이 성립하기 위해서는 당해 사용인의 근무장소가 상법상의 영업소인 '본점 또는 지점'의 실체를 가지고 어느 정도 독립적으로 영업 활동을 할 수 있는 것이어야 하지만, 사례의 경우 독립적 영업활동을 할 수 없는 경우이므로 상법 제14조가 성립할 수 없다. 따라서 상대방이 선의, 무중과실이라 하여도 표현지배인의 책임이 인정되지 않는다.

> **키워드**
> 표현지배인, 영업소의 실질, 독립적 영업활동

③ |○| C회사의 책임이 인정된다. '위조'라는 표현이 나오나, '표현책임'이 인정되는 경우이므로 물적항변사유이지만 피위조자의 책임이 인정되는 경우라는 것을 주의하자. ②에서 설명한 바와 같이 "상법 제14조 제1항 소정의 표현지배인에 관한 규정이 적용되기 위하여는 당해 사용인의 근무장소가 상법상 지점으로서의 실체를 구비"하여야 하는데(97다6704), 사례의 부산분실은 그와 같은 독자적인 권한이 있으므로 분실장인 丙에게 표현지배인이 성립할 수 있다. 또한 개인적 목적으로 어음에 배서하였어도 지배인의 행위가 영업주의 영업에 관한 것인가의 여부는 지배인의 행위 당시의 주관인인 의사와는 관계없이 그 행위의 객관적 성질에 따라 추상적으로 판단하여야 할 것이고(96다36753), 지배인이 영업주 명의로 한 어음행위는 객관적으로 영업에 관한 행위로서 지배인의 대리권의 범위에 속하는 행위라 할 것이므로 지배인이 개인적 목적을 위하여 어음행위를 한 경우에도 그 행위의 효력은 영업주에게 미친다. 또한 이러한 법리는 표현지배인의 경우에도 동일하다 할 것이다.

> **키워드**
> 위조, 물적 항변, 표현책임

④ |○| 지점장대리와 같이 상위직의 존재가 예상되는 명칭의 경우 표현지배인이 성립하지 않는다(93다36974). 영업에 관한 모든 권한을 갖는 자로 인식되어야 하기 때문이다. 따라서 지점장대리인 丁의 행위는 무권대리로서 계약체결의 대리권이 없는 것이므로 손실부담약정을 하였다고 하여 회사에 그 효력이 미치는 것이 아니다.

> **키워드**
> 표현지배인, 표현적 명칭, 영업에 관한 포괄적 권한

⑤ |○| 어음상책임을 부담하지 않는다. 보험회사의 영업소장은 독립적인 영업활동 권한이 없으므로 표현책임이 인정되지 않으므로 제14조의 표현지배인이 성립하지 않는다. 따라서 무권대리에 해당하고 이는 물적 항변 사유이므로 본인인 E보험회사는 어음에 대해 전혀 책임이 없다.

[대법원 1978.12.13, 선고, 78다1567, 판결] 피고회사는 보험업법의 규제를 받는 보험사업자로서 보험계약의 체결, 보험료의 영수 및 보험금의 지급을 그 기본적 업무로 하고 있음이 분명하며 피고회사 부산영업소의 업무내용은 본점 또는 지점의 지휘감독아래 보험의 모집, 보험료의 집금과 송금, 보험계약의 보전 및 유지관리, 보험모집인의 인사관리 및 교육 출장소의 관리감독 기타 본·지점으로부터 위임받은 사항으로 되어 있음이 또한 뚜렷하므로 이에 의하면 위 부산영업소는 피고회사의 기본적 업무를 독립하여 처리할 수는 없고 다만 본·지점의 지휘 감독아래 기계적으로 제한된 보조적 사무만을 처리하는 것으로 밖에 볼 수 없으니 이는 상법상의 영업소인 본점·지점에 준하는 영업장소라고 볼 수 없어 부산영업소 권영진을 위 법조에서 말하는 표현지배인이라고 볼 수 없다고 할 것이다.

키워드
표현지배인, 영업소 실질, 보험회사 영업소

▶ 정답 ②

▶ 부분적 포괄대리권을 가진 상업사용인, 지배권   중요도 ★★★

004 상업사용인에 관한 다음의 설명 중 옳지 않은 것은? (다툼이 있는 경우 판례에 의함)

① 부분적 포괄대리권을 가진 상업사용인이 특정된 영업에 속하지 아니하는 행위를 한 경우, 영업주가 책임을 지기 위하여는 거래상대방이 이를 신뢰한 것이 선의이어야 한다.

② 지배인의 어떤 행위가 영업주의 영업에 관한 것인가의 여부는 지배인의 행위 당시의 주관적인 의사와는 관계없이 그 행위의 객관적 성질에 따라 추상적으로 판단되어야 한다.

③ 지배인의 행위가 영업에 관한 것으로서 대리권한 범위 내의 행위라 하더라도 영업주 본인의 이익이나 의사에 반하여 자기 또는 제3자의 이익을 도모할 목적으로 그 권한을 행사한 경우에 그 상대방이 지배인의 진의를 알았거나 알 수 있었을 때에는 영업주 본인은 아무런 책임을 지지 않는다.

④ 지배인은 지배권의 수여 또는 선임의 사실만으로 즉시 상법에 규정된 지배권을 취득하고 선임등기 여부와 관계없이 지배인이 되고 이를 등기하면 정당한 이유가 없는 한 선의의 제3자에게도 대항할 수 있다.

⑤ 일반적으로 증권회사의 지점장대리는 그 명칭 자체로부터 상위직의 사용인의 존재를 추측할 수 있게 하는 것이므로 영업의 특정한 종류 또는 특정한 사항에 대한 위임을 받은 사용인으로서 그 업무에 관한 부분적 포괄대리권을 가진 사용인에 해당한다.

해설

① |×| 상당한 이유가 있어야 한다. 부분적 포괄대리권을 가진 사용인의 경우에는 상법은 그러한 사용인으로 오인될 만한 유사한 명칭에 대한 거래 상대방의 신뢰를 보호하는 취지의 규정을 따로 두지 않고 있는데, 그러한 사용인과 유사한 명칭을 사용하여 법률행위를 한 경우 그 거래 상대방은 민법 제125조의 표현대리나 민법 제756조의 사용자책임 등의 규정에 의하여 보호될 수 있기 때문이다(2007다23425).

> **키워드**
> 부분적 포괄대리권을 가진 사용인, 표현대리

② |O| 의도와 관계없이 객관적 성질에 따라 판단한다. 따라서 남용한 경우에도 원칙적으로 유효한 것이다. 즉 어떠한 행위가 위임받은 영업의 특정한 종류 또는 사항에 속하는가는 당해 영업의 규모와 성격, 거래행위의 형태 및 계속 반복 여부, 사용인의 직책명, 전체적인 업무분장 등 여러 사정을 고려해서 거래통념에 따라 객관적으로 판단한다(2007다20440,20457).

> **키워드**
> 지배권, 행위의 객관적 성질, 지배권 남용

③ |O| 대리권 제한은 선의의 제3자에게 대항하지 못하는데 이때 선의라 함은 악의, 중과실이 아닌 경우를 의미한다(96다36753). 이에 대한 입증책임은 영업주가 부담한다.

> **키워드**
> 지배권의 정형성, 지배권 제한, 내부적 제한, 선의의 제3자

④ |O| 등기는 대항요건이다. 지배인은 지배권의 수여 또는 선임의 사실만으로 즉시 상법에 규정된 지배권을 취득한다. 등기 유무와 관련 없이 지배인이 되는 것이나 그 권한이 포괄적이기 때문에 대외적인 거래의 안전을 위하여 지배인의 선임과 종임은 등기사항으로 정해두었다(제13조). 요컨대 이러한 등기는 대항요건에 불과하다(제37조). 지배인으로 선임된 경우 등기하지 않았다 하더라도 지배인이 되는 것이나 이를 등기하지 않으면 선의의 제3자에게 대항하지 못한다(제37조 제1항). 상업등기에서 다루는 부실등기의 규정도 적용받는다(제39조).

> **키워드**
> 지배인의 선해임, 등기사항, 등기의 일반적 효력

⑤ |O| 부분적 포괄대리권을 가진 사용인으로 본다. 그러나 상위지위의 사용인을 추측할 수 있으므로 표현지배인에 해당할 수는 없다.

> [대법원 1994.1.28. 선고 93다49703 판결] 일반적으로 증권회사의 지점장대리는 그 명칭 자체로부터 상위직의 사용인의 존재를 추측할 수 있게 하는 것이므로, 상법 제14조 소정의 영업주임 기타 이에 유사한 명칭을 가진 사용인이라고 할 수는 없고, 단지 같은 법 제15조 소정의 영업의 특정한 종류 또는 특정한 사항에 대한 위임을 받은 사용인으로서 그 업무에 관한 부분적 포괄대리권을 가진 사용인으로 봄이 타당하다.

> **키워드**
> 표현지배인, 표현적 명칭, 최상위직

▶ 정답 ①

▶ 대리상. 상사연대채무, 상사법정이율, 부분적 포괄대리권을 가진 상업사용인, 상사유치권 중요도 ★★★

005 「상법」상 권리 및 의무에 관한 설명 중 옳은 것(○)과 옳지 않은 것(×)을 올바르게 조합한 것은? (다툼이 있는 경우 판례에 의함)

> ㄱ. 계약체결 경위, 영업을 위하여 투입한 자본과 그 회수 규모 및 영업 현황 등 제반 사정에 비추어 대리상과 마찬가지의 보호필요성이 인정된다는 요건을 모두 충족하는 때에는, 상법상 대리상이 아니더라도 대리상의 보상청구권에 관한 상법 제92조의2가 유추적용된다.
> ㄴ. 상가건물의 일부에서 숙박업을 하는 공유자들이 건물의 관리를 담당하는 단체와 숙박사업 장의 관리에 관한 계약을 체결한 경우, 숙박업의 공유자들은 연대하여 관리비 전액의 지급의무를 부담한다.
> ㄷ. 상인 간에서 금전소비대차가 있었음을 주장하면서 약정이자의 지급을 구하는 청구에는 약정 이자율이 인정되지 않더라도 상법 소정의 법정이자의 지급을 구하는 취지가 포함되어 있다고 보아야 한다.
> ㄹ. 부분적 포괄대리권을 가진 상업사용인이 특정된 영업이나 특정된 사항에 속하지 아니하는 행위를 한 경우, 영업주가 책임을 지기 위하여는 상법상의 표현지배인의 법리에 의하여 그 상업사용인과 거래한 상대방이 그 상업사용인에게 그 권한이 있다고 믿은 것이 선의, 무중과실이어야 한다.
> ㅁ. 지배인이 내부적인 대리권 제한 규정에 위배하여 어음행위를 한 경우, 이러한 대리권의 제한에 대항할 수 있는 제3자의 범위에는 그 지배인으로부터 직접 어음을 취득한 상대방에 한정되므로 그로부터 어음을 다시 배서양도 받은 제3취득자는 포함되지 않는다.
> ㅂ. 일반상사유치권의 목적물은 채권자가 채무자와의 상행위로 인하여 채권자가 점유를 취득하게 된 것이어야 하고, 이 경우 상행위는 반드시 쌍방적 상행위일 필요는 없으나 적어도 채무자에게는 상행위이어야 한다.

① ㄱ(○) ㄴ(○) ㄷ(○) ㄹ(×) ㅁ(×) ㅂ(×)
② ㄱ(○) ㄴ(○) ㄷ(×) ㄹ(×) ㅁ(×) ㅂ(○)
③ ㄱ(×) ㄴ(×) ㄷ(○) ㄹ(○) ㅁ(○) ㅂ(×)
④ ㄱ(○) ㄴ(×) ㄷ(○) ㄹ(○) ㅁ(×) ㅂ(○)
⑤ ㄱ(×) ㄴ(○) ㄷ(×) ㄹ(○) ㅁ(○) ㅂ(×)

해 설

ㄱ. |○| 판례는 상법상의 대리상이 아닌 경우라도 대리상과 유사한 업무를 수행하였다면 이 규정을 유추적용한다. 유추적용에 관한 판례의 기준은 다음과 같다. ① 특정한 판매구역에서 제품에 관한 독점판매권을 가지면서 제품판매를 촉진할 의무와 더불어 제조자나 공급자의 판매활동에 관한 지침이나 지시에 따를 의무 등을 부담하는 경우처럼 계약을 통하여 사실상 제조자나 공급자의 판매조직에 편입됨으로써 대리상과 동일하거나 유사한 업무를 수행하였고, ② 자신이 획득하거나 거래를 현저히 증가시킨 고객에 관한 정보를 제조자나 공급자가 알 수 있도록 하는 등 고객관계를 이전하여 제조자나 공급자가 계약 종료 후에

도 곧바로 그러한 고객관계를 이용할 수 있게 할 계약상 의무를 부담하였으며, ③ 계약체결 경위, 영업을 위하여 투입한 자본과 그 회수 규모 및 영업 현황 등 제반 사정에 비추어 대리상과 마찬가지의 보호필요성이 인정된다는 요건을 모두 충족하는 때에는, 상법상 대리상이 아니더라도 대리상의 보상청구권에 관한 상법 제92조의2를 유추적용하였다(2011다28342).

> **키워드**
> 대리상, 보상청구권, 유추적용

ㄴ. |○| 연대채무를 부담한다. 민법에서는 채무자가 수인인 경우에 특별한 의사표시가 없으면 각 채무자는 분할채무관계에 서게 되는 데 반하여(민법 제408조), 상법에서는 수인이 그 1인 또는 전원에게 상행위가 되는 행위로 인하여 채무를 부담한 때에는 연대하여 변제할 책임이 있는 것이다(제57조 제1항).

> [대법원 2009.11.12. 선고, 2009다54034,54041] 공유자가 공유물의 관리에 관하여 제3자와의 사이에 계약을 체결한 경우에 그 계약에 기하여 제3자가 지출한 관리비용의 상환의무를 누가 어떠한 내용으로 부담하는가는 일차적으로 당해 계약의 해석으로 정하여진다. 공유자들이 공유물의 관리비용을 각 지분의 비율로 부담한다는 내용의 민법 제266조 제1항은 공유자들 사이의 내부적인 부담관계에 관한 규정일 뿐인 것이다. 한편 상법 제57조는 "수인이 그 1인 또는 전원에게 상행위가 되는 행위로 인하여 채무를 부담한 때에는 연대하여 변제할 책임이 있다"고 정하고, 숙박업은 공중접객업으로서 거기에 정하는 상행위에 해당한다.

> **키워드**
> 조합, 상사연대채무

ㄷ. |○| 상사법정이율까지 지급을 구하는 취지도 포함되어 있다고 본다. 상행위로 인한 채무의 법정이율은 연 6분이고(제54조), 일방적 상행위에도 성립한다. 이러한 채무는 상행위로 인한 채무와 실질적으로 동일한 채무, 즉 채무불이행으로 인한 손해배상채무, 계약해제로 인한 원상회복채무 등을 포함한다.

> [대법원 2007.3.15. 선고, 2006다73072, 판결] 상인 간에서 금전소비대차가 있었음을 주장하면서 약정이자의 지급을 구하는 청구에는 약정 이자율이 인정되지 않더라도 상법 소정의 법정이자의 지급을 구하는 취지가 포함되어 있다고 보아야 한다.
> 대여금에 대한 약정이자의 지급 청구에는 상법 소정의 법정이자의 지급을 구하는 취지도 포함되어 있다고 보아야 하므로, 법원으로서는 이자 지급약정이 인정되지 않는다 하더라도 곧바로 위 청구를 배척할 것이 아니라 법정이자 청구에 대하여도 판단하여야 한다.

> **키워드**
> 상사법정이율, 일방적 상행위, 대주

ㄹ. |×| 부분적 포괄대리권을 가진 상업사용인이 그 권한 범위 이외의 행위를 한 경우 민법상의 표현대리에 관한 규정의 적용이외에 상법 제14조 표현지배인 규정을 유추적용하지 않는다(2007다23425).

> **키워드**
> 부분적 포괄대리권을 가진 상업사용인, 표현대리

ㅁ. |×| 어음의 제3취득자도 포함된다. 지배인의 대리권(지배권)은 임의대리에 해당하지만, 그 범위는 그 영업에 관한 모든 재판상·재판외의 행위에 미친다는 점(제11조 제1항)에서 지배권은 그 영업에 관한 영업전반에 미치는 점에서 포괄성이 있다. 그리고 지배권의 범위는 개별적으로 정해지는 것이 아니라 상법의 규정에

의하여 정하여지는 점에서 정형성이 있다. 만약 영업주가 지배인의 대리권을 제한하는 경우라도 그 제한은 선의의 제3자에게 대항하지 못한다(제11조 제3항). 대리권을 내부적으로 제한하는 경우에도 공시할 방법도 없다. 즉 대리권의 제한은 등기사항도 아닌 것이다. 그리고 지배권에 대한 제한은 선의의 제3자에게 대항하지 못한다(제11조 제3항). 이 때 제3자의 악의 또는 중과실에 대한 입증책임은 영업주가 부담한다.

> [대법원 1997. 8. 26. 선고 96다36753 판결] 지배인의 어떤 행위가 그 객관적 성질에 비추어 영업주의 영업에 관한 행위로 판단되는 경우에 지배인이 영업주가 정한 대리권에 관한 제한 규정에 위반하여 한 행위에 대하여는 제3자가 위 대리권의 제한 사실을 알고 있었던 경우뿐만 아니라 알지 못한 데에 중대한 과실이 있는 경우에도 영업주는 그러한 사유를 들어 상대방에게 대항할 수 있고, 이러한 제3자의 악의 또는 중대한 과실에 대한 주장·입증책임은 영업주가 부담한다. 지배인이 내부적인 대리권 제한 규정에 위배하여 어음행위를 한 경우, 이러한 대리권의 제한에 대항할 수 있는 제3자의 범위에는 그 지배인으로부터 직접 어음을 취득한 상대방뿐만 아니라 그로부터 어음을 다시 배서양도받은 제3취득자도 포함된다.

키워드

지배권 제한, 선의의 제3자, 어음 소지인

ㅂ. |×| 적어도 채권자에게 상행위가 되어야 한다. 상사유치권의 경우 채권은 상인 간의 쌍방적 상행위로 인하여 발생한 것이어야 한다. 그러므로 일방적 상행위인 경우나 쌍방을 위한 상행위가 아닌 때에는 양당사자가 상인인 경우에도 상사유치권은 성립되지 않는다. 그러나 유치권을 행사하기 위해 채무자의 물건을 취득하게 된 원인은 채권자에게만 상행위가 되면 된다. 즉 목적물의 취득원인은 반드시 쌍방적 상행위일 필요는 없으나 적어도 채권자에게는 상행위이어야 한다. 또한 판례에 의하면 채무자의 의사에 반하는 취득은 허용되지 않으므로, 채무자가 방치하여 둔 물건에 대하여 채권자가 그 점유를 일방적으로 취득한 경우에는 상사유치권이 성립하지 않는다.

> [대법원 2010.7.2. 자 2010그24 결정] 상사유치권은 상법 제58조의 규정상 채권자가 채무자에 대한 상행위로 인하여 점유하고 있는 채무자 소유의 물건을 대상으로 하는 경우에 이를 행사할 수 있다.

키워드

상사유치권, 피담보채권, 쌍방적 상행위, 점유의 발생, 채권자에게 상행위

▶정답 ①

표현지배인

중요도 ★★☆

006 상법상 표현지배인에 관한 설명으로 옳은 것은? (다툼이 있는 경우 판례에 의함)

① 상법 제14조의 표현지배인 책임이 인정되기 위해서는 행위자가 지배인에 해당하는 표현적 명칭을 사용해야 하는데 건설회사의 현장소장은 이러한 표현적 명칭에 해당한다.
② 보험회사의 영업소장은 그 명칭만 놓고 보면 표현적 명칭에 해당하는 것처럼 인식되나, 보험회사의 영업소는 단순히 본·지점의 지휘감독 아래 기계적으로 제한된 보조적 사무만을 처리하기 때문에 상법상의 영업소라 볼 수 없으므로 표현지배인이 성립하지 않는다.
③ 제약회사의 지방 분실장이 자신의 개인적 목적을 위하여 아무런 권한 없이 당해 제약회사 명의의 배서를 위조하여 약속어음을 할인하였다면, 이는 표현지배인의 행위로서 제약회사에 효력이 미치는 것이고 이 경우 지배권남용의 법리는 적용이 없다.
④ 상법 제14조의 표현지배인책임이 인정되기 위해서는 표현적 명칭에 대한 거래상대방의 선의가 인정되어야 하는데 이때 선의는 대리권이 없음을 모르는 것을 의미한다.
⑤ 영업주가 공동지배인으로 수인의 지배인을 선임하고 이를 등기하였다면 공동지배인 중 1인의 지배인이 단독 지배인 명칭을 사용했고 회사가 이를 용인 내지 방임한 경우라고 하여도 상법 제14조의 표현책임을 부담하지 않는다.

해설

① |×| 현장소장은 표현적 명칭에 해당하지 않는다. 지배인에 해당하는 표현적 명칭의 사용이 아니다. 상법은 본부장, 지점장 등을 예시하고 있다. 영업소의 영업을 책임지는 자라고 인정될 수 있어야 하므로, 상위직의 존재를 쉽게 추론할 수 있으면 그 명칭에 해당하지 않는다. 따라서 판례는 지점차장과 지점장대리 등은 표현지배인의 명칭에 해당하지 않는다고 하였고, 건설회사의 현장소장도 공사의 시공만 담당하므로 표현적 명칭이 아니라고 하였다. 제약회사의 지방 분실장은 그 명칭에 해당한다고 하였다.

> [대법원 1994.9.30. 선고 94다20884 판결] 건설업을 목적으로 하는 건설회사의 업무는 공사의 수주와 공사의 시공이라는 두 가지로 크게 나눌 수 있는데, 건설회사 **현장소장은 일반적으로 특정된 건설현장에서 공사의 시공에 관련한 업무만을 담당하는 자**이므로 특별한 사정이 없는 한 상법 제14조 소정의 본점 또는 지점의 영업주임 기타 유사한 명칭을 가진 사용인 즉 이른바 **표현지배인이라고 할 수는 없**고, 단지 상법 제15조 소정의 영업의 특정한 종류 또는 특정한 사항에 대한 위임을 받은 사용인으로서 그 업무에 관하여 **부분적 포괄대리권을 가지고 있다**고 봄이 상당하다.

키워드

표현지배인, 표현적 명칭, 포괄적 권한

② |○| 영업소의 실질이 인정되어야 하는데, 보험회사의 영업소는 그렇지 않다. 표현지배인 규정이 적용되려면 당해 사용인의 근무장소가 상법상의 영업소인 "본점 또는 지점"의 실체를 가지고 어느 정도 독립적으로 영업활동을 할 수 있는 것이어야 하는데, 보험회사의 영업소는 독립적 영업활동을 하는 곳이 아니라고 본다(83다107).

[대법원 1978. 12. 13. 선고, 78다1567 판결] 위 부산영업소는 피고회사의 기본적 업무를 독립하여 처리할 수는 없고 다만 본·지점의 지휘 감독아래 기계적으로 제한된 보조적 사무만을 처리하는 것으로 밖에 볼 수 없으니 이는 상법상의 영업소인 본점·지점에 준하는 영업장소라고 볼 수 없어 부산영업소 권영진을 위 법조에서 말하는 표현지배인이라고 볼 수 없다고 할 것이다.

> **키워드**
> 표현지배인, 표현적 명칭, 영업소의 실질, 독립적 영업활동

③ |×| ① 설명 참고

[대법원 1998.08.21. 선고 97다6704 판결] 피고 회사 부산 분실장인 소외 인이 자신의 개인적 목적을 위하여 아무런 권한 없이 피고 회사 명의의 배서를 위조하여 원고로부터 이 사건 약속어음을 할인하였다 하더라도, 이는 표현지배인의 행위로서 피고 회사에 대하여 효력이 미친다고 판단한 것은 정당하고, 거기에 상고이유에서 주장하는 지배인의 대리권의 범위에 관한 법리오해의 위법이 있다고 할 수 없다.

④ |×| 대리권이 없음을 몰라야 한다. 즉 거래상대방은 선의이어야 한다(제14조 제2항). 이때의 선의는 대리권이 없음을 모르는 것이 아니라, 지배인이 아니라는 것을 모르는 것이다. 여기서 악의는 중과실을 포함하는 개념으로 보고, 경과실만 있는 경우에는 선의라고 봄이 통설이다(판례는 없음).

> **키워드**
> 외관의 신뢰, 선의의 제3자, 선의와 무중과실

⑤ |×| 등기한 경우에도 표현책임이 인정될 수 있다. 공동지배인을 둔 경우에는 이에 관한 사항과 그 변경 또는 소멸에 관한 사항은 등기사항이다(제13조 제2문). 따라서 영업주가 공동지배인으로 수인의 지배인을 선임하였으나 등기를 하지 않았다면 제37조 제1항에 의하여 선의의 제3자에게 대항하지 못한다. 하지만 등기를 한 경우라 하더라도 표현지배인의 규정에 따른 표현책임을 질 수는 있을 것이다.

[대법원 1991.11.12. 선고 91다19111 판결] 회사가 공동으로만 회사를 대표할 수 있는 공동대표이사에게 대표이사라는 명칭의 사용을 용인 내지 방임한 경우에는 회사가 이사자격이 없는 자에게 표현대표이사의 명칭을 사용하게 한 경우이거나 이사자격 없이 그 명칭을 사용하는 것을 알고서도 용인상태에 둔 경우와 마찬가지로, 회사는 상법 제395조에 의한 표현책임을 면할 수 없다.

> **키워드**
> 표현책임, 이차원설

▶ 정답 ②

▶ 물건판매점포의 사용인, 상업사용인의 경업금지의무, 경업금지의무, 공동지배인   중요도 ★★☆

007 「상법」상 상업사용인에 관한 다음의 설명 중 옳지 않은 것은? (다툼이 있는 경우 판례에 의함)

① 상사회사 지점의 외무사원은 상법 제16조 소정 물건 판매점포의 사용인이 아니므로 위 회사를 대리하여 물품을 판매하거나 또는 물품대금의 선금을 받을 권한이 있다고 할 수 없다.
② 상업사용인은 영업주의 허락 없이 다른 회사의 무한책임사원, 이사 또는 다른 상인의 사용인이 되지 못한다.
③ 상업사용인이 영업주의 허락 없이 자기 또는 제3자의 계산으로 영업주의 영업부류에 속하는 거래를 한 경우 영업주는 개입권을 행사할 수 있으며, 개입권을 행사한 경우 아직 별도의 손해가 있다고 하여도 다시 손해배상을 청구할 수 없다.
④ 공동지배인 중 1인이 다른 지배인에게 특정한 사항에 대해 권한을 위임하는 것은 가능하지만 포괄적으로 위임하는 것은 허용되지 않는다.
⑤ 상법 제16조의 물건판매점포의 사용인이 권한 없는 자라는 것을 상대방이 알고 있는 경우 영업주는 책임을 부담하지 않는다.

해설

① |○| 점포 내에서 근무하는 자로 제한되므로 외무사원은 물건 판매점포의 사용인이 될 수 없다. 즉 물건을 판매할 권한이 있는 것으로 보이는 외관이 있어야 한다. 외관이 존재한다면 실제로는 고용계약 관계가 아닌 자(예컨대 영업주의 가족)에게도 거래의 안전을 위해 제16조가 유추적용된다. 다만 점포 내의 거래 또는 거래관념상 점포 내에서의 거래로 볼 수 있는 점포 외에서의 거래로 제한되므로 외부에서 근무하는 외무사원에게는 적용되지 않는다(76다860).

> **키워드**
> 물건판매점포사용인, 의제상업사용인, 외관의 존재, 외무사원

② |○| 겸직금지의무의 내용이다. 영업주의 허락 없이 다른 회사의 무한책임사원, 이사 또는 다른 상인의 사용인이 되지 못한다(제17조 제1항). 동종영업일 것을 요구하지 않으므로 동종영업이 아닌 경우에도 적용된다. 대리상, 합명회사의 사원, 주식회사 이사 등의 경우에는 모두 "동종영업"으로 제한하고 있는 것과 다르다.

> **키워드**
> 상업사용인의 경업금지의무, 다른 회사

③ |×| 별도의 손해가 있는 경우 손해배상청구가 가능하다. 개입권의 취지는 경업금지의무를 위반한 경우 영업주의 손해를 입증하는 것은 어려운 일이므로, 의무에 위반한 거래로 발생하는 이익을 영업주의 것으로 보는 것이다. 따라서 해당 거래가 상업사용인의 계산인 경우 이를 영업주의 계산으로 본다. 그러나 영업주가 그 거래의 당사자가 되는 것은 아니다. 제3자의 계산으로 한 경우 영업주가 제3자에게 직접 권한을 행사할 수는 없으므로 그 거래로 인해 상업사용인에게 발생한 이득의 반환을 청구할 수 있다. 거래를 안 날로부터 2주간을 경과하거나, 그 거래가 있은 날로부터 1년을 경과하면 소멸(제17조 제4항). 개입권을 행사하였다 하여도 아직 별도의 손해가 있으면 영업주는 다시 상업사용인에게 손해배상을 청구할 수 있다(제17조 제3항 후단).

> **키워드**
> 경업금지의무위반, 개입권, 손해배상청구권, 안 날로부터 2주

④ |○| 포괄적 위임은 허용하지 않는다. 공동지배인제도는 지배권을 능동적으로 행사하는 경우에만 공동으로 해야 하는 것이다. 수동대리는 지배인 중 1인에 대해서만 하는 경우에도 유효하다. 능동적인 지배권 행사에 있어서 공동지배인 중 1인이 다른 지배인에게 특정한 사항에 대해 권한을 위임하는 것은 가능하지만 포괄적으로 위임하는 것은 허용되지 않는 것으로 본다.

> **키워드**
> 공동지배인, 지배권 제한, 포괄적 위임, 개별적 위임

⑤ |○| 악의인 경우 책임이 없다. 해당 사용인이 권한 없는 자라는 것을 상대방이 알고 있는 경우 영업주는 책임을 부담하지 않는다. 즉 제16조 제1항은 상대방의 악의인 경우 적용이 없다(제16조 제2항 → 제14조 제2항). 중과실은 악의로 본다(통설).

> **키워드**
> 물건판매점포사용인, 의제상업사용인, 외관법리, 악의의 제3자

▶정답 ③

V. 상호

▶ **상호전용권, 사전등기배척권**   중요도 ★★☆

008 「상법」상 상호권에 관한 다음의 설명 중 옳지 않은 것은? (다툼이 있는 경우 판례에 의함)

① 甲회사가 '대성홀딩스 주식회사(DAESUNG HOLDINGS CO., LTD)'라는 상호로 먼저 주된 영업목적으로 지주사업을 운영하고 있음에도 동일한 지주사업 운영을 위해 乙회사가 '주식회사 대성지주(DAESUNG GROUP HOLDINGS CO., LTD.)'라는 상호를 사용한 경우, 乙의 상호를 甲의 상호로 오인가능한 것이며, 일반인으로 하여금 오인·혼동을 일으킬 수 있다는 것을 알면서도 사용한 경우 부정한 목적이 인정된다.

② '주식회사 파워콤'을 전기통신회선설비 임대사업·종합유선방송 분배망 및 전송망 사업 등을 목적으로 설립한 경우, 이는 전자부품·전자제품·반도체부품의 도소매업 및 수출입업 등을 목적으로 설립한 '파워컴 주식회사'의 영업으로 오인할 수 있는 상호를 사용하고 있는 것으로 볼 수 없다.

③ 상호의 폐지를 청구하기 위해서는 "손해를 받을 염려"가 있어야 하므로 미등기상호권자는 손해를 받을 염려를 입증해야 하고, 등기상호권자는 이러한 입증을 할 필요가 없이 바로 유사상호의 폐지를 청구할 수 있다.

④ 상법 제22조의 적용에 있어서 "동부주택건설 주식회사"와 "동부건설 주식회사"는 동일한 상호로 인정되지 않지만, "삼부 주식회사"는 "삼부 유한회사"와 동일한 상호로 인정된다.

⑤ 등기공무원의 과실로 타인의 상호로 등기된 상호와 동일한 상호가 동일한 특별시에서 동종영업의 상호로 등기된 경우, 선등기자는 제22조에 근거하여 직접 말소를 구할 수는 없고 제23조의 요건을 입증하는 경우에 한하여 상호폐지의 방법으로서 등기의 말소를 구할 수 있다.

해 설

① |○| 혼동을 일으킬 수 있다는 것을 알면서 사용한 경우 부정한 목적을 인정한다. 상호전용권의 행사와 관련하여 누구든지 부정한 목적으로 타인의 영업으로 오인할 수 있는 상호를 사용할 수 없다(제23조 제1항). 여기서 부정한 목적이란 자기의 영업을 타인의 영업으로 오인시켜 그 타인이 가지는 사회적 신용을 자기의 영업에 이용하려는 목적을 의미한다. 즉 판례는 '부정한 목적'이란 어느 명칭을 자기의 상호로 사용함으로써 일반인으로 하여금 자기의 영업을 명칭에 의하여 표시된 타인의 영업으로 오인하게 하여 부당한 이익을 얻으려 하거나 타인에게 손해를 가하려고 하는 등의 부정한 의도를 말하고, 부정한 목적이 있는지는 상인의 명성이나 신용, 영업의 종류·규모·방법, 상호 사용의 경위 등 여러 가지 사정을 종합하여 판단하여야 한다고 본다(2013다76635).

> [대법원 2016.01.28. 선고 2013다76635 판결] 원심판결 이유에 의하면, 원심은, (1) 원고의 상호 "대성홀딩스 주식회사(DAESUNG HOLDINGS CO., LTD)"와 변경 전 피고의 상호 "주식회사 대성지주(DAESUNG GROUP HOLDINGS CO., LTD.)"는 전체적으로 관찰하여 유사하고, 원고와 피고의 주된 영업 목적이 지주사업으로 동일하므로 변경 전 피고의 상호는 원고의 영업으로 오인할 수 있는 상호에 해당한다고 판단한 다음, (2) 피고가 원고의 상호와 유사하여 일반인으로 하여금 오인·혼동을 일으킬 수 있다는 것을 충분히 알 수 있었음에도 변경 전 피고의 상호를 사용한 사정 등을 이유로 부정한 목적이 인정된다고 판단하였다. 원심판결 이유를 앞서 본 법리와 기록에 비추어 살펴보면, 원심의 위와 같은 판단은 정당하고, 거기에 상법 제23조의 규정에 관한 법리를 오해하고 논리와 경험의 법칙에 반하여 자유심증주의의 한계를 벗어나거나 필요한 심리를 다하지 아니하는 등의 잘못이 없다.

키워드

상호전용권, 부정한 목적, 일반인이 오인

② |○| 오인할 수 있는 상호이다. 오인가능한 상호인지 여부는 영업의 종류 및 지역성, 상호의 유사성 등을 고려하여 판단한다. 이는 일반인의 입장에서 영업주체를 혼동할 우려가 있는지 여부로 판단하는 것이다. 영업의 규모가 다른 경우 오인가능성이 없다고 보기도 하며(73다1238), 영업의 성질이나 내용이 다른 경우에도 오인가능성을 인정하지 않는다(2001다73879). 그러나 상호가 현저하게 널리 알려져 있는 경우에는 영업의 종류와 관계없이 오인가능성을 인정하기도 한다(2001다73879).

> (ⅰ) 허바허바 사장을 양도한 자가 「뉴서울사장」이라는 상호 옆에 작은 글씨로 「전 허바허바 개칭」이라고 기재한 것은 「허바허바 사장」으로 오인시키기 위한 부정목적이 있다고 하였다.[1] (ⅱ) '주식회사 유니텍'과 그 후에 등기한 상호인 '주식회사 유니텍전자'는 등기된 지역이 모두 서울특별시이고 그 주요부분이 '유니텍'으로서 일반인이 확연히 구별할 수 없을 정도로 동일하다고 하였고,[2] (ⅲ) '주식회사 파워콤'을 전기통신회선설비 임대사업·종합유선방송 분배망 및 전송망 사업 등을 목적으로 설립한 경우, 이는 전자부품·전자제품·반도체부품의 도소매업 및 수출입업 등을 목적으로 설립한 '파워컴 주식회사'의 영업으로 오인할 수 있는 상호를 사용하고 있는 것으로 볼 수 없다고 하였다.[3]

키워드

상호전용권, 오인가능 상호, 현저히 널리 알려진 상호

---

[1] 대법원 1964.4.28 선고 63다811 판결.
[2] 대법원 2004.3.26 선고 2001다72081 판결.
[3] 대법원 2002.2.26 선고 2001다73879 판결.

③ |○| 등기상호권자는 이를 입증할 필요가 없다. 즉 상호전용권의 행사에 있어서 손해는 상호권자의 재산 및 인격에 관하여 발생할 수 있는 일체의 불이익을 의미한다. 손해의 염려만 있으면 되므로 장래의 손해발생 가능성만으로 충분하다. 다만 등기상호권자는 이를 입증할 필요가 없다(제23조 제2항).

> **키워드**
> 상호전용권, 등기상호, 입증책임전환

④ |○| 제22조의 적용에 있어서는 동일상호로 제한된다. 즉, 제23조와 같이 '오인가능한' '유사상호'는 적용대상이 아니다. 등기예규 제1295호 "동일상호의 판단기준에 관한 예규"에 따라 회사 표시 이외의 부분이 동일한 것이 기준이 된다(예규 제8조).

> **키워드**
> 사전등기배척권, 동일상호

⑤ |×| 제22조에 기해 직접 등기의 말소를 구할 수 있다. 지문의 설명은 이른바 등기법에 따른 설명으로 판례의 태도가 아니다. 판례는 실체법설로서 제22조에 따라 원래 이루어질 수 없는 후등기가 이루어진 경우 선등기자가 제23조의 요건을 입증할 필요 없이 – 즉 부정목적의 입증 없이 – 바로 제22조에 의해 등기말소를 청구할 수 있다(2001다72081).

> **키워드**
> 사전등기배척권, 등기말소청구권

▶정답 ⑤

▶ 상호전용권, 등기상호권, 사전등기배척권   중요도 ★★☆

009 상호권에 관한 다음의 설명 옳지 않은 것은? (다툼이 있는 경우 판례에 의함)

① 미등기상호의 경우에는 가해자의 부정목적에 대한 입증책임은 피해자(미등기 상호권자)가 부담한다.
② 등기상호의 경우에 인접한 특별시·광역시·시·읍·면에서 동종영업으로 타인이 등기한 상호를 사용하는 자는 부정목적으로 사용하는 것으로 추정된다.
③ 피해자가 자기의 명칭사용을 허락하면 피해자는 상호전용권을 행사할 수 없음은 물론, 오히려 명의대여자로서 명의차용자와 거래한 제3자에 대하여 책임을 지는 경우가 발생한다.
④ 타인이 등기한 상호와 동일한 상호를 동일한 특별시·광역시·시·군에서 동종 영업의 상호로 등기하여 사용하는 경우 부정한 목적이 없는 경우에도 상법 제22조에 따라 선등기자는 후등기자에 대한 등기말소청구권을 행사할 수 있다.
⑤ 상호는 영업을 폐지하거나 영업과 함께 하는 경우에 한하여 이를 양도할 수 있다고 규정하고 있는데 이때 영업의 폐지라 함은 정식으로 영업폐지에 필요한 행정절차를 밟아 폐업하는 경우에 한하지 않고 사실상 폐업한 경우도 해당한다.

> 해설

① |○| 등기상호가 아닌 경우 부정목적의 입증은 피해자(미등기 상호권자)가 입증한다. 「부정목적」이란 가해자가 '자기의 영업을 타인의 영업으로 오인시켜 그 타인이 가지는 사회적 신용을 자기의 영업에 이용하려는 목적'이다. 부정목적은 여러 사정을 고려하여 종합적으로 판단하나 문제된 상호의 사용시기의 선후도 중요한 판단요소가 된다.

> [대법원 1995.9.29 선고 94다31365·31372 판결] 상법 제23조 제1항·제4항 소정의 「부정한 목적」이란 '어느 명칭을 자기의 상호로 사용함으로써 일반인으로 하여금 자기의 영업을 그 명칭에 의하여 표시된 타인의 영업으로 오인시키려는 의도'를 말하므로, Y회사가 1984년 법인설립 이래 경남지역에서 '동성'이라는 상호로 아파트공사를 시작하였다면 Y회사는 피혁제품의 제조·판매를 사업목적으로 하는 주식회사 '동성'을 1984년에 흡수합병하고 1990년 경부터 아파트건설업을 한 X회사에 대하여 「부정한 목적」이 없다.

> ▶키워드
> 상호전용권, 입증책임, 부정목적

② |×| 동일한 행정구역의 경우에만 부정목적이 추정된다. 미등기상호권자의 경우에는 피해자(상호권자)가 상호전용권을 행사하기 위하여는 가해자의 「부정목적」을 입증하여야 하나, 등기상호권자의 경우에는 이 입증책임이 전환되어 가해자가 부정목적이 없음을 입증하여야 한다. 왜냐하면 등기상호의 경우에는 동일한 특별시·광역시·시·읍·면에서 동종영업으로 타인이 등기한 상호를 사용하는 자는 부정목적으로 사용하는 것으로 추정되기 때문이다(제23조 제4항). 다만 동일한 행정구역이라는 지역적 제한과 동종영업이라는 업종적 제한이 있다는 점은 유의하여야 한다.

> ▶키워드
> 등기상호, 입증책임 전환, 상호권 강화, 부정목적 추정

③ |○| 사용을 허락하면 명의대여자의 책임을 부담할 수 있다(제24조). 피해자가 사전에 상호의 사용을 허락했다면 상호폐지 및 손해배상청구의 상호전용권을 행사할 수 없다. 상호전용권을 행사하기 위해서는 손해를 받을 염려가 있어야 하고 이를 위해서는 명칭사용의 허락이 없어야 하기 때문이다. 상호권자는 손해를 「받을 염려」가 있어야 하므로, 현재에 손해가 발생한 경우뿐만 아니라 장래에 불이익을 입을 염려가 있는 경우도 포함한다. 미등기상호의 경우에는 피해자가 이러한 손해를 받을 염려가 있음을 입증하여야 하나, 등기상호의 경우에는 이를 입증할 필요가 없다.

> ▶키워드
> 상호전용권, 손해염려, 등기상호

④ |○| 선등기자의 사전등기배척권(제22조)의 행사에는 부정한 목적이 요건이 아니다. 타인이 등기한 상호는 동일한 특별시·광역시·시·군에서 동종영업의 상호로 등기하지 못하는 것이므로, 지역적 동일성과 영업의 동일성만 충족하면 된다. 이는 실체법적 효력을 갖는 것으로 상호를 먼저 등기한 자의 사법상의 권리를 인정하여 그 후에 이루어진 동일한 상호등기에 관한 말소청구권을 부여한 것으로 본다(2001다72081).

> [대법원 2011.12.27. 선고 2010다20754 판결] 선등기자인 '동부주택건설 주식회사'가 후등기자인 '동부건설 주식회사' 등을 상대로 상법 제22조에 의한 상호등기말소청구소송을 제기하였는데, 원심 변론종결 전에 2009. 5. 28. 법률 제9749호로 개정된 상업등기법이 시행된 사안에서, 먼저 등기한 상호인 '동부주택건설 주식회사'와 나중에 등기한 상호인 '동부건설 주식회사' 등이 동일하지 않음이 외관·호칭에서 명백하므로, 동부주택건설 주식회사에 상법 제22조의 등기말소청구권이 없다.

> **키워드**
> 등기상호, 사전등기배척권, 동일행정구역, 동일상호, 동일영업, 등기말소청구권

⑤ |○| 사실상 폐업한 경우도 포함된다. 상호는 원칙적으로 영업과 함께 하는 경우에 한하여 양도할 수 있도록 한 점은(제25조 제1항 후단) 상호의 인격권적 성질을 반영한 것이고, 예외적으로 영업이 폐지된 경우에는 상호만을 양도할 수 있도록 한 점은(제25조 제1항 전단) 상호의 재산권적 성질을 반영한 것이다. 이 때 「영업의 폐지」란 정식으로 영업폐지에 필요한 행정절차를 밟아 폐업하는 경우에 한하지 않고 사실상 폐업하는 것을 의미한다.

> **키워드**
> 상호양도, 영업과 함께, 영업의 폐지 후

▶ 정답 ②

▶ 명의대여자 책임   중요도 ★★☆

010 「상법」제24조의 명의대여자 책임에 관한 설명 중 옳은 것은? (다툼이 있는 경우 판례에 의함)

> ㄱ. 명의대여자의 영업으로 오인가능한 상호이므로 명의차용자가 명의대여자의 상호에 지점이나 출장소의 명칭을 부가하는 경우에는 상법 제24조의 명의대여자책임이 인정될 수 없다.
> ㄴ. 명의대여자의 책임은 명의의 사용을 허락받은 자의 행위에 한하고 명의차용자의 피용자의 행위에 대해서까지 미치지 않는다.
> ㄷ. 甲이 같은 업종에 종사하는 乙에게 갑의 사무실내에서 같은 사업을 경영할 수 있도록 허용하여 왔고 乙이 甲의 상호를 사용하는 것을 알면서 방치하였다면 명의사용의 허락이 있는 것으로 볼 수 있다.
> ㄹ. 영업상의 명의를 대여하고 있는 경우에 명의대여자는 명의대여자 책임 외에 사용자배상책임도 질 수 있으며, 이는 그 관계가 법률적으로 유효하게 존재해야 한다.
> ㅁ. 명의대여자의 책임이 인정되는 경우 명의대여자는 명의차용자를 명의대여자로 오인한 제3자에 대해 연대책임을 부담하며, 이때 제3자는 명의차용자와 직접거래한 상대방으로부터 영업상의 채권을 양수한 자는 포함하지 않는다.

① ㄷ, ㄹ
② ㄱ, ㄷ
③ ㄴ, ㄷ
④ ㄴ, ㄹ
⑤ ㄴ, ㅁ

> **해 설**

ㄱ. |×| 지점이나 출장소의 명칭을 부가한 경우에도 명의대여자의 책임이 인정된다. 명의차용자가 명의대여자와 동일하거나 유사한 명의를 사용해야 한다. 즉 명의대여자가 명의차용자의 영업을 수행하고 있는 것과 같은 외관이 형성되어야 한다. 중요한 부분이 동일하여 사회통념상 유사한 것으로 명의대여자의 영업으로 오인하기에 적합한 명칭이면 충분하다. 판례는 타인의 상호에 지점·지사·영업소·출장소 등의 명칭을 붙인 경우에는 명의대여로 보고 있으나, 타인의 상호에 대리점이란 명칭을 붙인 경우에는 명의대여로 볼 수 없다고 본다. 대리점은 독립적인 상인이고 그 대리관계가 분명하게 드러났다면 영업주의 오인이 인정될 수 없기 때문이다.

> [대법원 1969.3.31. 선고 68다2270 판결] 갑이 약속어음을 발행할 때 주소를 대한교육보험주식회사 부산지사라고 표시하고 지사장이라고 기재하지 않았다 해도 그 성명 아래에는 개인도장 외에 동 회사 부산지사장이라는 직인을 찍은 것이므로 특별한 사정이 없는 한 이는 동인이 위 회사 부산지사장이라는 대표자격을 표시한 것이라 할 것이고 또 동 회사는 갑에게 부산지사라는 상호를 사용하여 보험가입자와 회사간의 보험계약체결을 알선할 것을 허락하였고 갑은 동 지사 사무실비품대금 조달을 위하여 을에게 약속어음을 발행하여 병이 그 소지인이 된 것이며 을이 갑의 위 어음발행행위의 주체를 위 회사로 오인한데에 중대한 과실이 있다고 보여지지 않으므로 동 회사는 명의대여자로서 그 외관을 신뢰한 갑과의 거래에 대하여 본조에 의한 책임을 져야 한다.

> [대법원 1989.10.10. 선고 88다카8354 판결] 일반거래에 있어서 실질적인 법률관계는 대리상, 특약점 또는 위탁매매업 등이면서도 두루 대리점이란 명칭으로 통용되고 있는데다가 타인의 상호아래 대리점이란 명칭을 붙인 경우는 그 아래 지점, 영업소, 출장소 등을 붙인 경우와는 달리 타인의 영업을 종속적으로 표시하는 부가부분이라고 보기도 어렵기 때문에 제3자가 자기의 상호아래 대리점이란 명칭을 붙여 사용하는 것을 허락하거나 묵인하였더라도 상법상 명의대여자로서의 책임을 물을 수는 없다.

> **키워드**
>
> 명의대여, 지점명칭 부기

ㄴ. |○| 관행상 하도급이 인정되는 경우 그 하도급 업체의 행위에 대해서는 명의대여자 책임이 인정되나, 명의차용자의 피용인에 대해서는 그 책임이 인정되지 않는다. 즉 명의를 대여한 명의차용자가 또 다시 명의의 사용을 허락한 경우에도 명의대여자의 책임을 인정할 것인지가 문제되나, 판례는 관행상 그러한 명의대여가 허용되는 건설업의 하도급에서는 명의대여자의 책임을 인정하였다. 그러나 명의차용자의 피용인의 행위에 대해서는 명의대여자의 책임을 인정하지 않는다.

> [대법원 2008.10.23. 선고 2008다46555 판결] 상법 제24조는 명의를 대여한 자를 영업의 주체로 오인하고 거래한 거래상대방의 이익을 보호하기 위한 규정으로서 이에 따르면 명의대여자는 명의차용자가 영업거래를 수행하는 과정에서 부담하는 채무를 연대하여 변제할 책임이 있다. 그리고 건설업 면허를 대여한 자는 자기의 성명 또는 상호를 사용하여 건설업을 할 것을 허락하였다고 할 것인데, 건설업에서는 공정에 따라 하도급거래를 수반하는 것이 일반적이어서 특별한 사정이 없는 한 건설업 면허를 대여받은 자가 그 면허를 사용하여 면허를 대여한 자의 명의로 하도급거래를 하는 것도 허락하였다고 봄이 상당하므로, 면허를 대여한 자를 영업의 주체로 오인한 하도급 받은 자에 대하여도 명의대여자로서의 책임을 진다고 할 것이고, 면허를 대여받은 자를 대리 또는 대행한 자가 면허를 대여한 자의 명의로 하도급거래를 한 경우에도 이와 달리 볼 것은 아니다.

> [대법원 1989.09.12. 선고 88다카26390 판결] 상법 제24조의 명의대여자의 책임규정은 거래상의 외관보호와 금반언의 원칙을 표현한 것으로서 명의대여자가 영업주(여기의 영업주는 상법 제4조 소정의 상인보다는 넓은 개념이다)로서 자기의 성명이나 상호를 사용하는 것을 허락했을 때에는 명의차용자가 그것을 사용하여 법률행위를 함으로써 지게 된 거래상의 채무에 대하여 변제의 책임이 있다는 것을 밝히고 있는 것에 그치는 것이므로 여기에 근거한 명의대여자의 책임은 명의의 사용을 허락받은 자의 행위에 한하고 명의차용자의 피용자의 행위에 대해서까지 미칠 수는 없다.

키워드

명의대여자 책임, 하도급, 피용인의 행위

ㄷ. |○| 명의사용의 허락에는 묵시적 허락도 포함되나, 단순히 알면서 방치한 사정 외에 추가적인 사정이 필요하다. 예컨대 명의대여자가 사무실을 임대하거나 수입의 일부를 받기로 하는 것들이 그것이다. 판례에서 다음과 같은 사례가 문제된 바 있다.

> (ⅰ) 갑이 을에게 정미소를 임대하였는데 을이 같은 상호를 그대로 사용면서 그 정미소를 경영할 경우 을이 그 정미소를 경영하는 동안 갑이 백미를 보관하고 보관전표를 발행한 경우 갑은 명의대여자 책임을 진다고 하였다.4) 또한 (ⅱ) 갑이 같은 업종에 종사하는 을에게 갑의 사무실내에서 같은 사업을 경영할 수 있도록 허용하여 왔다면 거래 상대방이 별개의 업체임을 알면서 거래를 하였다고 인정된 자료가 없는 한 회사는 명의 대여자로서의 책임을 진다고 하였다.5)

키워드

명의사용 허락, 묵시적 승인, 추가적 승인

ㄹ. |×| 사용자책임이 인정되는 것은 맞다. 그러나 그 관계가 법률상 존재해야 하거나 유효해야 하는 것은 아니다. 즉 영업상의 명의를 대여하고 있는 경우에 명의대여자는 사용자배상책임도 질 수 있다고 하는 것이 판례의 일관된 입장이다. 사용관계는 고용계약에 의하여 성립하는 것이 보통이겠지만, 위임, 조합, 도급 기타 어떤 관계라도 좋으며, 보수의 유무나 기간의 장기도 묻지 않으며(79다644), 실질적으로 사용관계가 있으면 되므로 그 관계가 법률적으로 존재하거나 유효하여야 하는 것도 아니다(78다2245).

키워드

명의대여자 책임, 사용자책임

ㅁ. |×| 채권을 양수한 자도 포함한다. 즉, 양수한 자에게도 명의대여자 책임이 인정된다. 통설적 견해에 따를 때 거래상대방은 명의차용자와 거래한 직접 상대방을 의미하는 것이나, 판례는 직접 상대방으로부터 채권을 양도받은 자에 대해서도 명의대여자의 책임을 인정한다.

> [대법원 1970.09.29. 선고 70다1703 판결] 피고는 소외 2에게 대하여 자기사업을 자기이름으로 대행할 것을 허용한 것으로서 그 사업에 관하여 자기가 책임을 부담할 지위에 있음을 표시한 것이라 할 것이고, 그 사업을 대행한 사람 또는 그 피용자가 그 사업에 관하여서 한 법률행위에 관하여 제3자에게 책임이 있다고 할 것이므로 피고회사 학교출장소의 피용인 소외 1의 채권양도 승인에 따른 채무를 진다고 할 것이고…

---

4) 대법원 1967.10.25. 선고 66다2362 판결.
5) 대법원 1977.7.26. 선고 77다797 판결.

> **키워드**
> 명의대여자 책임, 선의의 제3자, 채권 양수인

▶ 정답 ③

Ⅵ. 상업등기

▶ **등기의 효력**　　　　　　　　　　　　　　　　　　　　　중요도 ★★☆

011 상업등기에 관한 설명으로 옳지 않은 것은? (다툼이 있는 경우 판례에 의함)

① 주식회사등기부에 대표이사로 등기되어 있는 자는 반증이 없는 한 정당한 절차에 의해 선임된 적법한 대표이사로 추정된다.
② 상호를 등기한 자가 상호를 폐지한 경우 2년 이내에 폐지등기를 하지 않으면 이해관계인은 그 등기의 말소청구를 할 수 있다.
③ 이사 선임의 주주총회결의에 대한 취소판결이 확정되어 그 결의가 소급하여 무효가 된다고 하더라도 그 선임 결의가 취소되는 대표이사와 거래한 상대방은 상법 제39조의 부실등기의 효력을 주장할 수 있다.
④ 정관으로 수인의 사원이 공동으로 회사를 대표할 것을 정하고도 이를 등기하지 아니한 경우, 공동대표사원 중 1인이 단독으로 회사를 대표하여 행위했더라도 그 대표행위가 정관에 위배된다는 점을 들어 대표행위의 유효를 주장하는 선의의 제3자에게 대항하지 못한다.
⑤ 유한회사를 설립하고자 할 때에는 본점의 소재지를 관할하는 등기소에 상호의 가등기를 할 수 있다.

> **해설**

① |○| 적법성이 추정된다. 상업등기에 객관적 진실과 다른 사항이 등기되면 그 사항은 일단 진실하다는 사실상의 추정을 받게 된다(통설, 판례). 판례는 "법인등기부에 이사 또는 감사로 등재되어 있는 경우에는 특단의 사정이 없는 한 정당한 절차에 의하여 선임된 적법한 이사 또는 감사로 추정된다고 할 것이라고 하여 추정력을 인정한다(91다4409,91다4416). 다만 이는 사실상의 추정력에 불과한 것으로 입증책임을 전환시키는 법률상의 추정력을 생기게 하는 것은 아니다.

> **키워드**
> 등기이사, 적법한 선임 추정, 등기의 추정력

② |×| 상호를 변경 또는 폐지한 경우에 2주간 내에 그 상호를 등기한 자가 변경 또는 폐지의 등기를 하지 아니하는 때에는 이해관계인은 그 등기의 말소를 청구할 수 있다(제27조). 상호를 등기한 자가 정당한 사유 없이 2년간 상호를 사용하지 아니하는 때에는 이를 폐지한 것으로 본다(제26조).

> **키워드**
> 말소청구 2주 내, 2년 간 미사용 폐지간주

③ |○| 판례는 제3자가 등기하였다 하더라도 등기신청인의 책임 있는 사유로 그 등기가 이루어지는 데에 관여하거나 그 부실등기의 존재를 알고 있음에도 이를 시정하지 않고 방치하는 등 등기신청권자의 고의·과실로 부실등기를 한 것과 동일시할 수 있는 특별한 사정이 있는 경우에는 제39조가 적용된다고 본다(2011다870) 따라서 등기신청권자가 스스로 등기를 신청하지 않은 경우라 하더라도 존속에 있어 그 부실등기의 존속을 알고 방치하였다면 제39조에 의한 책임을 진다.

> [대법원 2004.2.27. 선고 2002다19797 판결] 주식회사의 법인등기의 경우 회사는 대표자를 통하여 등기를 신청하지만 등기신청권자는 회사 자체이므로 취소되는 주주총회결의에 의하여 이사로 선임된 대표이사가 마친 이사 선임 등기는 상법 제39조의 부실등기에 해당된다.

> **키워드**
> 부실등기 요건, 등기신청권자의 고의 또는 과실, 제3자에 의한 부실등기

④ |○| 등기사항을 등기하기 전에는 선의의 제3자에게 대항하지 못하는 효력을 말한다(제37조 제1항). 이를 소극적 공시원칙이라 한다. 이로 인하여 법정등기사항의 등기가 촉진되는 효과가 있고, 또한 제3자가 보호된다. 이때 선의의 제3자란 등기사항의 존재를 알지 못한 제3자를 말하는 것이지, 등기가 되어 있다는 것을 알지 못하였다는 의미가 아니다. 그리고 제3자에게 경과실이 있으면 선의이지만 중과실이 있으면 악의이고, 선의의 유무의 판단시기는 거래 시이며, 이의 입증책임은 제3자의 악의를 주장하는 자가 부담한다. '대항하지 못한다'의 의미는 등기의무자가 제3자에 대하여 주장할 수 없다는 의미에 불과하고 제3자가 등기의무자에게 그 등기사항을 주장하는 것은 허용된다.

> **키워드**
> 공동대표이사, 등기사항, 선의의 제3자, 제37조 제1항

⑤ |○| 유한책임회사, 주식회사 또는 유한회사를 설립하고자 할 때에는 본점의 소재지를 관할하는 등기소에 상호의 가등기를 신청할 수 있다(제22조의 2).

> **키워드**
> 상호가등기, 사전등기배척권

▶정답 ②

Ⅶ. 영업양도

▶ 영업양도, 경업금지의무, 임의규정   중요도 ★★★

012 X주식회사는 Y주식회사의 중부공장과 그에 관련된 자산·부채 및 상표권, 거래처 등을 포함한 영업권에 대한 인수를 내용으로 하는 영업양도계약을 체결하였다. 당시 Y주식회사의 중부공장에서는 ① 국내산 소·돼지의 도축·가공을 위한 수매, ② 수매한 국내산 소·돼지의 도축·가공, ③ 도축·가공한 소·돼지고기를 전국에 유통·판매하는 영업을 수행하고 있었다. Y는 이러한 영업 이외에도 제3 업체로부터 이미 도축되거나 가공된 소·돼지고기를 공급받아 유통·판매하는 영업을 수행하고 있었다. 이에 관한 다음의 설명 중 옳지 않은 것은? (다툼이 있는 경우 판례에 의함)

① Y회사가 제3업체로부터 이미 도축되거나 가공된 소·돼지고기를 유통·판매하는 것은 X회사에게 양도한 영업과 동종영업에 해당한다.

② Y회사가 X회사에게 양도한 것은 중부공장에 관련된 영업이므로, 전국에 유통·판매하는 영업은 지리적인 인접성이 인정되지 않아 양도한 중부공장 영업과 경쟁관계가 발생하지 않는다.

③ 만약 Y회사가 X회사에게 위와 같은 중부공장 영업을 양도하면서 2년간 기존상호의 사용을 허락한 경우라면, 양도한 영업 외에 동종영업에 대해 경업금지의무를 배제하는 묵시적 약정이 있는 것으로 볼 수 있다.

④ 만약 Y회사가 위와 같은 영업양도 후 그 영업을 타인에게 임대 또는 양도하는 경우 영업양도인의 영업금지 외에 제3자에 대한 영업의 임대, 양도 기타 처분도 금지시킬 수 있다.

⑤ X와 Y 사이에 별도의 약정이 없는 경우 양도인인 X는 일정한 지역 내에서 10년간 동종영업을 할 수 없다.

해 설

① | ○ | 동종영업에 해당한다. 이에 해당하는지 여부는 '경쟁관계'의 발생여부가 중요한 기준이 된다. 양도대상인 중부공장 영업과 다소 내용 및 방법의 차이가 있다고 해도, 국내산 소·돼지고기를 유통·판매한다는 점에서는 차이가 없으므로, 전자의 영업은 양도 대상인 중부공장 영업과 경쟁관계가 발생할 수 있으므로 동종영업에 해당한다.

> [대법원 2015.09.10. 선고 2014다80440 판결] 영업양도인이 영업을 양도하고도 동종 영업을 하면 영업양수인의 이익이 침해되므로 상법은 영업양수인을 보호하기 위하여 영업양도인의 경업금지의무를 규정하고 있다. 위와 같은 상법의 취지를 고려하여 보면, 경업이 금지되는 대상으로서의 동종 영업은 영업의 내용, 규모, 방식, 범위 등 여러 사정을 종합적으로 고려하여 볼 때 양도된 영업과 경쟁관계가 발생할 수 있는 영업을 의미한다고 보아야 한다.

키워드
경업금지의무, 동종영업, 경쟁관계

② |×| 장소의 위치가 아닌 영업범위로 판단한다. 즉 물적설비가 있던 지역이 아닌 통상적인 영업활동 수행 지역이 기준이다.

> [대법원 2015.09.10. 선고 2014다80440 판결] 상법 제41조 제1항은 영업양도인의 경업금지의무를 규정하면서 그 경업금지지역을 동일한 특별시·광역시·시·군과 인접 특별시·광역시·시·군으로 규정하고 있다. 앞서 본 바와 같이 위 조문에서 양도 대상으로 규정한 영업은 일정한 영업 목적에 의하여 조직화되어 유기적 일체로서 기능하는 재산의 총체를 가리킨다는 점과 상법이 경업금지의무를 규정하고 있는 취지는 영업양수인을 보호하기 위한 것인 점을 고려하여 보면, 경업금지지역으로서의 동일 지역 또는 인접 지역은 양도된 물적 설비가 있던 지역을 기준으로 정할 것이 아니라 영업양도인의 통상적인 영업활동이 이루어지던 지역을 기준으로 정하여야 한다. 이때 통상적인 영업활동인지 여부는 해당 영업의 내용, 규모, 방식, 범위 등 여러 사정을 종합적으로 고려하여 판단하여야 한다.

키워드 동일/인접 행정구역, 영업활동 지역

③ |○| 묵시적 승인으로 볼 수 있고, 경업금지의무를 규정한 제41조는 임의규정이므로 이로써 배제할 수 있다. 상호사용의 허락이 있는 경우 제3의 업체로부터 국내산 소·돼지고기를 공급받아 유통·판매하는 영업에 관하여는 경업금지의무를 배제하는 묵시적 약정이 있었다고 보아야 한다.

> [대법원 2015.09.10. 선고 2014다80440 판결] 2년간 '○○'이라는 상호를 사용할 수 있다고 약정한 것은 피고 케이미트가 중부공장 영업 외의 영업을 계속하는 것을 전제로 한 것이라고 볼 수 있다. 이러한 사정을 고려하여 보면, 이 사건 계약 당시 제3의 업체로부터 국내산 소·돼지고기를 공급받아 유통·판매하는 영업에 관하여는 피고 케이미트의 경업금지의무를 배제하는 묵시적 약정이 있었다고 보아야 한다.

키워드 양도인의 경업금지의무, 임의규정, 묵시적 합의

④ |○| 원칙적으로 양수인과 제3자는 법률관계가 없으므로 양수인이 제3자에게 직접 권리를 행사할 수는 없다. 판례는 양수인이 그 이행강제의 방법으로 영업양도인 본인의 영업금지 외에 제3자에 대한 영업의 임대, 양도 기타 처분을 금지하는 것도 가능하다고 한다.

> [대법원 1996. 12. 23. 선고 96다37985 판결] 영업양도계약의 약정 또는 상법 제41조에 따라 영업양도인이 부담하는 경업금지의무는 스스로 동종 영업을 하거나 제3자를 내세워 동종 영업을 하는 것을 금지하는 것을 내용으로 하는 의무이므로, 영업양도인이 그 부작위의무에 위반하여 영업을 창출한 경우 그 의무위반 상태를 해소하기 위하여는 영업을 폐지할 것이 요구되고 그 영업을 타에 임대한다거나 양도한다고 하더라도 그 영업의 실체가 남아있는 이상 의무위반 상태가 해소되는 것은 아니므로, 그 이행강제의 방법으로 영업양도인 본인의 영업 금지 외에 제3자에 대한 영업의 임대, 양도 기타 처분을 금지하는 것도 가능하다.

키워드 경업금지의무 위반, 이행강제

⑤ |○| 영업을 양도하는 경우에 당사자 간에 다른 약정이 없으면 양도인은 10년간 동일한 특별시·광역시·시·군과 인접한 특별시·광역시·시·군에서 동종영업을 하지 못한다(제41조 제1항). 의무를 부담하는 자는 양도인이 상인인 경우에 한하고, 이 의무의 발생시기는 영업양도계약의 이행을 마친 때이다.

> **키워드**
> 양도인의 경업금지의무, 양도인이 상인

▶ 정답 ②

▶ 영업양도의 개념, 영업양도의 효과, 상호속용 양수인의 책임   중요도 ★★☆

013 「상법」상 영업양도에 관하여 옳은 것을 모두 고른 것은? (다툼이 있는 경우 판례에 의함)

> ㄱ. 영업양도인의 채권자가 영업양도 무렵 영업양수인의 채무인수 사실이 없음을 알지 못한 경우에는 특별한 사정이 없는 한 상법 제42조 제1항에 따른 영업양수인의 변제책임이 발생하고, 이후 채권자가 영업양수인이 채무인수 사실이 없음을 알게 되었다고 하더라도 이미 발생한 영업양수인의 변제책임이 소멸하는 것은 아니다.
> ㄴ. 영업양도는 영업의 동일성을 유지하면서 영업을 일체로 이전한다는 계약이므로 영업양도계약의 효과로 개별적인 이전행위 없이도 영업에 관한 모든 권리의무가 포괄적으로 이전한다.
> ㄷ. 영업양도에 있어 중요한 영업용 재산의 사용권을 영업주가 아닌 건물 소유자이자 임대인과 독자적인 임대차계약을 체결하여 새로이 취득한 경우 이러한 사정만으로는 해당 영업주의 상호를 속용했다고 하여도 당해 영업에 관한 영업양도계약을 체결하였다고 볼 수 없다.
> ㄹ. 영업양도에서 양도인의 제3자에 대한 매매계약 해제에 따른 원상회복청구권은 지명채권이므로 그 양도에는 양도인의 채무자에 대한 통지나 채무자의 승낙이 있어야 채무자에게 대항할 수 있다.
> ㅁ. 영업양도가 있는 것과 같은 상태가 되었다 하더라도 명시적 영업양도계약은 있어야만 하고 묵시적 영업양도계약은 인정되지 않으므로 상법상 영업양도에 해당하지 않는다.

① ㄱ, ㄹ
② ㄴ, ㄷ
③ ㄱ, ㄴ, ㄹ
④ ㄱ, ㄷ, ㄹ
⑤ ㄱ, ㄴ, ㄷ, ㅁ

해설

ㄱ. [O] 영업양도 당시 선의이면 영업양수인의 연대책임이 발생하는 것이고, 영업양도 후 양도인의 채권자가 영업양도의 양수인이 채무인수를 하지 않았다는 사실을 알게 되었다고 하여도 양수인의 책임이 소멸하는 것은 아니다(판례).

> [대법원 2022. 4. 28. 선고 2021다305659 판결] 양수인에 의하여 속용되는 명칭이 상호 자체가 아닌 옥호 또는 영업표지인 때에도 그것이 영업주체를 나타내는 것으로 사용되는 경우에는 채권자가 영업주체의 교체나 채무인수 여부 등을 용이하게 알 수 없다는 점에서 일반적인 상호속용의 경우와 다를

바 없으므로, 양수인은 특별한 사정이 없는 한 상법 제42조 제1항의 유추적용에 의하여 그 채무를 부담한다…영업양도에도 불구하고 채무인수 사실이 없다는 것을 알고 있는 악의의 채권자에 대하여는 상법 제42조 제1항에 따른 책임이 발생하지 않고, 채권자가 악의라는 점에 대한 주장·증명책임은 그 책임을 면하려는 영업양수인에게 있다…채권자가 영업양도 당시 채무인수 사실이 없음을 알고 있었거나 그 무렵 알게 된 경우에는 영업양수인의 변제책임이 발생하지 않으나, 채권자가 영업양도 무렵 채무인수 사실이 없음을 알지 못한 경우에는 특별한 사정이 없는 한 상법 제42조 제1항에 따른 영업양수인의 변제책임이 발생하고, 이후 채권자가 채무인수 사실이 없음을 알게 되었다고 하더라도 이미 발생한 영업양수인의 변제책임이 소멸하는 것은 아니다.

> **키워드**
> 영업양도 판단기준, 영업의 동일성, 영업용 재산의 양도, 종래의 영업조직

ㄴ. |×| 포괄적인 이전을 목적으로 하지만 합병과 같이 포괄적 이전의 효과를 특별히 규정하고 있지 않으므로 개별적인 이전행위가 필요하다. 양도인은 영업재산을 이루는 개개의 구성부분을 개별적인 물권행위에 의하여 개별적으로 이전하여야 하는데(예컨대, 부동산에 관하여는 등기를 하여야 하고, 동산에 관하여는 인도를 하여야 하는 등), 이는 전체적으로 또 결과적으로 영업의 동일성을 유지하면서 기능적으로 조직화된 일체로서 이전하여야 한다. 영업의 동일성을 유지한다면 일부 재산이 이전되지 않는 경우에도 영업양도가 된다. 결국 영업양도 시 이전되는 재산범위의 결정에 있어서도 영업의 동일성 유지가 그 기준이 된다.

[대법원 1991.10.08. 선고 91다22018,22025 판결] 영업양도는 채권계약이므로 양도인이 재산이전의무를 이행함에 있어서는 상속이나 회사의 합병의 경우와 같이 포괄적 승계가 인정되지 않고 특정승계의 방법에 의하여 재산의 종류에 따라 개별적으로 이전행위를 하여야 할 것인바, 위 매매계약해제에 따른 원상회복청구권은 지명채권이므로 그 양도에는 양도인(소외회사)의 채무자(피고)에 대한 통지나 채무자의 승낙이 있어야 채무자인 피고에게 대항할 수 있는데, 그와 같은 대항요건을 갖추었음에 대한 원고의 주장, 입증이 없으므로, 원고로서는 위 영업양수를 이유로 피고에게 원상회복청구권을 주장할 수 없고, 또한 자동차운송사업의 양도양수와 그 인가로 인한 효과는 자동차운송사업법 제28조 제4항에 규정한 바와 같이 양수인이 면허 또는 등록에 기인한 권리의무를 승계하는 것일 뿐이어서, 자동차운송사업의 양도양수로 동 사업의 면허 또는 등록에 기인한 권리의무의 이전이 있다고 하여 동 사업에 공용되던 차량과 관련한 제3자에 대한 권리의무까지 당연히 승계된다고는 할 수 없다.

> **키워드**
> 영업양도의 효과, 개별적 이전행위, 영업의 동일성 유지

ㄷ. |○| 영업의 소유자로부터 양수해야 한다. 임대차의 경우 영업양도 관련 법리가 적용되지 않는다.

[대법원 2012.07.26. 선고 2012다27377 판결] 甲이, 乙 주식회사가 운영하던 주유소에서 가장 중요한 영업용 재산인 주유소 건물의 사용권을 乙 회사가 아닌 건물 소유자이자 임대인인 丙과 독자적인 임대차계약을 체결하여 새로이 취득한 다음 乙 회사가 운영하던 때와 같은 상호로 주유소를 운영하자, 乙 회사의 대여금 채권자 丁이 甲을 상대로 상호 속용에 따른 양수인의 책임을 물어 대여원리금의 지급을 구한 사안에서, 위와 같은 사정만으로는 甲과 乙 회사가 주유소 영업에 관한 영업양도계약을 체결하였다고 볼 수 없다.

> **키워드**
> 영업양도의 개념, 영업소유권 양도, 영업임대

ㄹ. |ㅇ| [ㄴ]의 해설 및 판례 참고.

ㅁ. |×| 묵시적 계약이 있던 경우에도 영업양도로 본다. 영업양도는 반드시 영업양도 당사자 사이의 명시적 계약에 의하여야 하는 것은 아니며 묵시적 계약에 의하여도 가능하다(91다15225). 영업양도는 채권계약이 므로 영업양도가 인정되기 위해서는 영업양도계약이 있음이 전제가 되어야 하는데, 영업재산의 이전 경위에 있어서 사실상·경제적으로 볼 때 결과적으로 영업양도가 있는 것과 같은 상태가 되었다 하더라도 묵시적 영업양도계약은 있어야만 하고 그렇지 않다면 상법상 영업양도를 인정할 수 없다(2005다602).

[대법원 1991.8.9. 선고 91다15225 판결] 위 주식회사 동진과 피고들 사이에 명시적인 영업양도의 합의 는 없었으나 피고들이 위 주식회사 동진의 사무실과 영업시설물을 인수 사용하고 그 영업의 내용도 위 주식회사 선경에 대한 노무제공으로서 전혀 동일하며, 위 회사 소속 근로자들을 종전의 직급, 임 금수준 상태대로 그 퇴직금까지 포함하여 인수하여 계속 근로를 인정하여 주고 그에 따른 상여금 또 는 퇴직금을 지급하여 온 점에 비추어 볼 때, 피고들이 공동하여 위 주식회사 동진의 영업 일체를 포괄적으로 양수한 것으로 보아야 할 것이고, 피고들은 공동양수인으로서 위 주식회사 동진의 피용 인인 원고에 대하여 연대하여 이 사건 임금 지급채무가 있다고 판시하였다.

> **키워드**
> 영업양도 계약, 채권계약, 묵시적 약정

▶정답 ④

1.2. 상행위

Ⅰ. 상행위 통칙

▶ 상행위, 보조적 상행위, 상사소멸시효 　　　　　　　　　　　　중요도 ★☆☆

014 M연립주택 재건축추진위원회는 A주식회사와 재건축사업을 위한 공사도급계약을 체결하였다. A주식회사의 실질적인 경영주로서 위 재건축사업을 사실상 주도한 甲은 재건축사업의 공사대금 등으로 사용한다는 명목으로 Y 등으로부터 자금을 융통하고, Y는 이에 대한 담보로서 M연립주택의 지분소유자인 X의 소유지분에 대하여 '지분전부 근저당권설정등기'를 하였다. 다음의 설명 중 옳지 않은 것은? (다툼이 있는 경우 판례에 의함)

① 甲이 A주식회사를 실질적으로 경영한 경우에도 甲을 상인으로 볼 수 없다.
② 甲의 재건축사업을 위한 사업자금 차용행위는 상인이 영업을 위하여 하는 행위로 추정되어 보조적 상행위에 해당한다.
③ 甲이 실질적으로 A회사를 경영하면서 금원을 차용한 것이라도 甲을 상인으로 볼 수 없다.
④ 甲이 본인의 명의로 자금을 차용한 이상 이러한 차용금채무를 상사채무로 볼 수 없다.
⑤ 甲의 차용금채무에 대해 10년의 소멸시효가 완성되어야 X는 이를 이유로 근저당권의 말소를 청구할 수 있다.

해 설

① |○| 실질적으로 경영하였다고 하여도 A주식회사가 상인이고 대표이사 혹은 경영주인 甲이 상인인 것은 아니다. 따라서 회사의 상행위가 되기 위해서는 甲이 대표이사명의로 행위해야 한다. 또한 甲이 사례의 차용행위를 함에 있어서 본인을 위한 의사가 없으므로, 즉 회사의 운용자금을 융통한 것이므로 자신을 위한 영업의사 또한 없다.

> [대법원 2012.7.26, 선고, 2011다43594, 판결] 대표이사 개인이 회사 자금으로 사용하기 위해서 차용한다고 하더라도 상행위에 해당하지 아니하여 차용금채무를 상사채무로 볼 수 없는 법리를 더하여 보면, 회사 설립을 위하여 개인이 한 행위는 그것이 설립중 회사의 행위로 인정되어 장래 설립될 회사에 효력이 미쳐 <u>회사의 보조적 상행위가 될 수 있는지는 별론으로 하고</u>, 장래 설립될 회사가 상인이라는 이유만으로 <u>당연히 개인의 상행위가 되어 상법 규정이 적용된다고 볼 수는 없다.</u>

키워드
회사의 상행위, 대표이사의 명의, 자신을 위한 영업의사

② |×| 甲이 개인명의로 한 것이고 대표이사 甲은 상인이 될 수 없으므로, 상인이 영업을 위해 한 것으로 볼 수 없다.

[대법원 2015.03.26. 선고 2014다70184 판결] 상인은 상행위로 인하여 생기는 권리·의무의 주체로서 상행위를 하는 것이고, 영업을 위하는 행위가 보조적 상행위로서 상법의 적용을 받기 위해서는 행위를 하는 자 스스로 상인 자격을 취득하는 것을 당연한 전제로 하며, 회사가 상법에 의해 상인으로 의제된다고 하더라도 회사의 기관인 대표이사 개인은 상인이 아니어서 비록 대표이사 개인이 회사 자금으로 사용하기 위해서 차용한다고 하더라도 상행위에 해당하지 아니하여 차용금채무를 상사채무로 볼 수 없다.

키워드
보조적 상행위, 대표이사, 회사자금, 개인명의, 민사채무

③ ㅣㅇㅣ ② 해설 참조
④ ㅣㅇㅣ ①, ② 해설 참조
⑤ ㅣㅇㅣ 상행위가 되지 않으므로 민사채무이다.

▶정답 ②

상사연대채무, 상사질권, 상사대리, 상사법정이율, 상사소멸시효   중도★☆☆

015 상법상 상행위에 관한 다음의 설명 중 옳지 않은 것은? (다툼이 있는 경우 판례에 의함)

① 상가건물의 일부에서 숙박업을 하는 공유자들이 건물의 관리를 담당하는 단체와 숙박사업장의 관리에 관한 계약을 체결한 경우, 숙박업의 공유자들은 연대하여 관리비 전액의 지급의무를 부담하지 않는다.
② 조합대리에 있어서 그 법률행위가 조합에게 상행위가 되는 경우에는 조합을 위한 것임을 표시하지 않았다고 하더라도 그 법률행위의 효력은 본인인 조합원 전원에게 미친다.
③ 상행위로 생긴 채권을 담보하기 위해 주식에 질권을 설정한 경우, 질권설정계약 등 약정으로 질권자가 가지는 권리의 범위와 행사 방법을 정할 수 있다.
④ 상인인 기부자가 재산을 지방자치단체의 공유재산으로 증여하기로 하고 해당 지방자치단체가 이를 승낙하는 채납의 의사표시를 함으로써 증여계약이 성립된 경우 이 증여계약에 의한 채권은 상사채권으로서 5년의 소멸시효기간이 적용된다.
⑤ 상인 간에서 금전소비대차가 있었음을 주장하면서 약정이자의 지급을 구하는 청구에는 약정이자율이 인정되지 않더라도 상법 소정의 법정이자의 지급을 구하는 취지가 포함되어 있다고 보아야 한다.

해설
① ㅣ×ㅣ 연대채무를 부담한다. 민법에서는 채무자가 수인인 경우에 특별한 의사표시가 없으면 각 채무자는 분할채무관계에 서게 되는 데 반하여(민법 제408조), 상법에서는 수인이 그 1인 또는 전원에게 상행위가 되는 행위로 인하여 채무를 부담한 때에는 연대하여 변제할 책임이 있는 것이다(제57조 제1항).

> [대법원 2009.11.12, 선고, 2009다54034,54041] 공유자가 공유물의 관리에 관하여 제3자와의 사이에 계약을 체결한 경우에 그 계약에 기하여 제3자가 지출한 관리비용의 상환의무를 누가 어떠한 내용으로 부담하는가는 일차적으로 당해 계약의 해석으로 정하여진다. 공유자들이 공유물의 관리비용을 각 지분의 비율로 부담한다는 내용의 민법 제266조 제1항은 공유자들 사이의 내부적인 부담관계에 관한 규정일 뿐인 것이다. 한편 상법 제57조는 "수인이 그 1인 또는 전원에게 상행위가 되는 행위로 인하여 채무를 부담한 때에는 연대하여 변제할 책임이 있다"고 정하고, 숙박업은 공중접객업으로서 거기에 정하는 상행위에 해당한다.

키워드
조합채무, 상행위, 상사연대채무

② |○| 상법이 적용되는 경우 표시하지 않아도 전원에게 효력이 미친다. 민법에서는 현명주의가 원칙이어서 대리인이 본인을 위한 것임을 표시하지 않고 한 행위에 대하여는 원칙적으로 대리인만이 책임을 지고(민법 제115조 본문), 상대방이 대리인으로서 한 것임을 알았거나 알 수 있었을 경우에만 본인이 책임을 진다(민법 제115조 단서). 그러나 상법은 민법에서의 현명주의와는 달리 비현명주의를 채택하고 있고, 그 근거는 상거래의 신속·안전을 위한 것이다.

> [대법원 2009.11.12, 선고, 2009다54034,54041 판결] 원칙적으로 대리행위는 본인을 위한 것임을 표시하여야 직접 본인에 대하여 효력이 생기는 것이고, 한편 민법상 조합의 경우 법인격이 없어 조합 자체가 본인이 될 수 없으므로, 이른바 조합대리에 있어서는 본인에 해당하는 모든 조합원을 위한 것임을 표시하여야 하나, 반드시 조합원 전원의 성명을 제시할 필요는 없고, 상대방이 알 수 있을 정도로 조합을 표시하는 것으로 충분하다. 그리고 상법 제48조는 "상행위의 대리인이 본인을 위한 것임을 표시하지 아니하여도 그 행위는 본인에 대하여 효력이 있다. 그러나 상대방이 본인을 위한 것임을 알지 못한 때에는 대리인에 대하여도 이행의 청구를 할 수 있다"고 규정하고 있으므로, 조합대리에 있어서도 그 법률행위가 조합에게 상행위가 되는 경우에는 조합을 위한 것임을 표시하지 않았다고 하더라도 그 법률행위의 효력은 본인인 조합원 전원에게 미친다.

키워드
조합대리, 상행위, 상사대리, 비현명

③ |○| 상거래의 당사자 간에는 유질계약이 허용된다고 하여도(제59조), 이를 유질계약을 허용하는 내용의 별도의 약정이 있어야 하고(2007다11996), 상행위로 생긴 채권을 담보하기 위해 주식에 질권을 설정한 경우, 질권설정계약 등 약정으로 질권자가 가지는 권리의 범위와 행사 방법을 정할 수 있다(2013다56839).

키워드
상사질권, 유질계약, 별도 약정

④ |○| 기부채납을 하는 자가 상인이므로 지방자치단체의 상인성과 관계없이 일방적 상행위에 해당하므로 상사채권으로서 5년의 소멸시효기간이 적용된다. 이는 기부채납을 하는 상인의 보조적 상행위이지만, 보조적 상행위에도 상사소멸시효가 적용되는 것이다.

> [대법원 2022. 4. 28. 선고 2019다272053 판결] 기부채납이란 지방자치단체 외의 자가 부동산 등의 소유권을 무상으로 지방자치단체에 이전하여 지방자치단체가 이를 취득하는 것으로서, 기부자가 재산을 지방자치단체의 공유재산으로 증여하는 의사표시를 하고 지방자치단체가 이를 승낙하는 채납의 의

사표시를 함으로써 성립하는 증여계약에 해당한다. 당사자 쌍방에 대하여 모두 상행위가 되는 행위로 인한 채권뿐만 아니라 당사자 일방에 대하여만 상행위에 해당하는 행위로 인한 채권도 상법 제64조에 정해진 5년의 소멸시효기간이 적용되는 상사채권에 해당한다. 이 경우 상행위에는 상법 제46조 각호에 해당하는 기본적 상행위뿐만 아니라 상인이 영업을 위하여 하는 보조적 상행위(상법 제47조)도 포함되고, 상인이 영업을 위하여 하는 행위는 상행위로 보되 상인의 행위는 영업을 위하여 하는 것으로 추정된다.

> **키워드**
> 상사대리, 위임의 본지, 선관주의 의무

⑤ |O| 상사법정이율까지 지급을 구하는 취지도 포함되어 있다고 본다. 상행위로 인한 채무의 법정이율은 연 6분이고(제54조), 일방적 상행위에도 성립한다. 이러한 채무는 상행위로 인한 채무와 실질적으로 동일한 채무, 즉 채무불이행으로 인한 손해배상채무, 계약해제로 인한 원상회복채무 등을 포함한다.

> [대법원 2007. 3. 15. 선고 2006다73072 판결] 상인 간에서 금전소비대차가 있었음을 주장하면서 약정이자의 지급을 구하는 청구에는 약정 이자율이 인정되지 않더라도 상법 소정의 법정이자의 지급을 구하는 취지가 포함되어 있다고 보아야 한다.
> 대여금에 대한 약정이자의 지급 청구에는 상법 소정의 법정이자의 지급을 구하는 취지도 포함되어 있다고 보아야 하므로, 법원으로서는 이자 지급약정이 인정되지 않는다 하더라도 곧바로 위 청구를 배척할 것이 아니라 법정이자 청구에 대하여도 판단하여야 한다.

> **키워드**
> 대주가 상인, 상사채권, 이자약정, 상사법정이율

▶ 정답 ④

▶ 상사유치권   중요도 ★★☆

016 「상법」상 유치권에 관한 다음의 설명 중 옳지 않은 것은? (다툼이 있으면 판례에 의함)

① 상사유치권에 있어서 유치물은 그 각 부분으로써 피담보채권의 전부를 담보하고, 이와 같은 유치권의 불가분성은 그 목적물이 분할 가능하거나 수 개의 물건인 경우에도 적용된다.
② 상사유치권은 당사자의 합의로 배제할 수 있으며, 그러한 합의에는 묵시적 합의도 포함된다.
③ 채무자 소유의 부동산에 관하여 이미 선행저당권이 설정되어 있는 상태에서 채권자의 상사유치권이 성립한 경우, 상사유치권자는 채무자 및 그 이후 그 채무자로부터 부동산을 양수하거나 제한물권을 설정 받는 자에 대해서는 대항할 수 있지만, 선행저당권자 또는 선행저당권에 기한 임의경매절차에서 부동산을 취득한 매수인에 대한 관계에서는 그 상사유치권으로 대항할 수 없다.
④ 채무자가 방치하여 둔 물건을 채권자가 일방적으로 점유로 취득한 경우 상사유치권이 성립하지 않는다.
⑤ 상사유치권은 상인간의 상행위로 인하여 발생한 채권에 대하여 성립하는 것이므로 채무자는 유치물의 점유시 뿐만 아니라 유치권이 성립한 이후에도 계속 상인자격을 유지해야 한다.

해 설

① |O| 민사유치권과 마찬가지이다. 민법 제321조는 "유치권자는 채권 전부의 변제를 받을 때까지 유치물 전부에 대하여 그 권리를 행사할 수 있다."라고 정하므로, 유치물은 그 각 부분으로써 피담보채권의 전부를 담보하고, 이와 같은 유치권의 불가분성은 그 목적물이 분할 가능하거나 수 개의 물건인 경우에도 적용되며, 상법 제58조의 상사유치권에도 적용된다.

> [대법원 2022. 6. 16. 선고 2018다301350 판결] 민법 제321조는 "유치권자는 채권 전부의 변제를 받을 때까지 유치물 전부에 대하여 그 권리를 행사할 수 있다."라고 정하므로, 유치물은 그 각 부분으로써 피담보채권의 전부를 담보하고, 이와 같은 유치권의 불가분성은 그 목적물이 분할 가능하거나 수 개의 물건인 경우에도 적용되며, 상법 제58조의 상사유치권에도 적용된다

키워드
상사유치권, 유치권의 불가분성

② |O| 묵시적 특약으로 유치권을 배제한 것으로 본다. 유치권은 채권자와 채무자 사이의 계약에 의하여 배척할 수 있다(제58조 단서). 이 경우에 특약은 명시 또는 묵시에 의해서도 성립될 수 있다. 또한 채무자의 지시 또는 채권자가 인수한 의무의 내용이 채권자가 물건 또는 유가증권을 일정한 방법으로 처리하여야 되는 것인 때에는 그 목적물을 유치할 수 없다.

> [대법원 2012.9.27, 선고, 2012다37176, 판결] 甲 주식회사에 대한 회생절차에서, 甲 회사에 대한 대출금 채권을 가지고 있던 乙 은행이 甲 회사한테서 추심위임을 받아 보관 중이던 丙 주식회사 발행의 약속어음에 관한 상사유치권 취득을 주장하며 그 어음금 상당의 채권을 회생담보권으로 신고하자 甲 회사의 관리인이 이를 부인하였는데, 대출금 약정 당시 계약에 편입된 乙 은행의 여신거래기본약관에는 '채무자가 채무이행을 지체한 경우, 은행이 점유하고 있는 채무자의 동산·어음 기타 유가증권을 담보로 제공된 것이 아닐지라도 계속 점유하거나 추심 또는 처분 등 처리를 할 수 있다'는 취지의 조항이 있는 사안에서, 추심위임약정만으로 위 어음에 관한 유치권 배제의 묵시적 약정이 있었다고 보아 상사유치권 성립을 부정한 원심판결에 법리오해의 위법이 있다고 본 사례

③ │○│ 선행 저당권에 대항할 수 없다. 판례는 채권자가 저당권이 있다는 사실을 안 경우로 한정하지 않고 그 상사유치권 성립당시 존재하고 있는 제한물권에는 대항하지 못한다고 본다. 판례는 "상사유치권이 채무자 소유의 물건에 대해서만 성립한다는 것은, 상사유치권은 성립 당시 채무자가 목적물에 대하여 보유하고 있는 담보가치만을 대상으로 하는 제한물권이라는 의미를 담고 있고, 따라서 유치권 성립 당시에 이미 목적물에 대하여 제3자가 권리자인 제한물권이 설정되어 있다면, 상사유치권은 그와 같이 제한된 채무자의 소유권에 기초하여 성립할 뿐이고, 기존의 제한물권이 확보하고 있는 담보가치를 사후적으로 침탈하지는 못한다고 보아야 한다"고 설시한다.

> 키워드
> 상사유치권, 선행저당권, 제한적 유치권

④ │○│ 방치한 물건을 무단으로 점유하는 경우 유치권을 행사할 수 없다. 채무자의 의사에 기해 이전받은 물건이어야 하기 때문이다. 목적물은 채권자가 채무자와의 상행위로 인하여 채권자가 점유를 취득하게 된 것이어야 한다. 이 경우 상행위는 반드시 쌍방적 상행위일 필요는 없으나 적어도 채권자에게는 상행위이어야 한다. 또한 채무자의 의사에 반하는 취득은 허용되지 않으므로 판례는 채무자가 방치하여 둔 물건을 채권자가 그 점유를 일방적으로 취득한 경우 상사유치권이 성립하지 않는다고 하였다.

> [대법원 2010.07.02. 자 2010그24 결정] 상대방이 비록 원심 판시와 같이 2009. 1.경부터 이 사건 선박블록 5조를 직접 점유·지배해 온 것이라 하더라도, 아시아중공업에 대한 상행위로 인하여 이 사건 선박블록 5조를 점유하게 되었다고 볼 만한 사정은 없으므로, 원심으로서는 상대방이 이 사건 선박블록 5조를 점유하게 된 시기, 경위, 방법 등을 좀더 살펴 아시아중공업에 대한 상행위로 인하여 이 사건 선박블록 5조를 점유하게 되었는지 여부를 판단하였어야 할 것이다. 그럼에도 위와 같은 조치를 취하지 않은 채 상대방이 이 사건 선박블록 5조를 점유·지배해왔다는 판단만으로 바로 이 사건 선박블록 5조에 대한 상대방의 상사유치권을 인정한 것은 상사유치권의 요건인 점유에 관한 법리를 오해하여 결과에 영향을 미친 위법이 있다 할 것이다.

⑤ │×│ 성립시에만 상인자격이 요구된다. 유치권의 성립 시 당연히 채권자는 상인이어야 한다. 채무자의 경우에도 마찬가지이다. 상사유치권의 피담보채권이 상인 간이어야 하는 점, 제57조에서 신용강화를 위한 연대채무의 발생에 있어 채무자가 상인이어야 하는 점 등을 본다면 채무자도 유치물의 점유개시 시점에 상인자격을 갖추어야 하는 것으로 해석한다. 그러나 유치권이 성립한 이후에까지 상인자격이 요구되는 것은 아니다.

> 키워드
> 상사유치권, 피담보채권, 쌍방적 상행위, 유치권 성립시

▶ 정답 ⑤

상사소멸시효

중요도 ★★★

017 상사소멸시효에 관한 다음의 설명 중 옳은 것은? (다툼이 있는 경우 판례에 의함)

① 건설자재 등 판매업을 하는 상인 甲이 乙 주식회사를 상대로 제기한 물품대금 청구소송에서 甲 승소판결이 확정된 후 비상인 丙이 乙 회사의 물품대금채무를 연대보증한 경우, 甲의 丙에 대한 보증채권은 특별한 사정이 없는 한 소멸시효는 10년이다.
② 甲 은행으로부터 대출받으면서 근저당권설정비용 등을 부담한 채무자 乙이 그 비용 등 부담의 근거가 된 약관 조항이 약관의 규제에 관한 법률에 따라 무효라고 주장하면서 비용 등 상당액의 부당이득 반환을 구한 경우에 이 부당이득 반환채권의 소멸시효는 10년이다.
③ 다수의 전기수용가와 체결되는 전기공급계약 약관 등에, 계약종별 외의 용도로 전기를 사용하면 전기요금 면탈금액의 2배에 해당하는 위약금을 부과한다고 되어 있으나, 별도로 면탈한 전기요금 자체 또는 손해배상을 청구할 수 있도록 하는 규정은 없고 면탈금액에 대해서만 부가가치세 상당을 가산하도록 되어 있는 경우, 이 약관에 의한 위약금 지급채무는 민법의 단기소멸시효가 적용되지 않으므로 소멸시효는 5년이다.
④ 수급인의 담보책임에 기한 하자보수에 갈음하는 손해배상청구권에 대하여는 민법 제670조 또는 제671조의 제척기간이 적용되는 것이고 도급이 상행위에 해당한다고 하여도 상법 제64조의 상사시효의 적용은 없다.
⑤ 기존회사가 채무를 면탈하기 위해 신설회사를 설립한 경우 기존회사의 소멸시효가 완성되지 않은 경우에도, 신설회사는 자신에 대해 별도로 소멸시효가 완성되었음을 주장할 수 있다.

해설

① |×| 5년의 상사시효이다. 보증채무는 주채무와는 별개의 독립한 채무이므로 보증채무와 주채무의 소멸시효기간은 그 채무의 성질에 따라 각각 별개로 정해진다(2010다28031). 그 성질에 따라 보증인에 대한 채권이 민사채권인 경우에는 10년, 상사채권인 경우에는 5년의 소멸시효기간이 적용된다. 또한 당사자 쌍방에 대하여 모두 상행위가 되는 행위로 인한 채권뿐만 아니라 당사자 일방에 대하여만 상행위에 해당하는 행위로 인한 채권도 상법 제64조에서 정한 5년의 소멸시효기간이 적용되는 상사채권에 해당하고, 여기에서 말하는 상행위에는 상인이 영업을 위하여 하는 상법 제47조의 보조적 상행위도 포함된다. 乙은 주식회사이므로 상인에 해당하고 물품대금채무를 위한 보증계약을 체결한 것은 영업을 위하여 한 것으로 볼 수 있으므로 乙에게 상행위가 되므로 상사채권의 소멸시효가 적용된다.

> [대법원 2014.6.12. 선고, 2011다76105] 보증채무는 주채무와는 별개의 독립한 채무이므로 보증채무와 주채무의 소멸시효기간은 채무의 성질에 따라 각각 별개로 정해진다. 그리고 주채무자에 대한 확정판결에 의하여 민법 제163조 각 호의 단기소멸시효에 해당하는 주채무의 소멸시효기간이 10년으로 연장된 상태에서 주채무를 보증한 경우, 특별한 사정이 없는 한 보증채무에 대하여는 민법 제163조 각 호의 단기소멸시효가 적용될 여지가 없고, 성질에 따라 보증인에 대한 채권이 민사채권인 경우에는 10년, 상사채권인 경우에는 5년의 소멸시효기간이 적용된다.

키워드
승소판결, 연대보증, 소멸시효, 개별적 판단

② |×| 5년의 시효이다. 상사계약의 해제로 인한 원상회복청구권에는 상사시효가 적용된다고 보는 것이 통설과 판례이다. 다만 상사계약의 해제로 인한 부당이득반환청구권에도 상사시효가 적용되는지 여부에 대하여는 견해가 나뉜다. 판례는 이 경우 그 소멸시효기간을 정함에 있어서는 상거래와 같은 정도로 신속하게 해결할 필요성에 따라 민사시효 또는 상사시효의 적용여부를 결정하고 있다. 요컨대 상거래와 같은 정도로 신속하게 해결할 필요성이 있는지를 기준으로 한다. 이 경우의 부당이득반환채권은 상행위로 인한 채권에 준하는 채권으로 보았다.

> [대법원 2014.07.24. 선고 2013다214871 판결] 당사자 쌍방에 대하여 모두 상행위가 되는 행위로 인한 채권뿐만 아니라 당사자 일방에 대하여만 상행위에 해당하는 행위로 인한 채권도 상법 제64조 소정의 5년의 소멸시효기간이 적용되는 상사채권에 해당한다. 그리고 상행위로부터 생긴 채권뿐 아니라 이에 준하는 채권에도 상법 제64조가 적용되거나 유추적용된다.

키워드
은행대출, 약관무효, 부당이득반환, 5년

③ |○| ② 설명 참고.

> [대법원 2014.6.12. 선고, 2011다76105 판결] 다수의 전기수용가와 사이에 체결되는 전기공급계약에 적용되는 약관 등에, 계약종별 외의 용도로 전기를 사용하면 그로 인한 전기요금 면탈금액의 2배에 해당하는 위약금을 부과한다고 되어 있지만, 그와 별도로 면탈한 전기요금 자체 또는 손해배상을 청구할 수 있도록 하는 규정은 없고 면탈금액에 대해서만 부가가치세 상당을 가산하도록 되어 있는 등의 사정이 있는 경우, 위 약관에 의한 위약금은 손해배상액의 예정과 위약벌의 성질을 함께 가지는 것으로 봄이 타당하다. 그리고 계약종별 위반으로 약관에 의하여 부담하는 위약금 지급채무는 전기의 공급에 따른 전기요금 채무 자체가 아니므로, 3년의 단기소멸시효가 적용되는 민법 제163조 제1호의 채권, 즉 '1년 이내의 기간으로 정한 금전의 지급을 목적으로 한 채권'에 해당하지 않는다. 그러나 '영업으로 하는 전기의 공급에 관한 행위'는 상법상 기본적 상행위에 해당하고(상법 제46조 제4호), 전기공급주체가 공법인인 경우에도 법령에 다른 규정이 없는 한 상법이 적용되므로(상법 제2조), 그러한 전기공급계약에 근거한 위약금 지급채무 역시 상행위로 인한 채권으로서 상법 제64조에 따라 5년의 소멸시효기간이 적용된다.

키워드
전기공급계약, 기본적 상행위, 위약금채무, 5년

④ |×| 상사시효가 적용된다. ② 설명 참고.

> [대법원 2013.11.28. 선고 2012다202383 판결] 도급인의 손해배상청구권에 대하여는 그 권리의 내용·성질 및 취지에 비추어 민법 제162조 제1항의 채권 소멸시효의 규정 또는 그 도급계약이 상행위에 해당하는 경우에는 상법 제64조의 상사시효의 규정이 적용된다고 할 것이고, 민법 제670조 또는 제671조의 제척기간 규정으로 인하여 위 각 소멸시효 규정의 적용이 배제된다고 볼 수 없다.

키워드
도급, 상행위, 상사소멸시효

⑤ |×| 소멸시효를 주장할 수 없다. 기존회사의 채무를 면탈하기 위해 설립된 신설회사는 회사제도를 남용한 것으로 보아, 신의성실의 원칙상 별도로 소멸시효가 완성되었다고 주장하는 것은 허용되지 않는다.

> [대법원 2024. 3. 28. 선고 2023다265700 판결] 기존회사가 채무를 면탈하기 위하여 기업의 형태·내용이 실질적으로 동일한 신설회사를 설립하였다면, 신설회사의 설립은 기존회사의 채무면탈이라는 위법한 목적 달성을 위하여 회사제도를 남용한 것에 해당한다. 이러한 경우에 기존회사의 채권자에 대하여 위 두 회사가 별개의 법인격을 갖고 있음을 주장하는 것은 신의성실의 원칙상 허용될 수 없으므로, 기존회사의 채권자는 두 회사 어느 쪽에 대하여도 채무의 이행을 청구할 수 있다. 나아가 기존회사에 대한 소멸시효가 완성되지 않은 상태에서 신설회사가 기존회사와 별도로 자신에 대하여 소멸시효가 완성되었다고 주장하는 것 역시 별개의 법인격을 갖고 있음을 전제로 하는 것이어서 신의성실의 원칙상 허용될 수 없다.

키워드
근로계약, 보조적 상행위, 상사소멸시효

▶ 정답 ③

상호계산의 대상, 상호계산 기간, 계산의 효력   중요도 ★☆☆

018 상법상 상호계산에 관한 설명으로 옳지 않은 것은? (다툼이 있는 경우 판례에 의함)

① 상호계산의 대상이 되는 채무는 일괄상계가 가능한 금전채무에 한정되지만 어음과 같은 유가증권상의 권리 자체는 상호계산의 대상이 되지 않는다.
② 당사자가 상호계산 기간을 정하지 않은 때에는 그 기간은 6개월로 한다.
③ 상호계산에 계입된 채권·채무의 각 항목에 대하여는 계입된 날로부터 이자를 붙이는 약정이 허용되지 않으나 채권자는 확정된 잔액채권에 대해서 계산폐쇄일 이후의 법정이자를 청구할 수 있다.
④ 상호계산의 당사자가 채권·채무의 각 항목을 기재한 계산서를 승인하더라도 착오나 탈루가 있는 경우 그 각 항목에 대하여 이의를 제기할 수 있다.
⑤ 상호계산의 각 당사자는 특별한 예고 없이 언제든지 계약을 해지할 수 있다.

해설

① |O| 원칙적으로 대상이 되지 않는다. 어음이나 수표와 같은 유가증권(상업증권)은 그 성질상 제시증권성과 상환증권성 등으로 인하여 유가증권의 법리가 적용되어 특수한 행사방법이 요구되기 때문에 상호계산의 대상에서 원칙적으로 제외된다. 다만 유가증권 수수의 대가관계상의 채권은 상호계산능력이 있다(제73조 참조). 상호계산의 당사자인 A가 B에게 甲이 발행한 1억원의 어음을 배서양도하고 그 대가로 9천만원을 장래 받기로 하는 경우, B가 부담하는 9천만원의 채무는 유가증권 수수의 대가로서 상호계산의 대상이 될 수 있다. 이 경우 주의해야 할 점은 상호계산능력이 있는 채권채무는 9천만원이지 1억원이 아니다. 1억원은 어음상의 채무이어서 상호계산의 대상이 될 수 없는 것이고, 그 수수의 대가관계상의 채무인 9천만원 이 대상이 된다.

> **키워드**
> 상호계산 대상, 금전채권, 유가증권상 권리

② |○| 정하지 않은 경우 6개월이다(제74조).

> **키워드**
> 상호계산 기간, 약정, 6개월

③ |×| 계입된 날로부터 이자를 약정하는 것도 가능하다. 원칙적으로 상계로 인한 잔액에 대하여는 채권자는 계산폐쇄일 이후의 법정이자를 청구할 수 있다(제76조 제1항). 그러나 약정에 따라 계입한 날로부터 이자를 붙일 것을 약정할 수 있다(제76조 제2항).

> **키워드**
> 상호계산, 약정이자, 법정이자

④ |○| 착오나 탈루가 있는 경우 이의를 제기할 수 있다. 상법 제75조 후단이 "착오나 탈루가 있는 때에는 그러하지 아니하다"라고 규정하고 있는 점이다. 이에 관하여는 (i) 승인행위 자체의 효력을 다툴 수 있다는 법문에 충실한 견해, (ii) 항목에 대한 착오나 탈루가 있는 경우에도 잔액확정의 효력은 변함이 없고, 다만 부당이득반환으로 정리할 수 있다는 통설이 있다.

> **키워드**
> 상호계산 효력, 잔액채권 성립, 착오/탈루

⑤ |○| 언제든지 해지할 수 있다. 각 당사자는 언제든지 상호계산을 해지할 수 있다. 이 경우에는 즉시 계산을 폐쇄하고 잔액의 지급을 청구할 수 있다(제77조).

> **키워드**
> 상호계산 해지, 언제든지

▶정답 ③

Ⅱ. 상행위 각칙

▶ 상사매매, 경매권, 하자검사통지의무 중요도 ★★★

019 甲 유한회사는 乙 주식회사와 토지의 매매계약을 체결하고 乙회사는 토지의 소유권을 이전하였다. 소유권 이전 후 甲회사는 乙회사가 유류, 중금속 등으로 오염된 토지를 매도하였다는 이유로 매도인에게 손해배상을 청구하고자 한다. 그러나 甲 회사는 토지를 인도받아 소유권이전등기를 마친 때로부터 6개월이 훨씬 경과한 후에야 토지에 토양 오염 등의 하자가 있음을 통지하였다. 다음 설명 중 옳은 것을 모두 고른 것은? (각 지문은 독립적이고, 다툼이 있는 경우에는 판례에 의함)

> ㄱ. 甲회사와 乙회사와의 매매계약은 상인간의 매매계약에 해당하고 이들의 행위는 영업을 위하여 하는 것으로 추정한다.
> ㄴ. 만약 乙이 소유권을 이전하고자 하나 甲이 수령을 지체하는 경우 乙은 상당한 기간을 정하여 수령을 최고한 후 공탁할 수 있고, 공탁이 부적합한 경우 법원의 허가를 얻어 경매할 수 있다.
> ㄷ. 甲과 乙의 매매계약은 상사매매에 해당하므로 상법상 상사매매의 특칙이 적용되어야 하나, 당사자 간의 반대의 약정이 있는 경우 상사매매의 특칙은 적용이 없다.
> ㄹ. 甲은 소유권을 이전한 후 6개월이 지나 하자가 있음을 통지하였지만, 乙이 오염된 토지의 소유권을 이전한 것에 대해 甲은 乙에게 불완전이행으로 인한 손해배상을 청구할 수 있다.
> ㅁ. 상인 간의 매매에서 매수인이 목적물을 수령한 때에는 지체 없이 이를 검사하여 하자 또는 수량의 부족을 발견한 경우에는 즉시, 즉시 발견할 수 없는 하자가 있는 경우에는 6개월 내에 매수인이 매도인에게 그 통지가 도달하지 아니하면 그로 인한 계약해제, 대금감액 또는 손해배상을 청구하지 못한다.

① ㄱ, ㄹ　　② ㄴ, ㄷ
③ ㄱ, ㄴ, ㄹ　　④ ㄱ, ㄷ, ㄹ
⑤ ㄱ, ㄴ, ㄷ, ㅁ

해설

ㄱ. |○| 회사는 모두 상인이므로(제4조, 제5조), 회사 간의 매매계약은 상사매매계약에 해당한다. 또한 상인이 하는 행위는 영업을 위하여 하는 것으로 추정된다(제47조 제2항).

> **키워드**
> 상사매매계약, 쌍방적 상행위

ㄴ. |×| 법원의 허가를 얻을 필요가 없다. 상법은 매수인의 수령지체가 있는 경우에 매도인에게 공탁과 경매 중 선택할 수 있는 권리를 부여하고 있다(제67조 제1항). 이는 민법상 채권자(매수인)가 수령지체에 빠져 있는 경우, 공탁이 원칙이고 경매가 예외인 점과 다르다. 또한 이중 한 권리를 행사한 후에도 이를 변경하여 다른 권리를 행사할 수도 있다. 경매권에서도 민법상 요건인 공탁부적합 등의 요건이 필요하지 않고, 법원의 허가도 필요 없다. 다만, 경매를 하기 위하여 매수인에게 상당한 기간을 정하여 수령을 최고하여야 하지만(제67조 제1항 1문 후단), 수령을 최고할 수 없거나 목적물이 멸실·훼손될 염려가 있는 경우에는 최고도 필요 없다.

> **키워드**
> 상사매매계약, 수령지체, 공탁 또는 경매권의 행사, 법원의 허가 없이

ㄷ. |○| 특약으로 배제할 수 있다. 상사매매에 관한 상법의 특칙은 임의규정이므로 당사자간에 다른 특약이 없어야 한다.

> [대법원 2008.5.15. 선고 2008다3671 판결] 상인간의 매매에 있어서 매수인이 목적물을 수령한 때에는 지체없이 이를 검사하여야 하며 하자 또는 수량의 부족을 발견한 경우에는 즉시, 즉시 발견할 수 없는 하자가 있는 경우에는 6월 내에 매수인이 매도인에게 그 통지를 발송하지 아니하면 이로 인한 계약해제, 대금감액 또는 손해배상을 청구하지 못하도록 규정하고 있는 상법 제69조 제1항은 민법상의 매도인의 담보책임에 대한 특칙으로 전문적 지식을 가진 매수인에게 신속한 검사와 통지의 의무를 부과함으로써 상거래를 신속하게 결말짓도록 하기 위한 규정으로서 그 성질상 임의규정으로 보아야 할 것이고 따라서 당사자간의 약정에 의하여 이와 달리 정할 수 있다고 할 것이다.

> **키워드**
> 상사매매, 임의규정, 합의에 의한 배제

ㄹ. |○| 불완전이행의 경우에는 상사매매특칙의 적용이 없다. 상인 간의 매매에서 매수인이 목적물을 수령한 때에는 지체 없이 이를 검사하여 하자 또는 수량의 부족을 발견한 경우에는 즉시, 즉시 발견할 수 없는 하자가 있는 경우에는 6개월 내에 매수인이 매도인에게 그 통지를 발송하지 아니하면 그로 인한 계약해제, 대금감액 또는 손해배상을 청구하지 못하도록 규정하고 있는 상법 제69조 제1항은 민법상 매도인의 담보책임에 대한 특칙으로서, 채무불이행에 해당하는 이른바 불완전이행으로 인한 손해배상책임을 묻는 청구에는 적용되지 않는다.

> [대법원 2015.6.24. 선고 2013다522 판결] 甲 유한회사가 乙 주식회사를 상대로 乙 회사가 유류, 중금속 등으로 오염된 토지를 매도하였다는 이유로 매도인의 하자담보책임 또는 불완전이행으로 인한 손해배상을 구한 사안에서, 甲 회사와 乙 회사의 매매계약은 상인 간의 매매인데 甲 회사가 토지를 인도받아 소유권이전등기를 마친 때부터 6개월이 훨씬 경과한 후에야 토지에 토양 오염 등의 하자가 있음을 통지하였다는 이유로 하자담보책임에 기한 손해배상청구는 배척하고, 乙 회사가 오염된 토양을 정화하지 않은 채 토지를 인도한 것은 불완전이행에 해당한다는 이유로 오염된 토양을 정화하는데 필요한 비용 상당의 손해배상책임을 인정한 원심판단이 정당하다.

> **키워드**
> 상사매매, 하자담보책임의 특칙, 불완전이행, 채무불이행책임

ㅁ. |×| 도달되어야 하는 것이 아니고 발송되어야 한다. 상인간의 매매에 있어서 매수인이 목적물을 수령한 때에는 지체 없이 이를 검사하여야 하며 하자 또는 수량의 부족을 발견한 경우에는 즉시 매도인에게 그 통지를 발송하지 아니하면 이로 인한 계약해제, 대금감액 또는 손해배상을 청구하지 못한다.

> **키워드**
> 즉시 발견할 수 없는 하자, 6개월 내

▶ 정답 ④

▶ 대리상

중요도 ★★☆

020 상법상 대리상에 관한 다음의 설명 중 옳지 않은 것은? (다툼이 있는 경우 판례에 의함)

① 상품의 공급자로부터 제공된 상품을 자기명의로, 상품공급자의 계산으로 판매하는 자의 영업소를 대리점이라고 하는 경우에 이는 상법상 대리상에 해당한다.
② 대리상은 거래의 대리 또는 중개를 한 때에는 지체없이 본인에게 그 통지를 발송하여야 할 의무를 부담함에 반하여, 상업사용인은 다른 정함이 없는 한 통지의무를 지지 않는다.
③ 대리상은 일정한 상인을 위하여 거래의 대리 또는 중개를 한다는 점에서 불특정다수인을 보조하는 중개인 또는 위탁매매인과는 구별된다.
④ 계약체결 경위, 영업을 위하여 투입한 자본과 그 회수 규모 및 영업 현황 등 제반 사정에 비추어 대리상과 마찬가지의 보호필요성이 인정된다는 요건을 모두 충족하는 때에는, 상법상 대리상이 아니더라도 대리상의 보상청구권에 관한 상법 제92조의2가 유추적용된다.
⑤ 대리상이 유치권을 행사하기 위한 유치목적물은 대리상이 본인을 위하여 그 점유를 취득한 것이면 충분하고 그것이 누구의 소유인지는 불문한다.

해설

① | × | 이는 위탁매매에 해당한다. 자기명의, 타인계산으로 하기 때문이다. 대리상은 타인명의, 타인계산으로 거래를 하는 자이다. 일정한 상인을 위하여 상업사용인이 아니면서 상시 그 영업부류에 속하는 거래의 대리 또는 중개를 영업으로 하는 자를 대리상이라 한다(제87조). 상법 제87조는 일정한 상인을 위하여 상업사용인이 아니면서 상시 그 영업부류에 속하는 거래의 대리 또는 중개를 영업으로 하는 자를 대리상으로 규정하고 있는데, 어떤 자가 제조자나 공급자와 사이에 대리점계약이라고 하는 명칭의 계약을 체결하였다고 하여 곧바로 상법 제87조의 대리상으로 되는 것은 아니고, 그 계약 내용을 실질적으로 살펴 대리상에 해당하는지 여부를 판단하여야 한다(2011다28342).

> 키워드
> 위탁매매, 자기명의/타인계산

② | ○ | 상업사용인은 통지의무가 없다. 대리상이 거래의 대리 또는 중개를 한 때에는 지체 없이 본인에게 그 통지를 발송하여야 한다(제88조). 대리상이 이를 해태한 때에는 손해배상책임을 진다.

> 키워드
> 대리상, 선관주의 의무, 통지의무

③ | ○ | 대리상은 상업사용인이 아닌 독립한 상인이다. 대리상은 기업의 외부에서 독립한 상인으로서 기업을 보조하는 자로서, 상명하복의 관계에 있는 상업사용인과 구별된다. 일정한 상인을 위하여 거래의 대리 또는 중개를 한다. 이 점에서 불특정다수인을 보조하는 중개인 또는 위탁매매인과는 다르다. '상시' 거래의 대리 또는 중개를 하여야 하므로, 대리상은 본인인 상인과 계속적 거래관계에 있어야 한다.

> 키워드
> 대리상, 일정한 상인, 상행위의 대리

④ ㅣㅇㅣ 판례는 상법상의 대리상이 아닌 경우라도 대리상과 유사한 업무를 수행하였다면 이 규정을 유추적용한다. 유추적용에 관한 판례의 기준은 다음과 같다. ① 특정한 판매구역에서 제품에 관한 독점판매권을 가지면서 제품판매를 촉진할 의무와 더불어 제조자나 공급자의 판매활동에 관한 지침이나 지시에 따를 의무 등을 부담하는 경우처럼 계약을 통하여 사실상 제조자나 공급자의 판매조직에 편입됨으로써 대리상과 동일하거나 유사한 업무를 수행하였고, ② 자신이 획득하거나 거래를 현저히 증가시킨 고객에 관한 정보를 제조자나 공급자가 알 수 있도록 하는 등 고객관계를 이전하여 제조자나 공급자가 계약 종료 후에도 곧바로 그러한 고객관계를 이용할 수 있게 할 계약상 의무를 부담하였으며, ③ 계약체결 경위, 영업을 위하여 투입한 자본과 그 회수 규모 및 영업 현황 등 제반 사정에 비추어 대리상과 마찬가지의 보호필요성이 인정된다는 요건을 모두 충족하는 때에는, 상법상 대리상이 아니더라도 대리상의 보상청구권에 관한 상법 제92조의2를 유추적용하였다(2011다28342).

> **키워드**
> 대리상, 보수청구권, 유사한 행위, 유추적용

⑤ ㅣㅇㅣ 일반상사유치권과 달리 채무자 소유일 것을 요구하지 않는다. 피담보채권은 변제기가 도래한 것으로서 거래의 대리 또는 중개로 인한 채권에 한정된다. 유치목적물은 대리상이 본인을 위하여 그 점유를 취득한 것이면 충분하고 그것이 누구의 소유인지는 불문한다. 피담보채권과 목적물 사이에 개별적인 관련성을 요하지 않으며, 유치권의 성립을 배제하는 반대약정이 없어야 한다(제91조 단서). 일반상사유치권과는 달리 목적물이 채무자의 소유임을 요하지 않는다.

> **키워드**
> 대리상, 특별상사유치권, 개별적 견련성 없이, 소유자 불문

▶정답 ①

▶ 상사중개인의 보관의무, 묵비의무, 보수청구권   중요도 ★☆☆

021 「상법」제93조의 중개인에 관한 다음의 설명 중 옳지 않은 것은? (다툼이 있으면 판례에 의함)

① 중개한 행위에 관하여 견품을 받은 때에는 그 행위가 완료될 때까지 이를 보관할 의무가 있고, "행위가 완료된 때"란 중개행위가 완료된 때가 아니라, 분쟁이 발생하지 않을 것이 확실하게 된 때를 의미한다.
② 중개인이 임의로 당사자의 일방의 성명 또는 상호를 상대방에게 표시하지 아니한 때 상대방은 중개인에 대하여 이행을 청구할 수 있고, 중개인이 거래상대방이 된다.
③ 중개인은 특별한 약정이 없어도 중개행위에 대한 보수를 청구할 수 있으나, 계약체결만으로 보수청구권이 발생하는 것은 아니고 결약서의 교부까지 있어야 한다.
④ 중개인은 상행위의 중개를 하는 자이므로 거래 당사자 중 적어도 일방은 상인이어야 한다.
⑤ 불특정 다수를 위해 일한다는 점에서 중개대리상과 다르지만 중개행위를 한다는 점은 같다.

해설

① |O| 행위가 완료된 때는 계약의 체결 등 중개행위가 완료된 시점을 의미하는 것이 아니고, 분쟁이 발생하지 않을 것이 확실하게 된 때를 의미한다(통설).

> **키워드**
> 중개인, 보관의무, 분쟁이 발생하지 않을 것이 확실한 때

② |×| 개입의무를 부담할 뿐 거래상대방이 되는 것은 아니다. 요청에 의한 것이든 임의적으로 한 것이든 관계없이 일방이 성명 등을 알리지 않으면 타방 계약당사자는 거래 상대방을 알 수 없으므로 중개인에게 이행의무만을 부담시킨 것이다(제99조). 책임을 지는 경우에도 중개인이 거래의 당사자가 되는 것은 아니다. 따라서 이행책임만을 부담할 뿐 상대방에게 이행을 청구하지 못한다. 이점에서 위탁매매인이 행사하는 개입권과 다르다(제107조). 위탁매매인이 개입권을 행사하면 계약의 당사자가 된다. 중개인은 단순히 담보책임을 부담하는 것이며, 중개인이 이행하는 경우 본래 책임을 부담하는 당사자에게 구상권을 행사할 수 있다.

> **키워드**
> 중개인, 묵비의무, 개입의무, 이행책임만 부담

③ |O| 중개인은 독립한 상인이다. 따라서 특별한 약정이 없어도 타인을 위해 일한 경우이므로 제62조에 따라 보수를 청구할 수 있다. 그러나 이러한 보수청구권이 성립하기 위해서는 단순히 중개 행위만을 한 것으로는 부족하고 계약의 체결이 완성되어야 한다. 중개행위의 결과 계약이 유효하게 성립하므로 계약이 성립한 이상 이후 채무불이행 등이 사정이 존재해도 보수청구권에 영향을 미치지 않는다. 유효한 성립을 조건으로 하므로 결약서의 교부가 있어야만 보수청구권을 행사할 수 있다(제100조 제1항).

> **키워드**
> 중개인의 보수청구권, 계약체결 완성, 결약서 교부

④ |O| 상행위의 중개이므로 당사자 중 1인에게는 상행위가 되어야 한다. 만약 거래 당사자 모두에게 상행위가 되지 않는 행위를 중개하는 경우 제93조가 말하는 중개인이 아니다. 다만 그러한 중개행위를 하는 자(예컨대 혼인중개업소)는 제46조의 기본적 상행위(제11호)에 해당하므로 당연상인이 될 수는 있다(민사중개인).

> **키워드**
> 민사중개인, 상사중개인, 상행위의 중개, 일방적 상행위

⑤ |O| 중개대리상은 대리상의 일종이므로 '일정한 상인'을 위해 일한다. 그러나 중개인과 위탁매매인은 불특정다수를 위해 일한다. 다만 대리상, 중개인, 위탁매매인이 독립한 상인이라는 점은 같다.

> **키워드**
> 중대대리상, 일정한 상인, 중개인, 불특정 다수

▶ 정답 ②

▶ 익명조합의 개념, 당사자   중요도 ★★☆

022 「상법」상 익명조합에 관한 다음의 설명 중 옳지 않은 것은? (다툼이 있는 경우 판례에 의함)

① 대외관계에 있어서는 어느 주식회사의 지방출장소장으로 되어 있으나 대내적으로는 그 회사의 영업을 위하여 출자를 하고 그 영업에서 생기는 이익의 분배를 받을 것을 약정한 사실이 인정될 수 있는 경우에는 특별한 사정이 없는 한, 출자를 한 자와 회사와의 관계는 익명조합관계이다.

② 익명조합계약에서 손실의 분담은 익명조합의 본질적 요소가 아니지만, 공동기업의 일반원칙에 비추어 명시적인 반대의 특약이 없는 이상 이를 분담하기로 하는 묵시적 약정이 있는 것으로 추정한다.

③ 익명조합계약의 당사자는 영업자와 익명조합원이고 익명조합원은 상인이든 비상인이든 상관이 없으나 영업자는 상인이어야 한다.

④ 영업의 수행은 영업자만이 부담하고, 영업자가 정당한 사유 없이 영업을 개시하지 아니하거나 영업을 휴업 또는 폐지한 경우에는 익명조합원은 채무불이행을 이유로 손해배상을 청구하거나 계약을 해지할 수 있다.

⑤ 익명조합원은 영업을 수행할 권리가 없으므로 제3자와 법률관계를 가질 여지도 없고, 영업자의 경영에 참여할 수도 없으므로 영업에 관한 감시권한도 행사할 수 없다.

해 설

① | O | 이러한 경우 익명조합으로 본다. 익명조합은 계약이다. 익명조합원과 영업자가 체결하는 유상, 쌍무, 불요식, 낙성계약으로서, 민법상의 전형계약이 아닌 상법상의 특수한 계약이다. 계약의 내용은 익명조합원은 출자하고, 영업자는 이익을 분배할 것을 약정하는 것이고, 이것이 익명조합계약의 본질적 요소가 된다.

> [대법원 1957.11.18 선고 4290민상 616 판결] 대외관계에 있어서는 어느 주식회사의 지방출장소장으로 되어 있으나 대내적으로는 그 회사의 영업을 위하여 출자를 하고 그 영업에서 생기는 이익의 분배를 받을 것을 약정한 사실이 인정될 수 있는 경우에는 특별한 사정이 없는 한, 출자를 한 자와 회사와의 관계가 익명조합관계라고 한 경우.

키워드
익명조합의 본질적 요소, 출자, 이익분배

② | O | 손실부담 관련 규정이 있으나 임의규정이므로 본질적 요소가 아니다. 다만 손실의 분담은 익명조합의 본질적 요소가 아니지만, 공동기업의 일반원칙에 비추어 명시적인 반대의 특약이 없는 이상 이를 분담하기로 하는 묵시적 약정이 있는 것으로 추정한다.

키워드
손실분담, 임의규정, 합의에 의한 배제

③ | O | 익명조합원은 상인이 아니어도 관계없으나 영업자는 상인이어야 한다. 익명조합계약의 당사자는 영업자와 익명조합원이다. 익명조합원은 상인이든 비상인이든 상관이 없으나, 영업자는 상인이어야 한다. 익명조합에 있어 익명조합원의 출자는 영업자의 영업을 위한 것이며, 영업자는 영업으로 인한 이익을 분배하여 주기 때문이다. 하지만 영업자의 상인자격이 계약체결 당시에 존재하여야 하는 것은 아니며 계약 체

결을 통하여 그의 영업의사가 상대방에게 객관적으로 인식가능하게 되어 비로소 상인자격을 취득한 경우라도 상관이 없다.

> **키워드**
> 익명조합의 영업자, 영업자의 영업

④ ｜○｜ 익명조합원이 출자한 금전 기타의 재산은 영업자의 재산으로 본다(제79조). 영업의 수행은 영업자만이 부담하고, 영업자가 정당한 사유 없이 영업을 개시하지 아니하거나 영업을 휴업 또는 폐지한 경우에는 익명조합원은 채무불이행을 이유로 손해배상을 청구하거나 계약을 해지할 수 있다(제83조 제2항).

> **키워드**
> 익명조합원, 출자재산, 영업자의 재산

⑤ ｜×｜ 감시권한이 있다. 익명조합원은 영업자의 경영에 참여할 수는 없으나, 출자자로서 합자회사의 유한책임사원과 동일한 감시권이 인정되고 있다(제86조의8, 제277조). 그 감시권으로 익명조합원은 영업연도 말에 있어서 영업시간 내에 한하여 영업자의 회계장부, 대차대조표 기타의 서류를 열람할 수 있고, 영업자의 업무와 재산상태를 검사할 수 있다(제277조 제2항).

> **키워드**
> 익명조합원의 감시권한, 합자회사 유한책임사원과 동일

▶ 정답 ⑤

▶ 합자조합 　　　　　　　　　　　　　　　　　　　중요도 ★☆☆

023 「상법」상 합자조합의 관한 다음의 설명 중 옳지 않은 것은?

① 합자조합의 법률관계에 일반적으로 합자회사 조항이 아닌 민법상 조합관련 조항을 준용된다.
② 합자조합계약의 효력이 발생하기 위해서는 공동사업의 약정뿐만 아니라 등기가 이루어져야 한다.
③ 유한책임조합원이 사망한 경우 상속인이 지분을 승계할 수 있다.
④ 유한책임조합원에게 업무집행권을 부여할 수 없다.
⑤ 업무집행조합원은 경업금지의무를 부담한다.

해설

① ｜○｜ 합자회사와 유사하나 기본적으로 조합의 규정이 준용된다. 합자조합은 무한책임을 부담하는 업무집행조합원과 유한책임을 부담하는 유한책임조합원의 이원적 구조로 회사 중 합자회사와 유사한 구조이다. 즉 합자회사와 구조적으로 유사한 점을 고려하여 '합자'조합으로 명명된 것이지만, 회사와 달리 법인격이 부여되지 않으므로 상법 회사편이 아니라 상행위편에서 규정한 것이다. 구성원 자치가 강조되면서도 민법상의 일반조합과 달리 유한책임조합원이 존재한다는 특징이다. 합자조합과 유사한 기존 조직으로 합자회사가 있지만, 개정법은 법인격의 존부 등의 차이에 착안하여 합자조합의 법률관계에 일반적으로 합자회사 조항이 아닌 민법상 조합관련 조항을 준용한다(제86조의8 제4항).

> **키워드**
> 합자조합, 비법인, 조합

② |×| 약정함으로써 효력이 발생한다. 즉, 무한책임을 지는 업무집행조합원 1인 이상과 출자가액을 한도로 하여 유한책임을 지는 유한책임조합원 1인 이상이 상호 출자하여 공동사업을 경영할 것을 약정함으로써 그 효력이 발생한다(제86조의2). 다만 업무집행조합원의 인적사항, 조합원의 출자의 목적 등을 등기하도록 한 점에서 일반조합과 다르다(제86조의4). 유한책임조합원의 출자는 금전 또는 현물로만 한정되고 신용 또는 노무는 인정되지 않는다.

> **키워드**
> 합자조합, 약정으로 효력발생, 유한책임조합원의 출자

③ |○| 유한책임조합원이 사망한 경우 상속인이 지분을 승계할 수 있다(제86조의8 제3항, 제283조).

> **키워드**
> 합자조합, 유한책임조합원 지위 승계, 상속

④ |○| 유한책임조합원은 업무집행권을 가질 수 없다. 업무집행조합원은 조합계약에 특별한 정함이 없는 이상 조합의 중요한 의사결정 등 운영을 담당하고(제86조의5 제1항), 업무집행조합원이 수인인 경우 각자 업무집행권을 갖는다. 만약 상호 의견이 일치하지 않으면 과반수 결의에 의하여 업무를 집행한다(제86조의5 제3항). 업무집행조합원이 수인인 경우 조합계약을 통해 특정 업무집행조합원에게 특정 사무에 관한 집행권을 부여하는 등 권한을 배분하는 것도 허용된다. 그러나 유한책임조합원에게 업무집행권을 부여할 수는 없으므로(제86조의8 제3항, 제278조), 이에 따라 내부적 권한배분에 제한이 된다.

> **키워드**
> 합자조합, 업무집행권, 업무집행조합원

⑤ |○| 업무집행조합원의 경업금지 등에 관하여 합명회사의 관련 조문을 준용한다(제86조의8 제2항).

> **키워드**
> 업무집행조합원, 경업금지의무

▶ 정답 ②

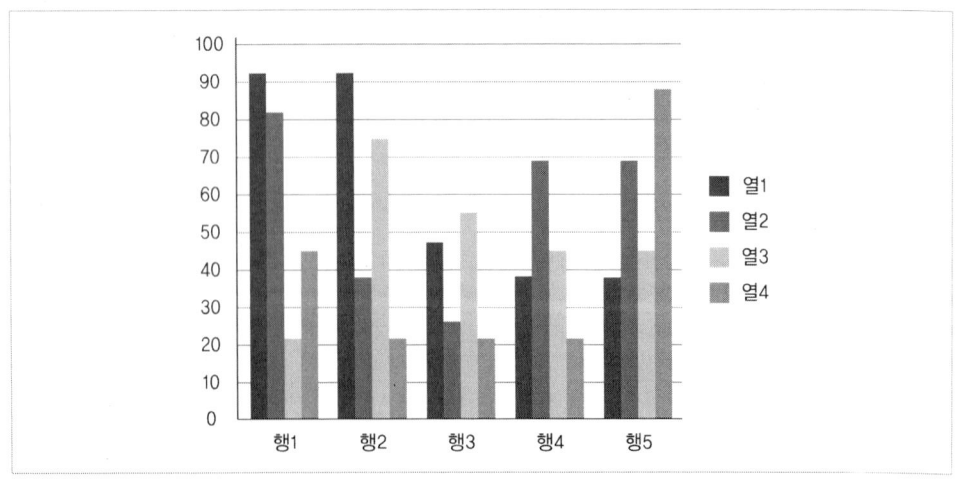

위탁매매, 상사매매의 특칙   중요도 ★★★

024 중고차판매상 A는 영업을 위하여 위탁매매업자인 B에게 중고차의 구입을 위탁하고, B는 자신의 명의로 중고차를 C로부터 매수하는 계약을 체결하고 자동차를 인도받았다. 다음의 설명 중 옳은 것은? (다툼이 있는 경우 판례에 의함)

① B가 C로부터 인도받은 자동차를 A가 수령을 거부하는 경우 B는 자동차를 공탁하거나 법원의 허가를 얻어 경매할 수 있다.
② 만일 C가 B에게 자동차를 인도하지 않았다면 자동차대금을 B에게 지급한 A는 C에 대하여 자신에게 자동차의 인도를 청구할 수 있다.
③ A와 B사이의 위탁계약이 상법상 확정기매매에 해당한다면 그 인도시기 내에 자동차가 A에게 인도되지 않은 경우 A가 즉시 그 이행을 청구하지 아니하면 위탁계약은 해제된 것으로 본다.
④ 판례에 따르면 A가 B로부터 인도받은 자동차에 즉시 발견할 수 없는 하자를 8개월이 되는 시점에서 발견하면 A는 B에게 하자담보책임을 물을 수 있다.
⑤ A가 변제기에 이른 B에 대한 다른 채무를 이행하지 않더라도 A가 자동차대금을 지급하였다면 B는 자동차를 A에게 인도하지 않고 유치할 수 없다.

해설

① |×| 법원의 허가를 얻을 필요가 없다. 수령거부의 경우 공탁하거나 경매할 수 있다. 위탁자가 상인이 아닌 경우에도 제67조를 준용하여 매수물의 공탁권과 경매권을 가진다(제109조). 따라서 수령을 거부하는 경우 선택적으로 공탁하거나 경매할 수 있다.

> **키워드**
> 위탁매매, 상사매매특칙, 공탁/경매권

② |×| A가 C에게 직접 이행을 청구할 수는 없다. 계약당사자는 위탁매매인인 위탁자인 A가 아니고 B이기 때문이다. 위탁매매인은 자기명의로써 타인의 계산으로 물건 또는 유가증권의 매매를 영업으로 하는 자이다(제101조). 다만 C가 아닌 B에게 이행담보책임을 물을 수 있다. 위탁매매인은 위탁자를 위한 매매에 관하여 상대방이 채무를 이행하지 아니하는 경우에는 위탁자에 대하여 이를 이행할 책임을 진다(제105조 본문). 위탁매매인의 위탁자에 대한 이행담보책임이 인정되기 위해서는 그 채무의 성질상 대체급부가 가능한 것이어야 한다. 다만 위탁매매인의 이행담보책임을 배제하는 다른 약정이나 관습이 없어야 한다(제105조 단서).

> **키워드**
> 위탁매매, 자기명의/타인계산, 위탁매매인의 거래

③ |○| 위탁매매에도 상사매매의 특칙이 준용된다. 따라서 이행을 청구하지 않아도 해제된 것으로 본다. 상법상 확정기매매에 해당하는 경우에는 이행시기를 경과한 때에는 상대방이 즉시 이행청구를 하지 않은 이상 해제된 것으로 의제된다(제68조). 민법상 정기행위는 해제권만이 발생하고 그 해제를 위하여는 해제의 의사표시가 있어야 하나, 상법상 확정기매매는 의사표시 없이 해제의 효력이 발생한다.

> **키워드**
> 위탁매매, 매수위탁, 상사매매특칙, 확정기매매

④ |×| 하자담보책임을 물을 수 없다. 위탁매매에도 상사매매의 특칙이 준용된다. 따라서 매수인은 하자검사 통지의무를 부담한다. 즉 위탁자는 물건을 수령한 후 지체 없이 이를 검사하여야 하고 만약 하자가 있으면 그 하자를 즉시 매도인에게 통지하여야 한다. 그리고 목적물에 즉시 발견할 수 없는 하자가 있더라도 최소한 6월 이내에는 이를 검사하여 통지하여야 한다. 8개월이 지났으므로 손해배상청구권 등을 행사할 수 없다.

> 키워드
> 위탁매매, 매수위탁, 상사매매특칙, 하자검사통지의무

⑤ |×| 대리상의 유치권을 준용한다. 따라서 피담보채권과 유치권의 개별적 견련성은 요구되지 않으며, 일반 상사유치권과 달리 위탁자를 위해 점유한 것이라면 채무자 소유의 물건이 아니라도 유치할 수 있다. 그러므로 다른 채무를 이행하지 않더라도 유치가 가능하다.

> 키워드
> 위탁매매, 특별상사유치권, 대리상의 유치권

▶정답 ③

▶ 운송주선인 개념, 지위, 책임   중요도 ★☆☆

025 상법상 운송주선업에 관한 설명으로 옳은 것은? (다툼이 있는 경우 판례에 의함)

① 상법상의 운송주선인은 위탁자의 의뢰를 받아 자기의 명의로 물건과 여객운송의 주선을 영업으로 하는 자이다.
② 운송주선인은 다른 약정이 없으면 위탁자의 동의를 받아야 자신이 운송인이 되어 직접 운송할 수 있으며, 이 경우에는 운송주선인은 운송인과 동일한 권리의무가 있다.
③ 운송주선인이 위탁자의 청구에 의하여 화물상환증을 작성·교부한 경우에는 운송주선인이 직접 운송하는 것으로 추정한다.
④ 운송주선인은 운송물을 운송인에게 인도한 때에는 즉시 보수를 청구할 수 있으며 운송주선계약으로 운임의 액을 정한 경우에는 다른 약정이 없으면 따로 보수를 청구하지 못한다.
⑤ 운송주선인의 채무불이행에 대한 책임은 운송주선인이나 그 사용인의 선의, 악의에 관계없이 수하인이 운송물을 수령한 날로부터 1년이 경과하면 소멸시효가 완성한다.

해 설

① |×| 여객운송은 포함되지 않는다. 법률상 주선의 목적은 물건운송으로 제한된다. 여기서 물건이라 함은 운송의 객체가 될 수 있는 모든 물건을 포함한다. 물건의 운송을 대상으로 하므로 여객운송은 제외된다. 여객운송을 주선하는 자는 준위탁매매인에 속한다(제113조).

> 키워드
> 운송주선인, 물건운송 주선, 준위탁매매인

② |×| 동의가 없어도 운송인이 될 수 있다. 운송주선인은 다른 약정이 없으면 직접 운송할 수 있다(제116조 제1항 전문). 이를 운송주선인의 개입권이라고 한다. 운송의 성질상 개입권을 인정하여도 운임이나 운송방법이 대개 일정하여 폐단이 없고 편리하기 때문이다. 개입권 행사에 있어서 거래소의 시세가 있을 것이라는 위탁매매와 같은 제한도 없다(제107조 참조). 개입권은 형성권이므로 운송주선인의 일방적인 의사표시로 한다.

> 키워드
>
> 개입권, 형성권, 일방적 행사

③ |×| 추정하는 것이 아니다. 상법은 일정한 경우 운송주선인의 개입권 행사를 의제하고 있다. 즉 운송주선인이 위탁자의 청구에 의하여 화물상환증을 작성한 때에는 직접 운송하는 것으로 본다(제116조 제2항). 원래 화물상환증은 운송인이 발행할 수 있는 것이므로 송하인이 운송주선인에게 화물상환증의 발행을 청구한 것은 개입을 권유한 것으로 볼 수 있고, 이에 대하여 운송주선인이 화물상환증을 발행하는 것은 개입한다는 묵시적인 의사표시가 있는 것으로 볼 수 있기 때문이다. 다만 운송주선인이 자기의 명의로 화물상환증을 작성한 경우에 한하며, 타인의 대리인으로 화물상환증을 발행한 경우에는 개입이 의제되는 화물상환증의 작성으로 볼 수 없다.

> [대법원 2007.4.26. 선고 2005다5058 판결] 해상운송주선인이 위탁자의 청구에 의하여 선하증권을 작성한 때에는 상법 제116조에서 정한 개입권을 행사하였다고 볼 것이나, 해상운송주선인이 타인을 대리하여 위 타인명의로 작성한 선하증권은 특별한 사정이 없는 한 같은 조에서 정한 개입권 행사의 적법조건이 되는 '운송주선인이 작성한 증권'으로 볼 수 없다.

> 키워드
>
> 화물상환증 발행, 운송인, 개입의제

④ |○| 운임액을 정한 경우 따로 보수를 청구하지 못한다. 운송주선인은 운송물을 운송인에게 인도한 때에는 즉시 보수를 청구할 수 있다. 보수를 청구할 수 있는 시기는 운송물을 운송인에게 인도한 때 즉시 청구할 수 있는 것이지(제119조 제1항) 수하인에게 인도되는 때인 운송이 완료되는 때가 아니다. 운송주선계약에서 운임의 액을 정하는 경우를 확정운임운송주선계약이라 하는데 이 경우 운송주선인의 보수청구권을 인정하지 않는다(제199조 제2항). 운임을 정한 경우 운송주선인이 자신의 보수까지 정했다고 보는 것이다. 확정운임운송주선계약의 법적 성질은 위탁자와 운송주선인 사이에 직접 운송계약이 체결된 것으로 본다(통설, 85다카1080).

> 키워드
>
> 운송주선인, 확정운임주선계약, 보수청구권

⑤ |×| 악의인 경우 그렇지 않다. 운송주선인의 손해배상책임은 운송주선인이나 그 사용인에 악의가 있는 경우를 제외하고는 수하인이 운송물을 수령한 날로부터, 또 전부멸실의 경우에는 그 운송물을 인도한 날로부터 1년을 경과하면 소멸시효가 완성한다(제121조).

> 키워드
>
> 운송주선인 책임, 소멸시효, 1년

▶정답 ④

▶ **화물상환증, 수하인의 지위, 운송인의 책임** 중요도 ★★☆

026 상법상 물건운송업에 관한 설명으로 옳은 것은?

① 화물상환증이 기명식으로 발행된 경우에는 배서에 의하여 이를 양도할 수 없다.
② 화물상환증이 발행되어 제3자에게 교부된 경우에도 운송인은 운송물이 도착지에 도착할 때까지는 운송물에 대한 처분권을 행사할 수 있다.
③ 수하인은 운송물을 수령하는 경우 다른 약정이 없는 한 운송인에게 운임 기타 운송에 관한 비용과 체당금을 지급할 의무가 없다.
④ 수하인 또는 화물상환증소지인이 유보 없이 운송물을 수령하고 운임 기타의 비용을 지급하더라도 운송물에 즉시 발견할 수 없는 훼손 또는 일부 멸실이 있는 경우 운송물의 수령일로부터 2주간 내에 운송인에게 그 통지를 발송하면 운송인의 책임은 소멸하지 않는다.
⑤ 수하인이 운송물의 수령을 거부하거나 수령할 수 없는 경우 운송인은 송하인에 대하여 상당한 기간을 정하여 운송물의 처분에 대한 지시를 최고하고 그 기간 내에 지시가 없으면 운송물을 공탁할 수 있다.

해설

① |×| 화물상환증은 법률상 당연한 지시증권이므로 기명식으로 작성된 경우에도 특히 배서금지문구를 증권에 기재하지 않는 한 배서에 의해서 양도할 수 있다(제130조, 제65조). 이런 경우에는 무기명증권과 마찬가지로 인도의 방법에 의해 양도된다. 화물상환증의 배서에 의한 양도방법은 어음, 수표의 경우와 마찬가지다. 따라서 배서의 효력으로서 권리이전적 효력과 자격수여적 효력을 갖고(제65조, 민법 제513조) 권리이전에 대해서는 선의취득의 적용, 인적항변의 절단(민법 제515조), 변제자에는 면책적 효력(민법 제518조)도 생긴다. 그러나 화물상환증에는 구체적인 운송물의 인도청구권이 화체되어 있어서 운송인의 채무이행을 담보하는 담보적 효력(어음법 제15조)은 인정되지 않는다.

> **키워드**
> 화물상환증, 지시증권성, 배서로 양도

② |×| 화물상환증이 발행된 경우 화물상환증 소지인만이 처분권을 가진다(제139조 제1항 본문). 따라서 화물상환증이 발행되고 제3자에게 교부된 경우 화물상환증을 소지하는 제3자만이 처분권한을 갖는다. 따라서 도착지에 도착할 때까지 운송인이 운송물에 대한 처분권을 행사할 수 있는 것이 아니다.

> **키워드**
> 화물의 처분권한, 운송인, 화물상환증 소지인

③ |×| 수하인이 운송물을 수령한 때에는 운송인에 대하여 운임 기타 운송에 관한 비용과 체당금을 지급할 의무를 부담한다(제141조). 수하인은 운송물을 수령함으로써 운임에 관하여 송하인과 함께 연대채무자가 된다(제141조). 통상 운송에 소요되는 비용은 운임에 포함되어 있으므로, "기타 운송에 관한 비용"은 운임을 정하면서 고려되지 않았던 부분을 말한다. 수하인이 상법 제141조에 의하여 수령함으로써 운임지급의 의무자가 되는 것이고, 그 전까지는 송하인만이 운임지급의무자가 된다(94다27144).

> **키워드**
> 수하인, 운송물 수령, 운임 등 지급의무

④ |○| 운송인의 책임은 수하인 또는 화물상환증소지인이 유보 없이 운송물을 수령하고 운임 기타의 비용을 지급한 때에는 소멸한다. 그러나 운송물에 즉시 발견할 수 없는 훼손 또는 일부 멸실이 있는 경우에 운송물을 수령한 날로부터 2주간 내에 운송인에게 그 통지를 발송한 때에는 그러하지 아니하다(제146조 제1항). 다만 운송인 또는 그 사용인이 악의인 경우에는 적용하지 아니한다(제146조 제2항).

> **키워드**
> 운송인의 책임, 수령 후 비용지급, 즉시 발견할 수 없는 하자

⑤ |×| 수령을 최고해야 하는 것은 경매의 경우이다. 수하인이 운송물의 수령을 거부하거나 수령할 수 없는 경우에 수하인을 알 수 없는 때와 마찬가지로(제143조 제1항), 운송인은 운송물을 공탁할 수 있다(제142조 제1항). 이 경우에 운송인은 송하인에 대하여 상당한 기간을 정하여 운송물의 처분에 대한 지시를 최고하여도 그 기간 내에 지시를 하지 아니한 때에는 운송물을 경매할 수 있다(제142조 제2항). 또한 운송인이 운송물의 공탁 또는 경매를 한 때에는 지체 없이 송하인에게 그 통지를 발송하여야 한다(제142조 제3항).

> **키워드**
> 수령거부, 공탁, 경매, 최고

▶ 정답 ④

▶ **공중접객업자의 책임, 임치한 물건, 고가물 특례**　　　　　　　중요도 ★★☆

027 상법상 공중접객업에 관하여 옳지 않은 것은? (다툼이 있는 경우에는 판례에 의함)

① 공중접객업자는 자기 또는 그 사용인이 고객으로부터 임치받은 물건의 보관에 관하여 주의를 게을리하지 아니하였음을 증명하지 아니하면 그 물건의 멸실 또는 훼손으로 인한 손해를 배상할 책임이 있지만, 손해가 생겼다는 사실은 고객이 입증해야 한다.

② 주차장 출입과 주차사실을 통제하거나 확인하는 시설이나 조치가 되어 있지 않은 채 단지 주차의 장소만을 제공하는 데에 불과하고 그 주차장 출입과 주차사실을 여관 측에서 통제하거나 확인하지 않고 있는 상황이라면 그러한 주차장에 주차한 것만으로 여관업자와 투숙객 사이에 임치의 합의가 있는 것으로 볼 수 없다.

③ 고가물에 대하여는 고객이 그 종류와 가액을 명시하여 임치하지 아니하면 공중접객업자는 그 물건의 멸실 또는 훼손으로 인한 손해를 배상할 책임이 없는데, 이러한 면책은 공중접객업자의 불법행위책임에는 적용된다.

④ 공중접객업자의 책임에 관한 상법 제152조 제1항과 제2항은 강행규정이 아니므로 당사자 사이의 특약으로 책임을 면제 또는 감경하는 것이 가능하다.

⑤ 공중접객업자의 임치를 받지 아니한 물건에 대한 책임은 일반적인 계약책임이나 불법행위책임이 아니라 공중접객업자와 고객 사이의 시설이용관계를 근거로 하여 상법이 인정한 특별한 법정책임이다.

> **해 설**

① |○| 공중접객업자는 자기 또는 그 사용인이 고객으로부터 임치받은 물건의 보관에 관하여 주의를 게을리 하지 아니하였음을 증명하지 아니하면 그 물건의 멸실 또는 훼손으로 인한 손해를 배상할 책임이 있다(제152조 제1항). 임치받은 물건의 멸실 또는 훼손으로 인하여 손해가 생겼다는 사실은 고객이 입증하여야 하지만, 공중접객업자가 책임을 면하기 위해서는 그러한 손해발생에 대해서 자신에게 과실이 없었음을 입증하여야 한다.

> **키워드**
> 공중접객업자의 책임, 임치, 입증책임 전환

② |○| 관리 및 통제하는 주차장에 주차하는 경우 묵시적 임치의 합의가 있는 것으로 본다. 관리 또는 통제하지 않는 주차장에 주차할 경우 주차사실을 고지하거나 차량열쇠를 맡겨 보관을 위탁하여야만 임치의 성립을 인정할 수 있다(91다21800).

> [대법원 1992.2.11. 선고 91다21800 판결] 여관 부설주차장에 시정장치가 된 출입문이 설치되어 있거나 출입을 통제하는 관리인이 배치되어 있거나 기타 여관측에서 그 주차장에의 출입과 주차사실을 통제하거나 확인할 수 있는 조치가 되어 있다면, 그러한 주차장에 여관 투숙객이 주차한 차량에 관하여는 명시적인 위탁의 의사표시가 없어도 여관업자와 투숙객 사이에 임치의 합의가 있는 것으로 볼 수 있으나, 위와 같은 주차장 출입과 주차사실을 통제하거나 확인하는 시설이나 조치가 되어 있지 않은 채 단지 주차의 장소만을 제공하는 데에 불과하여 그 주차장 출입과 주차사실을 여관측에서 통제하거나 확인하지 않고 있는 상황이라면, 부설주차장 관리자로서의 주의의무 위배 여부는 별론으로 하고 그러한 주차장에 주차한 것만으로 여관업자와 투숙객 사이에 임치의 합의가 있는 것으로 볼 수 없고, 투숙객이 여관측에 주차사실을 고지하거나 차량열쇠를 맡겨 차량의 보관을 위탁한 경우에만 임치의 성립을 인정할 수 있다

> **키워드**
> 관리하는 주차장, 묵시적 임치, 입증 전환

③ |×| 고가물의 면책은 불법행위책임에는 적용되지 않는다. 화폐, 유가증권, 그 밖의 고가물에 대하여는 고객이 그 종류와 가액을 명시하여 임치하지 아니하면 공중접객업자는 그 물건의 멸실 또는 훼손으로 인한 손해를 배상할 책임이 없다(제153조). 고가물은 손해발생의 위험이 많으며 그 손해도 거액에 달하므로, 운송인이 고가물임을 미리 안 경우라면 고액의 운임을 청구하고 그에 따라 특별한 주의를 할 것이지만, 고가물인 사실을 알지 못한 때에는 통상적인 주의를 기울일 수밖에 없을 것임을 고려한 것이다. 상법 제154조 소정의 고가물이라 함은 그 용적이나 중량에 비하여 그 성질 또는 가공 정도 때문에 고가인 물건을 뜻하고, 결혼식장에서 교환한 시계, 다이아반지 등은 고가물에 해당한다(75다1732). 상법 제153조 고가물 면책규정은 계약상 채무불이행 책임에만 적용되고 불법행위로 인한 손해배상청구권에는 적용되지 않는다(청구권경합설).

> **키워드**
> 공중접객업자 책임, 청구권 경합, 불법행위책임

④ |○| 강행규정이 아니다. 따라서 공중접객업자의 책임에 관한 상법 제152조 제1항과 제2항은 당사자 사이의 특약으로 책임을 면제 또는 감경하는 것이 가능하다. 다만 일방적 게시만으로는 합의가 될 수 없고, 공중접객업자가 고객의 휴대물에 대하여 책임이 없음을 알린 경우에도 공중접객업자는 책임을 면치 못한다(제152조 제3항).

> **키워드**
> 공중접객업자 책임, 임의규정, 묵시적 합의, 일방적 게시

⑤ |○| 법정책임이다. 공중접객업자는 고객으로부터 임치받지 아니한 경우에도 그 시설 내에 휴대한 물건이 자기 또는 그 사용인의 과실로 인하여 멸실 또는 훼손되었을 때에는 그 손해를 배상할 책임이 있다(제152조 제2항). 고객이 공중접객업자에게 임치하지 않으면서 스스로 점유하는 물건까지 공중접객업자의 책임을 인정한 이유는 그 업소 내에서의 안전 및 질서유지는 공중접객업자의 책임에 속하기 때문이다. 따라서 공중접객업자의 임치를 받지 아니한 물건에 대한 책임은 일반적인 계약책임이나 불법행위책임이 아니라 공중접객업자와 고객 사이의 시설이용관계를 근거로 하여 상법이 인정한 특별한 법정책임이다. 이같이 공중접객업자가 임치를 받지 않은 물건에 대하여도 선관주의의무를 부담하지만, 임치를 받은 물건과 비교하여 보면 그 입증책임에 차이가 있다. 임치받은 물건에 대하여는 공중접객업자의 주의의무 위반이 추정되지만, 그렇지 않은 단순한 휴대물에 대하여는 고객이 그 과실을 입증하여야 한다.

> **키워드**
> 임치 받지 않은 물건, 고의/과실 입증, 손해배상청구, 법정책임

▶ 정답 ③

제02장 회사법

2.1. 회사법 통칙

Ⅰ. 회사의 개념

▶ 1인회사 중요도 ★☆☆

028 「상법」상 회사에 관한 다음의 설명 중 옳은 것은? (다툼이 있는 경우 판례에 의함)

① 1인회사라 하여도 주주총회 의사록의 작성은 필요하므로 주주총회 의사록이 작성되지 아니한 경우에는 증거에 의하여 주주총회 결의가 있었던 것으로 볼 수 있다고 하여도 주주총회 결의에 하자가 있는 것으로 보아야 한다.

② 1인회사에서 임시이사의 사임등기는 1인주주의 의사에 따라 결정될 수 있는 것이므로 사임서의 작성이나 이에 기한 등기부의 기재를 하였다면 이는 사문서위조 및 공정증서원본불실기재에 해당하지 않는다.

③ 회사의 대표이사가 자신의 개인채무를 회사로 하여금 인수하도록 하는 경우에 회사의 주식 전부가 대표이사에게 귀속되어 있다고 하여도 회사는 이사회의 승인이 없음을 이유로 채무인수의 무효를 주장할 수 있다.

④ 회사의 대표이사가 이사회 또는 주주총회의 결의에 따라 업무를 집행한 경우 그 결의내용이 회사 채권자를 해하는 불법한 목적이 있더라도 주주 및 채권자를 해하는 배임행위가 있었다고 볼 수는 없다.

⑤ 1인회사에 있어서 1인주주는 타인을 이사 등으로 선임하였다 하더라도 언제든지 해임할 수 있으므로, 1인주주가 주주총회의 소집 등 상법 소정의 형식적인 절차도 거치지 않고 특정인을 이사의 지위에서 해임하였다는 내용을 법인등기부에 기재하게 하였다고 하더라도 공정증서원본에 불실의 사항을 기재한 것이라고 볼 수 없다.

해설

① |×| 1인회사의 경우 의사록의 작성이 없어도 증거에 의해 1인주주의 의사에 합치하는 것으로 판단할 수 있다면 유효한 결의이다. 판례는 일찍이 ① 실제로 총회를 개최한 사실이 없었다 하더라도 그 1인주주에 의하여 결의가 있었던 것으로 주주총회 의사록이 작성되었다면 특별한 사정이 없는 한 그 내용의 결의가 있었던 것으로 보았다(74다1755). 즉 주주총회 의사록은 작성된 경우였다. 그런데 ② 여기서 한걸음 나아가 주주총회 의사록이 작성되지 아니한 경우에도 증거에 의하여 주주총회 결의가 있었던 것으로 볼 수 있다면 하자가 있는 것으로 볼 수 없다고 하였다(2004다25123).

[대법원 2004.12.10. 선고 2004다25123 판결] 주식회사에 있어서 회사가 설립된 이후 총 주식을 한 사람이 소유하게 된 이른바 1인회사의 경우에는 그 주주가 유일한 주주로서 주주총회에 출석하면 전원 총회로

> 서 성립하고 그 주주의 의사대로 결의가 될 것임이 명백하므로 따로 총회소집절차가 필요 없고, 실제로 총회를 개최한 사실이 없었다 하더라도 그 1인 주주에 의하여 의결이 있었던 것으로 <u>주주총회의사록이 작성되었다면 특별한 사정이 없는 한 그 내용의 결의가 있었던 것으로 볼 수 있고</u>, 이는 실질적으로 1인회사인 주식회사의 주주총회의 경우도 마찬가지이며, 그 주주총회의사록이 작성되지 아니한 경우라도 증거에 의하여 주주총회 결의가 있었던 것으로 볼 수 있다.

키워드
1인회사, 주주총회의사록, 적법한 총회

② |×| 사임등기와 같이 본래 주주총회의 권한이 아닌 사항에 대해서는 1인회사의 법리가 적용되지 않는다. 완화의 범위는 주주총회를 개최하더라도 1인주주의 의사와 부합할 것이라는 전제에서 단체법적인 원리를 일부 배제 또는 완화하는 것이므로, <u>주주총회 결의사항에 국한된다</u>. 따라서 주주의 의사에 의하여 결정되지 않는 사항에 대하여는 아무리 1인회사라 하더라도 <u>주주의 의사로 갈음할 수는 없다</u>. 예컨대 이사의 해임결의는 주주총회의 권한범위 내이므로 완화된 법리가 적용되더라도, 이사의 사임서 제출은 주주총회나 1인주주의 의사와는 무관하게 이사 개인의 판단에 의한 것이므로 이러한 경우에까지 완화된 법리가 적용되는 것은 아니다.

> [대법원 1992.9.14. 선고 92도1564 판결] 임원의 <u>사임서나 이에 따른 이사사임등기는 위와 같은 주주총회나 이사회의 결의 또는 1인주주의 의사와는 무관하고</u> 오로지 당해 임원의 의사에 따라야 하는 것이므로 당해임원의 의사에 기하지 아니한 사임서의 작성이나 이에 기한 등기부의 기재를 하였다면 이는 <u>사문서위조 및 공정증서원본불실기재의 죄책을 면할 수 없다</u>.

키워드
1인회사, 이사해임결의, 사임등기

③ |×| 무효를 주장할 수 없다. 대표이사의 채무를 회사가 인수한 것이므로 이사의 자거거래에 해당하고 이는 이사회의 승인이 없는 경우 상대적으로 무효이다(2006다47677). 즉 <u>내부적으로는 무효이나 외부적으로 선의의 제3자에게는 대항할 수 없으나 악의의 제3자에게는 대항할 수 있다</u>. 1인회사의 경우 이사회의 승인을 1인주주의 의사로 갈음할 수 있는지 여부에 대해 견해의 대립이 있으나 판례는 해석상 주주 전원의 동의가 있다면 이사회 결의를 갈음할 수 있는 것처럼 판시하고 있어 부정설을 취하는 것으로 보인다(2002다20544).

> [대법원 2002.07.12. 선고 2002다20544 판결] 피고 회사의 대표이사인 박OO이 자신의 개인채무를 피고 회사로 하여금 인수하도록 하였더라도 이는 이사의 자기거래에 해당하는데 이사회의 승인이 없어서 무효라는 피고의 주장에 대하여 그 판시 증거들에 의하여 피고 회사의 주식이 설립자로서 회사의 경영을 전적으로 책임지고 있는 대표이사이자 <u>주주인 박OO 1인에게 사실상 전부 귀속되어 있다</u>고 인정한 다음 박OO 1인이 동의한 것으로 <u>주주 전원의 동의가 있었다고 볼 수 있으므로 피고 회사가 이사회의 승인이 없었음을 이유로 그 책임을 회피할 수 없다</u>.

키워드
1인회사, 자기거래, 유효

④ |×| 이사회 및 주주총회의 결의가 있었다고 하여 배임이 정당화되지 않는다.

> [대법원 2005.10.28. 선고 2005도4915 판결] 회사의 대표이사는 이사회 또는 주주총회의 결의가 있더라도 그 결의내용이 회사 채권자를 해하는 불법한 목적이 있는 경우에는 이에 맹종할 것이 아니라 회사를 위하여 성실한 직무수행을 할 의무가 있으므로 대표이사가 임무에 배임하는 행위를 함으로써 주주 또는 회사 채권자에게 손해가 될 행위를 하였다면 그 회사의 이사회 또는 주주총회의 결의가 있었다고 하여 그 배임행위가 정당화될 수는 없다.

키워드
이사회/주주총회 결의, 배임행위

⑤ |○| ②의 설명 참고.

▶ 정답 ⑤

Ⅱ. 회사의 능력

▶ 회사의 능력 중요도 ★★☆

029 「상법」상 회사의 능력에 관한 다음의 설명 중 옳은 것은? (다툼이 있는 경우 판례에 의함)
① 회사는 합자회사의 사원이 되지 못하며 청산중의 회사는 청산의 목적범위 내로 그 권리능력이 제한된다.
② 특별상의 규정이 회사의 권리능력의 제한인지 여부는 개별적인 제한규정에 따라 그 제한목적과 일반 공중의 이익을 고려하여 효력규정으로 해석해야 할지의 여부를 결정하고 단속규정으로 해석할 때 권리능력의 제한으로 본다.
③ 회사가 거래관계 또는 자본관계에 있는 주채무자를 위하여 보증하는 행위는 그 객관적 성질에 비추어 특별한 사정이 없는 한 회사의 목적범위 내의 행위이다.
④ 정관상 목적범위내의 행위인지 여부를 판단하는 것은 행위의 객관적 성질만으로 판단할 것은 아니고 행위자의 주관적, 구체적 의사에 따라 판단하여야 한다.
⑤ 회사는 자연인만이 고유하게 가지는 권리의무를 가질 수 없으므로 친족권, 상속권, 생명권, 명예권, 사원권의 권리를 가질 수 없다.

해설
① |×| 합자회사의 유한책임사원이 될 수는 있다. 청산중의 회사가 청산의 목적범위 내로 권리능력이 제한되는 것은 맞다. 모든 회사는 법인이므로 권리의무의 주체가 될 수 있는 자격이 있다. 다만 회사이기 때문에 가지는 제한이 있다. 성질에 의한 제한, 목적에 의한 제한, 법률에 의한 제한이 그것이다. 법률에 의한 제한은 상법이 제한하는 경우와 그 외 특별법이 제한하는 경우가 있는데, 상법에 의하여 회사는 다른 회사의 무한책임사원이 되지 못한다(제173조). 이는 다른 회사의 부실화로 인한 무한책임을 부담하게 되는 경우 기업의 영속성 등의 취지에 반하기 때문이다. 회사가 다른 회사의 무한책임사원이 되는 것만이 금지되고,

다른 회사의 유한책임사원이 되는 것은 가능하다. 또한 청산중의 회사는 청산의 목적범위 내로 그 권리능력이 한정된다(제245조, 제269조, 제287조의45, 제542조, 제613조).

> **키워드**
>
> 회사의 권리능력, 무한책임사원, 청산중의 회사, 청산의 목적 내

② |×| 문제는 특별법상 특정 형태의 회사에 대한 일정한 행위를 금하는 경우가 있는데 이를 권리능력의 제한이라고 보는가에 대하여 견해가 나뉜다. (i) 제한이라는 견해는 그러한 특별규정은 효력법규로서 특별법에 의한 권리능력의 제한이라고 보고, (ii) 제한이 아니라는 견해는 특별규정은 행정규제목적에 따른 단속법규로서 권리능력의 제한이 아니라고 본다. 따라서 그 제한의 위반도 사법상의 효력에는 영향이 없다고 본다. (iii) 판례는 절충적 견해이다. 이는 각 특별법상의 개별적인 제한규정에 따라 그 제한목적과 일반공중의 이익을 고려하여 효력규정으로 해석해야 할지의 여부를 결정하고, 효력규정으로 해석할 때 권리능력의 제한으로 본다. 판례는 상호신용금고법 규정과 관련하여 채무부담제한에 관한 동법 제17조는 효력규정으로서 이에 위반한 채무보증은 무효라고 하면서도(85다카122), 대출한도액에 관한 동법 제12조는 단속규정으로 보아 이에 위반한 대출은 유효하다고 본다(86다카1230).

> **[대법원 1985.11.26. 선고 85다카122 전원합의체판결]** 상호신용금고법이 서민의 금융편의를 도모하고 저축을 증대하기 위하여 상호신용금고를 육성하고 이를 합리적으로 규제함으로써 신용질서의 확립에 기여함과 아울러 거래자를 보호할 목적으로 입법된 점에 비추어 볼 때, 위 제17조 제1항 및 제2항의 차입 등 채무부담제한에 관한 규정은 서민의 금융 및 저축업무를 담당하는 상호신용금고가 경영자의 무분별하고 방만한 채무부담행위로 인한 자본구조의 악화로 불실화 됨으로써 그 업무수행에 차질을 초래하고 신용질서를 어지럽게 하여 서민거래자의 이익을 침해하는 사태가 발생함을 미리 방지하려는 데에 그 입법취지가 있다고 하겠으므로, 이러한 차입등 채무부담의 제한규정은 <u>단순한 단속법규가 아니라 효력법규로서 이에 위반한 채무부담행위는 무효</u>라고 보아야 할 것이다.

> **키워드**
>
> 특별법에 의한 제한, 효력규정, 권리능력 제한, 단속규정

③ |○| 그러한 관계가 있는 경우 채무보증행위는 목적범위 내의 행위이다. 회사의 정관에는 반드시 목적을 기재하여야만 하고 이것은 등기사항이기도 하다. 민법에 법인은 정관의 목적 범위 내에서 권리와 의무의 주체가 된다는 규정(민법 제34조)이 있지만 상법에는 이러한 규정이 없다. 이에 민법의 규정을 유추적용 또는 준용할 것인지 여부에 관하여 학설이 나뉜다. <u>판례는 일관하여 제한설의 입장이다(86다카1230)</u>. 판례상 회사가 권리능력이 없어 무효라 한 것은 대표이사가 회사와 전혀 상관없는 타인의 채무를 보증한 경우만이 유일하고 이도 오래된 두 개의 판결에서만 발견된다(74다310). 그러나 회사와 일정한 관계가 있는 경우에는 회사의 보증이 권리능력의 범위 내라고 본다. 예컨대 대법원 2005.5.27. 선고 2005다480 판결은 "회사가 거래관계 또는 자본관계에 있는 주채무자를 위하여 보증하는 등의 행위는 그것이 상법상의 대표권 남용에 해당하여 무효로 될 수 있음은 별론으로 하더라도 그 행위의 객관적 성질에 비추어 특별한 사정이 없는 한 회사의 목적범위 내의 행위"라고 하였다.

> **[대법원 1987.12.8. 선고 86다카1230 판결]** 회사의 권리능력은 회사의 설립근거가 된 법률과 회사의 정관상의 목적에 의하여 제한되나 그 목적범위내의 행위라 함은 정관에 명시된 목적자체에 국한되는 것이 아니라 그 목적을 수행하는데 있어 직접 또는 간접으로 필요한 행위는 모두 포함되고 목적수행에 필요한지의 여부도 행위의 객관적 성질에 따라 추상적으로 판단할 것이지 행위자의 주관적, 구체적 의사에 따라 판단할 것이 아니다.

> **키워드**
>
> 정관상 목적, 제한설, 무제한설

④ ㅣ×ㅣ ③의 설명참고.
⑤ ㅣ×ㅣ 법인의 성질상 권리능력이 제한되는 경우들이 있다. 회사는 자연인이 아니므로 자연인만이 고유하게 가지는 권리의무를 가질 수는 없다. 따라서 친족권, 상속권, 생명권 기타 부양에 관한 권리의무 등을 가질 수 없고, 육체적 노무를 제공하는 지배인 등의 상업사용인이 될 수 없다. 하지만 <u>유증과 증여는 받을 수 있다</u>. 또한 명예권, 상호권, 사원권 등과 같은 권리를 가질 수도 있다. 그 이외에 견해의 대립이 있지만 다른 회사의 이사는 될 수 없다고 보는 것이 다수설이나 발기인이 될 수 있는지 여부에 대해서는 긍정설이 다수설이다.

> **키워드**
> 법인의 권리능력, 증여, 발기인, 명예/신용에 관한 권리

▸정답 ③

Ⅲ. 회사의 합병

2.2. 회사의 해산

Ⅰ. 의 의
Ⅱ. 해산사유
Ⅲ. 해산명령과 해산판결

▶ 해산명령, 해산판결   중요도 ★★☆

030 「상법」상 회사의 해산명령사유에 해당하는 것은 모두 고른 것은? (다툼이 있는 경우 판례에 의함)

> ㄱ. 유한책임회사에서 사원간의 불화가 극심하여 그 상태로는 회사의 존속이 곤란한 경우
> ㄴ. 회사의 업무집행사원의 행위가 정관에 위반하여 회사의 존속을 허용할 수 없는 행위를 한 때
> ㄷ. 회사의 업무가 현저한 정돈상태를 계속하여 회복할 수 없는 손해가 생긴 때
> ㄹ. 회사가 정당한 사유 없이 1년 이상 영업을 휴지한 하는 때
> ㅁ. 주식회사재산의 관리 또는 처분의 현저한 실당으로 인하여 회사의 존립을 위태롭게 한 때
> ㅂ. 회사가 정당한 사유없이 설립 후 1년 내에 영업을 개시하지 않는 때
> ㅅ. 회사의 설립목적이 불법한 것인 때

① ㄱ, ㄴ, ㄷ, ㄹ　　　　　　　② ㄱ, ㄴ, ㄹ, ㅅ
③ ㄴ, ㄷ, ㅁ, ㅂ　　　　　　　④ ㄴ, ㄹ, ㅂ, ㅅ
⑤ ㄱ, ㄷ, ㄹ, ㅂ

해설

해산명령과 해산판결의 차이는 아래와 같다. (i) 목적에 있어 해산명령은 공익을 위한 것이나, 해산판결은 사원 또는 주주의 이익보호를 위한 것이다. (ii) 청구권자에 있어 해산명령의 청구권자는 이해관계인 또는 검사이나, 해산판결은 사원 또는 주주이다. (iii) 형식에서 해산명령은 비송사건절차에 의한 결정으로 하게 되나, 해산판결은 소송사건으로 판결로 한다.

ㄱ. |×| 해산판결사유이다. 인적회사와 유한책임회사의 경우에는 "부득이한 사유"가 있는 때이다(제241조제1항, 제269조, 제287조의42). 부득이한 사유란 사원간의 불화가 극심하여 그 상태로는 회사의 존속이 곤란한 경우를 의미한다.

> **키워드**
> 해산판결, 부득이한 사유

ㄴ. |○| 해산명령사유이다. 이사 또는 회사의 업무를 집행하는 사원이 법령 또는 정관에 위반하여 회사의 존속을 허용할 수 없는 행위를 한 때(제176조 제1항 제3호).

> **키워드**
> 해산명령, 존속을 허용할 수 없는 행위

ㄷ. |×| 해산판결사유이다. 물적회사의 경우는 "회사의 업무가 현저한 정돈상태를 계속하여 회복할 수 없는 손해가 생긴 때 또는 생길 염려가 있는 때, 회사재산의 관리 또는 처분의 현저한 실당으로 인하여 회사의 존립을 위태롭게 한 때"라고 규정한다(제520조 제1항, 제613조 제1항).

> **키워드**
> 해산판결, 현저한 정돈상태, 현저한 실당

ㄹ. |○| 해산명령사유이다. 회사가 정당한 사유 없이 설립 후 1년 내에 영업을 개시하지 아니하거나 1년 이상 영업을 휴지하는 때(제176조 제1항 제2호).

> **키워드**
> 해산명령, 1년 이상 영업휴지

ㅁ. |×| 해산판결사유이다. ㄷ설명 참고.

ㅂ. |○| 해산명령사유이다. 회사가 정당한 사유 없이 설립 후 1년 내에 영업을 개시하지 아니하거나 1년 이상 영업을 휴지하는 때(제176조 제1항 제2호).

> **키워드**
> 해산명령, 1년 내 영업 불개시

ㅅ. |○| 해산명령사유이다. 회사의 설립목적이 불법한 것인 때(제176조 제1항 제1호).

> **키워드**
> 해산명령, 불법적 설립목적

▶정답 ④

Ⅳ. 해산의 효과

2.3. | 회사의 청산

▶ 회사의 청산   중요도 ★★☆

031 「상법」상 회사의 청산에 관한 다음의 설명 중 옳지 않은 것은?

① 청산사무가 종결한 때에는 청산인은 지체없이 결산보고서를 작성하고 이를 주주총회에 제출하여 승인을 얻어야 하고, 총회의 승인이 있는 때에는 회사는 청산인에 대하여 그 책임을 해제한 것으로 본다.
② 청산이 사실상 종결되지 아니한 경우에는 청산종결의 등기를 하였더라도 그 등기에는 공신력이 없고 또한 회사의 법인격도 소멸하지 않는다.
③ 해산이 의제된 주식회사가 3년 내에 회사계속의 결의를 하지 아니하면, 그 3년이 경과한 때에 청산이 종결된 것으로 본다.
④ 청산인은 알고 있는 채권자에 대하여는 각별로 그 채권의 신고를 최고하여야 하며 그 채권자가 신고하지 아니한 경우에는 이를 청산에서 제외할 수 있다.
⑤ 청산인은 신고기간 내에는 채권자에 대하여 변제를 하지 못하며, 이때에도 변제의 지연으로 인한 손해배상의 책임을 면하지 못한다.

해설

① │○│ 청산사무가 종결한 때에는 청산인은 지체 없이 결산보고서를 작성하고 이를 주주총회에 제출하여 승인을 얻어야 한다(제540조 제1항). 총회의 승인이 있는 때에는 회사는 청산인에 대하여 그 책임을 해제한 것으로 본다(제540조 제2항 본문). 그러나 청산인의 부정행위에 대하여는 그러하지 아니하다(제540조 제2항 단서).

> **키워드**
> 청산사무 종결, 결산보고서, 주주총회 승인, 책임해제

② │○│ 청산이 사실상 종결되지 아니한 경우에는 청산종결의 등기를 하였더라도 그 등기에는 공신력이 없고 또한 회사의 법인격도 소멸하지 않는다.

> [대법원 2001.7.13. 선고 2000두5333 판결] 상법 제520조의2에 의하여 주식회사가 해산되고 그 청산이 종결된 것으로 보게 되는 회사라도 어떤 권리관계가 남아 있어 현실적으로 정리할 필요가 있으면 그 범위 내에서는 아직 완전히 소멸하지 아니한다.

> **키워드**
> 법인격 소멸, 사실상 청산 종결

③ │○│ 해산이 의제된 주식회사가 3년 내에 회사계속의 결의를 하지 아니하면, 그 3년이 경과한 때에 청산이 종결된 것으로 본다(제520조의2 제4항).

> **키워드**
> 해산의제, 계속결의, 3년 경과, 청산종결

④ |×| 제외할 수 없다. 청산인은 취임한 날로부터 2월 내 회사채권자에 대하여 일정한 기간 내에 그 채권을 신고할 것과 그 기간 내에 신고하지 아니하면 청산에서 제외될 뜻을 2회 이상 공고로써 최고하여야 한다(제535조 제1항 본문). 그러나 그 기간은 2월 이상이어야 한다. (제535조 제1항 단서). 청산인은 알고 있는 채권자에 대하여는 각별로 그 채권의 신고를 최고하여야 하며 그 채권자가 신고하지 아니한 경우에도 이를 청산에서 제외하지 못한다(제535조 제2항).

> **키워드**
> 채권자 신고, 청산 제외, 알고 있는 채권자, 최고

⑤ |○| 청산인은 신고기간 내에는 채권자에 대하여 변제를 하지 못한다(제536조 제1항 본문). 변제가 금지된다 하여 채무불이행의 책임이 면제되는 것은 아니므로 회사는 그 변제의 지연으로 인한 손해배상의 책임을 면하지 못한다(제536조 제1항 단서). 다만 청산인은 소액의 채권, 담보있는 채권 기타 변제로 인하여 다른 채권자를 해할 염려가 없는 채권에 대하여는 법원의 허가를 얻어 이를 변제할 수 있다(제536조 제2항).

> **키워드**
> 채권자 신고기간, 변제, 채무불이행책임, 지연배상, 소액채권, 법원허가

▶ 정답 ④

2.4. 회사의 계속

▶ 회사계속   중요도 ★★☆

032 「상법」상 회사의 계속에 관한 다음의 설명 중 옳지 않은 것은?
① 회사계속의 경우 이미 회사의 해산등기를 하였을 때에는 본점소재지에서는 2주간 내, 지점소재지에서는 3주간 내에 회사의 계속등기를 하여야 한다.
② 유한회사가 존립기간의 만료 기타 정관에 정한 사유의 발생 또는 사원총회의 결의에 의하여 해산한 경우에는 사원총회의 특별결의로 회사를 계속할 수 있다.
③ 합명회사에서 사원이 1인이 되어 다른 사원을 가입시켜 합명회사를 계속하는 경우 새로 가입한 무한책임사원은 그 가입 전에 생긴 회사채무에 대해서는 다른 사원과 동일한 책임을 부담하지 않는다.
④ 회사계속은 소급하여 해산의 효력을 배제하는 것은 아니고 장래에 대하여만 효력이 있으므로, 회사계속까지의 청산인의 행위는 유효하다.
⑤ 주식회사가 5년 이상 등기한 사실이 없음으로 인하여 해산이 간주된 휴면회사라도 3년 이내에는 주주총회의 특별결의로 회사를 계속할 수 있다.

해설

① |○| 회사계속의 경우 이미 회사의 해산등기를 하였을 때에는 본점소재지에서는 2주간 내, 지점소재지에서는 3주간 내에 회사의 계속등기를 하여야 한다(제229조 제3항, 제269조, 제285조 제1항, 제287조의40, 제521조의2, 제611조).

> 키워드
> 해산등기, 계속등기 2주/3주

② |○| 유한회사가 존립기간의 만료 기타 정관에 정한 사유의 발생 또는 사원총회의 결의에 의하여 해산한 경우에는 사원총회의 특별결의로 회사를 계속할 수 있다(제610조 제1항).

> 키워드
> 존립기간 만료, 정관사유, 특별결의

③ |×| 동일한 책임을 부담한다. 회사계속은 소급하여 해산의 효력을 배제하는 것은 아니고 장래에 대하여만 효력이 있다. 따라서 계속까지의 청산인의 행위는 효력이 있다. 그리고 합명회사에서 사원이 1인이 되어 다른 사원을 가입시켜 합명회사를 계속하는 경우 또는 합자회사에서 무한책임사원 전원이 퇴사하여 다른 무한책임사원을 가입시켜 합자회사를 계속하는 경우 새로 가입한 무한책임사원은 그 가입 전에 생긴 회사채무에 대하여 다른 사원과 동일한 책임을 진다(제229조 제4항, 제285조 제3항, 제213조).

> 키워드
> 회사계속, 장래효

④ |○| ③의 설명 참고.

⑤ |○| 회사가 존립기간의 만료 기타 정관에 정한 사유의 발생 또는 주주총회의 결의에 의하여 해산한 경우에는 주주총회의 특별결의로 회사를 계속할 수 있다(제519조). 또한 5년 이상 등기한 사실이 없음으로 인하여 해산이 간주된 휴면회사라도 3년 이내에는 주주총회의 특별결의로 회사를 계속할 수 있다(제520조의2 제3항).

> 키워드
> 휴면회사, 3년 이내, 특별결의, 회사계속

▶ 정답 ③

2.5. 주식회사법

Ⅰ. 주식회사의 개념

▶ 주식회사의 자본금   중요도 ★★☆

033 주식회사의 자본금에 관한 설명 중 옳지 않은 것은? (다툼이 있는 경우 판례에 의함)

① 무액면주식을 발행하는 경우 회사의 자본금은 주식 발행가액의 2분의 1 이상의 금액이 되어야 하고, 이 경우 주식의 발행가액 중 자본금으로 계상하지 아니하는 금액은 자본준비금으로 계상하여야 한다.
② 액면주식의 경우 100원 미만으로 다시 세분할 수 없으며, 액면주식이든 무액면주식이든 1개의 주식은 주식분할절차에 의하지 아니하는 한 더 이상 분할되지 않는다.
③ 자본준비금과 이익준비금은 어느 것이나 순서에 관계없이 그 전부 또는 일부의 자본금전입이 가능하다.
④ 준비금의 자본전입에 의해 발행된 신주에 대한 이익배당에 관하여는 정관이 정하는 바에 의하여 신주의 효력이 발생하는 날이 속하는 영업년도 직전 영업년도 말일에 신주가 발행된 것으로 할 수 없다.
⑤ 회사가 액면주식을 무액면주식으로 전환할 때 자본금을 변경하지 못하므로 전환 시에 자본충실의 원칙상 발행주식총수를 감소하여 발행할 수 없다.

해설

① | ○ | 무액면주식을 발행하는 경우 발행가액의 2분의 1 이상을 자본에 산입하도록 하며, 발행가액 중 자본금으로 계상하지 아니하는 금액은 자본준비금으로 계상하여야 한다(제451조 제2항). 자본금으로 계상하는 금액은 이사회가 결정하는 것이 원칙이며 신주발행을 주주총회에서 결정하는 경우 주주총회에서 정한다(제451조 제2항).

> **키워드**
> 자본금, 무액면, 발행가의 1/2 이상

② | ○ | 액면주식의 경우 100원 미만(제329조 제3항)으로 다시 세분할 수 없다. 또한 액면주식이든 무액면주식이든 1개의 주식은 주식분할절차에 의하지 아니하는 한, 더 이상 분할되지 아니한다. 따라서 1미만의 소수점으로 존재하는 단주는 허용되지 않는다.

> **키워드**
> 액면분할, 100원 이상

③ | ○ | 순서는 관계없다. 준비금 계정의 금액에서 일정액을 차감하고 동시에 자본금 계정의 금액을 증가시키는 것을 의미한다. 결손보전이 준비금 계정에서 이익잉여금 계정으로 이동시키는 것이라면, 자본금전입은 준비금 계정에서 자본금 계정으로 이동하는 것이다. 법정준비금만이 그 대상이 된다. 준비금의 자본금전입은 자본금이 증가하게 되고 그에 해당하는 만큼의 신주가 발행되어 주식수가 증가한다(무상증자, 무상주).

> **키워드**
> 준비금의 자본금 전입, 자본준비금, 이익준비금

④ |ㅇ| 개정 상법에 따라 일할배당만이 가능하다. 개정 전 상법에 따를 때 정관의 규정이 있다면 가능했으나, 현재는 동액배당 규정 자체가 삭제되어 일할배당만이 가능하다(제461조 제6항, 제350조 제3항 후단).

> **키워드**
> 준비금의 자본전입, 무상주 발행, 동액배당

⑤ |×| 주식 수에 대한 제한은 없다. 회사는 정관으로 정하는 바에 따라 발행된 액면주식 전부를 무액면주식으로 전환하거나 무액면주식 전부를 액면주식으로 전환할 수 있다(제329조 제4항). 그런데 회사의 자본금은 액면주식을 무액면주식으로 전환하거나 무액면주식을 액면주식으로 전환함으로써 변경할 수 없다(제451조 제3항). 자본금을 동일하게 유지하여야 하는 위 조건만이 있으므로 발행주식수에 대한 규제는 없다.

> **키워드**
> 액면/무액면 전환, 자본금 변경, 주식수 증가/감소

▶ 정답 ⑤

Ⅱ. 주식회사의 설립

▶ 주식회사 설립, 변태설립사항, 발기인의 손해배상책임   중요도 ★★☆

034 「상법」상 주식회사의 설립에 관한 다음 사례의 설명 중 옳지 않은 것은? (다툼이 있으면 판례에 의함)

> A는 단독으로 자본금 5천만원(1주 액면가액 5천원, 설립시 발행주식총수 1만주)으로 하는 X주식회사를 발기설립하고자 한다. 정관에 발기인으로 기명날인한 A는 설립중의 회사의 기관의 지위에서 X회사 성립을 조건으로 B로부터 원재료를 2천만원에 매입하겠다는 계약을 체결하였으나, 이 계약에 관하여 X회사 원시정관에는 A의 경과실로 아무런 기재도 하지 않았다. 그런데 X회사 원시정관에는 발기인 A의 보수의 대가로 5백만원을 지급한다는 사항, 회사설립에 대한 공로의 대가로 A가 가진 보통주식에 복수의 의결권을 부여해 준다는 내용이 기재되어 있다. 그 외 상법 소정의 변태설립에 필요한 모든 절차를 거쳤다.

① 발기인 A와 B간의 계약은 무효이므로 B는 X회사에 원재료를 양도하고 그 대금 2천만원을 지급청구할 수 없다.

② B에게 손해가 발생한 경우 B는 A에게 상법 제322조 제2항의 발기인의 제3자에 대한 손해배상 책임을 물을 수 있다.

③ A는 회사성립 후 보수 5백만원을 X회사에 청구할 수 있다.
④ 상법 소정의 변태설립에 필요한 모든 절차를 밟았어도 X회사가 A의 보수가 부당하게 과대 지급된 것을 입증한 경우 甲회사는 A에게 손해배상을 청구할 수 있다.
⑤ X회사 설립에 기여한 대가로 A가 회사로부터 자신 소유의 보통주식에 복수의결권을 부여받기로 한 약정은 무효이다.

해설

① |○| 재산인수는 변태설립사항으로서 반드시 정관에 기재하여야 그 효력이 발생하고, 정관에 기재하지 아니한 재산인수의 효력은 무효이다(통설, 판례). 다만 판례는 무효인 재산인수계약이라고 해도 사후설립의 방식으로 추인가능하다고 본다.

> [대법원 1992.9.14. 선고 91다33087 판결] 갑과 을이 공동으로 축산업 등을 목적으로 하는 회사를 설립하기로 합의하고 갑은 부동산을 현물로 출자하고 을은 현금을 출자하되, 현물출자에 따른 번잡함을 피하기 위하여 회사의 성립 후 회사와 갑 간의 매매계약에 의한 소유권이전등기의 방법에 의하여 위 현물출자를 완성하기로 약정하고 그 후 회사설립을 위한 소정의 절차를 거쳐 위 약정에 따른 현물출자가 이루어진 것이라면, 위 현물출자를 위한 약정은 그대로 상법 제290조 제3호가 규정하는 재산인수에 해당한다고 할 것이어서 정관에 기재되지 아니하는 한 무효라고 할 것이나, 위와 같은 방법에 의한 현물출자가 동시에 상법 제375조가 규정하는 사후설립에 해당하고 이에 대하여 주주총회의 특별결의에 의한 추인이 있었다면 회사는 유효하게 위 현물출자로 인한 부동산의 소유권을 취득한다.

키워드
재산인수계약, 상대적 기재사항, 추인가능

② |×| 손해배상을 청구할 수 없다. 경과실이기 때문이다. 발기인의 제3자에 대한 손해배상책임의 주관적 요건은 '악의 또는 중과실'이다. 즉, 발기인이 악의 또는 중대한 과실로 회사에 대한 임무를 해태한 경우 제3자에게 손해가 발생하였다면 이를 배상해야 한다. 재산인수계약의 상대방은 제3자에 해당하고 정관의 기재가 없어 계약이 무효가 되었으나 A의 경과실로 기재하지 않은 것이므로 주관적 요건을 충족하지 못해 B는 A에게 직접 손해배상을 청구할 수 없다.

키워드
발기인의 제3자에 대한 손해배상책임, 악의/중과실

③ |○| 발기인의 보수는 변태설립사항이고 상대적 기재사항 중 하나로서, 회사설립 시 자본충실을 기하기 위하여 반드시 정관에 기재하여야만 효력이 있다(제290조). 따라서 정관에 기재한 만큼 보수를 청구할 수 있다.

키워드
발기인의 보수, 상대적 기재사항

④ |○| 보수가 정관에 기재되어 그 지급이 유효하다고 하여도 부당하게 과대지급된 것이라면 이는 발기인의 임무해태에 해당하는 것으로 볼 수 있고 이 경우 발기인은 회사에 대한 손해배상책임을 부담한다.

키워드
발기인의 보수, 부당한 지급, 임무해태, 손해배상책임

⑤ | O | 주주평등의 원칙에 반하는 특별이익은 무효이다. 특별이익이란 발기인이 설립사무를 주관함에 대한 공로의 대가로서 지급하는 이익을 말한다. 그런데 무상주교부나 현금보상과 같이 자본충실의 원칙에 반할 수 있거나, 의결상의 특권을 부여하거나 우선적 이익배당을 하는 것과 같이 주주평등의 원칙에 반하는 것, 그리고 장차 이사나 감사의 지위를 약속하는 것도 단체법적 질서에 어긋나는 것이어서 허용되지 않는다.

> 키워드
> 주주(주식)평등의 원칙, 강행규정, 특별이익

▶정답 ②

▶ 정관작성, 위장납입   중요도 ★★☆

035 甲은 A의 명의로, 乙은 자신의 명의로 자본금 30억 원의 X주식회사를 발기설립하기로 하고 사채업자 丙으로부터 30억원을 일시 차입하여 주금을 납입하였다. 이후 甲과 乙은 설립등기를 마친 즉시 납입한 30억원 전액을 인출하여 丙에게 변제하였다. 다음의 설명 중 옳지 않은 것은? (다툼이 있는 경우 판례에 의함)

① X회사의 설립 시 원시정관은 공증인의 인증으로 효력이 발생하는 것이지만, 설립이후 정관을 변경하는 경우 그 효력은 당해 주주총회의 결의만으로 발생한다.
② X회사의 설립 이후 열린 주주총회에서 乙이 주주임을 주장하며 의결권을 행사하는 것은 신의성실의 원칙에 반하지 않는다.
③ X회사는 甲과 乙에게 변제한 금액의 상환을 청구할 수 있는데, 甲이 A의 승낙을 얻어 명의를 대여한 경우 甲과 A는 이에 연대책임을 부담한다.
④ 甲과 乙이 회사의 성립 직후 30억원을 인출하여 변제한 것에 대해 X회사는 발기인으로서 손해배상을 청구할 수 있고 甲과 乙을 공동불법행위자로서 민법상 불법행위에 기한 손해배상도 청구할 수 있다.
⑤ 甲과 乙의 행위는 납입가장죄의 형사책임을 부담할 수 있으나 업무상횡령죄의 책임을 부담하지는 않는다.

> 해설

① | O | 소규모 회사가 아니므로 공증인의 인증으로 효력이 발생한다(제292조). 다만 정관을 변경하는 경우에는 공증인의 인증이 필요하지 않다. 따라서 당해 정관의 변경을 목적으로 하는 주주총회의 특별결의로 효력이 발생한다.

> 키워드
> 정관변경, 주주총회 결의

② |○| 판례는 위장납입의 효력을 유효하다고 보고 있으므로, 위장납입을 한 경우에도 주주가 된다. 가장납입한 주주들이 회사의 주주가 되는 것이며 그들이 회사가 청구한 주금 상당액을 납입하지 않았다고 하더라도 주주의 지위를 상실하는 것이 아니어서, 상당 기간이 지난 후 주주임을 주장하였다 하더라도 신의성실의 원칙에 반하는 것이 아니라고 본다.

> [대법원 1998.12.23. 선고 97다20649 판결] 회사 설립 당시 원래 주주들이 주식인수인으로서 주식을 인수하고 가장납입의 형태로 주금을 납입한 이상 그들은 바로 회사의 주주이고, 그 후 그들이 회사가 청구한 주금상당액을 납입하지 아니하였다고 하더라도 이는 회사 또는 대표이사에 대한 채무불이행에 불과할 뿐 그러한 사유만으로 주주로서의 지위를 상실하게 된다고는 할 수 없으며, 또한 주식인수인들이 회사가 정한 납입일까지 주금 상당액을 납입하지 아니한 채 그로부터 상당 기간이 지난 후 비로소 회사의 주주임을 주장하였다고 하여 신의성실의 원칙에 반한다고도 할 수 없다.

키워드
위장납입, 납입유효

③ |×| 명의대여자가 상환책임을 부담하는 것은 아니다. 명의대여자는 명의대여를 승낙한 경우 납입에 대해 연대책임을 부담하는 것이므로(제332조 제2항), 위장납입에서 납입유효설을 취할 경우 납입이 완료된 것이므로 명의대여자의 책임은 더 이상 문제되지 않는다(2009다35033).

키워드
위장납입, 명의대여, 납입의무, 연대책임

④ |○| 납입무효설과 납입유효설 중 어느 학설을 취하는 경우에도 발기인의 회사 또는 제3자에 대한 손해배상책임을 인정한다(제322조). 또한 판례에 의하면 발기인은 상법상 발기인으로서의 손해배상책임뿐 아니라 회사의 소유재산인 주식인수납입금을 함부로 인출하여 회사에 손해를 입힌 공동불법행위자로서 민법상 불법행위에 기한 손해배상책임(민법 제760조)도 진다.

키워드
위장납입, 임무해태, 손해배상책임, 청구권경합

⑤ |○| 횡령죄의 성립은 없으며 납입가장죄만이 성립한다. 납입가장죄는 납입이 없었음을 전제로 하고, 횡령죄는 반대로 납입이 있었음을 전제로 하기 때문에 동시에 인정되는 것은 모순이다. 판례는 과거 업무상 횡령죄를 인정하기도 하였으나, 전원합의체 판결로 그 입장을 바꾸어 현재는 납입가장죄를 인정하고 횡령죄는 인정하지 않는다(2003도7645 전원합의체 판결).

키워드
위장납입, 납입유효, 횡령죄, 납입가장죄

▶ 정답 ③

▶ 주식회사의 설립

중요도 ★☆☆

036 「상법」상 주식회사의 설립에 관한 다음의 설명 중 옳은 것은?

> ㄱ. 발기설립이든 모집설립이든 발기인은 적어도 1주 이상의 주식을 인수하여야 한다.
> ㄴ. 발기설립의 경우 이사와 감사의 선임은 발기인들의 의결권의 과반수로 하지만 모집설립의 경우에는 창립총회에서 출석한 주식인수인의 의결권의 3분의 2이상이며 인수된 주식 총수의 과반수로 한다.
> ㄷ. 법정대리인의 동의 없이 주식을 인수한 미성년자가 회사 성립 후에 주식인수계약을 취소하면 상업등기된 자본금이 부족하게 되므로 회사설립 무효의 소의 원인이 된다.
> ㄹ. 모집설립의 경우 창립총회에서 선임된 이사는 취임한 때로부터 설립중의 회사의 업무를 집행한다.
> ㅁ. 설립중의 회사가 특정인으로부터 재산을 양수하기로 하는 계약은 정관의 기재 없이 체결된 경우에도 유효하다.
> ㅂ. 회사가 성립하지 않으면 유사발기인은 상대방이 오인한 경우에 한하여 발기인과 연대하여 주식인수인에 대하여 주금액 반환책임을 진다.

① ㄱ, ㄴ, ㅂ
② ㄴ, ㄹ, ㅂ
③ ㄱ, ㄴ, ㄹ
④ ㄱ, ㄷ, ㄹ
⑤ ㄴ, ㄷ, ㅂ

해설

ㄱ. |○| 어떤 방식이든 발기인은 1주 이상 인수해야 한다. 발기설립은 발기인이 설립시에 발행하는 주식의 총수를 인수하여야 한다(제295조 제1항). 발기인은 적어도 1주 이상의 주식을 인수할 의무를 부담하며, 그 인수는 서면에 의하여야 한다(제293조). 서면에 의하지 않은 주식인수는 무효이다(통설). 모집설립은 설립시에 발행하는 주식 중 일부는 발기인이 인수하고 나머지는 주주를 모집하여 인수시켜 회사를 설립하는 방식이다. 발기인이 아닌 제3자가 인수하면 되는 것이므로 모집방법(공모, 사모 모두 가능)에 제한도 없다.

> **키워드**
> 발기인, 주식인수의무

ㄴ. |○| 기관의 선임은 의결권에 따라서 한다. 즉 발기설립의 경우에는 의결권의 과반수로 하며(제296조 제1항) 이때 발기인의 의결권은 두수주의(頭數主義)가 아니라 1주당 1의결권으로 정하고 있다(제296조 제2항). 발기인 전원의 동의가 아니라 과반수로 정하는 것은 발기인으로서의 업무집행을 하는 것이 아니라 출자자로서의 지분권을 행사하여 기관을 선임하는 것이기 때문이다. 모집설립의 경우에는 자본금확정의 절차가 완료된 뒤 주식인수인으로 구성되는 창립총회에서 이사와 감사를 선임한다(제312조). 창립총회의 결의요건은 출석한 주식인수인 의결권의 3분의 2와 인수된 주식총수의 과반수라고 정하여(제309조), 주주총회의 특별결의요건보다 가중하고 있다.

> **키워드**
> 창립총회, 2/3 & 과반

ㄷ. |×| 행위무능력을 이유로 취소하는 경우 상법의 특칙이 없으므로 민법의 원칙에 따라 취소가능한 경우 인수를 취소할 수 있지만 <u>취소된 부분은 발기인들이 공동으로 인수한 것으로 본다</u>. 즉 발기인은 회사설립 시에 발행하는 주식으로서 회사성립 후에 아직 인수되지 아니한 주식이 있거나, 주식인수의 청약이 취소된 때에는 이를 공동으로 인수한 것으로 본다(제321조 제1항). 발기인들은 주식의 공동인수인이 되는데 주금액의 납입 역시 발기인들이 연대하여 납입할 책임을 진다(제333조 제1항). 따라서 정관의 기재가 없는 재산인수계약은 무효이지만, 판례는 사후설립에 준하여 주주총회의 특별결의에 의한 추인이 가능한 것으로 본다(91다33087).

> **키워드**
> 주식인수 취소, 발기인의 자본충실책임

ㄹ. |○| 모집설립의 경우 창립총회에서 이사와 감사를 선임하고(제312조), 이사와 감사는 취임 후 지체 없이 회사의 설립에 관한 모든 사항이 법령 또는 정관의 규정에 위반되지 아니하는지 여부를 조사하여 창립총회에 보고해야 한다(제313조 제1항).

> **키워드**
> 설립중 이사/감사 선임, 설립 조사/감독

ㅁ. |×| 재산인수계약은 상대적 기재사항으로 기재하지 않으면 효력이 없다. 재산인수는 변태설립사항으로서 회사설립시에 자본충실을 기하기 위하여 반드시 정관에 기재하여야만 그 효력이 있는 것으로 정하고 있는 사항이다(제290조).

> **키워드**
> 재산인수계약, 상대적 기재사항

ㅂ. |×| 유사발기인은 발기인과 동일한 책임이 있지만(제327조), 임무해태를 조건으로 하는 발기인의 손해배상책임을 부담하지는 않는다. 그 외의 자본충실책임과 회사불성립시 책임은 부담한다. 유사발기인의 책임이 성립하기 위해서 상대방의 선의가 요구되는 것도 아니다.

> **키워드**
> 유사발기인, 동일한 책임, 손해배상책임

▶ 정답 ③

주식회사 설립무효

중요도 ★☆☆

037 상법상 주식회사 설립무효에 관한 설명으로 옳은 것은?

① 주식회사 설립에 있어서 특정 사원의 설립행위가 제한행위능력이나 의사표시의 하자로 취소되는 경우 설립취소의 소가 인정되지 않으나, 사원의 의사무능력을 이유로 설립무효소송을 제기하는 것은 가능하다.
② 주식회사 설립무효의 소는 소제기 이익이 있는 자는 누구나 회사성립의 날로부터 2년 내에 소로써 이를 주장할 수 있다.
③ 정관의 절대적 기재사항의 흠결, 정관의 상대적 기재사항의 흠결, 강행법규 위반, 주식회사 본질에 반하는 객관적 하자 등만이 설립무효사유가 된다.
④ 주식회사 설립무효판결은 법률관계를 획일적으로 확정하기 위하여 소급효를 인정하므로 회사 성립 후 무효판결 전에 행하여진 법률행위는 모두 무효가 된다.
⑤ 주식회사 설립 시에 정관에 기재하는 발행예정주식총수가 1천주인 경우 회사 설립 시에 1주만 발행하더라도 설립무효의 원인이 되지 않는다.

해설

① |×| 상법에서는 설립무효의 원인에 대하여 규정하고 있지 않으나, 주식회사 설립에 있어서는 인적회사와는 달리 설립취소나 주관적 무효원인이 인정되지 않고 다만 객관적 하자만이 문제된다고 본다(통설). 따라서 특정 사원의 설립행위가 제한행위능력이나 의사표시의 하자로 취소되는 경우 주식회사에서는 설립무효의 소가 인정되지 않는다. 정관의 절대적 기재사항의 흠결, 강행법규 위반, 주식회사 본질에 반하는 객관적 하자 등만이 설립무효사유가 된다.

> **키워드**
> 설립무효, 객관적 하자, 의사무능력

② |×| 주식회사의 설립에 하자가 있는 경우 주주와 이사 그리고 감사에 한하여 회사성립의 날로부터 2년 이내에 설립무효의 소만으로써 그 무효를 다툴 수 있다(제328조 제1항). 설립무효는 소만으로써 주장할 수 있는 형성의 소이며, 2년이라는 기간은 제척기간이다. 원고가 승소하는 경우 대세적 효력이 있어 제3자도 그 무효를 다투지 못하며, 판결의 효력이 소급하지 않기 때문에 설립이 무효이더라도 기존의 당사자들의 권리의 무에 영향을 미치지 못한다(제328조 제2항, 제190조). 그러나 원고가 패소하는 경우라면 이러한 효과가 없다. 또한 패소한 원고에게 손해배상책임을 물을 수 있도록 하여 남소를 방지한다(제328조 제2항, 제191조).

> **키워드**
> 설립무효소송, 제소권자, 2년 내

③ |×| 상대적 기재사항의 흠결은 설립의 하자가 되지 않는다. 설립되지 않은 사항만 효력이 없다. 정관 전체의 효력에는 영향이 없다.

> **키워드**
> 설립무효원인, 객관적 하자

④ |×| 소급효가 인정되지 않는다. ②의 설명참고.
⑤ |○| 설립시 발행주식수에 제한이 없다.

▶ 정답 ⑤

Ⅲ. 주식과 주주

▶ 주주의 권리, 정보취득권   중요도 ★★☆

038 주주의 정보취득권에 관한 다음의 설명 중 옳은 것은? (다툼이 있는 경우 판례에 의함)

> ㄱ. 발행주식의 총수의 100분의 3 이상에 해당하는 주식을 가진 주주는 이유를 붙인 서면으로 회계의 장부와 서류의 열람 또는 등사를 청구할 수 있고 이 경우의 발행주식총수에는 무의결권주식이 포함된다.
>
> ㄴ. 주주의 회계장부 열람 및 등사청구권은 그 권리행사에 필요한 범위 내에서 허용되어야 하는 것이지만 열람 및 등사의 회수는 1회에 국한된다.
>
> ㄷ. 주주의 회계장부 열람 및 등사청구권의 대상에는 모회사의 회계상황을 파악하기 위한 근거자료로서 실질적으로 필요한 경우 모회사에 보관된 자회사의 회계장부도 포함된다.
>
> ㄹ. 소수주주가 모색적 증거 수집을 위한 회계장부 열람 및 등사청구를 하는 경우 청구를 받은 회사가 열람·등사청구가 부당한 목적을 위한 것이라는 사정을 주장·증명하여도 열람·등사의무에서 벗어날 수 없다.
>
> ㅁ. 주주 또는 회사채권자가 주주명부의 열람등사청구를 한 경우 회사는 그 청구에 정당한 목적이 없는 경우 회사는 이를 거절할 수 있다.
>
> ㅂ. 발행주식 총수의 100분의 3 이상에 해당하는 주식을 가진 주주가 회계장부 열람 및 등사를 청구하기 위해서 반드시 경영상태 악화나 대표이사의 부정이 의심되는 구체적 사유를 적시해야 하는 것은 아니다.

① ㄱ, ㄴ, ㄷ
② ㄷ, ㄹ, ㅁ
③ ㄱ, ㅁ, ㅂ
④ ㄴ, ㄹ, ㅂ
⑤ ㄱ, ㄷ, ㅁ

해설

ㄱ. |O| 주주의 정보취득권 중 회계장부의 열람등사 청구권만 소수주주권에 해당한다. 즉 발행주식의 총수의 100분의 3 이상에 해당하는 주식을 가진 주주는 이유를 붙인 서면으로 회계의 장부와 서류의 열람 또는 등사를 청구할 수 있다(제466조 제1항). 이 경우의 발행주식 총수에는 무의결권주식이 포함된다. 회계장부에 대한 정보취득권만 소수주주권이며 이유를 붙인 서면으로 미리 청구해야 한다는 점을 주의하자.

> **키워드**
> 회계장부열람등사청구권, 3%, 무의결권주식 포함

ㄴ. |×| 1회에 국한되지 않는다. 동일한 주주들에 의하여 회계장부열람의 청구가 있었을 경우 회사가 이를 1회만 허용하여야 하는지가 문제될 수 있는데, 판례는 열람 및 등사청구권은 그 권리행사에 필요한 범위 내에서 허용되어야 할 것이지 열람 및 등사의 회수가 1회에 국한되는 등으로 사전에 제한될 성질의 것은 아니라고 하였다.

[대법원 1999.12.21. 선고 99다137 판결] 상법 제466조 제1항 소정의 소수주주의 회계장부 및 서류의 열람, 등사청구권이 인정되는 이상 그 열람, 등사청구권은 그 권리행사에 필요한 범위 내에서 허용되어야 할 것이지, 열람 및 등사의 회수가 1회에 국한되는 등으로 사전에 제한될 성질의 것은 아니다.

키워드

회계장부열람등사청구권, 1회에 국한, 필요한 만큼

ㄷ. |O| 판례가 인정한 바 있다. 판례는 '회계의 장부 및 서류'에는 소수주주가 열람·등사를 구하는 이유와 실질적으로 관련이 있는 회계장부와 그 근거자료가 되는 회계서류를 가리키는 것이라 보고 있다(비한정설).

[대법원 2001.10.26. 선고 99다58051 판결] 상법 제466조 제1항에서 정하고 있는 소수주주의 열람·등사청구의 대상이 되는 '회계의 장부 및 서류'에는 소수주주가 열람·등사를 구하는 이유와 실질적으로 관련이 있는 회계장부와 그 근거자료가 되는 회계서류를 가리키는 것으로서, 그것이 회계서류인 경우에는 그 작성명의인이 반드시 열람·등사제공의무를 부담하는 회사로 국한되어야 하거나, 원본에 국한되는 것은 아니며, 열람·등사제공의무를 부담하는 회사의 출자 또는 투자로 성립한 자회사의 회계장부라 할지라도 그것이 모자관계에 있는 모회사에 보관되어 있고, 또한 모회사의 회계상황을 파악하기 위한 근거자료로서 실질적으로 필요한 경우에는 모회사의 회계서류로서 모회사 소수주주의 열람·등사청구의 대상이 될 수 있다.

키워드

회계장부, 모회사에 보관된 자회사 서류

ㄹ. |×| 부당한 목적이라는 것을 입증하면 열람 및 등사청구를 적법하게 거부할 수 있다(판례). 다만 법원은 이러한 입증에 대해 모색적 증거수집인지 여부는 신중하게 판단해야 하는 것으로 본다.

[대법원 2022. 5. 13. 선고 2019다270163 판결] 상법 제466조 제1항은 '이유를 붙인 서면'으로 열람·등사를 청구할 수 있다고 정한다. 그 이유는 주주가 회계장부와 서류를 열람·등사하는 것이 회사의 회계운영상 중대한 일이므로 그 절차가 신중하게 진행될 필요가 있고, 또 회사가 열람·등사에 응할 의무의 존부나 열람·등사 대상인 회계장부와 서류의 범위 등을 손쉽게 판단할 수 있도록 할 필요가 있기 때문이다. 다만 이유 기재 자체로 그 내용이 허위이거나 목적이 부당함이 명백한 경우 등에는 적법하게 이유를 붙였다고 볼 수 없으므로 이러한 열람·등사청구는 허용될 수 없다. 또 이른바 모색적 증거 수집을 위한 열람·등사청구도 허용될 수 없으나, 열람·등사청구권이 기본적으로 회사의 업무 등에 관한 정보가 부족한 주주에게 필요한 정보 획득과 자료 수집을 위한 기회를 부여하는 것이라는 사정을 고려할 때 모색적 증거 수집에 해당하는지는 신중하고 엄격하게 판단해야 한다. 한편 주주로부터 열람·등사청구를 받은 회사는 상법 제466조 제2항에 따라 열람·등사청구의 부당성, 이를테면 열람·등사청구가 허위사실에 근거한 것이라든가 부당한 목적을 위한 것이라든가 하는 사정을 주장·증명함으로써 열람·등사의무에서 벗어날 수 있다.

키워드

회계장부열람등사청구, 부당한 청구, 회사의 거절, 불리한 시기

ㅁ. |O| 거절권에 관한 명문의 규정이 없으나 판례가 인정하고 있다. 즉 상법 규정이 없음에도 불구하고 회사가 그 청구의 목적이 정당하지 않음을 증명하는 경우 이를 거부할 수 있다는 것이 판례의 입장이다.

[대법원 2010.7.22. 선고 2008다37193 판결] 주주 또는 회사채권자가 상법 제396조 제2항에 의하여 주주명부 등의 열람등사청구를 한 경우 회사는 그 청구에 정당한 목적이 없는 등의 특별한 사정이 없는 한 이를 거절할 수 없고, 이 경우 정당한 목적이 없다는 점에 관한 증명책임은 회사가 부담한다.

키워드
주주명부 열람등사청구, 회사의 거부, 명문규정

ㅂ. |×| 구체적인 이유를 적시해야 한다. 이유를 붙인 서면을 미리 제출할 때(제466조 제1항), 막연히 경영상태를 점검한다거나 대표이사의 부정이 의심된다는 등만으로는 부족하고 회사의 경영상태의 악화나 대표이사의 부정이 의심되는 구체적 사유를 적시하여야 한다. 판례도 회사에게 열람 및 등사에 응하여야 할 의무의 존부 또는 열람 및 등사를 허용하지 않으면 안 될 회계의 장부 및 서류의 범위 등의 판단을 손쉽게 하기 위하여 그 이유는 구체적으로 기재하여야 한다고 한다(99다137).

키워드
회계장부열람등사청구, 이유를 기재한 서면, 구체적 사유

▶ 정답 ⑤

▶ 주주명부 폐쇄   중요도 ★★☆

039 비상장회사 甲이 정관이 정하는 바에 따라 결산기 말일의 다음 날부터 정기주주총회 종료일까지 주주명부를 폐쇄한 경우에 관한 설명으로 옳지 않은 것은?

① 甲회사의 주주가 주주명부 폐쇄기간 중에 전환권을 행사하여 전환주식을 보통주로 전환한 경우 정기총회에서는 전환된 보통주의 주주로서 의결권을 행사할 수 있다.
② 甲회사는 주주명부 폐쇄기간 중에 질권설정자의 기명주식에 대한 질권등록 청구가 있더라도 질권등록을 할 수 없다.
③ 결산기 말일 전에 주식을 양도하였으나 명의개서를 하지 않고 있는 경우 폐쇄기간 중 甲회사는 그 양수인을 주주로 인정하여 주주권을 행사하게 할 수 없다.
④ 甲회사는 주주명부 폐쇄기간이 개시되기 2주간 전에 폐쇄기간을 공고할 필요가 없다.
⑤ 甲회사의 주주명부 폐쇄기간인 경우에도 신주인수권부사채의 신주인수권 행사는 가능하다.

해설
① |×| 전환된 주식의 의결권을 행사할 수 없다. 주주명부 폐쇄기간 중에 전환된 주식의 주주는 그 기간 중의 총회의 결의에 관하여는 의결권을 행사할 수 없다(제350조 제2항). 전환전의 주식을 가지고만 의결권을 행사할 수 있다.

> **키워드**
> 주주명부 폐쇄기간, 전환권 행사, 주주권 행사

② |○| 등록질을 설정할 수 없다. 회사는 폐쇄기간 중에는 그 주식에 관하여 주주 또는 질권자의 권리를 변동시키는 일체의 기재를 할 수 없다. 그러나 권리변동과 무관한 사항은 기재할 수 있다. 따라서 전환주식, 전환사채의 전환청구(제350조 제2항, 제516조 제2항)와 신주인수권부사채의 신주인수권행사(제516조의9)는 폐쇄기간 중에도 할 수 있으나, 이 경우 폐쇄기간의 취지를 살리기 위하여 그 폐쇄기간 중에 이루어진 주주총회의 결의에 관하여는 의결권이 없다.

> **키워드**
> 주주명부 폐쇄, 주주권 변동 기재, 등록질

③ |○| 주주명부 폐쇄기간 중 회사가 양수인을 주주로 인정할 수 없다. 판례는 종전의 태도를 변경하여 주주명부의 효력에 관하여 쌍면적 구속설을 취하고 있으므로, 주주명부에 기재되지 않은 자를 주주권행사자로 인정할 수 없다.

> [대법원 2017. 3. 23. 선고 2015다248342] 특별한 사정이 없는 한, 주주명부에 적법하게 주주로 기재되어 있는 자는 회사에 대한 관계에서 주식에 관한 의결권 등 주주권을 행사할 수 있고, 회사 역시 주주명부상 주주 외에 실제 주식을 인수하거나 양수하고자 하였던 자가 따로 존재한다는 사실을 알았든 몰랐든 간에 주주명부상 주주의 주주권 행사를 부인할 수 없으며, 주주명부에 기재를 마치지 아니한 자의 주주권 행사를 인정할 수도 없다.

> **키워드**
> 주주명부의 효력, 쌍면적 구속설

④ |○| 공고할 필요가 없다. 폐쇄기간 중에는 명의개서를 할 수 없으므로 실질주주에게 명의개서를 촉구하는 의미에서 폐쇄사실을 폐쇄기간의 2주간 전에 공고하여야 하지만 정관에 폐쇄기간이 정하여진 경우에는 공고할 필요가 없다(제354조 제4항).

> **키워드**
> 주주명부폐쇄 공고, 정관기재

⑤ |○| 신주인수권부사채의 신주인수권 행사는 가능하다. 즉 권리변동과 무관한 사항은 기재할 수 있다. 따라서 전환주식, 전환사채의 전환청구(제350조 제2항, 제516조 제2항)와 신주인수권부사채의 신주인수권행사(제516조의9)는 폐쇄기간 중에도 할 수 있으나, 이 경우 폐쇄기간의 취지를 살리기 위하여 그 폐쇄기간 중에 이루어진 주주총회의 결의에 관하여는 의결권이 없다.

> **키워드**
> 주주명부폐쇄, 신주인수권부사채, 폐쇄기간 중, 신주인수권 행사

▶ 정답 ①

▶ **종류주식** 중요도 ★★☆

040 상법상 종류주식에 관한 다음의 설명 중 옳은 것은?

> ㄱ. 전환청구기간 또는 전환의 기간 내에는 전환으로 인하여 발행할 주식의 수를 보유하여야 하며, 보유해야 할 미발행주식수를 초과하여 신주발행을 하는 경우에는 신주발행유지청구 또는 신주발행무효의 원인이 된다.
> ㄴ. 무의결권주식을 소유하는 주주는 정관상 정함이 없는 경우에도 회사분할계획서 또는 분할합병계약서를 승인하는 주주총회의 결의에서 의결권을 행사할 수 있다.
> ㄷ. 의결권이 배제되거나 제한되는 종류주식을 발행할 경우에는 발행주식총수의 4분의 1을 초과하는 경우 초과하는 부분의 발행은 무효이다.
> ㄹ. 회사가 전환권을 가지는 회사전환주식의 경우 정관으로 정하는 사유가 발생하는 경우에 주식이 전환된 것으로 본다.
> ㅁ. 동일한 기회에 신주를 발행하면서 이익배당과 잔여재산분배에 있어서 내용이 다른 우선주와 보통주의 발행가액에 차이를 둘 수 있다.
> ㅂ. 회사가 상환권을 갖는 상환주식의 상환에 있어서 회사는 상환대상인 주식의 취득일부터 2주 전에 그 사실을 그 주식의 주주 및 주주명부에 적힌 권리자에게 따로 통지하여야 한다. 여기서 통지는 공고로 갈음할 수 없다.

① ㄱ, ㄴ, ㅁ
② ㄴ, ㄷ, ㅁ
③ ㄱ, ㄴ, ㅂ
④ ㄴ, ㄹ, ㅁ
⑤ ㄱ, ㄷ, ㅁ

해설

ㄱ. |ㅇ| 전환청구기간 또는 전환의 기간 내에는 전환으로 인하여 발행할 주식의 수를 보유하여야 하며(제346조 제4항), 만일, 회사가 보유해야 할 미발행주식수를 초과하여 신주발행을 하는 경우에는 신주발행유지청구(제424조) 또는 신주발행무효(제429조)의 원인이 된다.

키워드
전환청구 기간, 신주발행, 신주발행 유보

ㄴ. |ㅇ| 상법의 규정에 의해 의결권 행사가 가능한 경우이다. 원칙적으로 의결권이 배제되거나 제한되는 주식을 소유하는 주주는 정관으로 정한 의결권부활의 조건이 성취된 경우 의결권을 행사할 수 있다(제344조의3 제1항 후단). 그런데 다음의 경우에는 정관상 정함이 없는 경우에도 상법의 규정에 의하여 의결권이 허용된다. (i) 종류주주총회(제435조 제3항), (ii) 창립총회(제308조 제2항), (iii) 총주주의 동의가 필요한 이사·감사의 책임면제(제400조, 제415조), (iv) 회사분할계획서 또는 분할합병계약서를 승인하는 주주총회의 결의(제530조의3 제3항) 등이다.

키워드
무의결권주식, 의결권 부활, 회사 분할(분할합병)

ㄷ. |×| 개정상법에 의하면 무효가 아니다. 소수의 의결권이 있는 주식을 가진 주주가 회사를 지배하는 폐단을 방지하기 위한 것이므로 의결권배제주식과 의결권제한주식을 합하여 4분의 1 이하가 되어야 한다. 만약 이를 초과하여 발행한 경우에는 지체 없이 그 제한을 초과하지 않도록 하기 위한 필요조치를 강구해야 한다(제344조의3 제2항). 구법도 발행주식 총수의 4분의 1을 초과할 수 없도록 규정하고 있지만, 그 효과가 다르다. 구법상 발행주식 총수의 4분의 1의 초과부분을 절대적으로 금지하고 있었으나, 현행법에 의하면 4분의 1을 초과하더라도 무효가 아니며, 초과된 부분에 대하여 필요한 조치를 취하여야 한다.

> **키워드**
> 무의결권주식, 1/4 이하, 초과발행, 무효

ㄹ. |×| 바로 전환되는 것이 아니라 이사회가 전환을 결정해야 한다. 즉 정관에서 정한 사유가 발생하여도 이사회를 거쳐 전환을 결정한다. 회사가 전환권을 가지는 회사전환주식의 경우 정관으로 정하는 사유가 발생하는 경우에 한하여 전환할 수 있으므로 특히 정관으로 전환사유를 정해야 한다(제346조 제2항). 정관으로 정하는 사유는 특별히 부당하지 않는 한 어떠한 사유도 정할 수 있다. 이러한 사유가 발생한 이후 다시 이사회가 그 전환여부를 결정하며, 전환이 결정된 때에는 이사회는 전환할 주식, 2주 이상의 일정한 기간 내에 그 주권을 회사에 제출하여야 한다는 뜻, 그 기간 내에 주권을 제출하지 아니할 때에는 그 주권이 무효로 된다는 뜻을 그 주식의 주주 및 주주명부에 적힌 권리자에게 따로 통지하여야 한다. 다만, 통지는 공고로 갈음할 수 있다(제346조 제3항).

> **키워드**
> 회사전환주식, 강제전환, 전환사유, 정관기재

ㅁ. |○| 회사가 종류주식을 발행하는 경우 정관의 다른 정함이 없는 경우에도 이사회 또는 주주총회의 결의에 따라 주주권의 내용에 차등을 둘 수 있다. 종류주식의 경제적 가치에 따라 달리 취급하겠다는 취지이고 이는 주식평등의 원칙의 예외이다.

> **키워드**
> 우선주, 보통주, 발행가

ㅂ. |×| 공고는 통지로 갈음할 수 있다. 주주의 청구에 의한 상환이나 회사가 주주와 개별적으로 협상하는 경우와는 달리 회사가 상환권을 가지는 경우에는 주주에게 상환을 통지하고 주권을 제출할 것을 요구하여야 할 것이고, 이러한 점에서 상법 제345조 제2항은 관련 규정을 두고 있다. 회사는 상환대상인 주식의 취득일부터 2주 전에 그 사실을 그 주식의 주주 및 주주명부에 적힌 권리자에게 따로 통지하여야 한다. 여기서 통지는 공고로 갈음할 수 있다(제345조 제2항).

> **키워드**
> 회사상환주식, 강제상환, 공고/통지

▶ 정답 ①

주주명부, 명의개서청구, 선의취득, 주권의 효력발생시기

중요도 ★★☆

041 상법상 주식의 양도 및 명의개서에 관한 다음의 설명 중 옳지 않은 것은? (다툼이 있으면 판례에 의함)

① 주주명부의 복본에 한 명의개서는 주주명부에 한 명의개서와 동일한 효력이 있다.
② 주식의 양수인이 회사에 주권의 제시 없이 주식 양수사실을 통지하였더라도 이는 명의개서를 신청한 것으로 본다.
③ 주권을 무권대리인으로부터 양수한 경우에도 선의취득할 수 있다.
④ 회사설립 후 6개월이 되기 전 회사의 주권발행 없는 주식양도를 승인하고 명의개서까지 해주더라도 역시 무효이다.
⑤ 상속이나 합병 등의 포괄승계의 경우에는 주권의 교부가 없어도 주식이 이전된다.

해설

① |○| 동일한 효력이 있다(제337조 제2항). 회사는 주주명부를 작성하여 회사의 본점에 비치하여야 하는데, 명의개서대리인을 둔 경우에는 주주명부 또는 그 복본을 명의개서대리인의 영업소에 비치할 수 있다(제396조 제1항).

> **키워드**
> 복본, 변경기재, 동일한 효력

② |×| 주권의 제시 없는 단순한 통지는 명의개서 청구로 보지 않는다. 즉, 명의개서 청구자는 주권을 제시하여야 한다. 양수인이 주권의 제시 없이 단순히 회사에 주식 양수사실을 통지한 것만 가지고는 명의개서 청구가 아니다(94다25735).

> **키워드**
> 명의개서청구, 양도통지, 주권제시

③ |○| 무권리자에 한정하지 않으므로 무권대리인으로부터 취득하는 것도 가능하다. 선의취득의 일반적인 요건상 주권의 양도인이 절취하였거나 분실된 주권을 습득한 경우에 선의취득의 대상이 됨에는 의문이 없다. 문제는 제한능력·의사표시의 하자 등의 사유가 있어 양도가 무효 또는 취소된 경우에도 선의취득이 가능한지 여부이다. 어음·수표에서도 동일한 논의가 있는데, 판례는 양도인을 무권리자로 한정하지 않는다(94다55217). 주권의 선의취득은 수표법 제21조를 준용하고 있으므로 동일한 논리가 적용된다. <u>판례도 주권을 무권대리인으로부터 양수한 경우에도 그 선의취득을 인정한다</u>(95다49646).

> **키워드**
> 선의취득, 무권리자, 무권대리

④ |○| 회사가 승인할 수도 없다. 회사의 성립 후 6월 전에 주권 없이 한 주식양도는 회사에 대하여 효력이 없다(제335조 제3항). 법문은 '회사에 대하여 효력이 없다'고 규정하고 있으나, 회사도 그 양도의 효력을 인정할 수 없다(통설). 즉 양도당사자가 회사에 대하여 양도의 효력을 주장할 수 없고, 회사 또한 승인을 할 수도 없다. 판례도 회사가 주권발행 전 주식양도를 승인하고 명의개서까지 해주더라도 역시 무효라 본다(81다141).

> **키워드**
> 주식양도, 6개월 전, 회사에 대해 무효

⑤ |이| 포괄승계되는 경우 주권의 교부가 필요하지 않다. 하지만 이 경우에도 회사에 대항하기 위해서는 명의개서가 필요하다(제337조 제1항).

> **키워드**
> 주식양도, 주권교부, 포괄승계(상속, 합병)

▶정답 ②

주식의 양도담보, 주식양도   중요도 ★★★

042 Y회사는 소유하고 있는 A회사 주식에 대해 2016년 1월 6일 X회사에게 주식의 양도담보권을 설정하면서 'X회사에게 주권 및 주주로서의 권리 일체를 양도한다'는 취지가 기재된 주식양도담보계약서를 작성하였고, Y회사는 'X회사에게 양도한 주식에 대한 소유권을 포기한다'는 내용이 기재된 주식포기각서를 작성하였다. 그러나 당시에 실제로 주권을 양도하지는 않았고, 이후 2016년 7월 1일에 이르러 X회사에게 주권을 교부하였다. A회사의 정관에는 이사회의 승인을 얻어 주식을 양도할 수 있다는 내용의 규정이 있었으며, 2016년 1월 10일 양수인인 X회사는 A회사에 대해 이사회의 승인을 구하였으나 이를 얻지 못하였다. 사례에 관한 설명으로 옳은 것은? (다툼이 있으면 판례에 의함)

> ㄱ. Y회사와 X회사 사이에 주식양도담보계약의 채권적 효력은 유효하다.
> ㄴ. Y회사의 X회사에 대한 주권의 교부는 현실의 인도 이외에 간이인도, 점유개정, 반환청구권의 양도에 의하여도 할 수 있다.
> ㄷ. X회사가 2016년 1월 20일에 주식매수청구권을 행사한 경우 A회사의 승낙여부와 관계없이 주식매수계약이 체결된다.
> ㄹ. X회사는 양도승인거부통지를 받은 날로부터 20일내에 A회사에 대해 양도 상대방의 지정을 청구할 수 있다.

① ㄱ, ㄴ ② ㄴ, ㄷ
③ ㄱ, ㄹ ④ ㄴ, ㄹ
⑤ ㄷ, ㄹ

해 설

ㄱ. |○| 채권적 효력은 유효하다. 주권의 교부는 주식양도의 효력발생요건이므로 X회사가 주식을 취득하게 되는 시기는 주권의 교부일인 2016년 7월 1일이 된다. 그러나 이와 관계없이 양도의 합의만으로 계약의 효력이 발생하므로 이사회의 승인여부와 관계없이 언제나 계약의 효력은 유효하다.

> **키워드**
> 주식양도, 주권교부, 효력발생요건

ㄴ. |○| 모두 가능하다. 주권발행 후의 주식의 양도에 있어서는 주권을 교부하여야 효력이 발생하고(제336조 제1항), 주권의 교부는 현실의 인도 이외에 간이인도, 점유개정, 반환청구권의 양도에 의하여도 할 수 있다 (76다1292, 2008다96963, 96970).

> **키워드**
> 주권교부, 점유이전, 효력발생요건

ㄷ. |×| 주식매수청구권을 행사할 수 없다. 이사회의 승인을 얻어 주식을 양도해야 하는 경우 양수인도 승인청구 등을 할 수 있고, 거부시 주식매수청구권도 행사할 수 있다(제335조의7 제2항). 그러나 이를 위해서는 양수인이 주식을 취득해야 한다(제335조의7 제1항). 사례의 경우 주식매수청구권 행사시 주권의 교부가 없이 주식양도의 효력이 발생하지 않은 것이므로, 주식을 취득하지 못했다. 따라서 주식의 매수를 청구할 수 없고, 이는 이후 주권의 교부가 있었다고 해서 그 하자가 치유되는 것도 아니다.

> [대법원 2014.11.13, 선고, 2009다71312,71329,71336,71343 판결] 주권발행 후의 주식의 양도에 있어서는 주권을 교부하여야 효력이 발생하고(상법 제336조 제1항), 주권의 교부는 현실의 인도 이외에 간이인도, 점유개정, 반환청구권의 양도에 의하여도 할 수 있다. 주식의 양도에 관하여 이사회의 승인을 얻어야 하는 경우에 주식을 취득하였으나 회사로부터 양도승인거부의 통지를 받은 양수인은 상법 제335조의7에 따라 회사에 대하여 주식매수청구권을 행사할 수 있다. 이러한 주식매수청구권은 주식을 취득한 양수인에게 인정되는 이른바 형성권으로서 그 행사로 회사의 승낙 여부와 관계없이 주식에 관한 매매계약이 성립하게 되므로, 주식을 취득하지 못한 양수인이 회사에 대하여 주식매수청구를 하더라도 이는 아무런 효력이 없고, 사후적으로 양수인이 주식 취득의 요건을 갖추게 되더라도 하자가 치유될 수는 없다.

> **키워드**
> 주식매수청구권, 양도효력 발생, 형성권

ㄹ. |×| 주식을 취득한 자가 아니므로 상대방의 지정청구도 할 수 없다. ㄷ의 설명 참고.

> **키워드**
> 주식매수청구권, 양도효력 발생, 형성권

▶정답 ①

주식양도 방법, 주식양도 제한, 물상대위권
중요도 ★★★

043 상법상 주식에 관한 다음의 설명 중 옳은 것(O)과 옳지 않은 것(×)을 올바르게 조합한 것은? (다툼이 있으면 판례에 의함)

> ㄱ. 회사의 설립 후 6개월이 경과하도록 주권을 발행하지 않은 경우 해당 주식의 질권을 설정하기 위해 등록양도담보의 설정이 가능하다.
>
> ㄴ. 주식에 약식질을 설정하기 위해서는 주권의 교부가 있어야 하고, 그 방법으로 반환청구권을 질권자에게 양도하는 것도 가능하다. 다만, 이 경우 직접점유자인 제3자가 다시 타인에게 주권을 보관시킨 경우 그 점유자에 대한 통지나 승낙이 있어야 한다.
>
> ㄷ. 주주 사이에서 주식의 양도를 일부 제한하는 약정을 한 경우, 그 약정은 주주의 투하자본 회수 가능성을 전면적으로 부정하는 것이 아니고, 선량한 풍속 그 밖의 사회질서에 반하지 않는다면 당사자 사이에서는 원칙적으로 유효하다.
>
> ㄹ. 준비금의 자본전입에 의하여 발행된 주식에 대하여도 질권의 효력이 미친다.
>
> ㅁ. 등록질권자는 물상대위의 목적물이 금전이고 그 목적물의 변제기가 질권자의 채권의 변제기보다 먼저 도래한다고 하여도 회사에 대하여 그 금전의 공탁을 청구할 수는 없다.
>
> ㅂ. 주식의 양도담보를 설정한 경우 회사에 대한 관계에서 양도담보권자가 주주의 자격을 갖는 것이고, 담보권설정자와 담보권자 간의 주식반환 약정을 위반하여도 주주의 지위를 상실하는 것도 아니다.

① ㄱ(O) ㄴ(×) ㄷ(O) ㄹ(×) ㅁ(O) ㅂ(O)
② ㄱ(O) ㄴ(O) ㄷ(×) ㄹ(O) ㅁ(×) ㅂ(O)
③ ㄱ(×) ㄴ(O) ㄷ(O) ㄹ(O) ㅁ(O) ㅂ(×)
④ ㄱ(O) ㄴ(×) ㄷ(O) ㄹ(O) ㅁ(×) ㅂ(O)
⑤ ㄱ(×) ㄴ(O) ㄷ(×) ㄹ(O) ㅁ(O) ㅂ(×)

해설

ㄱ. │O│ 가능하다. 주권발행 전 주식의 담보를 명시적으로 금지하는 규정은 없으나, 제338조에서 질권설정을 위해 주권의 교부를 요구하고 있으므로 그 발행이 전제되어야 한다. 그러나 주권발행 전이지만 6개월이 경과한 경우 ① 민법상 권리질의 설정이 가능하고, ② 회사성립 후 또는 신주의 납입기일 후 6월이 경과한 이후 주권 없이도 등록양도담보가 가능하다(93다61338). 그 방법은 당사자 간에 주식을 양도한다는 합의가 있어야 하고 회사에 통지 또는 회사의 승낙이 있어야 한다. 명의개서까지 마치면 등록양도담보가 된다.

> [대법원 2000.8.16. 자 99그1 결정] 주권발행 전의 주식에 대한 양도도 인정되고, 주권발행 전 주식의 담보제공을 금하는 법률규정도 없으므로 주권발행 전 주식에 대한 질권설정도 가능하다고 할 것이지만, 상법 제338조 제1항은 기명주식을 질권의 목적으로 하는 때에는 주권을 교부하여야 한다고 규정하고 있으나, 이는 주권이 발행된 기명주식의 경우에 해당하는 규정이라고 해석함이 상당하므로, 주권발행 전의 주식 입질에 관하여는 상법 제338조 제1항의 규정이 아니라 권리질설정의 일반원칙인 민법 제346조로 돌아가 그 권리의 양도방법에 의하여 질권을 설정할 수 있다고 보아야 한다.

> **키워드**
> 질권설정, 주권교부, 6개월 경과, 합의만

ㄴ. |×| 직접점유자에 대한 대항요건까지 갖출 필요는 없다. 점유하고 있던 제3자가 타인에게 다시 보관시킨 경우 그 자의 승낙이나 통지까지 필요한 것은 아니다. 주식의 질권설정에 필요한 요건인 주권의 점유를 이전하는 방법으로는 현실 인도(교부) 외에 간이인도나 반환청구권 양도도 허용되고, 주권을 제3자에게 보관시킨 경우 주권을 간접점유하고 있는 질권설정자가 반환청구권 양도에 의하여 주권의 점유를 이전하려면 질권자에게 자신의 점유매개자인 제3자에 대한 반환청구권을 양도하여야 하고, 이 경우 대항요건으로서 제3자의 승낙 또는 질권설정자의 제3자에 대한 통지를 갖추어야 한다. 그리고 이러한 법리는 제3자가 다시 타인에게 주권을 보관시킴으로써 점유매개관계가 중첩적으로 이루어진 경우에도 마찬가지로 적용되므로, 최상위 간접점유자인 질권설정자는 질권자에게 자신의 점유매개자인 제3자에 대한 반환청구권을 양도하고 대항요건으로서 제3자의 승낙 또는 제3자에 대한 통지를 갖추면 충분하며, 직접점유자인 타인의 승낙이나 그에 대한 질권설정자 또는 제3자의 통지까지 갖출 필요는 없다 (2012다34764).

> **키워드**
> 주식의 질권설정, 약식질, 주권교부, 간접점유, 대항요건

ㄷ. |○| 투하자본의 회수 가능성을 전면적으로 부인하는 것이 아니라면 주주들 간의 약정 자체는 유효하다. 다만 그럼에도 불구하고 회사에 대해서는 무효이다. 따라서 이 약정을 위반하여 주식을 양수한 자는 회사에 대해 주식양수를 이유로 명의개서 등을 청구하고 주주권을 행사할 수 있다. 다만 주주간 약정이 유효하므로 이를 위반한 책임 등은 인정될 수 있다.

> [대법원 2022. 3. 31. 선고 2019다274639 판결] 주식의 양도를 제한하는 방법으로 이사회 승인을 받도록 정관에 정할 수 있다는 상법 제335조 제1항 단서의 취지에 비추어 볼 때, 주주 사이에서 주식의 양도를 일부 제한하는 약정을 한 경우, 그 약정은 주주의 투하자본회수 가능성을 전면적으로 부정하는 것이 아니고, 선량한 풍속 그 밖의 사회질서에 반하지 않는다면 당사자 사이에서는 원칙적으로 유효하다.

> **키워드**
> 모자회사, 질권설정

ㄹ. |○| 효력이 미친다.

> **키워드**
> 준비금 자본금전입, 물상대위권

ㅁ. |×| 공탁을 청구할 수 있다. 등록질권자는 자익권에 대해 그 권리의 범위가 약식질권자에 비하여 일반적으로 넓어, 주주가 회사로부터 받을 이익의 배당, 잔여재산의 분배 그리고 주식배당에 대하여 일반적으로 그 효력을 미친다(제340조 제1항, 제462조). 또한 등록질권자는 약식질권자와는 다르게 물상대위의 목적물이 금전이고 그 목적물의 변제기가 질권자의 채권의 변제기보다 먼저 도래한 때에는 회사에 대하여 그 금전의 공탁을 청구할 수 있는데 이 때 그 공탁금에 대하여 질권의 효력이 미친다(제340조 제2항, 민법 제353조 제3항). 다만 신주인수권에 대해서는 등록질에 대해서도 별도의 규정이 없다.

> **키워드**
> 물상대위권, 공탁청구 가능

ㅂ. |○| 회사에 대한 관계에서는 양도담보권자가 주주이다. 즉 대외적으로 담보권자가 주식의 소유자가 된다 (93다8719). 다만 대외적으로 소유자가 된다고 해도 회사에 주주권을 행사하기 위해서는 명의개서가 필요하다.

> [대법원 1993.12.28. 선고 93다8719 판결] 채권담보의 목적으로 주식이 양도되어 양수인이 양도담보권자에 불과하다고 하더라도 회사에 대한 관계에는 양도담보권자가 주주의 자격을 갖는 것인바, 소론과 같이 위 이광호가 1987.9.7. 원고 정동진과 위 약정을 할 당시 자신이 피고 회사의 주식을 취득하게 되는 경우에도 이를 선취담보의 해제에 사용하고 나서 즉시 그 주식을 반환하기로 약정하였다고 하더라도, 양도담보권자인 위 이광호가 위와 같은 약정을 위반하였다고 하여 피고 회사에 대한 관계에서 바로 주주의 자격을 상실하게 된다고 볼 수는 없다.

키워드
양도담보, 주식양도, 양도담보권자

▶ 정답 ④

▶ 주식양도 중요도 ★★☆

044 상법상 주식의 양도에 관한 다음의 설명 중 옳지 않은 것은? (다툼이 있으면 판례에 의함)

① 지배주식의 양도와 함께 경영권이 주식양도인으로부터 주식양수인에게 이전하는 경우 그와 같은 경영권의 이전은 지배주식의 양도에 따르는 부수적인 효과에 불과하다.

② 주식을 취득한 자가 회사에 대하여 명의개서를 요구하였지만 그 주식양도의 효력이 다투어져 주주권확인소송 및 명의개서절차이행청구의 소가 제기되어 있었다면 주식 취득자의 명의개서 요구에 불응하고 주주명부에 등재되어 있는 자에 대하여만 소집통지를 하여 주주총회를 개최한 것은 주주총회소집절차상의 하자이다.

③ 주식병합 전 주식을 양수하였다가 주식병합 후 6개월이 경과할 때까지 신주권이 발행되지 않은 경우 양수인은 구주권 또는 신주권의 제시 없이 자신의 주식 양수 사실을 증명하여 회사에 대하여 명의개서를 청구할 수 있다.

④ 주권발행 전 주식을 양수한 자(제1양수인)가 회사에 대하여 확정일자 있는 문서에 의하지 않은 양도 통지나 승낙의 요건을 갖춘 후, 제3자(제2양수인)가 그 주식 중 일부를 이중으로 양수하여 명의개서를 마쳤으나 확정일자 있는 문서에 의한 양도 통지나 승낙의 요건을 갖추지는 않았다면 제2양수인은 제1양수인에 대한 관계에서 주주로서 우선적 지위를 주장할 수 없다.

⑤ 주식을 양도받은 주식양수인들이 명의개서를 청구하였는데도 그 주식양도에 입회하여 그 양도를 승낙하였고 더구나 그 후 주식양수인들의 주주로서의 지위를 인정한 바 있는 회사의 대표이사가 정당한 사유 없이 그 명의개서를 거절한 것이라면 양수인은 직접 주주권을 행사할 수 있다.

해설

① |○| 부수적 효과에 불과하다. 즉 지배주식의 양도와 함께 경영권이 주식양도인으로부터 주식양수인에게 이전하는 경우 그와 같은 경영권의 이전은 지배주식의 양도에 따르는 부수적인 효과에 불과하다(2001다36580).

[대법원 2014.10.27. 선고, 2013다29424, 판결] 甲 주식회사가 乙 주식회사의 제안으로 丙 주식회사와 상환우선주 인수약정을 체결하고 인수대금을 납입하였으나 丙 회사가 상법상 절차를 이행하지 않아 상환우선주 발행이 불가능하게 되자 인수대금의 반환을 구하였는데, 丙 회사가 위 인수약정 체결의 계기가 된 乙 회사와의 주식·경영권 양도계약의 무효로 乙 회사가 丙 회사에 부담하는 주식·경영권 반환의무가 위 인수대금 반환의무와 동시이행관계에 있다고 항변한 사안에서, 제반 사정에 비추어 인수대금 반환의무와 乙 회사의 주식 반환의무는 서로 동일한 법률요건이 아닌 별개의 발생 원인에 기한 것으로서 그 사이에 이행상 견련관계를 인정하기 어렵고, 양도대상 주식 중 일부만이 양도된 상태에서 주식 및 경영권 양도계약이 무효가 된 이상 양도대상 회사의 주주들은 주주총회에서 乙 회사가 지정한 이사 등을 해임하는 방법으로 경영권을 행사할 수 있으므로 乙 회사에 주식 반환의무 외의 독립된 경영권 반환의무를 인정하기 어렵다.

키워드

지배주식 양도, 경영권 이전, 부수적 효과

② |×| 하자가 아니다. 부당거절의 경우 직접 주주권을 행사할 수 있으므로 양수인은 소집통지가 없었던 것을 이유로 주주총회결의의 하자를 주장할 수 있겠으나 양도의 효력이 다투어지고 있었던 것이므로 부당거절이 되지 않는다. 주권의 소지인은 적법한 소지인으로 추정되어(제336조 제2항) 형식적 자격을 가지므로 회사에 대하여 자기가 실질적 권리자임을 증명할 필요 없이 명의개서를 청구할 수 있고, 회사는 청구자가 실질적 권리자가 아니라는 것을 증명하여 그 명의개서를 거절할 수 있다. 실질적 권리자가 아니라는 것을 회사가 증명하지 못하는 때에는 부당거절이 된다. 그러나 명의개서 청구자의 실질적 권리에 의심할 만한 상당한 이유가 있는 경우 회사가 명의개서를 거절하였을 때 부당거절이 되지 않는다.

[대법원 1996.12.23. 선고 96다32768,32775,32782 판결] 주식을 취득한 자가 회사에 대하여 명의개서를 요구하였다 하더라도, 그 주식 취득자에 대한 주식양도의 효력이 다투어져 주주권확인소송 및 명의개서절차이행청구의 소가 제기되어 있었고, 그 주식 취득자가 명의개서를 청구할 수 있는 주식이 전체 주식의 43%에 불과한 경우에, 회사가 그 주식 취득자의 명의개서 요구에 불응하고 주주명부에 등재되어 있는 자에 대하여만 소집통지를 하여 주주총회를 개최하였다 하더라도 그러한 소집절차상의 하자는 주주총회결의의 무효나 부존재사유가 될 수 없다.

키워드

부당거절, 직접 주주권 행사, 주주권 분쟁

③ |○| 6개월이 지나서 까지 주권을 발행하지 않은 경우 양도 당사자 간에는 양도의 합의만으로 주식양도의 효력이 발생하는 것이고 양수인은 이를 입증하고 단독으로 명의개서를 신청할 수 있다. 주식병합전의 양도가 있었으나 6개월이 지나서 까지 신주권을 교부하지 않은 경우도 마찬가지이다.

[대법원 2014.7.24. 선고, 2013다55386, 판결] 주식병합의 효력이 발생하면 구주권은 실효되고 회사는 신주권을 발행하여야 하며, 주주는 병합된 만큼 감소된 수의 신주권을 교부받게 되는데, 이에 따라 교환된 주권 역시 병합 전의 주식을 여전히 표창하면서 그와 동일성을 유지하는 것이고, 주권발행 전 주식을 양수한 사람은 특별한 사정이 없는 한 양도인의 협력을 받을 필요 없이 단독으로 자신이 주식을 양수한 사실을 증명함으로써 회사에 대하여 그 명의개서를 청구할 수 있는바, 주식병합 전 주식을 양수하였다가 주식병합 후 6개월이 경과할 때까지 신주권이 발행되지 않은 경우 양수인은 구주권 또는 신주권의 제시 없이 자신의 주식 양수 사실을 증명하여 회사에 대하여 명의개서를 청구할 수 있다.

> **키워드**
> 주식병합, 신주권 교부, 6개월 경과

④ |O| 확정일자 있는 증서에 의한 통지나 승낙이 없는 경우 양수인은 제3자에게 대항할 수 없다. 이는 제1양수인이라 하여도 마찬가지이다. 양도의 순서가 아닌 확정일자 있는 증서에 의한 도달 시점이 기준이 된다는 것을 주의해야 한다(2005다45537). 따라서 지문에서 제2양수인이 제1양수인에게 대항할 수 없는 것은 확정일자 있는 증서에 의하지 않았기 때문이다.

> [대법원 2014.4.30. 선고, 2013다99942 판결] 甲 주식회사의 주권발행 전 주식을 양수한 乙이 회사에 대하여 확정일자 있는 문서에 의하지 않은 양도 통지나 승낙의 요건을 갖춘 후, 丙 등이 위 주식 중 일부를 이중으로 양수하여 명의개서를 마쳤으나 확정일자 있는 문서에 의한 양도 통지나 승낙의 요건을 갖추지는 않은 사안에서, 丙 등은 乙에 대한 관계에서 주주로서 우선적 지위를 주장할 수 없다.

> **키워드**
> 이중양도, 지명채권 양도, 확정일자

⑤ |O| 명의개서를 부당거절하는 경우 양수인은 소송제도 등을 통한 구제수단 없이 직접 주주권을 행사할 수 있다.

> [대법원 1993.7.13. 선고 92다40952 판결] 주식을 양도받은 주식양수인들이 명의개서를 청구하였는데도 위 주식양도에 입회하여 그 양도를 승낙하였고 더구나 그 후 주식양수인들의 주주로서의 지위를 인정한 바 있는 회사의 대표이사가 정당한 사유 없이 그 명의개서를 거절한 것이라면 회사는 그 명의개서가 없음을 이유로 그 양도의 효력과 주식양수인의 주주로서의 지위를 부인할 수 없다.

> **키워드**
> 명의개서, 부당거절, 직접 주주권 행사

▶ 정답 ②

주식양도, 이중양도

중요도 ★★★

045 비상장회사인 A주식회사는 2012. 5. 2. 설립등기를 하였으나 주권을 발행하지 않고 있다. A회사의 기명주주 甲은 2012. 10. 2. 자신이 소유한 A회사의 주식을 乙에게 양도하였다. 乙이 명의개서를 하지 않고 있는 사이에, 甲은 2012. 12. 5. 丙에게 그 주식을 다시 양도하였다. 丙은 이 주식에 대하여 A회사에 명의개서를 청구하여 丙의 명의로 명의개서가 이루어졌고, 2013. 3. 2. 개최된 정기주주총회에 참석하여 의결권을 행사하였다. 이에 관한 설명 중 옳지 않은 것은? (각 지문은 독립적이고, 다툼이 있는 경우에는 판례에 의함)

① 甲의 乙에 대한 2012. 10. 2. 주식의 양도는 A회사에 대하여 효력이 없으나, 만일 乙이 2012. 12. 4. A회사에 주식양수의 사실을 증명하여 명의개서를 청구하였다면 이러한 명의개서 청구는 적법하다.

② 甲의 주권불소지 신고에 기하여 A회사가 주권을 발행하지 않은 경우라면, 甲은 언제든지 주권의 교부에 갈음하여 지명채권양도의 방법으로 주식을 양도할 수 있고, 그 양도는 A회사에 대하여 유효하다.

③ 甲이 乙에게 주식양도의 대항요건을 갖추어 주지 아니한 채 丙에게 주식을 이중양도함으로써 乙이 A회사에 대한 관계에서 주주로서의 권리를 제대로 행사할 수 없게 되었다면, 甲은 乙에 대해 불법행위책임을 질 수 있다.

④ 乙이 丙보다 먼저 지명채권양도의 일반원칙에 따라 확정일자 있는 증서에 의한 주식양도의 통지방법으로 대항요건을 갖춘 경우라면, 乙은 주주명부상의 丙의 명의를 말소할 것을 A회사에 청구할 수 있다.

⑤ 丙이 실질적으로 주주가 될 수 없는 특별한 사정이 있었으며 A회사가 이를 알고 있었고 용이하게 증명할 수 있었는데도 丙에게 소집통지를 하고 의결권을 행사하게 하였다면, 乙은 이를 이유로 그 주주총회 결의의 하자를 다툴 수 없다.

해설

① |○| 주식의 양도는 당사자 간의 합의와 주권의 교부가 있어야 주식의 양도의 효력이 발생한다(제336조 제1항). 즉 주권의 교부는 주식양도의 효력발생요건이지 대항요건이 아니다. 다만 회사 성립 후 또는 신주의 납입기일 후 6월이 경과할 때까지 회사가 주권을 발행하지 않은 경우는 주권의 교부 없이 주식의 양도가 가능하다(제355조 제3항). 사례에서와 같이 주식의 양도는 6월 전에 이루어졌으나, 6월을 경과하도록(명의개서를 청구한 2012.12.4.일까지) 회사가 주권을 발행하지 않은 경우 그러한 주식양도는 회사에 대하여 효력이 있으므로(하자치유설, 2011다62076), 2012.10.2.의 양도는 유효한 양도가 된다. 그러나 주권의 교부 없이 양도가 이루어진 경우이므로, 주권의 소지에 따른 적법성의 추정이 이루어지지 않으므로(제336조 제2항), 양수인이 양수의 사실을 증명하여 명의개서를 청구해야 한다.

키워드
주식양도, 6개월, 하자치유설, 주권점유, 명의개서청구

② |×| 주주는 주권불소지신고를 통해 주권을 소지하지 않고 주주권을 행사할 수 있다(제358조의2 제1항). 그러나 불소지신고를 한 주주가 다시 주식을 양도하기 위해서는 주권이 필요하므로(제336조 제1항, 제338조

제1항), 주주는 회사에 대하여 주권의 재발행 또는 반환(명의개서대리인에게 임치한 경우)을 청구할 수 있다(제358조의2 제1항). 즉 불소지신고를 하여도 양도하기 위해서는 주권의 교부가 있어야 하고, 지명채권의 양도방식에 따를 수 있는 것이 아니다. 그럴 경우 효력발생요건인 주권의 교부가 없었으므로 이는 회사에 대하여 유효한 양도가 되지 못한다.

> **키워드**
> 주권불소지 신고, 주식양도, 주권 재발행(반환)청구

③ |O| 이중양도 후 제2양수인이 명의개서를 받는 등으로 제1양수인(사례에서는 乙)이 주주로서의 권리를 제대로 행사할 수 없게 되었다면, 그 한도에서 제2양수인은 이미 적법하게 취득한 주식에 관한 권리를 침해받고 있는 것이고, 제2양수인은 제1양수인에 대하여 그로 인한 불법행위책임을 지게 된다(2012다38780).

> **키워드**
> 이중양도, 양도인, 불법행위책임

④ |O| 이중양수인 상호간의 우열은 지명채권 이중양도의 경우에 준하여 확정일자 있는 양도통지가 회사에 도달한 일시에 의하여 결정한다(2005다45537). 따라서 乙이 확정일자로 대항요건을 갖추었다면, 丙의 명의개서를 말소하고 자신 명의로 명의개서를 청구할 권리가 있다.

그러나 이중양수인 모두 확정일자 있는 양도통지나 승낙이 없는 경우, 명의개서되지 않은 양수인은 먼저 명의개서된 양수인의 명의를 말소하고 자신 명의로 명의개서를 청구할 권리가 없다. 회사가 이러한 청구를 받아들여 그 청구자의 명의로 명의개서를 하더라도 이는 부당말소에 해당한다(2009다88631).

> **키워드**
> 이중양도, 확정일자

⑤ |O| 명의개서로 주식양수인은 주주로 추정되고 회사에 대항할 수 있다(제337조 제1항). 변경된 판례에 따를 때 특별한 사정이 없는 한 주주명부에 기재된 자만이 주주권을 행사할 수 있으며, 회사도 명부에 기재된 자를 기준으로 주주권을 행사하도록 한 경우 당해 주주총회에 하자가 있다고 볼 수 없다(주주명부의 면책력). 변경 전 판례는 이와 같은 주주명부의 면책력을 제한적으로 해석했으나, 현재의 판례는 제한적 해석을 인정하지 않는다.

> [대법원 2017. 3. 23. 선고 2015다248342 전원합의체 판결] 특별한 사정이 없는 한, 주주명부에 적법하게 주주로 기재되어 있는 자는 회사에 대한 관계에서 주식에 관한 의결권 등 주주권을 행사할 수 있고, 회사 역시 주주명부상 주주 외에 실제 주식을 인수하거나 양수하고자 하였던 자가 따로 존재한다는 사실을 알았든 몰랐든 간에 주주명부상 주주의 주주권 행사를 부인할 수 없으며, 주주명부에 기재를 마치지 아니한 자의 주주권 행사를 인정할 수도 없다.

> **키워드**
> 주주명부의 추정력, 면책력, 제한적 해석

▶ 정답 ②

▶ 주주명부 효력, 부당거절   중요도 ★★★

046 A주식회사(대표이사 乙)의 주주명부에는 甲, 乙, 丙, 丁이 각각 주식 2,500주씩을 보유하는 주주로 기재되어 있다. 丁은 이전에 주주이던 戊로부터 위 주식을 양수받고 주권도 교부받은 뒤에 A회사의 주주명부에 명의개서를 마쳤다. 그런데 몇 달 뒤인 2018. 4. 10자로 戊와 丁 간의 주식양수도계약이 해제되었고, 이 사실이 A회사에게 통지되었다. 이후 2018. 5. 10 자로 A회사의 제30차 주주총회가 개최되었다. 또한 그 후 2018. 8. 10 자로 A회사의 제31자 주주총회가 개최되었는데 戊는 제31차 주주총회에 출석하였다. 다음 설명 중 옳은 것은?

① 주식양수도 계약이 해제된 후인 2018. 5. 10. 현재 戊가 여전히 명의개서 신청을 하지 않고 있더라도 A회사는 제30차 주주총회에서 실질상의 주주인 戊를 주주로 인정해 줄 수 있다.
② A회사가 제30차 주주총회를 소집하면서 주주명부상의 丁에게 소집통지를 해서 丁이 의결권을 행사했다면, 丁의 의결권 행사는 위법하다.
③ 戊가 2018. 4. 15. 자로 명의개서를 신청하였으나 A회사가 명의개서를 정당한 사유 없이 거부할 경우 戊는 A회사의 제30차 주주총회에 참석하여 의결권을 행사할 수 없다.
④ 사안에서 戊가 2018. 4. 15. 자로 명의개서를 신청·완료하였으나 일정기간 동안 주주권을 포기하고 자신의 의결권을 처에게 위임하기로 하고도 戊가 제30차 주주총회에 참석하여 의결권을 행사하였더라도 戊의 의결권 행사는 적법하다.
⑤ 사안에서 丁이 사안의 주식양수도계약 해제의 효력을 문제삼아 2018.6.1.자로 법원에 丙 의결권 행사금지 가처분신청을 하여 받아들여진 경우, 이 후 개최된 제31차 주주총회에서 戊의 소유주식의 수는 제31차 주주총회에서 주주총회의 결의요건에 관한 발행주식총수에 포함되지 않는다.

해설

① |×| 인정할 수 없다. 전원합의체판결은 회사에 대한 관계에서는 주주명부상 주주만이 주주로서 의결권 등 주주권을 적법하게 행사할 수 있다고 본다(형식설). 이러한 판례의 태도 변경에 따라 기존의 판례해석과는 다르게 주식을 양수한 자를 회사가 주주로 인정할 수 없으며(판례변경 : 편면적 구속설→쌍면적 구속설), 명부상 주주가 형식주주라는 것을 알았다고 하더라도 면책력이 제한되는 것으로 볼 수 없게 되었다(전원합의체 판결, 제한적 면책력의 변경).

> [대법원 2017. 3. 23. 선고 2015다248342 전원합의체 판결] 주주명부상의 주주만이 회사에 대한 관계에서 주주권을 행사할 수 있다는 법리는 주주에 대하여만 아니라 회사에 대하여도 마찬가지로 적용되므로, 회사는 특별한 사정이 없는 한 주주명부에 기재된 자의 주주권 행사를 부인하거나 주주명부에 기재되지 아니한 자의 주주권 행사를 인정할 수 없다.

키워드
명의개서미필주주, 쌍면적 구속설, 회사가 주주권 행사자 인정 불가

② |×| 위법하지 않다. ①의 설명참조.
③ |×| 부당거절의 경우에는 명부상의 주주가 아닌 경우에도 직접 주주권을 행사할 수 있다. 명의개서 부당거절의 경우 주주권을 직접 행사할 수 있는지에 대해 견해의 대립이 있으나, 판례는 회사가 부당하게 명의

개서를 거절하면서 실질주주에게 소집통지를 하지 않고 주주총회를 개최한 경우 그 결의에 하자가 있다고 보아 긍정설의 입장이다.

> [대법원 1993.7.13. 선고 92다40952 판결] 주식을 양도받은 주식양수인들이 명의개서를 청구하였는데도 위 주식양도에 입회하여 그 양도를 승낙하였고 더구나 그 후 주식양수인들의 주주로서의 지위를 인정한 바 있는 회사의 대표이사가 정당한 사유 없이 그 명의개서를 거절한 것이라면 회사는 그 명의개서가 없음을 이유로 그 양도의 효력과 주식양수인의 주주로서의 지위를 부인할 수 없다.

키워드
부당거절, 직접 주주권 행사 가능

④ |○| 주주권은 포기할 수 없으며, 위임한 경우에도 주주가 직접 주주권을 행사할 수 있다. 주주권은 주식의 양도나 소각 등 법률에 정하여진 사유에 의하여서만 상실되고 단순히 당사자 사이의 특약이나 주주권 포기의 의사표시만으로 상실되지 아니하며 다른 특별한 사정이 없는 한 그 행사가 제한되지도 않는다(2002다54691).

키워드
의사표시만으로, 주주권 포기 불가

⑤ |×| 의결권행사금지 가처분결정을 받은 주주의 주식수가 주주총회 결의요건에 관한 구 상법 제368조 소정의 '발행주식 총수'에 포함된다고 본다(97다50619).

키워드
의결권행사금지 가처분, 발행주식총수에 포함

▶정답 ④

▶ 정관에 의한 주식양도 제한   중요도 ★★☆

047 상법상 주식의 양도에 관한 설명 중 옳지 않은 것은?

① 주식은 타인에게 양도할 수 있으나, 정관이 정하는 바에 따라 주식의 양도에 관하여 이사회의 승인을 얻도록 할 수 있다.
② 정관상 양도제한에 위반하여 이사회의 승인을 얻지 아니한 주식의 양도는 회사에 대하여 효력이 없다.
③ 정관상 양도제한이 있는 경우, 이사회의 양도승인거부의 통지를 받은 주주는 통지를 받은 날부터 20일내에 회사에 대하여 양도의 상대방의 지정 또는 그 주식의 매수를 청구할 수 있다.
④ 정관상 양도제한이 있는 경우, 주주가 양도의 상대방을 지정하여 줄 것을 청구한 경우에는 이사회가 이를 지정하고, 상대방으로 지정된 자는 지정통지를 받은 날부터 10일 이내에 지정청구를 한 주주에 대하여 서면으로 그 주식을 자기에게 매도할 것을 청구할 수 있으며, 이 경우 그 주식의 매도가액은 이사회가 결정한다.
⑤ 주식의 양도에 관하여 이사회의 승인을 얻어야 하는 경우에 주식을 취득한 자는 회사에 대하여 그 주식의 종류와 수를 기재한 서면으로 그 취득의 승인을 청구할 수 있다.

해설

① |○| 상법은 소규모의 주식회사에서 주주 상호간의 인적관계를 존중하여 주주구성의 폐쇄성을 유지하고 경영의 안전을 도모하기 위해, 정관의 규정을 둔 경우 이사회의 승인이 있는 경우에만 주식양도가 가능하도록 제한할 수 있다고 규정한다(제335조 제1항).

> **키워드**
> 주식양도 자유, 정관에 의한 제한

② |○| 이러한 정관 규정이 있는 경우 이사회의 승인 없는 주식의 양도는 회사에 대하여 효력이 없다(제335조 제2항).

> **키워드**
> 주식양도 제한, 정관규정, 이사회 승인

③ |○| 이사회로부터 승인을 거부당한 주주는 20일 이내에 양도상대방지정청구권과 주식매수청구권을 선택적으로 행사할 수 있다(통설, 제335조의2 제3항).

> **키워드**
> 양도승인 청구, 상대방지정청구 또는 주식매수청구권

④ |×| 소규모폐쇄회사에서 정관에 의한 제한을 하는 경우에도 주식양도를 원하는 주주가 회사관계에서 탈퇴할 수 있는 방법을 마련하여야 하고 이것이 양수인지정청구권(제335조의3)이나 주식매수청구권(제335조의6)으로 나타난다. 이사회가 주식양도의 상대방을 지정하여 그 청구가 있는 날로부터 2주간 내에 주주 및 그 지정된 상대방에게 서면으로 통지하여야 하고(제335조의3 제1항), 지정된 상대방이 10일 이내에 서면으로 당해 주식을 자기에게 매도할 것을 청구할 수 있고(제335조의4 제1항) 이 매수청구로 매매계약이 성립한다고

보므로, 피지정매수인의 매도청구권을 형성권으로 본다(통설). 이 때 매도가액은 당사자 간의 협의에 의하고, 이루어지지 않는 경우 법원이 이를 결정한다(제335조의5).

> **키워드**
> 상대방지정청구, 주식매도청구, 형성권, 매도가액, 법원, 합의

⑤ |O| 양도인은 물론이고(제335조의2) 양수인도 승인청구를 할 수 있다(제335조의7). 양도인이 승인청구를 하는 것이 원칙이지만(제335조의2 제1항), 주주로부터 양수받은 이후 양수인이 승인청구를 하는 것도 가능하다(제335조의7).

> **키워드**
> 주식양도제한, 이사회 승인, 서면청구

▶ 정답 ④

▶ 모자회사, 비모자회사, 주식양도 제한   중요도 ★★☆

048 상법상 주식회사의 상호주에 관한 다음의 설명 중 옳지 않은 것은?

① 甲회사가 乙회사 발행주식총수의 51%를 소유하고 乙회사가 丙회사 발행주식총수의 51%를 소유하고 있는 경우 丙회사는 甲회사 주식을 취득할 수 없다.
② 甲회사의 자회사인 乙회사가 丙회사 발행주식총수의 11%를 취득하고 丙회사가 甲회사 발행주식총수의 11%를 취득한 경우 丙회사의 甲회사 주식은 의결권이 제한되나, 甲회사의 丙회사 주식의 의결권은 행사할 수 있다.
③ 甲회사의 자회사인 乙회사가 丙회사의 영업 전부를 양수하면서 丙회사가 소유한 甲회사 주식을 취득한 경우, 자익권을 포함한 공익권 전체를 행사할 수 없다.
④ 甲회사가 乙회사 발행주식총수의 11%를 취득하면서 지체 없이 통지하지 않은 경우의 효과에 대해 「상법」은 명문의 규정을 두고 있지 않다.
⑤ 甲회사의 자회사인 乙회사가 丙회사 발행주식총수의 11%에 해당하는 주식의 의결권행사의 대리권을 취득하였다고 하여도 丙회사가 소유하는 甲회사의 주식의 의결권제한은 없다.

해설

① |O| 손자회사관계이다. 甲회사는 丙회사의 주식을 직접 소유하고 있지 않지만, 丙회사는 甲회사의 주식을 취득할 수 없다. 즉 甲이 乙회사 주식의 50%를 초과하여 소유하고, 乙은 다시 丙회사 주식의 50%를 초과하여 소유하는 경우 丙회사는 甲회사의 주식을 취득할 수 없다(제342조의2 제3항).

> **키워드**
> 모자회사, 손자회사, 주식취득 금지

② |×| 甲회사의 丙회사 주식도 의결권이 제한된다. 丙회사가 甲회사 주식의 10%를 초과하여 소유하고 있기 때문이다. 즉 甲과 丙은 서로 의결권을 행사할 수 없다. 판례는 회사가 다른 회사의 발행주식 총수의 10분의 1 이상을 취득하여 의결권을 행사하는 경우 경영권의 안정을 위협받게 된 그 다른 회사는 역으로 상대방 회사의 발행주식의 10분의 1 이상을 취득함으로써 이른바 상호보유주식의 의결권 제한 규정(제369조 제3항)에 따라 서로 상대 회사에 대하여 의결권을 행사할 수 없도록 방어조치를 취하여 다른 회사의 지배가능성을 배제하고 경영권의 안정을 도모하기 위한 것이라고 본다(2001다12973). 예컨대 甲과 乙 두 회사가 모두 상대방 주식을 10% 초과하여 소유하는 경우 취득시기의 先後가 문제되지 않고 서로 의결권을 행사하지 못한다.

> **키워드**
> 비모자회사, 의결권 제한, 모자회사

③ |○| 자회사가 예외적으로 모회사의 주식을 취득하는 경우 자회사가 의결권을 행사하지 못하는 것은 상법의 규정상 명백하다(제369조 제3항). 그 이외의 권리에 대하여는 상법에 규정이 없으나, 자기주식의 경우와 같이 일체의 주주권이 휴지된다는 전면적 휴지설이 통설이다.

> **키워드**
> 모자회사, 예외적 취득, 전면적 휴지설

④ |○| 통지의무 위반의 효과규정이 없다. 즉 통지는 주식의 취득 후 지체없이 하여야 한다는 규정은 있지만, 의무위반효과 규정이 없다(제342조의3). 제342조의3의 해석상 통지의무를 위반한 주식의 의결권이 없다(통설). 자본시장법에서는 대통령령으로 정하는 기간 동안 의결권 있는 발행주식총수의 100분의 5를 초과하는 부분에 대하여 그 의결권을 행사할 수 없는 것으로 정한다(자본시장법 제150조).

> **키워드**
> 비모자회사, 통지의무, 의무위반

⑤ |○| 의결권행사의 대리권 취득에는 유추적용되지 않는다. 의결권 대리행사는 특정의 주주총회를 전제한 것이고, 이를 금지할 경우 의결권을 위임한 주주의 의결권을 박탈하게 되는 결과가 될 수도 있으므로 통지의무가 적용되지 않는 것으로 보아야 한다. 판례도 같은 취지에서 특정 주주총회에 한정하여 각 주주들로부터 개별안건에 대한 의견을 표시하게 함으로써 의결권을 위임받아 의결권을 대리행사하는 경우에는, 회사가 다른 회사의 발행주식 총수의 10분의 1을 초과하여 의결권을 대리행사할 권한을 취득하였다고 하여도 이 규정이 유추적용되지 않는다고 하였다(2001다12973).

> **키워드**
> 비모자회사, 10%초과, 주식취득, 대리권 취득

▶ 정답 ②

▶ 주식의 상호보유   중요도 ★★☆

049 상법상 주식의 상호소유에 관한 다음의 설명 중 옳지 않은 것은? (각 지문은 독립적이고 다툼이 있는 경우 판례에 의함)

① 회사, 모회사 및 자회사 또는 자회사가 다른 회사 발행주식 총수의 10분의 1을 초과하는 주식을 가지고 있는지 여부는 주식 상호소유 제한의 목적을 고려할 때, 실제로 소유하고 있는 주식 수를 기준으로 판단하여야 하며 그에 관하여 주주명부상의 명의개서를 하였는지 여부와는 관계가 없다.

② 자회사가 모회사 주식을 보유하고 있는 다른 회사를 합병하거나 그 회사의 영업전부를 양수하는 경우 또는 주식의 포괄적 교환이나 포괄적 이전으로 인한 경우 예외적으로 모회사의 주식을 취득할 수 있는데 이러한 주식은 6월 이내에 처분해야 한다.

③ 자회사가 다른 회사를 합병함으로써 예외적으로 모회사의 주식을 취득하는 경우 자회사는 그 주식에 대하여 의결권을 행사할 수는 없으나 이익배당청구권의 행사는 가능하다.

④ A주식회사와 B주식회사는 모두 비상장회사이고, 보통주만을 발행한 회사이다. A회사는 B회사의 주식을 현재 전혀 소유하고 있지 않지만 B회사는 A회사의 발행주식 총수의 2%를 소유하고, 명의개서를 마친 상태이다. 기준일에는 A회사가 B회사 주식을 전혀 소유하고 있지 않았으나 실제로 의결권이 행사되는 주주총회일에 10%를 초과하여 소유하는 경우 요건을 충족하는 경우에는 B회사의 주식은 의결권이 없다.

⑤ A주식회사와 B주식회사는 모두 비상장회사이고, 보통주만을 발행한 회사이다. A회사는 B회사의 주식을 현재 전혀 소유하고 있지 않지만 B회사는 A회사의 발행주식 총수의 2%를 소유하고, 명의개서를 마친 상태이다. A회사가 B회사의 발행주식총수의 90%를 취득한 상태에서, 주식의 포괄적 교환제도를 이용하여 A회사가 B회사를 완전자회사로 만들기 위하여 요구되는 B회사의 주주총회 승인은 이사회 승인으로 갈음할 수 있다.

해설

① |○| 실제소유 여부를 기준으로 판단한다. 주식보유현황의 판단시점은 의결권행사가 문제되는 것이므로 주주총회일을 기준으로 한다. 그리고 총회일 현재의 주주명부를 기준으로 하는 것이 아니라 명의개서와 상관없이 실제로 주식을 소유하고 있다면 상호주가 성립한다고 보아 실제 소유하는 주식수를 기준으로 한다(2006다31269).

키워드

상호보유주 판단, 주주명부, 실질소유

② |○| 자기주식과 달리 처분의무가 있다. 모자회사관계에서 자회사는 모회사의 주식을 취득할 수 없는 것이 원칙이지만 다음과 같은 예외가 있다. ① 자회사가 모회사 주식을 보유하고 있는 다른 회사를 합병하거나 그 회사의 영업 전부를 양수하는 경우 또는 주식의 포괄적 교환이나 포괄적 이전으로 인한 경우, ② 자회사의 권리를 실행함에 있어 그 목적을 달성하기 위하여 필요한 경우이다. 이 경우 자회사는 그 주식을 취득한 날로부터 6월 이내에 모회사의 주식을 처분하여야 한다(제342조의2 제2항). 이에 위반한 취득은 절대적으로 무효이다.

> **키워드**
> 모자회사 관계, 예외적 취득, 6개월 내 처분의무

③ |×| 주주권이 전면적으로 휴지된다. 자회사가 예외적으로 모회사의 주식을 취득하는 경우 자회사는 그 주식에 대하여 어떠한 권리를 가지는가에 대하여는 공익권 중 의결권에 대하여는 상법의 규정상 명백하다(제369조 제3항). 그 이외의 권리에 대하여는 상법에 규정이 없으므로 의문일 수 있으나, 자기주식의 경우와 같이 일체의 주주권이 휴지된다는 전면적 휴지설이 통설이다.

> **키워드**
> 모자회사 관계, 예외적 취득, 전면적 휴지설

④ |○| 주식보유현황의 판단시점은 의결권행사가 문제되는 것이므로 주주총회일을 기준으로 한다(2006다31269).

> [대법원 2009.1.30. 선고 2006다31269 판결] 상법 제354조가 규정하는 기준일 제도는 일정한 날을 정하여 그 날에 주주명부에 기재되어 있는 주주를 계쟁 회사의 주주로서의 권리를 행사할 자로 확정하기 위한 것일 뿐, 다른 회사의 주주를 확정하는 기준으로 삼을 수는 없으므로, 기준일에는 상법 제369조 제3항이 정한 요건에 해당하지 않더라도, 실제로 의결권이 행사되는 주주총회일에 위 요건을 충족하는 경우에는 상법 제369조 제3항이 정하는 상호소유 주식에 해당하여 의결권이 없다.

> **키워드**
> 상호보유주 판단, 주주총회일

⑤ |○| 간이주식교환에 대한 설명이다. 합병과 동일하게 주식교환의 경우에도 완전자회사의 총주주의 동의가 있거나 회사의 발행주식총수의 100분의 90 이상을 완전모회사가 소유하고 있는 때에는 완전자회사의 주주총회의 승인은 이사회의 승인으로 갈음할 수 있다(제360조의9 제1항). 이때 완전자회사는 총주주의 동의가 있는 경우가 아니면 주식교환계약서를 작성한 날부터 2주 내에 주주총회의 승인을 얻지 아니하고 주식교환을 한다는 뜻을 공고하거나 주주에게 통지하여야 한다(제360조의9 제2항).

> **키워드**
> 주식교환, 간이교환, 주주총회, 이사회 결의

▶ 정답 ③

자기주식취득

중요도 ★★☆

050 상법상 자기주식취득에 관하여 옳은 것은? (다툼이 있는 경우 판례에 의함)

> ㄱ. 주식회사는 취득한 자기주식을 지체 없이 소각하여야 한다.
> ㄴ. 상법이 인정하는 특정목적에 의한 자기주식의 취득에 해당하지 아니하더라도, 회사가 타인의 명의로 자기의 계산으로 자기주식을 취득하는 경우에는 상법 제462조 제1항에 따른 배당가능이익의 한도 제한 없이 자기주식을 취득할 수 있다.
> ㄷ. 직전 결산기를 기준으로 배당가능이익이 있더라도, 해당연도 결산기에 결손이 발생할 우려가 있는 경우에는 회사는 거래소에서 시세가 있는 자기주식을 거래소에서 취득하여서는 안된다.
> ㄹ. 이익배당에 관한 승인권이 이사회에 부여되어 있는 회사는 상법 제341조에 의하여 배당가능이익을 재원으로 자기주식을 취득하는 경우 이사회의 결의로써 주주총회의 결의를 갈음할 수 있다.
> ㅁ. 배당가능이익을 재원으로 하지 않고 상법 제341조의2에 의하여 다른 회사의 영업의 일부를 양수하는 경우 회사는 적법하게 자기주식을 취득할 수 있다.
> ㅂ. 배당가능이익을 재원으로 하여 자기주식을 취득하려는 회사는 그 취득가액의 총액의 한도를 원칙적으로 주주총회의 결의로 미리 결정하여야 한다.

① ㄱ, ㄴ, ㅂ
② ㄷ, ㅁ, ㅂ
③ ㄷ, ㄹ, ㅂ
④ ㄱ, ㄹ, ㅁ
⑤ ㄱ, ㄷ, ㅁ

해설

ㄱ. |×| 처분할 의무가 없다. 개정법은 회사가 보유하는 자기주식의 처분도 정관의 규정이 없으면 이사회의 결의로 처분할 수 있도록 하여, 처분할 주식의 종류와 수, 처분할 주식의 처분가액과 납입기일, 주식을 처분할 상대방 및 처분방법을 정관 또는 이사회가 정한다고 한다(제342조). 개정법에 의하면 구법과는 달리, 회사는 자기주식을 처분할 의무가 없이 계속 보유할 것인지 등에 대하여 이사회가 결정할 수 있어, 회사의 선택에 따라 취득한 자기주식을 처분할 수도 있고 계속 보유할 수도 있다. 법문이 배당가능이익으로 취득한 자기주식으로 한정하지 않고 있어(제342조) 특정목적으로 취득하는 자기주식의 취득(제341조의2)에도 그대로 적용된다.

> **키워드**
> 자기주식, 처분의무

ㄴ. |×| 자기주식은 그 명의와 관계없이 회사의 계산으로 취득하는 경우이고, 이는 금지된다. 다만 배당가능한 이익으로 취득하는 경우에는 반드시 회사의 명의와 계산으로 취득해야 한다. 따라서 타인명의와 회사의 계산으로 취득한 자기주식은 배당가능이익으로 취득할 수 없다. 이는 공시의 진정성을 위한 것이다. 다만, 특정목적에 의해 자기주식을 취득하는 경우에는 배당가능이익의 여부와 관계없이 가능하다(제341조의2). 따라서 회사가 자기의 계산으로 취득하는 경우로서 명의는 불문한다. 또한 그 재원과 취득방법상의 제한도 없다. 그러므로 이 경우는 타인명의와 회사의 계산으로 자기주식을 취득하는 것이 가능하다.

> **키워드**
> 특정목적 취득, 배당가능한 이익

ㄷ. |○| 회사가 배당가능한 이익으로 자기주식을 취득하기 위해서는 해당 영업연도의 결산기에 이익이 예상되어야 한다(제341조 제3항). 따라서 결손이 예상되는 경우 상법이 정한 방법에 의하더라도 배당가능이익으로 자기주식을 취득할 수 없다. 그럼에도 불구하고 자기주식을 취득한 경우, 이사는 회사에 대하여 연대하여 그 미치지 못한 금액을 배상할 책임이 있다(제341조 제4항 본문). 다만 이사가 그러한 우려가 없다고 판단하는데 주의를 게을리 하지 않은 경우는 책임이 없다(제341조 제4항 단서).

> **키워드**
> 배당가능이익, 자기주식취득, 직전 영업년도

ㄹ. |○| 배당가능한 이익으로 자기주식을 취득하기 위한 결정은 원칙적으로 주주총회의 결의에 의하지만, 정관으로 이사회의 결의로 이익배당결정을 하도록 정한 경우에는 이사회의 결의로 갈음할 수 있다(제341조 제2항).

> **키워드**
> 배당가능 이익, 주주총회, 이사회 결의

ㅁ. |×| 영업의 일부양수라면 적법하게 취득할 수 없다. 특정목적에 의한 자기주식 취득이 인정되기 위해서는 합병 또는 다른 회사의 영업 전부를 양수하기 위한 경우이어야 한다. 즉 일부 양수의 경우에는 인정되지 않는다(제341조의2 제1호).

> **키워드**
> 특정목적, 자기주식 취득, 영업 전부 양수

ㅂ. |○| 총액의 한도를 주주총회의 결의로 정한다. 이익배당의 경우와 같이, 회사가 배당가능이익으로 자기주식을 취득하는 것은 주주총회의 결의로 정한다. 이사회의 결의로 이익배당을 할 수 있다고 정관으로 정하고 있는 경우에는 이사회의 결의로써 주주총회의 결의를 갈음할 수 있다(제341조 제2항 단서). 주주총회 또는 이사회는 매수할 주식의 종류 및 수, 취득가액의 총액의 한도, 1년을 초과하지 아니하는 범위에서 자기주식을 취득할 수 있는 기간을 정하여야 한다(제341조 제2항 본문).

> **키워드**
> 배당가능이익, 자기주식 취득, 취득가액, 주주총회 결의

▶ 정답 ③

Ⅳ. 회사의 기관

▶ 주주총회 소집, 철회 중요도 ★★★

051 주주총회의 소집과 철회에 관한 다음의 설명 중 옳은 것은? (각 지문은 독립적이고 다툼이 있는 경우 판례에 의함)

> ㄱ. 甲은 호텔관광업을 영위하는 주식회사 A의 주식 10%를 소유한 주주이고, A는 무의결권 주식을 발행한 바는 없다. A가 상장회사인 경우 그 주식의 보유기간이 6월에 미치지 않는 주주 甲은 주주총회소집청구권을 행사할 수 없다.
>
> ㄴ. 주주총회 소집의 통지·공고가 행하여진 후 소집을 철회하거나 연기하기 위해서는 소집의 경우에 준하여 이사회의 결의를 거쳐 대표이사가 그 뜻을 그 소집에서와 같은 방법으로 통지·공고하여야 한다.
>
> ㄷ. 주주총회 소집결의나 소집통지는 없었지만 1인이 총 주식의 98%를 가지고 있고 그 지배주주에 의하여 의결이 있었던 것으로 주주총회 의사록이 작성되어 있다면 당해 주주총회결의는 결의가 존재한다고 볼 수 없을 정도의 하자가 있는 것으로 볼 수는 없다.
>
> ㄹ. 주주총회의 소집이 적법하게 철회되었음에도 불구하고, 그 철회된 총회에서 결의를 하는 것은 절차상 중대한 하자로서 주주총회가 부존재한 것이 된다.
>
> ㅁ. 소수주주가 법원으로부터 '신임 이사의 선임'을 회의 목적으로 하는 임시주주총회의 소집을 허가받았음에도 임시주주총회에서 이사회결의나 법원의 소집허가 없이 감사선임결의를 하였다면 이는 부적법한 결의이다.
>
> ㅂ. 주식회사 대표이사 甲이 자신이 乙에게 교부하였던 주식(발행주식총수의 100분의 3)에 대하여 甲 측과 경영권 분쟁 중인 乙 측의 의결권행사를 허용하는 가처분결정이 내려진 것을 알지 못한 채 이사회결의를 거쳐 임시주주총회를 소집하였다가 나중에 이를 알고 가처분결정에 대하여 이의절차로 불복할 시간을 벌기 위해 일단 임시주주총회 소집을 철회하기로 계획한 후 이사회를 소집하여 결국 임시주주총회 소집을 철회하기로 하는 내용의 이사회결의를 하였다면 이는 주주의 의결권행사를 현저하게 곤란하게 하는 것이므로 무효이다.

① ㄴ, ㄹ, ㅁ ② ㄱ, ㄴ, ㄷ
③ ㄴ, ㄷ, ㅂ ④ ㄴ, ㅁ, ㅂ
⑤ ㄱ, ㅁ, ㅂ

해 설

ㄱ. |×| 보유기간을 충족하지 못했지만 행사할 수 있다. 상장회사에서 소수주주에 의한 소집청구가 가능하기 위해서는 발행주식총수의 1천분의 15이상을 6개월 전부터 계속하여 그 비율의 주식을 보유하여야 한다. 그러나 이 요건을 갖추지 못한 경우라도 상법 제366조의 요건(3% 이상)을 갖추고 있으면 주주총회소집청구권을 행사할 수 있다. 따라서 10%를 소유한 甲은 보유기간과 관계없이 주주총회소집청구권을 행사할 수 있다.

> **키워드**
> 상장사특례, 일반규정, 기회확대

ㄴ. |ㅇ| 철회통지의 방법은 원칙적으로는 소집절차의 경우에 준하여 이사회 결의를 거치고 대표이사가 그 뜻을 같은 방법으로 통지 또는 공고하여야 한다(2007도8195). 다만 소집철회의 기간에서 보면, 통지나 공고는 2주, 3주 전에 하여야만 하는데(제363조), 소집철회시점은 이미 총회일로부터 얼마 남지 않을 수 있어 이 기간을 준수할 수 없게 된다. 따라서 통지기간의 준수 등은 주주총회 소집의 철회절차에는 적용되지 않는다.

> [대법원 2011.6.24. 선고 2009다35033 판결] 주식회사 대표이사가 이사회결의를 거쳐 주주들에게 임시주주총회 소집통지서를 발송하였다가 다시 이를 철회하기로 하는 이사회결의를 거친 후 총회 개최장소 출입문에 총회 소집이 철회되었다는 취지의 공고문을 부착하고, 이사회에 참석하지 않은 주주들에게는 퀵서비스를 이용하여 총회 소집이 철회되었다는 내용의 소집철회통지서를 보내는 한편, 전보와 휴대전화(직접 통화 또는 메시지 녹음)로도 같은 취지의 통지를 한 사안에서, 임시주주총회 소집을 철회하기로 하는 이사회결의를 거친 후 주주들에게 소집통지와 같은 방법인 서면에 의한 소집철회통지를 한 이상 임시주주총회 소집이 적법하게 철회되었다고 본 원심판단을 정당하다고 한 사례

> **키워드**
> 소집철회, 상법규정, 소집절차

ㄷ. |×| 전원출석총회가 유효하기 위하여는 반드시 주주 '전원'이 출석하여야 한다. 주주 전원이 아니라면 회사가 발행한 주식의 절대다수를 소유한 주주에 의하여 이루어진 결의라 하더라도 하자가 있다고 볼 수밖에 없다(2005다73020).

> **키워드**
> 전원출석총회, 의결권 100% 출석

ㄹ. |ㅇ| 주주총회결의 부존재사유가 된다. 주주총회가 적법하게 철회된 이상, 새로운 주주총회 소집결정에 대한 이사회결의도 없을 뿐 아니라 소집권한 없는 자에 의하여 소집된 것이기 때문에(애초부터 소집되지 않은) 절차상의 중대한 하자에 해당하고 부존재한 것이 된다(2009다35033).

> **키워드**
> 주주총회결의 부존재, 절차/방법상 중대한 하자

ㅁ. |ㅇ| 적법하지 않은 결의이다. 발행주식의 100분의 3이상에 해당하는 주식을 가진 주주는 임시총회의 소집을 이사회에 청구했다가(제366조 제1항), 소집이 없는 경우 법원의 허가를 받아 직접 소집할 수 있는데(제366조 제2항), 법원의 허가를 받은 범위에서 주주총회를 소집할 수 있다고 보아야 할 것이다. 법원이 허가 하지 않은 목적사항을 의결한 경우 이는 법원의 허가 없이 소집된 총회이기 때문이다.

> **키워드**
> 3%, 주주총회 소집청구, 법원허가

ㅂ. |×| 현저하게 곤란한 경우가 아니다. 乙은 100분의 3이상의 주식을 소유한 자이므로 소수주주권으로서 주주총회를 소집할 권한이 있기 때문이다. 그러나 소유와 경영의 분리를 원칙으로 하는 주식회사에서 주주는 주주총회 결의를 통하여 회사 경영을 담당할 이사의 선임과 해임 및 회사의 합병, 분할, 영업양도 등 법률과 정관이 정한 회사의 기초 내지는 영업조직에 중대한 변화를 초래하는 사항에 관한 의사결정을 하기

때문에, 이사가 주주의 의결권행사를 불가능하게 하거나 현저히 곤란하게 하는 것은 주식회사 제도의 본질적 기능을 해하는 것으로서 허용되지 아니하고, 그러한 것을 내용으로 하는 이사회결의는 무효이다.

> **키워드**
> 이사회, 주주총회 소집결의, 의결권 행사의 현저한 곤란, 무효

▶ 정답 ①

▶ 주주총회 소집, 하자, 특별결의 사항, 목적사항   중요도 ★★☆

052 상법상 주주총회에 관한 설명 중 옳은 것(○)과 옳지 않은 것(×)을 올바르게 조합한 것은? (다툼이 있으면 판례에 의함)

> ㄱ. 집행임원은 필요하면 총회의 목적사항과 소집이유를 적은 서면을 이사회에 제출하여 임시 주주총회 소집을 청구할 수 있다.
> ㄴ. 주주총회결의 부존재확인의 소를 제기한 주주가 동시에 이사인 경우 법원은 제소주주에게 상당한 담보를 제공할 것을 명할 수 있다.
> ㄷ. 주식회사가 타인과 영업의 손익 전부를 같이 하는 계약을 체결하는 경우 주주총회의 특별결의를 얻어야 한다.
> ㄹ. 최근 사업연도 말 현재의 자산총액이 2조원 이상인 상장회사가 주주총회의 목적사항으로 집중투표 배제에 관한 정관 변경에 관한 의안을 상정하려는 경우에는 그 밖의 사항의 정관 변경에 관한 의안과 별도로 상정하여 의결하여야 한다.
> ㅁ. 상장회사가 주주총회의 목적사항으로 감사의 선임 또는 감사의 보수결정을 위한 의안을 상정하려는 경우에는 이사의 선임 또는 이사의 보수결정을 위한 의안과는 별도로 상정하여 의결하여야 한다.
> ㅂ. 주식회사가 사업목적으로 삼는 영업 중 유일하게 수익이 있고 향후 가장 높은 수익창출가능성을 가지며 회사자산의 상당부분을 차지하는 영업분야를 타인에게 양도하더라도 영업의 일부양도이므로 이사회의 결의사항이다.

① ㄱ(○) ㄴ(×) ㄷ(×) ㄹ(×) ㅁ(○) ㅂ(○)
② ㄱ(○) ㄴ(○) ㄷ(×) ㄹ(○) ㅁ(×) ㅂ(×)
③ ㄱ(×) ㄴ(×) ㄷ(○) ㄹ(○) ㅁ(○) ㅂ(×)
④ ㄱ(×) ㄴ(×) ㄷ(○) ㄹ(○) ㅁ(×) ㅂ(○)
⑤ ㄱ(×) ㄴ(○) ㄷ(×) ㄹ(○) ㅁ(○) ㅂ(×)

해설

ㄱ. |×| 집행임원은 주주총회소집권이 없다. <u>주주총회의 소집은 원칙적으로 이사회가 결정한다</u>(제362조). 이는 정관으로도 주주총회의 권한으로 정할 수 없다(통설). 예외적으로 소수주주, 감사 또는 감사위원회 그리고 법원이 소집권한을 갖는다. 즉 ① 발행주식총수의 100분의 3 이상에 해당하는 주식을 가진 주주가 소집권한을 행사할 수 있으나 사전적으로 이사회에 주주총회의 소집을 청구하고 하여야 한다(제366조 제1항). 이사회가 지체 없이 총회소집의 절차를 밟지 아니한 때에는 소수주주가 법원의 허가를 얻어 직접 총회를 소집할 수 있다(제366조 제2항). ② 감사 또는 감사위원회도 소수주주와 같은 방법으로 먼저 이사회에 임시주주총회의 소집을 청구한 후 이사회가 지체 없이 총회소집의 절차를 밟지 아니한 때에는 법원의 허가를 얻어 직접 총회를 소집할 수 있다(제412조의3, 제366조 제2항). ③ 회사의 업무집행에 관하여 부정행위 또는 법령이나 정관에 위반한 중대한 사실이 있음을 의심할 사유가 있는 때에는 발행주식총수의 100분의 3 이상에 해당하는 소수주주의 청구에 의하여 법원이 선임한 검사인이 회사의 업무와 재산상태를 조사하여 그 결과를 법원에 보고하여야 한다(제467조 제1항, 제2항). 이때 법원은 그 보고에 의하여 필요하다고 인정한 때에 대표이사에게 주주총회의 소집을 명할 수 있다(제467조 제3항).

> **키워드**
> 주주총회 소집권자, 이사회, 소수주주, 감사, 법원

ㄴ. |×| 이사 또는 감사가 아닌 주주가 결의취소의 소를 제기한 때에는 법원은 회사의 청구에 의하여 상당한 담보를 제공할 것을 명할 수 있는데(제377조 제1항 본문, 제380조, 제381조), 이 때 회사가 담보제공을 청구함에는 제소주주가 악의임을 소명하여야 한다(제176조 제4항).

> **키워드**
> 주주총회결의 부존재확인 소송, 담보제공

ㄷ. |○| 특별결의 사항이다. 영업의 양도뿐만 아니라 기타 영업 전부의 임대 또는 경영위임, 타인과 영업의 손익 전부를 같이 하는 계약, 그밖에 이에 준하는 계약의 체결·변경 또는 해약(제374조 제1항 제2호), 회사의 영업에 중대한 영향을 미치는 다른 회사의 영업 전부 또는 일부의 양수(제374조 제1항 제3호)의 경우에도 주주총회의 특별결의가 필요하다.

> **키워드**
> 영업의 손익 전부를 같이 하는 계약, 특별결의

ㄹ. |○| 대규모 상장사의 특례규정이다(제542조의7 제4항).

> **키워드**
> 2조원 이상, 집중투표 배제, 별도 의안

ㅁ. |○| 상장사의 특례규정이다(제542조의12).

> **키워드**
> 감사/이사, 선임/보수, 별도 의안

ㅂ. |×| 영업의 중요한 일부양도로서 주주총회의 특별결의를 거쳐야 한다(제374조 제1항 제1호). 주식회사가 사업목적으로 삼는 영업 중 일부를 양도하는 경우 상법 제374조 제1항 제1호 소정의 '영업의 중요한 일부의 양도'에 해당하는지는 양도대상 영업의 자산, 매출액, 수익 등이 전체 영업에서 차지하는 비중, 일부 영업의 양도가 장차 회사의 영업규모, 수익성 등에 미치는 영향 등을 종합적으로 고려하여 판단하여야 한다(2013다38633).

[대법원 2014.10.15. 선고, 2013다38633, 판결] 甲 주식회사가 주주총회 특별결의 없이 금융사업부문을 乙 주식회사에 양도한 사안에서, 금융사업부문의 자산가치가 甲 회사 전체 자산의 약 33.79%에 달하고 본질가치의 경우 금융사업부문만이 플러스를 나타내고 있는 점, 금융사업부문은 甲 회사 내부에서 유일하게 수익 창출 가능성이 높은 사업부문인 점 등 제반 사정에 비추어 위 양도로 甲 회사에는 회사의 중요한 영업의 일부를 폐지한 것과 같은 결과가 초래되었고, 乙 회사는 별다른 양도대가를 지불하지 않은 채 甲 회사의 금융사업부문과 관련된 대부분의 자산과 거래처 등을 그대로 인수하여 종전과 동일한 영업을 계속하고 있으므로, 위 양도는 상법 제374조 제1항 제1호가 규정하고 있는 '영업의 중요한 일부의 양도'에 해당한다.

키워드
영업의 중요한 일부 양도, 특별결의

▶ 정답 ③

주주제안권, 주주총회 소집청구권

053 소수주주의 주주총회 소집청구권 및 주주제안권에 관한 다음의 설명 중 옳지 않은 것은? (다툼이 있는 경우 판례에 의함)

① 발행주식총수의 100분의 3 이상을 소유하는 주주는 이사에게 주주총회일의 6주 전에 서면으로 회의의 목적으로 할 사항에 추가하여 본인이 제출하는 의안의 요령을 주주총회 소집통지에 기재할 것을 청구할 수 있다

② 자산총액 2조원 이상의 상장회사는 주주제안의 절차에 따라 주주총회일의 6주 전에 추천한 사외이사 후보를 반드시 사외이사 후보에 포함시켜야 한다.

③ 이사는 주주제안이 있는 경우 이를 이사회에 보고하고, 이사회는 주주제안의 내용이 법령 또는 정관을 위반하는 경우와 그밖에 대통령령으로 정하는 경우를 제외하고는 주주총회의 목적사항으로 하여야 한다.

④ 정관에서 주주총회 결의사항으로 '대표이사의 선임 및 해임'을 규정하지 않은 경우에는 이를 회의 목적사항으로 삼아 상법 제366조에서 정한 주주총회소집허가 신청을 할 수 없다.

⑤ 발행주식총수의 100분의 3 이상을 소유하는 주주가 적법하게 주주총회의 목적사항을 제안하였으나 회사가 이를 부당하게 거절하고 다른 의제만을 결의한 경우 그 주주총회의 하자를 주장할 수 있다.

해설

① |O| 의안제안에 관한 내용이다. 의제에 관한 의안의 요령, 즉 구체적 결의안을 제출하는 것이다. 예컨대 특정인을 이사로 선임하자는 등의 안이 그것이다. 의안은 언제든지 주주총회에서 직접 추가 또는 변경할 수 있으나, 이사선임에 있어 상장회사의 경우는 미리 후보자를 제안하지 않으면 선임할 수 없다는 제542조의5의 제한이 있다. 비상장회사의 경우는 이러한 제한이 없다. 의안제안권은 주주 자신이 제안한 목적사항

에 대하여 행사할 수 있고 회사가 채택한 목적사항과 의안의 요령에 대하여 행사할 수 있는데, 후자의 경우는 회사 측의 의안제안에 대하여 수정제안 또는 반대제안이 될 수도 있다.

> **키워드**
> 3/100, 주주제안권, 6주 전, 서면

② |○| 반드시 포함시켜야 한다. 자산총액 2조원 이상의 대규모 상장회사의 경우 그 사외이사 후보는 사외이사후보추천위원회에서 정하여야 한다(제542조의8 제4항과 제5항). 이 후보추천위원회는 사외이사가 위원의 과반수가 되어야 한다는 제한이 있다. 그리고 주주제안권을 행사할 수 있는 요건을 갖춘 주주가 주주제안의 절차에 따라 주주총회일의 6주 전에 추천한 사외이사 후보를 반드시 사외이사 후보에 포함시켜야 한다(제542조의8 제5항 후문). 이때 제542조의6 제2항의 요건상의 6개월 보유라는 요건을 충족하지 못하는 경우 제363조의2 제1항의 요건을 충족한 주주도 주주제안권을 가진다.

> **키워드**
> 대규모 상장사, 6주 전, 사외이사 후보

③ |○| 법령 또는 정관의 위반은 주주제안의 내용 자체가 위반하는 경우를 말하고 결의의 방법에 의해 위반이 되는 것을 말하는 것은 아니다. 회사는 제363조의2 제2항에 의한 의안제안권 행사에 대해서도 거절할 수가 있다. 즉 제안된 의안이 법령이나 정관에 위반하는 경우로는 제안된 의안의 내용이 공서양속에 반하는 경우 또는 선거에서 후보로 제안되고 있는 자가 이사로서의 결격사유를 가지든지 정관이 정하는 이사의 자격을 갖추지 않는 경우를 그 예로 들 수 있다. 주주제안의 내용이 정관에 위반하는 경우에도 회사가 그러한 제안을 거절할 수 있는 것은 당연하다. 다만 당해 정관규정의 변경도 합쳐서 제안되는 경우에는 당해 주주제안은 정관변경에 관한 제안 및 그것을 선결사항으로 하는 구체적인 개별사항의 제안으로서 허락된다.

> **키워드**
> 주주제안권, 이사회 보고, 주주총회 목적사항

④ |○| 법령이나 정관에 주주총회의 권한으로 정한 것이 아니라면 이를 목적으로 하여 주주총회의 소집을 청구한 것에 대해 허가할 수 없다(판례).

> [대법원 2022. 4. 19.자 2022그501 결정] 소수주주가 상법 제366조에 따라 주주총회소집허가 신청을 하는 경우, 주주총회 결의사항이 아닌 것을 회의목적사항으로 할 수 없다. 주주총회는 상법 또는 정관이 정한 사항에 한하여 결의할 수 있고(상법 제361조), 대표이사는 정관에 특별한 정함이 없는 한 이사회 결의로 선임되므로(상법 제389조), 정관에서 주주총회 결의사항으로 '대표이사의 선임 및 해임'을 규정하지 않은 경우에는 이를 회의목적사항으로 삼아 상법 제366조에서 정한 주주총회소집허가 신청을 할 수 없다.

> **키워드**
> 주주총회의 권한, 상법 또는 정관, 소수주주의 주주총회 소집청구권

⑤ |×| 의제제안이 부당거절된 경우에는 주주총회의 하자를 주장할 수 없다. A의제를 제안하였으나, 이를 무시하고 원래 상정되어 있던 B의제만을 결의한 경우이다. 이 때 결의된 B의제를 취소하는 것은 타당하지 않으므로, 이 결의는 유효하고 다만 주주는 이사에 대하여 손해배상청구를 할 수 있다고 해석한다.

> **키워드**
> 주주제안권, 의제제안, 부당거절, 손해배상청구

▶ 정답 ⑤

주주총회, 의결권 행사

중요도 ★★★

054 「상법」상 주주의 의결권에 대한 설명 중 설명 중 옳은 것(O)과 옳지 않은 것(×)을 올바르게 조합한 것은? (다툼이 있으면 판례에 의함)

> ㄱ. 회사가 서면투표 방식 또는 전자투표 방식을 도입하고자 하는 경우 서면투표는 정관에 규정을 두어야 하지만 전자투표는 정관에 규정이 없더라도 이사회 결의로 이를 채택할 수 있다.
>
> ㄴ. 상법 제542조의9 제1항을 위반한 신용공여라고 하더라도 제3자가 그에 대해 알지 못하였고 알지 못한 데에 중대한 과실이 없는 경우에는 그 제3자에 대하여는 무효를 주장할 수 없다고 보아야 한다.
>
> ㄷ. 주주총회결의에 관하여 회사가 가진 자기주식의 의결권의 수는 발행주식총수에는 산입하나 출석한 주주의 의결권 수에만 산입하지 않는다.
>
> ㄹ. 회사는 보유하고 있는 자기주식의 의결권을 대리인에게 위임하고 대리행사하게 할 수 있다.
>
> ㅁ. 회사가 송부한 위임장 양식이 있는 경우 회사는 반드시 인감조회를 해야 할 의무를 부담하므로 위임장 날인의 인감과 회사에 제출된 인감이 합치되지 않는다면 그 위임장의 진정이 입증되더라도 대리인 자격이 인정될 수 없다.
>
> ㅂ. 대리권을 증명하는 서면은 위조나 변조 여부를 쉽게 식별할 수 있는 원본이어야 하고 특별한 사정이 없는 한 사본은 그 서면에 해당하지 않는다.

① ㄱ(O) ㄴ(O) ㄷ(×) ㄹ(×) ㅁ(O) ㅂ(×)
② ㄱ(O) ㄴ(O) ㄷ(×) ㄹ(×) ㅁ(×) ㅂ(O)
③ ㄱ(×) ㄴ(×) ㄷ(O) ㄹ(O) ㅁ(O) ㅂ(×)
④ ㄱ(O) ㄴ(×) ㄷ(×) ㄹ(O) ㅁ(×) ㅂ(O)
⑤ ㄱ(×) ㄴ(O) ㄷ(×) ㄹ(O) ㅁ(O) ㅂ(×)

해설

ㄱ. |O| 근거가 서로 다르다. 그러나 서면투표와 전자투표는 사용하는 매체에 차이가 있을 뿐 사실상 같은 방법이다. 서면투표는 찬반이 기재된 서면을 회사에 제출하는 것이고(제368조의3), 전자투표는 인터넷을 통하여 제출하는 것만(제368조의4) 다르다. 하지만 서면투표를 위해서는 정관의 규정이 있어야 하지만, 전자투표는 정관에 이에 관한 규정이 없더라도 이사회의 결의만으로 할 수 있다(제368조의4제1항).

> **키워드**
> 서면투표, 정관규정, 전자투표, 이사회 결의

ㄴ. |O| 신용공여 금지를 정하고 있는 제542조의9 제1항은 강행규정이고 법령에 위반한 신용공여는 무효이므로, 누구나 무효를 주장할 수 있으나, 제3자가 선의이고 무중과실인 경우 그 제3자에 대해서는 무효를 주장할 수 없다(판례).

[대법원 2021. 4. 29. 선고 2017다261943 판결] 상법 제542조의9 제1항의 입법 목적과 내용, 위반행위에 대해 형사처벌이 이루어지는 점 등을 살펴보면, 위 조항은 강행규정에 해당하므로 <u>위 조항에 위반하여 이루어진 신용공여는 허용될 수 없는 것으로서 사법상 무효이고, 누구나 그 무효를 주장할 수 있다.</u> 그리고 위 조항의 문언상 상법 제542조의9 제1항을 위반하여 이루어진 신용공여는, 상법 제398조가 규율하는 이사의 자기거래와 달리, 이사회의 승인 유무와 관계없이 금지되는 것이므로, 이사회의 사전 승인이나 사후 추인이 있어도 유효로 될 수 없다. 다만 상법 제542조의9는 제1항에서 신용공여를 원칙적으로 금지하면서도 제2항에서는 일부 신용공여를 허용하고 있는데, 회사의 외부에 있는 제3자로서는 구체적 사안에서 어떠한 신용공여가 금지대상인지 여부를 알거나 판단하기 어려운 경우가 생길 수 있다. 상장회사와의 상거래가 빈번한 거래현실을 감안하면 제3자로 하여금 상장회사와 거래를 할 때마다 일일이 상법 제542조의9 위반 여부를 조사·확인할 의무를 부담시키는 것은 상거래의 신속성이나 거래의 안전을 해친다. 따라서 <u>상법 제542조의9 제1항을 위반한 신용공여라고 하더라도 제3자가 그에 대해 알지 못하였고 알지 못한 데에 중대한 과실이 없는 경우에는 그 제3자에 대하여는 무효를 주장할 수 없다고 보아야 한다.</u>

> **키워드**
> 신용공여, 무효, 선의의 제3자, 무효주장 제한

ㄷ. |×| 발행주식총수에서 제외된다. 회사가 예외적으로 취득한 자기주식은 모든 주주권을 행사할 수 없다(통설: 전면적 휴지설). 이 경우 해당 주식은 발행주식총수에 산입하지 않는다(제371조 제1항→제369조 제2항).

> **키워드**
> 자기주식, 발행주식총수에서 제외

ㄹ. |×| 대리행사할 수 없다. 의결권의 행사가 허용되지 않는 경우이므로(제369조 제2항), 위임한다고 해서 의결권을 행사할 수 있는 것이 아니다.

> **키워드**
> 자기주식, 전면적 휴지설

ㅁ. |×| 대리인 자격이 인정된다. 위임장에 대한 회사의 조사는 형식적 조사이므로 위임장에 날인된 인감과 주주의 제출인감과 대조하여 합치하는 경우 그 위임장은 진정한 것으로 추정되고 회사는 진정한 것으로 처리하면 된다. 다만 회사가 송부한 위임장 양식이 있는 경우 회사는 반드시 인감조회를 해야 할 의무를 부담하는 것은 아니고 또한 위임장 날인의 인감과 회사에 제출된 인감이 합치되지 않더라도 그 위임장의 진정이 입증되면 대리인 자격이 인정될 수 있다(2005다22701·22718).

> **키워드**
> 의결권 위임, 대리인 자격 제한

ㅂ. |○| 위임장은 위조나 변조 여부를 쉽게 식별할 수 있는 원본이어야 하고 특별한 사정이 없는 한 사본은 그 위임장에 해당하지 아니한다. 다만 위임장 사본이 원본과 다르지 않다는 점을 입증하거나 위임장의 진정성 내지 위임의 사실을 증명할 수 있다면 회사가 대리행사를 거부할 수 없다.

[대법원 2009.4.23. 선고 2005다22701·22718 판결] 상법 제368조 제3항이 규정하는 '대리권을 증명하는 서면'이라 함은 위임장을 일컫는 것으로서 회사가 위임장과 함께 인감증명서, 참석장 등을 제출하도록 요구하는 것은 대리인의 자격을 보다 확실하게 확인하기 위하여 요구하는 것일 뿐, 이러한

> 서류 등을 지참하지 아니하였다 하더라도 주주 또는 대리인이 다른 방법으로 위임장의 진정성 내지 위임의 사실을 증명할 수 있다면 회사는 그 대리권을 부정할 수 없다.

키워드
의결권 위임, 위임장, 원본, 특별한 사정

▶정답 ②

의결권의 대리행사   중요도 ★★☆

055 주주총회 의결권의 행사에 관한 설명 중 옳은 것은? (다툼이 있는 경우 판례에 의함)

① 주식회사가 주주명부상 주주가 형식주주에 불과하다는 것을 중대한 과실로 알지 못하였고 또한 이를 용이하게 증명하여 의결권 행사를 거절할 수 있었음에도 의결권 행사를 용인한 경우 당해 주주총회는 하자가 존재하지 않는다.

② 의결권 불통일행사의 통지가 「상법」 제368조의2 제1항에서 정한 주주총회일의 3일 전이라는 시한보다 늦게 도착하였다면 회사가 스스로 총회운영에 지장이 없다고 판단하여 이를 받아들이기로 하고 이에 따라 의결권의 불통일행사를 허용했다고 하더라도 그와 같은 의결권의 불통일행사는 위법하다.

③ 대리인의 자격을 주주로 한정하는 정관 규정이 있다 하더라도, 주주인 국가, 지방자치단체 또는 주식회사 소속의 공무원, 직원 또는 피용자 등이 그 주주를 위한 대리인으로서 의결권을 대리행사하는 것은 허용되어야 하고 이를 가리켜 정관 규정에 위반한 무효의 의결권 대리행사라고 할 수는 없다.

④ 회사는 정관에 규정이 없더라도 이사회의 결의로 주주가 총회에 출석하지 아니하고 서면 또는 전자적 방법에 의하여 의결권을 행사할 수 있음을 정할 수 있다.

⑤ 「상법」 제368조 제2항이 규정하는 '대리권을 증명하는 서면'이라 함은 위임장을 일컫는 것으로서 회사가 대리인의 자격을 보다 확실하게 확인하기 위하여 위임장과 함께 인감증명서, 참석장 등을 제출하도록 요구하고 대리권의 공증을 요구할 수 있다.

해설

① |×| 변경된 판례는 주주명부의 면책력을 제한적으로 해석하지 않으므로, 형식주주에 불과하다는 것을 알면서 소집통한 후 의결권을 행사하도록 하였어도 당해 주주총회는 하자가 존재하지 않는다.

키워드
주주명부 면책력, 제한적 해석 없음

② |×| 위법하지 않다. 의결권을 불통일 행사할 경우 주주는 회일의 3일전까지 회사에 대하여 서면 또는

전자문서로 불통일행사를 한다는 뜻과 그 이유를 통지하여야 한다(제368조의2 제1항). 주주가 통지를 하지 않고 불통일행사를 한 경우 회사가 그 불통일행사를 승인할 수 있는지 여부에 대해 ① 요건긍정설 ② 요건부정설 ③ 절충설로 대립하나 판례는 절충설과 가까운 태도로 의결권의 행사 전까지 통지하기만 하면 회사가 이를 거부하지 아니하는 한 결의는 유효하다고 본다. 다만 주주평등의 원칙을 위반하거나 의결권 행사의 결과를 조작하기 위하여 자의적으로 이루어진 것이라는 등의 특별한 사정이 없을 것을 요건으로 인정하고 있다(대법원 2009.4.23. 선고 2005다22701,22718 판결).

> **키워드**
> 불통일행사, 3일 전

③ |○| 유효한 의결권의 대리행사이다. 의결권 대리행사의 경우에 그 대리인 자격을 정관에 의하여 주주로 제한할 수 있는지 여부가 문제되는데, 판례는 제한적 유효설(판례)로서, 유효설의 입장에 서면서도 대리인 자격을 정관으로 제한하는 것에 합리적인 이유가 있는가의 여부 등 개개의 사례를 구체적으로 판단하여 유효 여부를 결정하자는 입장이다. 즉, 정관으로 대리인의 자격을 주주로 제한한 경우 법인 또는 공공단체의 의결권을 그 소속의 직원 또는 공무원이 대리할 수 있는지가 문제된 사건에서는, 그 직원이 법인 등을 대표하지 않는 경우에도 주주총회를 교란할 염려가 없으므로 자격제한의 정관에 구속되지 않는다고 본다(2005다22701,22718).

> **키워드**
> 의결권 대리행사, 자격제한, 제한적 유효

④ |×| 서면투표의 경우에는 정관에 규정이 있어야만 한다(제368조의3 제1항). 그러나 전자투표는 이사회결의만으로 가능하다(제368조의4 제1항). 서면투표는 대리행사와 같이 주주가 직접 총회장에 출석하지는 않으나, 의결권의 행사를 위임하는 것이 아니라 주주가 직접 의결권을 행사하는 것이다. 서면투표와 전자투표는 사용하는 매체에 차이가 있을 뿐 사실상 같은 방법이다.

> **키워드**
> 서면투표, 정관

⑤ |×| 대리권의 공증을 요구할 수는 없다. 위임장의 제출은 필수이지만 위임장의 진정을 증명한다면 인감증명서, 참석장 등의 서류가 없는 경우에도 대리행사가 가능하다. 판례에 따를 때, 회사는 반드시 인감조회를 해야 할 의무를 부담하는 것은 아니고 위임장 날인의 인감과 회사에 제출된 인감이 합치되지 않더라도 그 위임장의 진정이 입증되면 대리인 자격이 인정될 수 있다(2005다22701,22718).

> **키워드**
> 대리행사 요건, 위임장 제출

▶정답 ③

▶ 의결권 행사 중요도 ★★☆

056 주주총회의 의결권 행사에 관한 다음의 설명 중 옳지 않은 것은? (다툼이 있는 경우 판례에 의함)

① 상장회사가 정관의 규정으로 모든 주주와 그 특수관계인이 일정 비율을 초과하여 소유하는 주식에 관하여 감사의 선임 및 해임에 있어서 의결권을 제한하고 있다면 이는 무효인 정관규정이다.
② 주식회사가 사업목적으로 삼는 영업 중 유일하게 수익이 있고 향후 가장 높은 수익창출가능성을 가지며 회사자산의 상당부분을 차지하는 영업분야를 타인에게 양도하더라도 영업의 일부양도이므로 이사회의 결의사항이다.
③ 주식회사가 특허권을 이용한 공사의 수주를 회사의 주된 사업으로 하고, 특허권이 회사의 자산에서 대부분의 비중을 차지하는 경우, 특허권의 양도는 주주총회의 특별결의가 필요하다.
④ 주식회사가 중요한 영업용 재산을 처분할 당시에 이미 사실상 영업을 중단하고 있었던 상태라면 주주총회의 특별결의를 거쳐야 하는 것은 아니다.
⑤ 주식회사의 모든 영업재산을 양도하는 계약을 체결하면서 양수인이 그 회사의 제3자에 대한 모든 채무를 회사와 공동으로 책임진다는 채무인수의 약정이 이루어진 경우 재산의 양도에 관한 약정이 유효요건을 갖추지 못하였다면 채무인수에 관한 약정도 그 효력이 없다.

해설

① |○| 1주 1의결권의 원칙에 반하는 정관규정은 강행규정에 반하는 것으로 무효이다. 상법 제369조 제1항에서 주식회사의 주주는 1주마다 1개의 의결권을 가진다고 하는 1주 1의결권의 원칙을 규정하고 있는바, 위 규정은 강행규정이므로 법률에서 위 원칙에 대한 예외를 인정하는 경우를 제외하고, 정관의 규정이나 주주총회의 결의 등으로 위 원칙에 반하여 의결권을 제한하더라도 그 효력이 없다.

> [대법원 2009.11.26. 선고 2009다51820 판결] 상법 제409조 제2항·제3항은 '주주'가 일정 비율을 초과하여 소유하는 주식에 관하여 감사의 선임에 있어서 그 의결권을 제한하고 있고, 구 증권거래법(2007. 8. 3. 법률 제8635호 자본시장과 금융투자업에 관한 법률 부칙 제2조로 폐지, 이하 같다) 제191조의11은 '최대주주와 그 특수관계인 등'이 일정 비율을 초과하여 소유하는 주권상장법인의 주식에 관하여 감사의 선임 및 해임에 있어서 의결권을 제한하고 있을 뿐이므로, '최대주주가 아닌 주주와 그 특수관계인 등'에 대하여도 일정 비율을 초과하여 소유하는 주식에 관하여 감사의 선임 및 해임에 있어서 의결권을 제한하는 내용의 정관 규정이나 주주총회 결의 등은 무효라고 보아야 한다.

키워드
1주 1의결권 원칙, 강행규정

② |×| 영업의 중요한 일부양도로서 주주총회의 특별결의를 거쳐야 한다(제374조 제1항 제1호). 주식회사가 사업목적으로 삼는 영업 중 일부를 양도하는 경우 상법 제374조 제1항 제1호 소정의 '영업의 중요한 일부의 양도'에 해당하는지는 양도대상 영업의 자산, 매출액, 수익 등이 전체 영업에서 차지하는 비중, 일부 영업의 양도가 장차 회사의 영업규모, 수익성 등에 미치는 영향 등을 종합적으로 고려하여 판단하여야 한다(2013다38633).

> [대법원 2014.10.15. 선고, 2013다38633, 판결] 甲 주식회사가 주주총회 특별결의 없이 금융사업부문을 乙 주식회사에 양도한 사안에서, 금융사업부문의 자산가치가 甲 회사 전체 자산의 약 33.79%에 달하고 본질가치의 경우 금융사업부문만이 플러스를 나타내고 있는 점, 금융사업부문은 甲 회사 내부에서 유일하게 수익 창출 가능성이 높은 사업부문인 점 등 제반 사정에 비추어 위 양도로 甲 회사에는 회사의 중요한 영업의 일부를 폐지한 것과 같은 결과가 초래되었고, 乙 회사는 별다른 양도대가를 지불하지 않은 채 甲 회사의 금융사업부문과 관련된 대부분의 자산과 거래처 등을 그대로 인수하여 종전과 동일한 영업을 계속하고 있으므로, 위 양도는 상법 제374조 제1항 제1호가 규정하고 있는 '영업의 중요한 일부의 양도'에 해당한다.

> **키워드**
> 영업의 중요한 일부양도, 특별결의

③ |이| 영업용재산의 양도이지만 주주총회의 특별결의가 필요한 경우이다. 주주총회의 특별결의가 있어야 하는 상법 제374조 제1항 제1호 소정의 '영업의 전부 또는 중요한 일부의 양도'라 함은 일정한 영업목적을 위하여 조직되고 유기적 일체로 기능하는 재산의 전부 또는 중요한 일부를 총체적으로 양도하는 것을 의미하는 것으로서, 이에는 양수 회사에 의한 양도 회사의 영업적 활동의 전부 또는 중요한 일부분의 승계가 수반되어야 하는 것이므로 단순한 영업용 재산의 양도는 이에 해당하지 않으나, 다만 영업용 재산의 처분으로 말미암아 회사 영업의 전부 또는 일부를 양도하거나 폐지하는 것과 같은 결과를 가져오는 경우에는 주주총회의 특별결의가 필요하다(2004다13717).

> **키워드**
> 영업용 재산의 양도, 영업의 중단/폐지, 특별결의, 형식설

④ |이| 중요한 영업용 재산의 양도는 영업양도에 해당하는 것이 아니지만, 이로 인해 영업의 중단 또는 폐지가 초래될 경우 주주총회의 특별결의를 거쳐야 하지만(84다카963), 이미 영업이 사실상 중단된 경우라면 주주총회의 특별결의를 거쳐야 하는 것이 아니다.

> [대법원 1988.04.12. 선고 87다카1662 판결] 원고회사는 관광호텔사업을 목적으로 설립되었고 이 사건 토지는 그 호텔의 신축 부지였던 사실과 원고회사의 대표이사이던 소외 권○○이 그 토지를 자신의 개인채무의 담보를 위하여 한△△ 앞으로 이 사건 등기를 할 당시에는 원고회사는 그 전에 이미 그 회사의 사무실로 쓰던 건물이 소유주에게 명도당하여 사무실도 없어지고 이 사건 토지가 개발제한구역으로 편입되어 그 지상에 신축하였던 관광호텔의 건축허가와 그 신축재원인 에이. 아이. 디(A.I.D)차관자금사용 승인도 취소됨으로써 사업목적인 관광호텔의 건축이 불가능하게 되어 영업을 더이상 계속할 수 없게 되었고 그래서 원고회사의 주주 및 이사들은 영업을 중단하기로 하여 흩어져 그 이후 일체의 영업활동을 한 바가 없었던 사실을 확정하고 나서 이와 같은 사정에 비추어 볼 때 원고회사는 위 권○○이 이 사건 토지를 처분할 당시에는 이미 사실상 영업이 폐지된 상태였으므로 그 처분에 즈음하여 주주총희의 특별 결의가 없었다 하여 그 처분이 무효로 되는 것이 아니다.

> **키워드**
> 중요한 영업용 재산의 양도, 이미 중단/폐지

⑤ |이| 채무인수약정은 별개의 약정이 아니고 영업용재산의 양도계약의 일부라고 본다. 따라서 회사의 모든 영업재산을 양도하는 계약을 체결하면서 양수인이 그 회사의 제3자에 대한 모든 채무를 회사와 공동으로 책임진다는 채무인수의 약정이 이루어진 경우 회사의 재산을 양도하는 계약과 회사의 채무를 인수하는 약정이 별개인 계약이라고 볼 것은 아니며, 따라서 위 재산의 양도에 관한 약정이 유효요건을 갖추지 못하여

그 효력을 발생하지 못하게 된다면 계약 전체의 효력이 발생하지 아니하며 대가관계에 있는 채무인수에 관한 약정도 그 효력이 없다.

> [대법원 1991.11.08. 선고 91다11148 판결] 위 회사가 피고에게 회사의 재산을 양도하는 계약과 피고가 회사의 채무를 인수하는 약정이 별개의 계약이라고 볼 것은 아니며, 위 재산의 양도에 관한 약정이 유효요건을 갖추지 못하여 그 효력을 발생하지 못하는 경우 계약 전체의 효력이 발생하지 아니하며 따라서 대가관계에 있는 채무인수에 관한 약정도 그 효력이 없다 할 것이고, 나아가 위 회사의 재산양도에 대하여 이는 회사 영업을 전부 폐쇄하는 결과를 가져오는 것으로서 상법 제374조 제1항 소정의 영업 전부의 양도에 해당한다 하여 주주총회의 특별결의가 있어야 한다.

키워드
영업재산 양도, 채무인수 약정, 하나의 계약, 영업의 중단/폐지, 특별결의

▶ 정답 ②

▶ 반대주주의 주식매수청구권 중요도 ★★☆

057 「상법」상 반대주주의 주식매수청구권에 관한 설명 중 설명 중 옳은 것(○)과 옳지 않은 것(×)을 올바르게 조합한 것은?

> ㄱ. 정관이 정하는 바에 따라 주식양도시 이사회의 승인을 얻도록 한 경우 승인을 받지 못한 주주는 주식매수청구권을 행사할 수 있다.
> ㄴ. 주주총회일 전에 회사에 대하여 서면으로 결의에 반대하는 의사를 통지한 주주는 주주총회에서 찬성의 투표를 한 경우에도 주식매수청구권을 행사할 수 있다.
> ㄷ. 주주가 주식매수청구권을 행사한 경우에는 주식회사가 배당가능이익이 없더라도 자기주식을 취득할 수 있으나, 「상법」은 이를 지체 없이 처분하여야 한다고 규정하고 있다.
> ㄹ. 주식의 질권자는 당해 주주가 주식매수청구권의 행사로 받는 매수대금 등에 대하여도 물상대위권을 행사할 수 있다.
> ㅁ. 정관변경에 의하여 종류주식의 내용을 변경하는 경우, 이에 반대하는 주주는 회사에 대하여 자기가 소유하고 있는 주식의 매수를 청구할 수 있다.
> ㅂ. 주주가 주식매수청구권을 행사하면 회사는 매수청구기간이 종료하는 날로부터 2월 이내에 그 주식을 매수하여야 한다.

① ㄱ(○) ㄴ(○) ㄷ(×) ㄹ(×) ㅁ(○) ㅂ(×)
② ㄱ(○) ㄴ(×) ㄷ(×) ㄹ(○) ㅁ(○) ㅂ(○)
③ ㄱ(×) ㄴ(×) ㄷ(○) ㄹ(○) ㅁ(○) ㅂ(×)
④ ㄱ(○) ㄴ(×) ㄷ(×) ㄹ(○) ㅁ(×) ㅂ(○)
⑤ ㄱ(×) ㄴ(○) ㄷ(×) ㄹ(○) ㅁ(○) ㅂ(×)

해 설

ㄱ. |○| 양도상대방 지정청구와 주식매수청구권 중 하나를 선택적으로 행사할 수 있다(제335조의2). 즉, 이사회의 양도승인거부통지를 받은 주주는 20일 내(제335조의2 제4항)에 ① 양도상대방지정청구권 ② 주식매수청구권 중에서 선택적으로 행사할 수 있다(통설).

> **키워드**
> 주식양도 제한, 승인청구 거절, 선택적 행사

ㄴ. |×| 행사할 수 없다. 주식매수청구권자는 회사에 대하여 주주의 권리를 행사할 수 있는 주주로서, 사전에 당해 회사에 대하여 서면으로 반대의 통지를 한 주주이다(제360조의5 제1항 전단, 제360조의22, 제374조의2 제1항 전단, 제522조의3 제1항 전단, 제530조의11 제2항). 반대의 통지를 하였다면 총회에 출석하지 않아도 주식매수청구권이 있다. 그러나 반대의 통지를 한 주주가 주주총회에서는 찬성의 투표를 한 이상 반대주주라고 볼 수 없으므로 주식매수청구권이 인정되지 않는다.

> **키워드**
> 주식매수청구권, 사전/서면반대, 찬성주주

ㄷ. |×| 처분의무가 없다. 회사가 보유하는 자기주식의 처분도 정관의 규정이 없으면 이사회의 결의로 처분할 수 있도록 하여, 처분할 주식의 종류와 수, 처분할 주식의 처분가액과 납입기일, 주식을 처분할 상대방 및 처분방법을 정관 또는 이사회가 정한다고 한다(제342조). 배당가능한 이익으로 취득한 경우뿐만 아니라 특정목적으로 취득한 경우에도 회사는 자기주식을 처분할 의무가 없이 계속 보유할 것인지 등에 대하여 이사회가 결정할 수 있어, 회사의 선택에 따라 취득한 자기주식을 처분할 수도 있고 계속 보유할 수도 있다.

> **키워드**
> 자기주식, 처분의무, 이사회의 재량

ㄹ. |○| 물상대위권을 행사할 수 있다. 질권자는 민법에 의하여 유치권, 우선변제권 등을 갖고, 상법 제339조의 특칙에 따라 주식의 소각, 병합, 분할 또는 전환이 있는 때에는 이로 인하여 종전의 주주가 받을 금전이나 주식에 대하여도 종전의 주식을 목적으로 한 질권을 행사할 수 있다. 이외에도 회사분할로 주주가 받게 되는 금전이나 주식, 주주가 주식매수청구권의 행사로 받는 매수대금 등에 대하여도 물상대위를 인정한다(통설).

> **키워드**
> 주식매수청구권, 매수대금, 물상대위

ㅁ. |×| 정관변경의 경우 주식매수청구권을 인정하지 않는다. 명문으로 인정되는 경우 이외에 회사가 임의로 인정할 수 없다. 정관으로 정했다고 해도 임의로 출자금을 환급하는 것으로 무효이다(2005다60147). 상법은 영업양도, 영업양수(제374조 제1항), 합병(제522조의3), 분할합병(제530조의11 제2항), 주식교환(제360조의5), 주식이전(제360조의22) 등에만 주식매수청구권을 인정한다.

> **키워드**
> 주식매수청구권, 법정사유

ㅂ. |○| 청구기간 종료 후 2개월이다. 상법 개정 전 판례는 상법 제374조의2 제2항의 '회사가 주식매수청구를 받은 날로부터 2월'은 주식매매대금 지급의무의 이행기를 정한 것이어서, 그 2월 이내에 주식의 매수가액이 확정되지 아니하였다 하더라도 회사는 지체책임을 부담한다고 보았다(2010다94953). 그러나 이와 같이 '매수청구를 받은 날'을 회사의 매수의무 발생시기로 할 경우 주주별로 회사의 주식매수 기한이 달라져 회사에게 절차상 부담이 있다는 비판이 있어왔고, 이에 따라 개정상법은 '매수청구기간이 종료하는 날'로부터 회사의 매수의무가 발생하도록 규정하였다.

키워드
주식매수청구권, 매수청구권기간 종료 후, 2개월

▶ 정답 ④

주식매수청구권, 의결권 제한   중요도 ★★☆

058 상법상 주주총회의 결의에 관한 다음의 설명 중 옳지 않은 것은? (각 지문은 독립적이고 다툼이 있는 경우 판례에 의함)

① A주식회사가 영업의 중요한 일부를 양도하는 경우, 이에 반대하는 A회사의 주주 甲은 A회사에 자기가 소유하고 있는 주식의 매수를 청구할 수 있다.

② B주식회사가 정관변경에 의하여 종류주식의 내용을 변경하는 경우, 이에 반대하는 B회사의 주주 乙은 B회사에 자기가 소유하고 있는 주식의 매수를 청구할 수 있다.

③ C회사는 甲이 대표이사로 경영을 주도하고 乙은 이사로 경영에 참가하여 왔으나 양자 사이에 분쟁이 계속되어 왔다. 이 분쟁을 해결하기 위하여 甲과 乙은 회사의 영업에 있어서 기본이 되는 영업용 건물을 乙에게 양도하는 대신, 乙은 자신의 지분을 회사에 양도하고, 양도된 주식은 소각하기로 약정하였다. 건물의 양도로 영업의 중단이나 폐지가 초래되는 경우 주주총회의 특별결의를 거쳐야 한다.

④ D회사가 E회사 주식의 5%를 가지고 있다. 그런데 E회사가 주주총회를 개최하면서 정한 주주총회기준일에는 E회사가 D회사 주식의 10%를 초과하여 취득하지 않았으나, 주주총회일에는 10% 초과의 요건이 충족된 경우, 그런데 명의개서는 아직 이루어지지 않은 경우 D회사의 의결권행사가 부정된다.

⑤ F회사의 의결권이 배제되는 종류주식을 소유한 주주는 주주총회의 소집통지를 받을 권한은 없으나 주주총회에 출석 및 의견진술은 가능하다.

해설

① |이| 중요한 일부를 양도하는 경우 매수를 청구할 수 있다. 주식매수청구권은 모든 주주총회결의에 인정되는 것이 아니라, 주주의 이해관계에 중대한 영향을 미치는 사항에 대하여만 인정된다. 상법은 회사에 구조적 변화를 가져오는 부분에 한하여 인정한다. 영업양도, 합병계약서 승인, 분할합병계약서 승인, 주식의 포괄적 교환, 포괄적 이전을 위한 주주총회의 특별결의(제374조 제1항)에 반대하는 주주에게 주식매수청구권을 인정한다.

키워드
주식매수청구권, 영업의 중요한 일부양도, 특별결의

② |×| 특별결의 사항이라 하더라도 정관변경, 자본감소, 회사의 단순분할, 해산 등의 경우에는 주식매수청구권을 인정하지 않는다. 종류주식을 발행하기 위해 정관을 변경하는 것은 주주총회의 특별결의를 요구하는 것이나 회사의 구조적 변화와 관련된 것이 아니고 따라서 상법은 주식매수청구권을 인정하지 않는다.

> **키워드**
> 정관변경, 특별결의, 주식매수청구권

③ |○| 주주총회결의를 거쳐야 한다. 사례와 같이 중요한 영업용 재산을 처분한 경우에 특별결의가 필요한지 여부에 대해서는 1) 형식설 2) 실질설 3) 절충설로 구별되는데 4) 판례는 중요한 재산의 양도는 원칙적으로 이사회의 결의사항이지만 주식회사 존속의 기초가 되는 중요한 재산의 양도가 영업의 폐지 또는 중단을 초래하는 행위라면 이는 영업의 전부 또는 일부의 양도의 경우와 다를 바 없으므로 이러한 경우에는 상법 제374조 제1항 제1호의 규정을 유추적용하여 주주총회의 특별결의를 거쳐야 한다(2004다13717).

> **키워드**
> 영업용 재산의 양도, 영업의 중단/폐지, 특별결의

④ |○| 부정된다. 판례는 상호주 판단의 기준시점은 주주총회일이고, 상호주 판단 시 명의개서를 요하는지 여부에 대하여 명의개서가 필요없다고 본다(2006다31269).

> **키워드**
> 비모자회사, 의결권 제한, 주주총회일, 주주명부

⑤ |○| 의결권이 배제되거나 제한되는 주식을 소유한 주주는 원칙적으로 주주총회에서 의결권을 행사할 수 없으므로 소집통지를 받을 권한은 없으나(제363조 제7항), 주주총회에 출석하여 의견진술을 할 권한은 갖는다. 다만 개정상법에 따라 의결권이 배제, 제한되는 주주인 경우에도 주식매수청구권을 행사할 수 있어, 총회의 목적사항에 반대주주의 주식매수청구권이 인정되는 사항이 포함되는 경우에는 소집통지를 받을 권한이 있다(제363조 제7항 단서).

> **키워드**
> 무의결권주식, 소집통지수령권, 출석/의결진술권

▶ 정답 ②

▶ 주주총회결의 하자 중요도 ★★★

059 주주총회 결의하자를 다투는 소에 대한 설명 중 옳지 않은 것은? (다툼이 있는 경우 판례에 의함)

① 임시주주총회에서 이루어진 여러 안건에 대한 결의 중 이사선임결의에 대하여 그 결의의 날로부터 2개월 내에 주주총회결의 무효확인의 소를 제기한 뒤, 위 임시주주총회에서 이루어진 정관변경결의 및 감사선임결의에 대하여 그 결의의 날로부터 2개월이 지난 후 주주총회결의 무효확인의 소를 각각 추가적으로 병합한 후, 위 각 결의에 대한 '무효확인의 소'를 '취소의 소'로 변경한 경우, 위 정관변경결의 및 감사선임결의 취소에 관한 부분은 위 추가적 병합 당시 이미 2개월의 제소기간이 도과되었으므로 부적법하다.

② 주주총회결의가 존재한다고 볼 수 없을 정도의 중대한 하자가 있음에도 불구하고 주주총회결의 취소소송을 제기한 경우 부적법 각하된다.

③ 주주총회의 자본감소 결의에 취소 또는 무효의 하자가 있다고 하더라도 그 하자가 극히 중대하여 자본감소가 존재하지 아니하는 정도에 이르는 등의 특별한 사정이 없는 한 자본감소의 효력이 발생한 후에는 자본감소 무효의 소에 의해서만 다툴 수 있다.

④ 주주총회결의 취소의 소는 상법 제376조에 따라 결의의 날로부터 2월내에 제기하여야 할 것이나, 동일한 결의에 관하여 부존재확인의 소가 상법 제376조 소정의 제소기간 내에 제기되어 있다면, 동일한 하자를 원인으로 하여 결의의 날로부터 2월이 경과한 후 취소소송으로 소를 변경하거나 추가한 경우에도 부존재확인의 소 제기시에 제기된 것과 동일하게 취급하여 제소기간을 준수한 것으로 보아야 한다.

⑤ 주주총회결의 취소의 소에 있어 법원의 재량에 의하여 청구를 기각할 수 있음을 밝힌 상법 제379조는, 결의의 절차에 하자가 있는 경우에 결의를 취소하여도 회사 또는 주주에게 이익이 되지 않든가 이미 결의가 집행되었기 때문에 이를 취소하여도 아무런 효과가 없든가 하는 때에 결의를 취소함으로써, 회사에 손해를 끼치거나 일반거래의 안전을 해치는 것을 막고 결의취소의 소의 남용을 방지하려는 취지이나 당사자의 신청 없이 법원이 직권으로 재량으로 취소청구를 기각할 수는 없다.

해 설

① |○| 여러 개의 안건이 상정되어 각기 결의가 행하여진 경우 제소기간의 준수여부는 각 안건에 대한 결의마다 별도로 판단한다. 또한 소송이 변경된 경우 제소기간 준수여부는 최초의 소송이 제기된 시점으로 판단한다.

> [대법원 2010.03.11. 선고 2007다51505 판결] 이 사건 소 중 정관변경결의 및 감사선임결의 취소에 관한 부분은, 위 각 주주총회결의 무효확인의 소가 추가적으로 병합될 때에 주주총회결의 취소의 소가 제기된 것으로 볼 수 있으나, 그렇다고 하여도 위 추가적 병합 당시 이미 2개월의 제소기간이 도과되었음이 역수상 명백하므로 부적법하다.

키워드

주주총회하자 소송, 제소기간 준수, 별도 판단, 최초 소송제기 시점

② |○| 부존재의 원인이 있으나 취소소송을 제기한 경우 구소송물이론에 따르면 취소판결을 해야 하는 것이나 판례는 부적법하다고 하여 각하한다.

> [대법원 1978.09.26. 선고 78다1219 판결- 결의취소소송을 제기한 건] 상법 제379조 (법원의 재량에 의한 청구기각)는 "결의 취소의 소가 제기된 경우에 결의의 내용, 회사의 현황과 제반사정을 참작하여 그 취소가 부적당하다고 인정한 때에는 법원은 그 청구를 기각할 수 있다"라고 규정되어 있으므로 위 소위 재량기각을 함에 있어서는 첫째로 주주총회결의 자체가 법률상 존재함이 전제가 되어야 할 것이고 만약에 주주총회결의 자체가 법률상 존재하지 않은 경우는 결의취소의 소는 부적법한 소에 돌아가고 따라서 상법 제379조를 적용할 여지도 없다…이사건 소를 소송 판결로서 각하하여야 함에도 불구하고 원심이 실체 판결로써 원고의 청구를 기각하였음은 위법이라 아니할 수 없다.

키워드
부존재 원인, 취소소송 제기, 부적법 각하

③ |○| 원칙적으로 자본금감소무효의 소가 제기되어 하며, 주주총회결의를 독립적으로 다툴 수 없다(흡수설). 합병결의(92누14908), 신주발행무효의 소(2003다20060)도 마찬가지이다. 만약 자본금감소의 하자가 극히 중대하여 자본금감소가 존재하지 않는다고 볼 정도라면 부존재소송의 원인이 된다.

> [대법원 2010.02.11. 선고 2009다83599 판결] 원고들의 청구취지는 자본감소의 효력이 이미 발생한 후에 주주총회의 자본감소 결의에 취소 또는 무효의 하자가 있으므로 그 확인을 구한다는 것으로서 기록상 그 하자가 극히 중대하여 자본감소가 존재하지 아니하는 정도에 이르는 등의 특별한 사정을 찾아볼 수 없으므로, 이 사건 소를 자본감소 결의의 무효의 확인을 구하는 소로 본다면 이는 소의 이익이 없어 부적법한 것이라고 보아야 할 것이다.

키워드
자본금감소무효소송, 총회결의 하자, 흡수설

④ |○| 제소기간을 준수한 것이다. 최초 소송을 제기한 시점으로 제소기간 준수여부를 판단한다. 부존재확인의 소가 제기된 것이 2월내이므로, 이후 취소소송으로 변경된 경우 2개월의 제소기간을 준수한 것이다.

> [대법원 2003.07.11. 선고 2001다45584 판결] 주주총회결의 취소의 소는 상법 제376조에 따라 결의의 날로부터 2월내에 제기하여야 할 것이나, 동일한 결의에 관하여 부존재확인의 소가 상법 제376조 소정의 제소기간 내에 제기되어 있다면, 동일한 하자를 원인으로 하여 결의의 날로부터 2월이 경과한 후 취소소송으로 소를 변경하거나 추가한 경우에도 부존재확인의 소 제기시에 제기된 것과 동일하게 취급하여 제소기간을 준수한 것으로 보아야 한다.

키워드
부존재확인소송, 2개월 후, 취소소송 변경, 적법한 소송

⑤ |×| 직권으로 재량기각할 수 있다. 결의취소의 소가 제기된 경우에 결의의 내용, 회사의 현황과 제반 사정을 참작하여 그 취소가 부적당하다고 인정한 때에는 법원은 그 청구를 기각할 수 있는데 이를 재량기각이라 한다(제379조). 당사자가 주장하지 않아도 법원이 직권으로 기각할 수 있다(2007다51505). 결의취소의 소에서만 인정되는 것으로, 결의무효나 부존재확인의 소, 그리고 부당결의취소변경의 소에서는 인정되지 않는다.

> [대법원 2003.07.11. 선고 2001다45584 판결] 주주총회결의 취소의 소에 있어 법원의 재량에 의하여 청구를 기각할 수 있음을 밝힌 상법 제379조는, 결의의 절차에 하자가 있는 경우에 <u>결의를 취소하여도 회사 또는 주주에게 이익이 되지 않든가 이미 결의가 집행되었기 때문에 이를 취소하여도 아무런 효과가 없든가 하는 때에 결의를 취소함으로써,</u> 회사에 손해를 끼치거나 일반거래의 안전을 해치는 것을 막고 결의취소의 소의 남용을 방지하려는 취지이며, 또한 위와 같은 사정이 인정되는 경우에는 당사자의 주장이 없더라도 법원이 직권으로 재량에 의하여 취소청구를 기각할 수도 있다 할 것이다.

키워드

재량기각, 직권, 하자보완

▶정답 ⑤

▶ 주주총회결의 하자   중요도 ★★★

060 주주총회결의의 하자에 대한 다음의 설명 중 옳지 않은 것은? (다툼이 있는 경우 판례에 의함)

① 임시주주총회가 정관상 요구되는 이사회의 결의 없이 소집되었고, 甲을 제외한 나머지 주주들에게만 소집통지를 하여 甲의 참석없이 결의가 이루어졌더라도, 당시 甲앞으로 주주명부상의 명의개서가 되어있지 않았고 甲에 대한 주식양도의 효력 자체가 다투어져 甲에 의해 주주권확인소송이 제기되어 계속중이었다면 그와 같은 하자는 주주총회결의 부존재사유이다.

② 주식회사의 임시주주총회가 법령 및 정관상 요구되는 이사회의 결의 및 소집절차 없이 이루어졌다 하더라도, 주주명부상의 주주 전원이 참석하여 총회를 개최하는 데 동의하고 아무런 이의 없이 만장일치로 결의가 이루어졌다면 그 결의는 특별한 사정이 없는 한 유효하다.

③ 대표이사가 2015.2.26. 10:00 회사 사무실에서 임시주주총회를 개최한다는 통지를 하였으나 주주총회 당일 16:00경 소란으로 인하여 사회자가 주주총회의 산회선언을 하였는데 그 후 주주 3인이 별도의 장소에 모여 결의를 한 경우, 이는 주주총회결의 부존재사유에 해당한다.

④ 발행주식 총수 1만주 중에서 도합 7천주의 주식을 소유한 주주에게 소집통지를 함이 없이 이들이 참석하지 않고 결의한 것은 법률상 존재하지 않는 결의이고, 발행주식총수의 60%에 해당되는 주주에게 소집통지를 하지 아니한 결의도 법률상 존재하지 않는 것이며, 이 결의에 의하여 선임된 이사들에 의한 이사회결의도 법률상 존재하지 않는다.

⑤ 주주총회결의에 의하여 선임된 감사들이 모두 그 직에 취임하지 아니하거나 사임하고 그 후 새로운 주주총회에서 후임 감사가 선출되어 선임등기까지 마친 경우, 특별한 사정이 없는 한 설사 당초의 감사선임결의에 어떠한 하자가 있었다고 할지라도 그 결의의 부존재나 무효확인 또는 취소를 구할 소의 이익은 없다.

해설

① |×| 주주총회소집에 대한 이사회결의만 없는 경우 취소사유에 해당한다(88다카16690). 주의할 것은 이사회결의도 없고 대표이사 아닌 자가 소집한 경우는 부존재사유라는 점이다(2010다13541). 사례는 이사회의 결의가 없었고 甲에 대한 소집통지도 없었으나, 후자는 하자가 되지 않는다. 우선 甲의 명의개서가 되어 있지 않으므로 회사에 대항할 수 없고 주주권을 행사할 수 없으므로 소집통지를 하지 않은 것은 하자가 되지 않기 때문이다. 만약 甲이 명의개서를 신청하였으나 부당거절한 경우 甲은 직접 주주권을 행사할 수 있으므로 하자가 될 여지도 있으나, 주식양도의 효력에 대해 분쟁이 있으므로 이러한 경우의 명의개서 거절은 부당거절에도 해당하지 않는다. 따라서 사례의 하자는 오직 이사회 결의가 없는 것뿐이므로 결의취소 사유에 해당한다.

> **키워드**
> 주주총회결의 하자, 절차상 경미한 하자, 이사회 결의

② |○| 주주총회 소집절차상 요건의 전부나 일부를 갖추지 않은 경우라 하더라도 주주 전원이 주주총회의 개최에 동의하여 출석한 경우 모든 주주에게 출석의 기회를 준다는 법정 소집절차의 취지는 달성되었으므로 그 총회에서의 결의는 유효한 것으로 보아야 한다는 것이 이른바 전원출석총회의 유효성을 인정하는 견해로서 판례이다(2000다69927).

> **키워드**
> 전원출석총회, 유효한 결의

③ |○| 부존재사유이다. 소집결의도 없었고 소집권자에 의해 소집된 것도 아니므로 절차상 하자가 중대하기 때문이다. 주주 3인이 과반수를 훨씬 넘는 주식을 가진 주주라고 하더라도 나머지 일부 소수주주들에게는 그 회의의 참석과 토의, 의결권행사의 기회를 전혀 배제하고 나아가 법률상 규정된 주주총회소집절차를 무시한 채 의견을 같이 하는 일부주주들만 모여서 한 결의를 법률상 유효한 주주총회의 결의라고 할 수 없다(92다28235,28242).

> **키워드**
> 주주총회결의 하자, 절차상 중대한 하자, 부존재 사유

④ |○| 과반이 넘는 의결권을 가진 주주들에게 소집통지를 하지 않는 경우 절차상 중대한 하자에 해당하여 결의부존재사유가 된다(80다128). 부존재확인 판결도 소급효가 있으므로(제380조), 그 결의에 의해 선임된 이사들은 소급적으로 이사의 자격을 상실하는 것이며 이들에 의해 이루어진 이사회결의도 무효이다.

> **키워드**
> 부존재사유, 절차상 중대한 하자

⑤ |○| 후에 감사가 유효하게 선임되었다면 소의 이익은 없다. 주주총회 결의 무효확인의 소와 결의부존재확인의 소에는 제소권자에 제한이 없다. 따라서 법률상 이익이 있는 자는 언제든지 확인의 소를 제기할 수 있다. 현직의 이사와 감사(84다카319), 사임한 이사와 감사(84다카319), 해임당한 이사와 감사(81다358)는 법률상 이익이 있는 자로 본다. 그런데 후임이사가 적법하게 선임된 경우에는 위의 어떤 경우라 하더라도 소의 이익이 없다. 다만 적법하게 선임된 경우이어야 하므로, 후임 이사의 선임도 부적법하다면 확인의 이익이 있다(94다50427).

> **키워드**
> 확인의 이익이 있는 자, 후임 감사의 적법한 선임

▶ 정답 ①

▶ 종류주주총회　　　　　　　　　　　　　　　　　　　　　　　　　　　중요도 ★★☆

061 종류주주총회에 관한 다음의 설명 중 옳지 않은 것은? (다툼이 있는 경우 판례에 의함)

① 신주인수, 주식의 병합, 분할, 소각, 회사의 합병, 분할을 하는 경우에는 주주에게 신주를 배정하게 되는데, 이 때 신주를 배정함에 있어 어느 종류의 주주에게 손해를 미치게 될 때 종류주주총회결의를 거쳐야 한다.
② 우선주가 보통주로 자동전환될 수 없도록 한 정관변경결의는 우선주 주주에게 손해를 미치게 되는 것이 아니므로 종류주주총회를 거칠 필요가 없다.
③ 종류주주총회에서는 의결권 없는 주식도 의결권을 가진다.
④ 주주총회에 관한 규정은 의결권 없는 종류주식에 관한 것을 제외하고 종류주주총회에 준용한다.
⑤ 정관변경에 관한 종류주주총회가 흠결된 때에는 정관변경이 효력을 발생하지 않는 데에 그칠 뿐이고 그러한 정관변경을 결의한 주주총회결의 자체의 효력에는 아무런 하자가 없다.

해설

① |○| 종류주주총회결의를 거쳐야 하는 경우이다. 즉 다음 세 가지의 경우에 종류주주총회의 결의를 요한다. ① 정관을 변경함으로써 어느 종류의 주주에게 손해를 미치게 될 때(제435조 제1항) ② 신주인수, 주식의 병합, 분할, 소각, 회사의 합병, 분할을 하는 경우에는 주주에게 신주를 배정하게 되는데, 이 때 신주를 배정함에 있어 어느 종류의 주주에게 손해를 미치게 될 때(제436조, 제344조 제3항), ③ 회사의 합병, 분할 또는 분할합병, 주식의 포괄적 교환 또는 이전의 각 경우에 있어 이로 인하여 어느 종류의 주주에게 손해를 미치게 될 때(제436조)이다.

> **키워드**
> 종류주주총회, 법정사유, 신주배정

② |×| 손해를 미치게 될 때이다. 판례는 어느 종류의 주주의 지위가 정관의 변경에 따라 유리한 면이 있으면서 불이익한 면을 수반하는 경우도 이에 해당된다고 본다.

> [대법원 2006.1.27. 선고 2004다44575 판결] 우선주가 보통주로 자동전환될 수 없도록 한 정관변경결의에 있어, 그 결과 우선주가 우선배당을 계속 받게 되는 이익도 있지만 반면 의결권을 얻을 수 있는 기회를 잃는 손해도 있어, 이 경우도 손해라고 하였다.

> **키워드**
> 정관변경, 특정주주 손해, 종류주주총회

③ |○| 의결권 없는 주식도 의결권을 행사할 수 있다. 종류주주총회는 출석한 주주의 의결권의 3분의 2 이상의 수, 그 종류의 발행주식총수의 3분의 1 이상의 수로써 한다(제435조 제2항). 종류주주총회에서는 의결권 없는 주식도 의결권을 가진다(제435조 제3항). 주주총회에 관한 규정은 의결권 없는 종류주식에 관한 것을 제외하고 종류주주총회에 준용한다(제435조 제3항).

> **키워드**
> 무의결권주식, 종류주주총회, 의결권 부활

④ |이| ③의 설명 참조.
⑤ |이| 판례는 종류주주총회를 정관변경의 효력발생요건으로 파악한다. 따라서 종류주주총회의 흠결이 있을 때 주주총회결의 효력에 대하여 다툴 것이 아니라, 정관변경에 필요한 특별요건이 구비되지 않았음을 이유로 하여 정관변경이 무효라는 확인을 구하는 소를 제기하여야 한다고 하였다. 즉 정관변경을 결의한 주주총회결의 자체에는 아무런 하자가 없다.

> [대법원 2006.1.27. 선고 2004다44575 판결] 어느 종류 주주에게 손해를 미치는 내용으로 정관을 변경함에 있어서 그 정관변경에 관한 주주총회의 결의 외에 추가로 요구되는 종류주주총회의 결의는 정관변경이라는 법률효과가 발생하기 위한 하나의 특별요건이라고 할 것이므로, 그와 같은 내용의 정관변경에 관하여 종류주주총회의 결의가 아직 이루어지지 않았다면 그러한 정관변경의 효력이 아직 발생하지 않는 데에 그칠 뿐이고, 그러한 정관변경을 결의한 주주총회결의 자체의 효력에는 아무런 하자가 없다.

키워드
정관변경, 효력발생요건, 종류주주총회

▶정답 ②

이사의 유형, 선임, 해임, 손해배상책임   중요도 ★★☆

062 주식회사의 이사 및 그 책임에 관한 설명으로 옳은 것은?

① 주식회사 이사가 회사에 대한 임무를 게을리 하여 회사에 대해 손해배상책임을 부담하는 경우 특별한 사정이 없는 한 이행청구를 받은 때부터 지체책임을 진다.
② 甲회사에서 집중투표제에 의하여 이사를 선임하고자 하는 경우 이사후보자가 5인이고 선임하고자 하는 이사의 수는 3인이라고 할 때 A주주가 보유하는 의결권 있는 보통주식이 100주라면 A주주는 500개의 의결권을 행사할 수 있다.
③ 이사는 해임에 대한 정당한 이유가 있는 경우 주주총회의 보통결의로 해임될 수 있고 정당한 이유가 없는 경우 주주총회의 특별결의에 의하여 해임될 수 있다.
④ 이사가 제3자에 대해 상법상 손해배상책임을 지는 경우 회사는 정관의 정함에 의하여 그 이사가 원인된 행위를 한 날 이전 최근 1년간 보수액의 6배를 초과하는 금액에 대하여 감면할 수 있다.
⑤ 모회사(甲)의 주주가 의결권 없는 주식을 포함하여 발행주식총수의 1%를 1년간 보유하고 있는 경우에 자회사(乙)의 이사의 책임을 묻기 위해 대표소송을 제기할 수 없다.

해설
① |이| 이행청구를 받은 때부터 지체책임을 부담한다. 이사의 회사에 대한 손해배상책임은 위임계약에 따른 채무불이행책임으로서(판례), 기한이 없는 채무에 해당하므로 지체책임은 이행청구를 받은 때로부터 부담하는 것이다.

> [대법원 2021. 5. 7. 선고 2018다275888 판결] 금융기관의 임원이 위와 같은 선량한 관리자의 주의의무를 위반하여 자신의 임무를 게을리하였는지는 대출결정에 통상의 대출 담당 임원으로서 간과해서는 안 될 잘못이 있는지 여부를 관련 규정의 준수 여부, 대출의 조건, 내용과 규모, 변제계획, 담보 유무와 내용, 채무자의 재산과 경영상황, 성장가능성 등 여러 가지 사항에 비추어 종합적으로 판정해야 한다…상법 제399조 제1항에 따라 주식회사의 이사가 회사에 대한 임무를 게을리하여 발생한 손해배상책임은 위임관계로 인한 채무불이행책임이다. 따라서 주식회사의 이사가 회사에 대하여 위 조항에 따라 손해배상채무를 부담하는 경우 특별한 사정이 없는 한 이행청구를 받은 때부터 지체책임을 진다.

키워드
이사의 유형

② |×| 300개의 의결권이다. 후보자 수가 아니라 선임할 이사의 수만큼 의결권을 갖는 것이다(제382조의2 제3항). 2인의 이사를 동시에 선임하는 경우 그 이사후보로 A, B, C가 있고 그 중 A, B는 대주주인 甲(55주, 55%의 지분)이 추천하는 후보이고 C는 주주 乙(30주, 30%)이 추천한다고 가정할 경우, 집중투표제를 실시하지 않으면 C가 이사로 선임될 가능성이 없다. 그런데 집중투표제를 실시하면 乙이 자신의 투표권 60개를 모두 C에게 집중투표함으로써 C가 이사로 선임될 수도 있다. 甲은 투표권 110개를 가짐에 따라 A, B 모두에게 60개 넘는 투표권을 행사할 수 없기 때문이다.

키워드
집중투표, 선임할 이사 수

③ |×| 해임에 특별한 혹은 정당한 사유가 있어야 하는 것은 아니다. 즉 이사는 언제든지 주주총회의 특별결의로 해임될 수 있다(제385조 제1항). 그러나 이사의 임기를 정한 경우에 정당한 이유 없이 그 임기만료 전에 이를 해임한 때에는 그 이사는 회사에 대하여 해임으로 인한 손해의 배상을 청구할 수 있다(제385조 제1항 단서). 판례는 이 제도가 주주의 회사에 대한 지배권 확보와 경영자 지위의 안정이라는 주주와 이사의 이익을 조화시키려는 것이고, 이사의 보수청구권을 보장하는 것을 주된 목적으로 하는 것이 아니라고 한다(2004다25123).

키워드
이사의 해임사유, 언제나, 특별결의, 임기 중 해임, 손해배상청구

④ |×| 제3자에 대한 책임은 감면되지 않는다.

키워드
이사의 손해배상책임 감면, 회사에 대한 손해배상책임

⑤ |×| 개정상법에 따라 다중대표소송이 가능하다. 해당 규정 신설 전 판례는 해석상 다중대표소송이 허용되지 않는 것으로 보았다. 다중대표소송이란 종속회사 또는 자회사가 이사의 회사에 대한 책임을 제대로 추궁하지 않을 경우에 지배회사의 주주 또는 모회사의 주주가 종속회사 또는 자회사를 위하여 대표소송을 제기하는 것을 말한다. 현재는 상법개정으로 가능하다.

> 제406조의2(다중대표소송) ① 모회사 발행주식총수의 100분의 1 이상에 해당하는 주식을 가진 주주는 자회사에 대하여 자회사 이사의 책임을 추궁할 소의 제기를 청구할 수 있다. 〈신설〉

키워드
대표소송, 원고, 1% 주주, 다중대표소송 가능

▶ 정답 ①

▶ 이사 선임, 집행임원　　　　　　　　　　　　　　　　　　　중요도 ★☆☆

063 주식회사의 이사와 집행임원에 관한 설명으로 옳은 것은?

> ㄱ. 회사의 성립 이후에는 이사는 주주총회에서 선임되지만 집행임원은 이사회에서 선임된다.
> ㄴ. 회사는 집행임원을 둘 수 있고 집행임원 설치회사는 대표이사를 두지 못한다.
> ㄷ. 이사는 집행임원으로 선임되지 못하며 집행임원 설치회사는 이사회의 회의를 주관하기 위하여 이사회의 의장을 둘 수 있다.
> ㄹ. 집행임원 설치회사에서 집행임원을 3인 이상 선임하는 경우에는 집행임원회를 설치하여야 한다.
> ㅁ. 집행임원의 임기는 정관에 다른 규정을 두더라도 2년을 초과하지 못한다.

① ㄱ, ㄷ
② ㄴ, ㄹ
③ ㄷ, ㅁ
④ ㄱ, ㄴ
⑤ ㄷ, ㄹ

해설

ㄱ. |○| 맞는 지문이다. 이사와 달리 이사회가 집행임원과 대표집행임원의 선임, 해임권한을 갖는다(제408조의2 제3항 제1호). 결의방법은 정관에서 달리 가중하지 않는 한 과반수 출석과 출석이사 과반수 찬성 요건만 갖추면 된다(제391조).

> **키워드**
> 집행임원, 이사회 선임

ㄴ. |○| 집행임원 설치회사는 대표이사를 두지 못한다. 집행임원을 둔 회사는 대표이사를 두지 못하는 대신 대표집행임원을 두게 된다. 대표집행임원 역시 이사회의 구성원이 아니라는 점만 빼고는 종전 주식회사의 대표이사와 거의 동일하다(제408조의2 제2항).

> **키워드**
> 집행임원설치회사, 대표이사 없음

ㄷ. |×| 이사와의 겸직을 금하는 규정이 없어 이사와 집행임원의 겸직이 가능하다. 집행임원 설치회사는 이사회의 회의를 주관하기 위하여 이사회 의장을 두어야 한다. 이 경우 이사회 의장은 정관의 규정이 없으면 이사회 결의로 선임한다(제408조의2 제4항).

> **키워드**
> 집행임원, 이사 겸직

ㄹ. |×| 집행임원회를 설치해야 한다는 규정은 없다. 오히려 집행임원이 여러 명인 경우 집행임원의 직무분담 및 지휘·명령관계, 그 밖에 집행임원의 상호관계에 관한 사항의 결정의 권한을 이사회가 갖는다(제408조의2).

> **키워드**
> 집행임원회 없음

ㅁ. |×| 원칙적으로 2년을 초과하지 못하지만, 정관에 다른 규정을 두는 경우 그렇지 않다. 즉, 상법은 <u>정관의 다른 규정이 없으면 2년을 초과할 수 없는 것으로 정하고 있다</u>(제408조의3 제1항).

> **키워드**
> 집행임원 임기, 2년

▶ 정답 ④

이사의 지위, 임기, 보수, 선임　　　　중요도 ★★☆

064 주식회사의 이사에 관한 설명 중 옳지 않은 것은?

> ㄱ. 주주총회를 거친 등기된 상법상의 이사라 하더라도 그 실질에 있어서는 임금을 목적으로 한 종속적 관계에서 사용자에게 근로를 제공한 정도에 불과하다면 근로기준법상의 근로자에 해당한다.
> ㄴ. 정관에 이사의 임기를 정하지 않고 있는 경우 상법 제383조 제2항에 따라 3년의 임기가 보장된다.
> ㄷ. 이사에게 지급하기로 한 해직보상금은 상법상 이사의 보수에 해당하지 않으므로 정관에서 정하거나 주주총회의 결의로 정할 것이 요구되지 않는다.
> ㄹ. 주주총회에서 이사선임결의를 한 경우 대표이사의 청약 없이 피선임자의 동의만으로 바로 임용계약이 체결된다고 볼 수 없다.
> ㅁ. 회사 내부에서 승진된 자를 전무이사 또는 상무이사로 부르는 경우가 있으나 주주총회에서 선임하지 않은 자는 상법상 이사가 아니다.

① ㄱ, ㄴ, ㄷ
② ㄴ, ㄹ, ㅁ
③ ㄴ, ㄷ, ㅁ
④ ㄱ, ㄴ, ㅁ
⑤ ㄴ, ㄷ, ㄹ

해설

ㄱ. |○| 원칙적으로 위임관계이나 경우에 따라 고용계약관계에 해당할 수도 있다. 위임관계와 고용관계는 그 실질적인 관계에 의하여 판단한다. 주주총회를 거친 등기된 상법상의 이사라 하더라도 그 실질에 있어서는 임금을 목적으로 한 종속적 관계에서 사용자에게 근로를 제공한 정도에 불과하다면 근로기준법상의 근로자에 해당한다(2002다64681).

ㄴ. |×| 임기를 보장하는 취지의 규정이 아니다. 회사는 이사의 임기를 정하지 않을 수도 있으나, 만약 이를 정하는 경우 임기는 3년을 초과하지 못한다(제383조 제2항). 다만 정관 규정이 있으면 그 임기 중의 최종의 결산기에 관한 정기주주총회의 종결에 이르기까지 연장할 수 있다(제383조 제3항). 회사가 이사의 임기를 정하지 않은 경우, 그 이사는 임기가 정해지지 않은 이사가 되는 것이지 그 임기가 3년이 된다는 의미가 아님을 주의하여야 한다.

ㄷ. |×| 보수에 성질을 갖지 않는 것은 맞지만, 정관 또는 주주총회의 결의가 있어야 한다. 판례는 이사의 보수에 관한 제388조를 유추적용한다.

> [대법원 2006.11.23. 선고 2004다49570 판결] 해직보상금은 형식상으로는 보수에 해당하지 않는다 하여도 보수와 함께 같은 고용계약의 내용에 포함되어 그 고용계약과 관련하여 지급되는 것일 뿐 아니라, 의사에 반하여 해임된 이사에 대하여 정당한 이유의 유무와 관계없이 지급하도록 되어 있어 이사에게 유리하도록 회사에 추가적인 의무를 부과하는 것인바, 보수에 해당하지 않는다는 이유로 주주총회 결의를 요하지 않는다고 한다면, 이사들이 고용계약을 체결하는 과정에서 개인적인 이득을 취할 목적으로 과다한 해직보상금을 약정하는 것을 막을 수 없게 되어, 이사들의 고용계약과 관련하여 그 사익 도모의 폐해를 방지하여 회사와 주주의 이익을 보호하고자 하는 상법 제388조의 입법 취지가 잠탈되고, 나아가 해직보상금액이 특히 거액일 경우 회사의 자유로운 이사해임권 행사를 저해하는 기능을 하게 되어 이사선임기관인 주주총회의 권한을 사실상 제한함으로써 회사법이 규정하는 주주총회의 기능이 심히 왜곡되는 부당한 결과가 초래되므로, 이사의 보수에 관한 상법 제388조를 준용 내지 유추적용하여 이사는 해직보상금에 관하여도 정관에서 그 액을 정하지 않는 한 주주총회 결의가 있어야만 회사에 대하여 이를 청구할 수 있다.

ㄹ. |×| 대표이사의 청약은 필요하지 않다. 판례는 태도를 변경하여 주주총회의 선임결의, 후보자의 승낙만으로 이사의 지위를 취득하는 것으로 본다.

> [대법원 2017. 3. 23. 선고 2016다251215 전원합의체 판결] 감사선임결의에도 불구하고 대표이사가 임용계약의 청약을 하지 아니하여 감사로서의 지위를 취득하지 못한다고 하면 위 조항에서 감사 선임에 관하여 대주주의 의결권을 제한한 취지가 몰각되어 부당하다…결론적으로, 주주총회에서 이사나 감사를 선임하는 경우, 선임결의와 피선임자의 승낙만 있으면, 피선임자는 대표이사와 별도의 임용계약을 체결하였는지와 관계없이 이사나 감사의 지위를 취득한다.

> 키워드
> 이사선임 효력, 임용계약, 대표이사 청약 필요 없음

ㅁ. |○| 주주총회에서 선임되어야 이사이다. 선임된 사실이 없다면 등기되어도 이사가 아니다.

> [대법원 2003.9.26. 선고 2002다64681 판결] 상법상 이사와 감사는 주주총회의 선임 결의를 거쳐 임명하고 그 등기를 하여야 하며, 이사와 감사의 법정 권한은 위와 같이 적법하게 선임된 이사와 감사만이 행사할 수 있을 뿐이고 그러한 선임절차를 거치지 아니한 채 다만 회사로부터 이사라는 직함을 형식적·명목적으로 부여 받은 것에 불과한 자는 상법상 이사로서의 직무권한을 행사할 수 없다.

> 키워드
> 이사 선임등기, 대항요건

▶정답 ⑤

▶ 이사의 임기, 해임사유, 과도한 보수 중요도 ★★☆

065 주식회사 이사에 관한 설명으로 옳은 것은?

① 수인의 이사가 동시에 임기의 만료나 사임에 의하여 퇴임함으로 말미암아 법률 또는 정관에 정한 이사의 원수를 채우지 못하게 되는 결과가 일어나는 경우, 특별한 사정이 없는 한 그 퇴임한 이사 전원은 새로 선임된 이사가 취임할 때까지 상무에 한하는 권리를 행사할 수 있다.

② 회사의 중요한 사업계획 수립이나 그 추진에 실패함으로써 경영능력에 대한 근본적인 신뢰관계가 상실된 것은 이사해임의 정당한 사유에 해당하지 않는다.

③ 이사의 임기가 최종 결산기 말일 이후 만료된 경우 당해 이사의 임기는 만료 후 최초로 개최되는 주주총회까지 연장된다.

④ 경영권 상실로 퇴직을 앞둔 이사가 회사에서 최대한의 보수를 받기 위하여 제반사정에 비추어 지나치게 과다하고 합리적 수준을 현저히 벗어나는 보수 지급 기준을 마련하고 지위를 이용하여 주주총회에 영향력을 행사함으로써 이에 관한 주주총회결의가 성립되도록 하였다면, 이는 주주총회를 거쳤다 하더라도 무효이다.

⑤ 이사의 임기 만료로 법률 또는 정관에 정한 이사의 원수(員數)에 결원이 발생한 경우, 회사 동업자들 사이에 동업을 둘러싼 분쟁이 계속되고 있다는 사정이 있다면 임시이사의 선임이 가능하다.

해설

① |×| 상무에 한하여 권리를 행사할 수 있는 것이 아니고, 원래 이사로서의 권리 전부를 행사할 수 있다. 상무로 권한이 제한되는 것은 직무집행대행자이다(제408조 제1항). 즉 법률 또는 정관에 정한 이사의 원수를 결한 경우에는 임기의 만료 또는 사임으로 인하여 퇴임한 이사는 새로 선임된 이사가 취임할 때까지 이사의 권리의무가 있다고 정하는 방법이다(제386조 제1항).

> 키워드
> 퇴임이사, 이사와 동일한 권리/의무

② |×| 정당한 사유에 해당한다. 단순히 주관적 신뢰가 상실된 것은 정당한 사유가 아니라고 보지만, 경영능력에 대한 근본적 신뢰가 상실된 것은 정당한 이유에 해당한다.

> [대법원 2004.10.15. 선고 2004다25611 판결] 상법 제385조 제1항에 규정된 '정당한 이유'란 주주와 이사 사이에 불화 등 단순히 주관적인 신뢰관계가 상실된 것만으로는 부족하고, 이사가 법령이나 정관에 위배된 행위를 하였거나 정신적·육체적으로 경영자로서의 직무를 감당하기 현저하게 곤란한 경우, 회사의 중요한 사업계획 수립이나 그 추진에 실패함으로써 경영능력에 대한 근본적인 신뢰관계가 상실된 경우 등과 같이 당해 이사가 경영자로서 업무를 집행하는 데 장해가 될 객관적 상황이 발생한 경우에 비로소 임기 전에 해임할 수 있는 정당한 이유가 있다고 할 것이다.

> 키워드
> 이사의 해임사유, 정당한 사유, 주관적 신뢰관계 상실 제외

③ |×| 이사의 임기는 정관으로 그 임기 중의 최종의 결산기에 관한 정기주주총회의 종결에 이르기까지 연장이 가능하다(제383조 제3항). 여기서 '임기 중의 최종의 결산기에 관한 정기주주총회'라 함은 임기 중에 도래하는 최종의 결산기에 관한 정기주주총회를 말하고, 임기 만료 후 최초로 도래하는 결산기에 관한 정기주주총회 또는 최초로 소집되는 정기주주총회를 의미하는 것은 아니므로, 이는 결국 이사의 임기가 최종 결산기의 말일과 당해 결산기에 관한 정기주주총회 사이에 만료되는 경우에 정관으로 그 임기를 정기주주총회 종결일까지 연장할 수 있다는 규정이다. 따라서 결산기 말일 이전에 임기가 만료된다면 이 규정이 적용될 여지가 없다.

> **키워드**
> 이사의 임기연장, 임기 중 최종결산기, 결산기에 관한 정기주주총회

④ |○| 주주총회의 결의를 거쳤다고 해도 무효이다.

> [대법원 2016.1.28, 선고, 2014다11888, 판결] 회사에 대한 경영권 상실 등에 의하여 퇴직을 앞둔 이사가 회사로부터 최대한 많은 보수를 받기 위하여 그에 동조하는 다른 이사와 함께 이사의 직무내용, 회사의 재무상황이나 영업실적 등에 비추어 지나치게 과다하여 합리적 수준을 현저히 벗어나는 보수지급 기준을 마련하고 그 지위를 이용하여 주주총회에 영향력을 행사함으로써 소수주주의 반대에 불구하고 이에 관한 주주총회결의가 성립되도록 하였다면, 이는 회사를 위하여 직무를 충실하게 수행하여야 하는 상법 제382조의3에서 정한 의무를 위반하여 회사재산의 부당한 유출을 야기함으로써 회사와 주주의 이익을 침해하는 것으로서 회사에 대한 배임행위에 해당하므로, 주주총회결의를 거쳤다 하더라도 그러한 위법행위가 유효하다 할 수는 없다.

> **키워드**
> 이사의 보수, 과도한 보수, 회사재산의 부당한 유출, 절차가 적법해도 무효

⑤ |×| 임시이사는 선임의 필요성이 인정되어야 하는데 이러한 사정만으로는 임시이사의 선임이 불가능하다. 임시이사를 선임하는 것은 보충적인 경우이다. 필요하다고 인정할 때에는 법원은 이사, 감사 기타의 이해관계인의 청구에 의하여 일시 이사의 직무를 행할 자를 선임할 수 있다(제386조 제2항). 즉 퇴임이사로 하여금 직무를 수행하도록 하는 것이 불가능하거나 부적당한 경우와 같이 임시이사의 선임의 필요성이 있어야 한다.

> **키워드**
> 퇴임이사, 보충적 제도, 임시이사

▶정답 ④

직무집행정지, 집중투표, 퇴임이사

중요도 ★★★

066 다음의 설명 중 옳지 않은 것은? (다툼이 있으면 판례에 의함)

> ㄱ. 乙 주식회사는 2010. 8. 1. 임시주주총회를 소집하여 이사선임의 결의, 영업양도의 결의를 하였는데, 乙 주식회사의 주주인 甲은 위 주주총회결의의 효력을 다투려고 한다. 임시주주총회 결의의 효력을 다투는 소송에서 피고적격자는 乙 주식회사이지만, 甲이 이사직무집행정지 가처분신청을 하는 경우에는 당해 이사가 피신청인으로서의 당사자적격을 갖는다.
>
> ㄴ. 상장회사 A(최근 사업연도 말 현재 자산총액이 1,000억 원임)의 주주 甲, 乙은 각각 A사의 의결권 있는 주식의 20%, 3%를 보유하고 있다. A사의 의결권 있는 주식의 30%를 보유하는 丙은 대표이사로서 A사를 경영하고 있다. 2인의 이사 선임을 목적으로 하는 A사의 정기주주총회에서 회사는 X와 Y를 이사 후보로 추천할 것이라고 알려져 있다. 그런데 甲, 乙은 자신이 원하는 K를 이사로 선임되게 하기 위하여 집중투표의 방법으로 이사를 선임할 것을 청구하였다. A사의 정관은 집중투표제에 관하여 아무런 조항을 두고 있지 않다. 乙은 회사에 대해 집중투표의 방법으로 이사를 선임할 것을 직전 연도의 정기주주총회일에 해당하는 올해의 해당일 6주 전까지 서면 또는 전자문서로 청구할 수 있다.
>
> ㄷ. 이사가 퇴임할 당시에 법률 또는 정관에 정한 이사의 원수가 충족되어 있음에도 불구하고 그 이사가 여전히 이사로서의 권리의무를 실제로 행사하고 있는 경우에 그 권리의무의 부존재확인청구권을 피보전권리로 하여 직무집행의 정지를 구하는 가처분신청이 허용된다.
>
> ㄹ. 법원의 직무집행정지 가처분결정에 의해 회사를 대표할 권한이 정지된 대표이사가 그 정지기간 중에 체결한 계약은 무효이지만, 그 후 가처분신청의 취하에 의하여 보전집행이 취소되었다면 무효인 계약은 유효하게 된다.
>
> ㅁ. 주식회사의 대표이사 및 이사에 대한 직무집행을 정지하고 그 직무대행자를 선임하는 법원의 가처분결정이 있었던 경우에 가처분신청 후 그 결정 이전에 직무집행이 정지된 주식회사 대표이사의 퇴임등기와 직무집행이 정지된 이사가 대표이사로 취임하는 등기가 경료되었다면 당해 이사는 대표이사로서의 권한을 가진다.

① ㄱ, ㄴ ② ㄴ, ㄹ
③ ㄹ, ㅁ ④ ㄷ, ㅁ
⑤ ㄷ, ㄹ

해 설

ㄱ. [O] 결의하자의 소의 피고에 대해서는 명문의 규정이 없지만 회사에 한한다(통설, 80다2425). 주주총회결의하자의 판결은 대세적 효력이 있으므로 소송의 피고가 될 수 있는 자는 회사로 한정된다. 다만 대표이사가 회사를 대표하여 소송을 수행함이 원칙이나, 주주 또는 감사가 아니라 이사가 회사에 대하여 소를 제기하는 경우에 감사는 그 소에 관하여 회사를 대표한다(제394조 제1항). 또한 이사직무집행정지가처분에 있어서 피신청인이 될 수 있는 자는 그 성질상 당해 이사이고, 회사는 피신청인의 적격이 없다(80다2424).

> **키워드**
> 주주총회결의하자 소송, 회사가 피고, 직무집행정지, 이사가 피신청인

ㄴ. |O| 집중투표의 청구는 소수주주가 해야 한다. 비상장회사와 자산총액 2조원 미만의 상장회사는 발행주식 총수의 3% 이상이지만(제382조의2 제1항), 자산총액 2조원 이상의 대규모 상장회사에서는 1% 이상이다(제542조의7 제2항). 이러한 청구는 비상장회사의 경우 회일의 7일 전까지 서면 또는 전자문서로 하여야 하지만(제382조의2 제2항), 상장회사의 경우 그 기간을 6주 이전으로 하고 있다(제542조의7 제1항). 사례의 경우 상장회사이고 자산총액이 1,000억원이므로, 대규모가 아닌 상장회사이고, 乙은 의결권있는 주식 3%를 소유하고 있으므로, 주주총회일의 6주 이전에 서면 또는 전자문서로 청구할 수 있다. 또한 정관에 집중투표를 배제하는 규정이 없어야 한다(제382조의2 제1항).

> **키워드**
> 집중투표, 3%, 대규모상장사, 1%, 상장사, 6주 전

ㄷ. |O| 퇴임이사가 이사의 권리의무를 행할 수 있는 것은 법률 또는 정관에 정한 이사의 원수를 결한 경우에 한정되는 것이므로, 퇴임할 당시에 법률 또는 정관에 정한 이사의 원수가 충족되어 있는 경우라면 퇴임하는 이사는 임기의 만료 또는 사임과 동시에 당연히 이사로서의 권리의무를 상실하는 것이고, 그럼에도 불구하고 그 이사가 여전히 이사로서의 권리의무를 실제로 행사하고 있는 경우에는 그 권리의무의 부존재확인청구권을 피보전권리로 하여 직무집행의 정지를 구하는 가처분신청이 허용된다(2009마1311). 그러나 퇴임이사가 후임이사의 선임 시까지 종전과 동일한 권리의무를 행사하게 되는 경우(제386조 제1항), 이것이 불가능하거나 부적당한 경우 임시이사를 선임할 수 있으므로(제386조 제2항) 퇴임이사를 상대로 가처분을 신청하는 것은 허용되지 않는다.

> **키워드**
> 퇴임이사, 직무집행정지, 원칙불가, 원수를 결하지 않은 경우, 가처분 허용

ㄹ. |×| 소급하여 유효로 되지 않는다. 직무집행의 정지를 당한 이사가 가처분의 취지에 반하여 한 행위는 제3자 관계에 서는 절대적으로 무효이고, 그 후 가처분이 취소된 경우에도 소급하여 유효가 되는 것이 아니다(2008다4537). 선의의 제3자라 하더라도 보호받지 못한다(92다5638).

> **키워드**
> 가처분 취지에 반하는 행위, 절대적 무효, 가처분 취소, 소급효 없음

ㅁ. |×| 가처분의 효력은 제3자에게도 미치므로 가처분의 취지에 반하는 행위는 제3자에 대해서도 무효이고 가처분이 취소되더라도 가처분으로 선임된 직무대행자의 권한은 취소결정이 있을 때까지 유효하게 존속한다(91다4355). 또한 이는 등기사항이므로(제407조 제3항), 등기하면 정당한 이유가 없는 한 선의의 제3자에게도 대항할 수 있으며 등기하지 아니하더라도 악의의 제3자에게는 대항할 수 있다(제37조). 사례는 가처분 신청 후 가처분 결정 전 직무집행정지 신청 대상자인 대표이사를 퇴임등기하고 역시 직무집행이 정지된 이사를 대표이사로 선임하는 등기를 한 경우이다. 그 등기 이후 가처분 결정이 내려졌으므로 가처분 결정의 내용과 등기현황이 불일치하게 되어 이 사건 가처분결정에 따른 등기가 불가능하게 되었다. 그러나 등기가 마쳐지지는 아니하였지만 이 가처분결정은 그 당사자였던 자에게도 당연히 그 효력이 미친다고 할 것이고,[6] 퇴임 및 선임등기가 경료되었다고 할지라도 직무집행이 정지된 이사에 대하여는 여전히 그 효력이 있으므로 그 가처분결정에 의하여 선임된 대표이사 및 이사 직무대행자의 권한은 유효하게 존속하고, 반면에 그 가처분결정 이전에 직무집행이 정지된 이사가 대표이사로 선임되었다고 할지라도 그 선임결의의 적법 여부에 관계없이 대표이사로서의 권한을 가지지 못한다(2013다39551).

---

[6] 가처분신청의 상대방이므로 이러한 사정을 알고 있는 악의의 제3자에 해당하고, 등기하지 않았더라도 대항할 수 있게 된다.

키워드
가처분 신청, 결정 전, 퇴임등기, 적법한 선임, 권한 없음

▶정답 ③

▶ 이사의 보수   중요도 ★★☆

067 이사에 관한 다음의 설명 중 옳지 않은 것은?

① 이사의 보수에는 월급·상여금 등 명칭을 불문하고 이사의 직무수행에 대한 보상으로 지급되는 대가가 모두 포함되고, 퇴직금 내지 퇴직위로금도 그 재직 중의 직무집행의 대가로 지급되는 보수의 일종이다.

② 정관에서 이사의 보수 또는 퇴직금에 관하여 주주총회의 결의로 정한다고 되어 있는 경우에 그 금액·지급시기·지급방법 등에 관한 주주총회의 결의가 있었음을 인정할 증거가 없다면 이사는 보수나 퇴직금을 청구할 수 없다.

③ 법인의 정관에 이사의 해임사유에 관한 규정이 있는 경우 법인으로서는 이사의 중대한 의무위반 또는 정상적인 사무집행 불능 등의 특별한 사정이 없는 이상, 정관에서 정하지 아니한 사유로 이사를 해임할 수 없다.

④ 법인의 이사를 사임하는 행위는 상대방 있는 단독행위라 할 것이어서 그 의사표시가 상대방에게 도달함과 동시에 그 효력을 발생하므로 대표자에게 사표의 처리를 일임하였다고 하여도 대표자의 수리행위 전에 그 사임의사를 철회할 수 없다.

⑤ 정관이나 주주총회 결의로 이사 전원에 대한 보수 및 퇴직금의 총액 및 구체적인 범위를 정하고 그 배분이나 여러 사정을 고려하여 구체적 산정을 이사회에 위임한 경우, 이에 대한 이사회의 결의가 없었다고 하여 회사는 퇴직금의 지급을 거절할 수 없다.

해설

① |O| 퇴직금 내지 퇴직위로금도 보수의 일종이다. 판례는 퇴직(위로)금을 보수의 일종으로 파악하므로 그 해법은 보수와 동일하다. 퇴직위로금을 보수의 일종으로 보아야 하는 근거는 과다한 퇴직위로금의 책정으로 사익을 추구할 우려가 있고 이는 제388조를 탈법하는 결과가 되기 때문이다.

> [대법원 1999. 2. 24. 선고 97다38930 판결] 상법 제388조, 제415조에 의하면, 주식회사의 이사와 감사의 보수는 정관에 그 액을 정하지 아니한 때에는 주주총회의 결의로 이를 정한다고 되어 있고, 이사 또는 감사에 대한 퇴직위로금은 그 직에서 퇴임한 자에 대하여 그 재직 중 직무집행의 대가로써 지급되는 보수의 일종으로서 상법 제388조에 규정된 보수에 포함된다.
> [주의] 해직보상금은 보수는 아니지만, 보수와 마찬가지로 과다책정의 문제가 발생할 수 있으므로 제388조를 유추적용한다.

[대법원 2006.11.23. 선고 2004다49570 판결] 주식회사와 이사 사이에 체결된 고용계약에서 이사가 그 의사에 반하여 이사직에서 해임될 경우 퇴직위로금과는 별도로 일정한 금액의 해직보상금을 지급받기로 약정한 경우, 그 해직보상금은 형식상으로는 보수에 해당하지 않는다 하여도 보수와 함께 같은 고용계약의 내용에 포함되어 그 고용계약과 관련하여 지급되는 것일 뿐 아니라, 의사에 반하여 해임된 이사에 대하여 정당한 이유의 유무와 관계없이 지급하도록 되어 있어 이사에게 유리하도록 회사에 추가적인 의무를 부과하는 것인바, 보수에 해당하지 않는다는 이유로 주주총회 결의를 요하지 않는다고 한다면, 이사들이 고용계약을 체결하는 과정에서 개인적인 이득을 취할 목적으로 과다한 해직보상금을 약정하는 것을 막을 수 없게 되어, 이사들의 고용계약과 관련하여 그 사익 도모의 폐해를 방지하여 회사와 주주의 이익을 보호하고자 하는 상법 제388조의 입법 취지가 잠탈되고, 나아가 해직보상금액이 특히 거액일 경우 회사의 자유로운 이사해임권 행사를 저해하는 기능을 하게 되어 이사선임기관인 주주총회의 권한을 사실상 제한함으로써 회사법이 규정하는 주주총회의 기능이 심히 왜곡되는 부당한 결과가 초래되므로, 이사의 보수에 관한 상법 제388조를 준용 내지 유추적용하여 이사는 해직보상금에 관하여도 정관에서 그 액을 정하지 않는 한 주주총회 결의가 있어야만 회사에 대하여 이를 청구할 수 있다.

키워드

이사의 보수, 명칭불문, 정관/주주총회

② |○| 이사의 보수는 정관 또는 주주총회 결의로 정하는 것으로 이를 정하지 않은 경우 보수나 퇴직금을 청구할 수 없다. 이는 강행규정이다.

[대법원 2014.5.29, 선고, 2012다98720 판결] 상법 제388조는 "이사의 보수는 정관에 그 액을 정하지 아니한 때에는 주주총회의 결의로 이를 정한다."고 규정하고 있다. 여기에서 말하는 이사의 보수에는 월급·상여금 등 명칭을 불문하고 이사의 직무수행에 대한 보상으로 지급되는 대가가 모두 포함되고, 퇴직금 내지 퇴직위로금도 그 재직 중의 직무집행의 대가로 지급되는 보수의 일종이다(77다1742). 위 규정은 강행규정이므로, 정관에서 이사의 보수 또는 퇴직금에 관하여 주주총회의 결의로 정한다고 되어 있는 경우에 그 금액·지급시기·지급방법 등에 관한 주주총회의 결의가 있었음을 인정할 증거가 없다면 이사는 보수나 퇴직금을 청구할 수 없다(2004다25123).

키워드

보수청구권 근거, 정관/주주총회

③ |○| 법인과 이사의 법률관계는 신뢰를 기초로 한 위임 유사의 관계로 볼 수 있는데, 민법 제689조 제1항에서는 위임계약은 각 당사자가 언제든지 해지할 수 있다고 규정하고 있으므로, 법인은 원칙적으로 이사의 임기 만료 전에도 이사를 해임할 수 있지만(2007다17109), 이러한 민법의 규정은 임의규정에 불과하므로 법인이 자치법규인 정관으로 이사의 해임사유 및 절차 등에 관하여 별도의 규정을 두는 것도 가능하다. 이러한 규정이 있는 경우 특별한 사정이 없는 이상 정관에서 정하지 않은 사유로 이사를 해임할 수 없다.

[대법원 2013.11.28, 선고, 2011다41741 판결] 법인과 이사의 법률관계는 신뢰를 기초로 한 위임 유사의 관계로 볼 수 있는데, 민법 제689조 제1항에서는 위임계약은 각 당사자가 언제든지 해지할 수 있다고 규정하고 있으므로, 법인은 원칙적으로 이사의 임기 만료 전에도 이사를 해임할 수 있지만, 이러한 민법의 규정은 임의규정에 불과하므로 법인이 자치법규인 정관으로 이사의 해임사유 및 절차 등에 관하여 별도의 규정을 두는 것도 가능하다. 그리고 이와 같이 법인이 정관에 이사의 해임사유 및 절차

등을 따로 정한 경우 그 규정은 법인과 이사와의 관계를 명확히 함은 물론 이사의 신분을 보장하는 의미도 아울러 가지고 있어 이를 단순히 주의적 규정으로 볼 수는 없다. 따라서 법인의 정관에 이사의 해임사유에 관한 규정이 있는 경우 법인으로서는 이사의 중대한 의무위반 또는 정상적인 사무집행 불능 등의 특별한 사정이 없는 이상, 정관에서 정하지 아니한 사유로 이사를 해임할 수 없다.

> **키워드**
> 임기 전 이사해임, 원칙적으로 해임사유 제한없음, 정관으로 제한 가능

④ |×| 원칙적으로 단독행위이나 사표의 처리를 일임하는 등 특별한 사정이 있는 경우에는 수리 전에 사임의 사를 철회할 수 있다.

> [대법원 2011.9.8, 선고, 2009다31260 판결] 법인의 이사를 사임하는 행위는 상대방 있는 단독행위라 할 것이어서 그 의사표시가 상대방에게 도달함과 동시에 그 효력을 발생하고 그 의사표시가 효력을 발생한 후에는 마음대로 이를 철회할 수 없음이 원칙이나, 사임서 제시 당시 즉각적인 철회권유로 사임서 제출을 미루거나, 대표자에게 사표의 처리를 일임하거나, 사임서의 작성일자를 제출일 이후로 기재한 경우 등 사임의사가 즉각적이라고 볼 수 없는 특별한 사정이 있을 경우에는 별도의 사임서 제출이나 대표자의 수리행위 등이 있어야 사임의 효력이 발생하고, 그 이전에 사임의사를 철회할 수 있다.

> **키워드**
> 이사의 사임, 상대방 있는 단독행위, 도달하면 효력, 예외있음

⑤ |○| 총액을 정하고 구체적인 결정은 이사회에 위임할 수 없다. 회사가 정관에서 퇴직하는 이사에 대한 퇴직금액의 범위를 구체적으로 정한 다음, 다만 재임 중 공로 등 여러 사정을 고려하여 이사회가 그 금액을 결정할 수 있도록 하였다면, 이사회로서는 퇴직한 이사에 대한 퇴직금액을 정하면서, 퇴임한 이사가 회사에 대하여 배임 행위 등 명백히 회사에 손해를 끼쳤다는 등의 특별한 사정이 없는 한, 재임 중 공로의 정도를 고려하여 정관에서 정한 퇴직금액을 어느 정도 감액할 수 있을 뿐 퇴직금 청구권을 아예 박탈하는 결의를 할 수는 없으므로, 이사회가 퇴직한 이사에 대한 퇴직금을 감액하는 등의 어떠한 결의도 하지 않았을 경우 회사로서는 그와 같은 이사회결의가 없었음을 이유로 퇴직한 이사에 대하여 정관에 구체적으로 정한 범위 안에서의 퇴직금 지급을 거절할 수는 없다(2003다16092,16108).

> **키워드**
> 이사 보수청구권 근거, 정관/주주총회, 총액만, 이사회 위임 가능

▶ 정답 ④

▶ 이사의 의무, 책임   중요도 ★★☆

068 「상법」상 이사의 의무와 책임에 관한 다음의 설명 중 옳은 것은?

① 자회사가 모회사의 이사와 거래를 한 경우 이사의 자기거래로서 상법 제398조에 따른 이사회의 승인을 얻을 필요는 없지만, 모회사가 자회사의 주식 전부를 소유하고 있는 경우라면 그 거래로 인한 불이익은 모회사와 자회사 모두에게 돌아가는 것이므로 이사회의 승인을 받아야 한다.

② 이사는 회사에 회복할 수 없는 손해를 미칠 염려가 있는 사실을 발견하는 경우에 한하여 즉시 감사 또는 감사위원회에 보고할 의무가 있다.

③ 회사의 이사에 대한 채무부담행위는 상법 제398조 소정의 이사의 자기거래에 해당하므로 이사회의 승인이 필요하지만 그 채무부담행위에 대하여 사전에 주주 전원의 동의가 있었다면 회사는 이사회의 승인이 없었음을 이유로 그 책임을 회피할 수 없다.

④ 이사회의 승인 없이 자기거래가 이루어진 경우 그 거래상대방이 이사회회의록을 요구하지 않았다면 이러한 사정만으로 중대한 과실에 해당하는 것이므로 회사는 당해 거래의 무효를 주장할 수 있다.

⑤ 이사가 경업 대상 회사의 지배주주가 되어 그 회사의 의사결정과 업무집행에 관여할 수 있게 되는 경우, 「상법」 제397조 제1항에 따라 자신이 속한 회사 이사회의 승인을 얻어야 하는 것은 아니다.

해 설

① |×| 완전모자회사 관계라면 이사회의 승인을 받을 필요가 없다. 판례는 완전모자회사 관계라 하여도 전혀 별개의 법인격을 가진 회사로서 설령 불이익이 있다고 하여도 자회사에게만 돌아갈 뿐 모회사는 간접적인 영향을 받는 것에 지나지 않으므로 이사회의 승인이 필요한 경우가 아니라고 보았다.

> [대법원 2013.9.12, 선고, 2011다57869, 판결] 어떤 회사가 이사가 속한 회사의 영업부류에 속한 거래를 하고 있다면 그 당시 서로 영업지역을 달리하고 있다고 하여 그것만으로 두 회사가 경업관계에 있지 아니하다고 볼 것은 아니지만, 두 회사의 지분소유 상황과 지배구조, 영업형태, 동일하거나 유사한 상호나 상표의 사용 여부, 시장에서 두 회사가 경쟁자로 인식되는지 여부 등 거래 전반의 사정에 비추어 볼 때 경업 대상 여부가 문제되는 회사가 실질적으로 이사가 속한 회사의 지점 내지 영업부문으로 운영되고 공동의 이익을 추구하는 관계에 있다면 두 회사 사이에는 서로 이익충돌의 여지가 있다고 볼 수 없고, 이사가 위와 같은 다른 회사의 주식을 인수하여 지배주주가 되려는 경우에는 상법 제397조가 정하는 바와 같은 이사회의 승인을 얻을 필요가 있다고 보기 어렵다. 자회사가 모회사의 이사와 거래를 한 경우에는 설령 모회사가 자회사의 주식 전부를 소유하고 있더라도 모회사와 자회사는 상법상 별개의 법인격을 가진 회사이고, 그 거래로 인한 불이익이 있더라도 그것은 자회사에게 돌아갈 뿐 모회사는 간접적인 영향을 받는 데 지나지 아니하므로, 자회사의 거래를 곧바로 모회사의 거래와 동일하게 볼 수는 없다. 따라서 모회사의 이사와 자회사의 거래는 모회사와의 관계에서 구 상법 제398조가 규율하는 거래에 해당하지 아니하고, 모회사의 이사는 그 거래에 관하여 모회사 이사회의 승인을 받아야 하는 것이 아니다.

> **키워드**
> 자기거래, 이사회 승인, 1인 회사

② |×| 현저한 손해이다. 이사는 회사에 현저하게 손해를 미칠 염려가 있는 사실을 발견하는 경우 즉시 감사 또는 감사위원회에 보고할 의무가 있다(제412조의2, 제415조의2 제7항). 손해의 회복가능성이 있더라도 보고의무가 있다는 점에서 회복할 수 없는 손해를 요건으로 하는 제402조의 유지청구권과 구별된다.

> **키워드**
> 이사의 보고의무, 현저한 손해

③ |○| 자기거래에 해당하므로 이사회의 승인이 필요한 것이 원칙이나, 판례의 해석상 정관규정으로 주주총회의 권한으로 하거나, 주주 전원이 동의한 경우에도 유효한 승인으로 본다. 그러나 이사회 또는 주주총회의 승인이 있었다고 해서 책임이 면제되는 것은 아니다. 이사회의 승인은 거래를 위한 조건일 뿐이므로, 승인을 거친 유효한 거래라고 해도 손해가 발생하면 회사 및 제3자에 대해 손해배상책임을 부담할 여지가 있다.

> **키워드**
> 자기거래, 이사회 승인, 주주전원 동의, 정관규정

④ |×| 판례는 그와 같은 사정만으로 중과실을 인정하기 어렵다고 봤다. 이사회의 승인 없는 자기거래의 효력은 ① 무효설 ② 유효설 ③ 상대적 무효설(통설, 판례)에 따라 다르다. 상대적 무효설에 따를 경우 대내적으로는 무효이지만, 회사가 상대방의 악의, 중과실을 입증하지 못하는 한 대외적으로는 유효한 것으로 본다. 이하의 판례는 자기거래에서 이사회의 승인, 전단적 대표행위로서 이사회의 결의흠결 양자가 문제된 경우이다.

> [대법원 2014.6.26, 선고, 2012다73530, 판결] 거래 상대방이 이사회 승인이 없음을 알았거나 알 수 있었던 사정 또는 이사회 결의가 없음을 알았거나 알 수 있었던 사정은 이를 주장하는 회사가 주장·증명하여야 할 사항에 속하므로 특별한 사정이 없는 한 거래 상대방으로서는 회사의 대표자가 거래에 필요한 회사의 내부절차는 마쳤을 것으로 신뢰하였다고 보는 것이 일반 경험칙에 부합하는 해석이라 할 것이다…1인이 두 회사를 동시에 대표한다는 사정만으로 각 회사가 이사회 결의·승인 등의 내부절차를 적법하게 거쳤는지 여부를 조사하여야 하는 것은 아니라 할 것이다…나아가, 원고의 업무지침서에는 주식회사인 차주나 연대보증인으로부터 이사회 회의록을 징구하도록 규정하고 있지 않고, 한국금융연수원의 금융법률실무책자나 다른 시중 금융기관들의 업무 규정과 교육 교재 등에서 차주 또는 연대보증인인 주식회사로부터 이사회 회의록 징구를 의무화하고 있다 하더라도 그것만으로 원고가 이사회 회의록을 징구할 의무를 부담한다고 볼 수 없으므로, 원고가 피고 회사로부터 이사회 회의록을 징구하지 않은 것만으로 어떠한 과실이 있다고 단정할 수 없고, 원고가 이 사건 보증보험계약 체결 당시 피고 회사로부터 원고의 업무지침서에 징구하도록 되어 있는 정관을 징구하지 않았다 하더라도, 이는 원고가 피고 회사의 이사회 결의 또는 승인이 없었음을 알았거나 알 수 있었는지 여부를 판단하는 데 영향을 미치는 사정이라 할 수 없다. 결국 원심이 든 사정들은 원고가 이 사건 자기거래에 관하여 피고 회사 이사회의 승인이 없음을 알았거나 알지 못한 데 중대한 과실이 있다거나 원고가 이 사건 대규모 재산 차입에 관하여 피고 회사 이사회의 결의가 없었다는 점을 알거나 알 수 있었음을 추인할 수 있는 사정이 되지 못한다고 할 것이다.

> **키워드**
> 이사회의 승인없는 자기거래, 상대적 무효설, 중과실

⑤ |×| 지배주주가 되는 경우에도 이사회의 승인이 필요하다. 즉 경업 대상 회사의 이사나 대표이사가 되는 경우뿐만 아니라, 그 경업 대상 회사의 지배주주가 되어 그 회사의 의사결정과 업무집행에 관여할 수 있게 되는 경우에도 겸직금지의무의 대상이 된다.

> [대법원 2013.09.12. 선고 2011다57869 판결] 이사가 그 지위를 이용하여 자신의 개인적 이익을 추구함으로써 회사의 이익을 침해할 우려가 큰 경업을 금지하여 이사로 하여금 선량한 관리자의 주의로써 회사를 유효적절하게 운영하여 그 직무를 충실하게 수행하여야 할 의무를 다하도록 하려는 데 있다. 따라서 이사는 경업 대상 회사의 이사, 대표이사가 되는 경우뿐만 아니라 그 회사의 지배주주가 되어 그 회사의 의사결정과 업무집행에 관여할 수 있게 되는 경우에도 자신이 속한 회사 이사회의 승인을 얻어야 하는 것으로 볼 것이다.

키워드

겸직금지의무, 지배주주

▶정답 ③

▶ 집중투표, 사외이사, 이사의 보수, 준법지원인, 집행임원, 업무집행지시자   중요도 ★★☆

069 다음의 설명 중 옳지 않은 것을 모두 묶은 것은? (다툼이 있으면 판례에 의한다)

> ㄱ. 집중투표의 방법으로 이사를 선임하는 경우 회사가 집중투표 청구 서면을 총회종결시까지 본점에 비치하지 않았거나 주주총회에서 의장이 의결에 앞서 그러한 청구의 취지를 알리지 않았으면 그 이사선임 결의는 결의취소의 소의 원인이 될 수 있다.
> ㄴ. 타인계산과 자기명의로 발행주식 총수의 100분 10이상을 소유하고 있는 자는 사외이사가 될 수 없다.
> ㄷ. 회사가 이사에게 퇴직위로금을 지급하기 위해서는 정관에 그 금액을 정하지 않았으면 주주총회의 특별결의로 정해야 한다.
> ㄹ. 상법 이외의 법률이 준법지원인의 임기를 2년으로 규정하여도 상법이 우선하여 적용되어 준법지원인의 임기는 3년이다.
> ㅁ. 집행임원의 임기는 정관에 다른 규정이 없으면 2년을 초과하지 못한다.
> ㅂ. '이사의 이름으로 직접 업무를 집행한 자'가 상법 제401조의2의 업무집행지시자로서 이사와 동일한 책임을 부담하기 위한 요건으로 회사에 대한 영향력이 요구되는 것은 아니다.

① ㄴ, ㅂ ② ㄱ, ㄷ
③ ㅂ, ㄹ ④ ㄷ, ㄹ
⑤ ㄱ, ㅂ

> 해설

ㄱ. |○| 회사는 소수주주가 집중투표를 청구하면 그 내용을 본점에 비치하여 주주들이 열람할 수 있게 하고 주주총회에서도 그 취지를 알려야 한다(제382조의2 제5항, 제6항). 이러한 공시가 없으면 결의취소의 원인이 된다.

> 키워드
> 집중투표, 청구내용 공시

ㄴ. |×| 될 수 있다. 명의여부와 관계없이 계산으로 100분의 10 이상 소유하는 자가 주요주주로서 사외이사의 자격을 갖지 못한다. 따라서 본인 계산이 아니라면 가능하다.

상장회사의 사외이사는 제382조제3항 각 호 이외에 추가적 결격사유를 두고 있다. (ⅰ) 미성년자, 금치산자 또는 한정치산자, (ⅱ) 파산선고를 받고 복권되지 아니한 자, (ⅲ) 금고 이상의 형을 선고받고 그 집행이 끝나거나 집행이 면제된 후 2년이 지나지 아니한 자, (ⅳ) 대통령령으로 별도로 정하는 법률을 위반하여 해임되거나 면직된 후 2년이 지나지 아니한 자, (ⅴ) 상장회사의 주주로서 의결권 없는 주식을 제외한 발행주식총수를 기준으로 본인 및 그와 대통령령으로 정하는 특수한 관계에 있는 자(이하 "특수관계인"이라 한다)가 소유하는 주식의 수가 가장 많은 경우 그 본인(이하 "최대주주"라 한다) 및 그의 특수관계인, (ⅵ) 누구의 명의로 하든지 자기의 계산으로 의결권 없는 주식을 제외한 발행주식총수의 100분의 10 이상의 주식을 소유하거나 이사·감사의 선임과 해임 등 상장회사의 주요 경영사항에 대하여 사실상의 영향력을 행사하는 주주(이하 "주요주주"라 한다) 및 그의 배우자와 직계 존속·비속, (ⅶ) 그 밖에 사외이사로서의 직무를 충실하게 수행하기 곤란하거나 상장회사의 경영에 영향을 미칠 수 있는 자로서 대통령령으로 정하는 자 등이다.

> 키워드
> 사외이사, 주요주주(10/100), 자기의 계산으로, 결격사유

ㄷ. |○| 퇴직위로금도 보수의 성격이고 따라서 정관에 정하지 않으면 주주총회의 결의로 정한다. 이외의 방법으로 퇴직위로금을 포함한 이사의 보수를 정할 수 없다(강행규정).

> [대법원 2014.5.29. 선고, 2012다98720, 판결] 상법 제388조는 "이사의 보수는 정관에 그 액을 정하지 아니한 때에는 주주총회의 결의로 이를 정한다."고 규정하고 있다. 여기에서 말하는 이사의 보수에는 월급·상여금 등 명칭을 불문하고 이사의 직무수행에 대한 보상으로 지급되는 대가가 모두 포함되고, 퇴직금 내지 퇴직위로금도 그 재직 중의 직무집행의 대가로 지급되는 보수의 일종이다(77다1742). 위 규정은 강행규정이므로, 정관에서 이사의 보수 또는 퇴직금에 관하여 주주총회의 결의로 정한다고 되어 있는 경우에 그 금액·지급시기·지급방법 등에 관한 주주총회의 결의가 있었음을 인정할 증거가 없다면 이사는 보수나 퇴직금을 청구할 수 없다(2004다25123).

> 키워드
> 이사의 보수(퇴직금), 정관규정, 주주총회 결의

ㄹ. |○| 3년보다 단기로 하지 못한다. 준법지원인의 자격은 법률전문가로 되어 있으므로(제542조의13 제3항) 법령준수와 관련한 감시업무를 담당한다. 준법지원인의 임기는 3년으로 하고 이보다 단기로는 정하지 못하도록 한다(제542조의13 제11항). 그 직무를 독립적으로 수행할 수 있도록 하여야 하며(제542조의13 제9항, 제10항), 선량한 관리자의 주의로 그 직무를 수행하여야 하고(제542조의13 제7항), 재임 중뿐만 아니라 퇴임 후에도 직무상 알게 된 회사의 영업상 비밀을 누설하여서는 아니 된다(제542조의13 제8항).

> 키워드
> 준법지원인 임기, 3년

ㅁ. |○| 집행임원의 임기는 정관에 다른 규정이 없으면 2년을 초과하지 못한다(제408조의 3 제1항). 이는 이사의 임기가 3년을 초과하지 못하므로 이사회가 그가 선임한 집행임원에 대하여 책임을 물을 수 있도록 하기 위하여 그보다 짧게 2년으로 정한 것이다.

> **키워드**
> 집행임원 임기, 2년

ㅂ. |×| 회사에 대한 영향력이 요구된다. 제401조 제1호의 '회사에 대한 자신의 영향력을 이용하여 이사에게 업무집행을 지시한 자'와 달리 명문으로 영향력이 규정되어 있지 않지만 해석상 제1호와 제2호 모두 영향력을 요건으로 하는 것으로 본다(2009다39240).

> [대법원 2009.11.26. 선고, 2009다39240, 판결] 상법 제399조·제401조·제403조의 적용에 있어 이사로 의제되는 자에 관하여, 상법 제401조의2 제1항 제1호는 '회사에 대한 자신의 영향력을 이용하여 이사에게 업무집행을 지시한 자', 제2호는 '이사의 이름으로 직접 업무를 집행한 자', 제3호는 '이사가 아니면서 명예회장·회장·사장·부사장·전무·상무·이사 기타 업무를 집행할 권한이 있는 것으로 인정될 만한 명칭을 사용하여 회사의 업무를 집행한 자'라고 규정하고 있는바, 제1호 및 제2호는 회사에 대해 영향력을 가진 자를 전제로 하고 있으나, 제3호는 직명 자체에 업무집행권이 표상되어 있기 때문에 그에 더하여 회사에 대해 영향력을 가진 자일 것까지 요건으로 하고 있는 것은 아니다.

> **키워드**
> 업무집행지시자, 무권대행, 영향력, 표현이사

▶정답 ①

이사의 책임   중요도 ★★☆

070 이사의 책임에 관한 다음의 설명 중 옳지 않은 것은? (다툼이 있으면 판례에 의함)

① 배당가능이익이 없음에도 대표이사가 재무제표를 허위 작성하여 이익배당이 이루어져 회사에 손해가 발생한 경우에는 그 대표이사의 책임과 관련하여 경영판단의 원칙이 적용되지 않는다.
② 이사가 정당한 사유 없이 이사회에 참석하지 않고 이사회 결의를 사후적으로 추인하는 등 실질적으로 이사의 임무를 전혀 수행하지 않았다면 그 같은 불출석 자체가 이사의 임무해태에 해당한다.
③ 회사에 대한 이사의 손해배상책임을 이사가 그 행위를 한 날 이전 최근 1년간의 보수액(상여금과 주식매수선택권의 행사로 인한 이익 등을 포함함)의 6배를 초과하는 금액을 면제하는 어느 회사의 정관규정은 적법하다.
④ 이사가 거액의 회사자금을 횡령하여 회사가 도산위기에 빠짐으로써 결과적으로 주주의 경제적 이익이 침해되는 손해를 입었더라도 그 주주는 해당이사에 대하여 손해의 배상을 직접 물을 수 없다.
⑤ 이사의 임무해태가 이사회의 결의에 의한 경우 그 이사회 결의에는 참여하였으나 의사록에 이의의 기재가 없는 이사에 대하여는 회사채권자가 결의에서의 찬성을 입증하지 못하는 한 그 이사에 대하여 직접 손해배상책임을 추궁할 수 없다.

해설

① |O| 위법배당과 같이 법률에 위반한 경우에는 경영판단의 원칙이 적용되지 않는다. 경영판단의 원칙에 대한 판례상의 요건을 정리하면 다음과 같다.
- 합리적으로 이용가능한 범위 내에서 필요한 정보를 충분히 수집·조사하고 검토하는 절차를 거친 다음, 이를 근거로 회사의 최대 이익에 부합한다고 합리적으로 신뢰할 것,
- 신의성실에 따라 경영상의 판단을 내릴 것,
- 그 내용이 현저히 불합리하지 않은 것으로서 통상의 이사를 기준으로 할 때 합리적으로 선택할 수 있는 범위 안에 있을 것,
- 법령에 위반됨이 없을 것,
- 부정한 청탁을 받거나 당해 대출에 관한 이해관계가 없을 것, ⑥ 중과실이 없을 것 등이다.
판례에 의하면, 법령에 위반한 행위는 경영판단의 법칙에 의하여 보호받지 못한다(2006다33333). 이때 법령을 위반한 행위라고 할 때 말하는 '법령'은, 일반적인 의미에서의 법령, 즉 법률과 그 밖의 법규명령으로서의 대통령령, 총리령, 부령 등을 의미하는 것으로 본다.

> **키워드**
> 경영판단의 원칙, 법령위반이 없을 것

② |O| 그 자체로 임무해태이다. 특히 대표이사가 대표이사로서의 업무 일체를 다른 이사 등에게 위임하고, 대표이사로서의 직무를 전혀 집행하지 않는 것은 그 자체가 이사의 직무상 충실 및 선관의무를 위반하는 행위는 중과실 해당한다(2002다70044).

> **키워드**
> 이사회 불참, 선관주의의무 위반

③ |O| 개정상법은 총 주주의 동의로 집행임원의 책임을 면제할 수 있으며, 또 집행임원이 부담할 책임의 한도를 두어 최근 1년간의 보수액(상여금 및 주식매수선택권의 행사로 인한 이익 등을 포함)의 6배(사외이사의 경우는 3배)를 초과하는 금액에 대하여 면제할 수 있다(제408조의9, 제400조 제2항). 다만, 이사가 고의 또는 중대한 과실로 손해를 발생시킨 경우와 경업금지의무 위반, 회사의 기회 및 자산의 유용금지의무 위반 및 회사와의 자기거래금지의무 위반 등과 같이 회사에 대한 충실의무를 위반한 때에는 책임한도액에 관한 조항이 적용되지 않는다.

> **키워드**
> 책임제한, 6배/3배(사외이사)

④ |O| 판례는 이와 같은 경우 주주의 손해를 간접손해로 보고 제401조에 의해 손해배상을 청구할 수 없다고 본다(간접손해 제외설). 즉 판례의 태도에 따를 때 제401조에 의해 이사에게 직접 손해배상을 청구할 수 있는 주주는 직접손해를 입은 주주이다. 그러나 통설은 대표소송만으로는 주주의 이익이 충분히 보호되지 못한다는 논거를 들어 판례의 입장에 반대한다(간접손해 포함설).

> [대법원 1993.1.26. 선고 91다36093 판결] 주식회사의 주주가 대표이사의 악의 또는 중대한 과실로 인한 임무해태행위로 직접 손해를 입은 경우에는 이사와 회사에 대하여 상법 제401조, 제389조 제3항, 제210조에 의하여 손해배상을 청구할 수 있으나, 대표이사가 회사재산을 횡령하여 회사재산이 감소함으로써 회사가 손해를 입고 결과적으로 주주의 경제적 이익이 침해되는 손해와 같은 간접적인 손해는 상법 제401조 제1항에서 말하는 손해의 개념에 포함되지 아니하므로 이에 대하여는 위 법조항에 의한 손해배상을 청구할 수 없고, 이와 같은 법리는 주주가 중소기업창업지원법상의 중소기업창업투자회사라고 하여도 다를 바 없다.

> [대법원 2012.12.13. 선고, 2010다77743, 판결] 이사가 회사의 재산을 횡령하여 회사의 재산이 감소함으로써 회사가 손해를 입고 결과적으로 주주의 경제적 이익이 침해되는 손해와 같은 간접적인 손해는 상법 제401조 제1항에서 말하는 손해의 개념에 포함되지 아니하므로 이에 대하여는 위 법조항에 의한 손해배상을 청구할 수 없다. 그러나 회사의 재산을 횡령한 이사가 악의 또는 중대한 과실로 부실공시를 하여 재무구조의 악화 사실이 증권시장에 알려지지 아니함으로써 회사 발행주식의 주가가 정상주가보다 높게 형성되고, 주식매수인이 그러한 사실을 알지 못한 채 주식을 취득하였다가 그 후 그 사실이 증권시장에 공표되어 주가가 하락한 경우에는, 주주는 이사의 부실공시로 인하여 정상주가보다 높은 가격에 주식을 매수하였다가 주가가 하락함으로써 직접 손해를 입은 것이므로, 이사에 대하여 상법 제401조 제1항에 의하여 손해배상을 청구할 수 있다.

키워드
제3자에 대한 손해배상책임, 주주, 간접손해 제외

⑤ |×| 기재가 없는 자는 찬성한 것으로 추정하므로 손해배상책임을 부담한다. 결의에 찬성한 이사도 책임지며 의사록에 이의를 제기한 기재가 없는 경우에는 그 결의에 찬성한 것으로 추정한다(제399조 3항).

키워드
이사의 책임, 찬성이사, 연대책임, 찬성추정

▶정답 ⑤

▶ **이사의 경업금지의무, 감시의무, 보고의무**　　　　중요도 ★★☆

071 상법상 이사의 의무에 관한 설명 중 옳은 것은? (다툼이 있으면 판례에 의함)

① 회사의 이사가 회사와 동종영업을 목적으로 하는 다른 회사를 설립하고 다른 회사의 이사 겸 대표이사가 되어 영업준비작업을 하여 오다가 영업활동을 개시하기 전에 다른 회사의 이사 및 대표이사직을 사임한 경우 경업금지의무를 위반한 것이 아니다.
② 이사가 주주총회나 이사회의 결의나 지시에 따랐다면 이는 선량한 관리자로서의 주의의무를 다한 것이므로 그로 인한 손해배상책임을 면할 수 있다.
③ 평이사는 다른 이사의 업무집행이 위법함을 알았거나 또는 알 수 있었을 경우에만 감시의무를 부담하므로, 지속적이거나 조직적인 감시 소홀의 결과로 발생한 다른 이사의 위법한 업무집행이 있었다고 하여도 감시의무를 위반한 것이 아니다.
④ 이사의 경업금지의무는 경업 대상 회사의 이사나 대표이사가 되는 경우뿐만 아니라, 그 경업 대상 회사의 지배주주가 되어 그 회사의 의사결정과 업무집행에 관여할 수 있게 되는 경우에도 겸직금지의무의 대상이 된다.
⑤ 이사는 회사에 회복할 수 없는 손해를 미칠 염려가 있는 사실을 발견하는 경우 즉시 감사 또는 감사위원회에 보고할 의무가 있으므로 단지 현저하게 손해를 미칠 염려가 있는 사실을 발견한 경우에 보고의무를 부담하지 않는다.

해 설

① |×| 영업 준비단계라고 하여도 경업금지의무를 이미 위반한 것이고 이후 이사 및 대표이사직을 사임하였다 하여도 마찬가지이다.

> [대법원 1993.4.9, 선고, 92다53583, 판결] 경업의 대상이 되는 회사가 영업을 개시하지 못한 채 공장의 부지를 매수하는 등 영업의 준비작업을 추진하고 있는 단계에 있다 하여 위 규정에서 말하는 "동종영업을 목적으로 하는 다른 회사"가 아니라고 볼 수는 없다. 회사의 이사가 회사와 동종영업을 목적으로 하는 다른 회사를 설립하고 다른 회사의 이사 겸 대표이사가 되어 영업준비작업을 하여 오다가 영업활동을 개시하기 전에 다른 회사의 이사 및 대표이사직을 사임하였다고 하더라도 이는 상법 제397조 제1항 소정의 경업금지의무를 위반한 행위로서 특별한 다른 사정이 없는 한 이사의 해임에 관한 상법 제385조 제2항 소정의 "법령에 위반한 중대한 사실"이 있는 경우에 해당한다.

키워드
경업금지의무, 영업 준비단계, 이미 위반

② |×| 경영판단의 원칙은 이사의 선관의무를 구체화시키는 양태로 나타나는 것으로 이해함이 타당하고, 따라서 경영판단원칙의 적용요건을 충족한다는 것은 이사가 선관의무를 다하였다는 뜻이 된다. 이사가 단순히 주주총회나 이사회의 결의나 지시에 따랐다는 사실만 가지고는 그로 인한 손해배상책임을 면할 수 없다(2005다51471). 회사가 대표이사 또는 대주주의 지시를 따른 이사에게 책임을 묻는 것은 신의성실의 원칙에 위반되지 않는다(2006다19603).

키워드
이사의 선관주의의무, 경영판단의 원칙으로 구체화, 지시에 따라도 의무위반

③ |×| 감시의무를 위반한 것이다. 알았거나 알 수 있었을 경우에만 부담하는 것으로 본다. 원칙적으로 평이사의 경우, 이사회에 상정되지 아니한 사항에 대한 적극적 감시의무의 인정범위는 다른 이사의 업무집행이 위법함을 알았거나 또는 위법하다고 의심할만한 사유가 있었을 때에 한하게 된다(2007다31518). 그러나 판례는 알지 못한 경우라 하더라도 지속적이거나 조직적인 감시 소홀의 결과로 발생한 다른 이사의 위법한 업무집행에 대하여는 책임을 진다고 본다(2006다68636).

키워드
이사의 감시의무, 선관주의의무의 해석상, 평이사, 알았거나 알 수 있었을 경우

④ |○| 지배주주가 되는 것도 겸직금지의무의 대상이 된다. 따라서 지배주주가 되는 경우에도 이사회의 승인을 얻어야 한다. 판례는 제397조의 취지가 선관주의로써 직무를 충실하게 수행하도록 하는 것이므로 경업 대상 회사의 이사나 대표이사가 되는 경우뿐만 아니라, 그 경업 대상 회사의 지배주주가 되어 그 회사의 의사결정과 업무집행에 관여할 수 있게 되는 경우에도 겸직금지의무의 대상이 된다고 본다(2011다57869).

키워드
겸직금지의무, 지배주주도 포함

⑤ |×| 손해의 회복가능성이 있더라도 보고의무를 부담한다. ① 이사회에 대한 보고의무로서 이사는 3월에 1회 이상 업무집행에 관하여 이사회에 보고하여야 한다. 대표이사만이 아니라 업무집행을 담당하는 모든 이사가 보고의무를 진다. 따라서 이사회는 적어도 3월에 1회 이상 열어야 한다. ② 감사, 감사위원회에 대한 보고의무로서 이사는 회사에 현저하게 손해를 미칠 염려가 있는 사실을 발견하는 경우 즉시 감사 또는 감사위원회에 보고할 의무가 있다(제412조의2, 제415조의2 제7항). 손해의 회복가능성이 있더라도 보고의무가 있다는 점에서 회복할 수 없는 손해를 요건으로 하는 제402조의 유지청구권과 구별된다.

> **키워드**
> 이사의 보고의무, 현저한 손해

▶ 정답 ④

▶ 이사의 자기거래   중요도 ★★☆

072 다음의 설명 중 옳지 않은 것은? (다툼이 있으면 판례에 의함)

① 자본금 20억 원의 비상장회사인 A 주식회사의 이사 甲은 개인적 용도로 B 은행으로부터 1,000만 원을 차입하였는데, 이때 A 회사는 이사회의 결의를 거치지 않고 甲의 채무에 대해 연대보증을 한 경우 이는 상법 제398조에 규정된 이사와 회사 간의 거래에 해당한다.
② 비상장 유통업체 B 주식회사에 이사 乙은 개인적인 용도를 위해 B회사의 100% 자회사인 C 주식회사의 제품을 시가보다 50% 저렴하게 구입한 경우, 이는 상법 제398조의 이사와 회사 간의 거래에 해당한다.
③ D주식회사의 이사인 丙이 E주식회사의 의결권 있는 발행주식총수의 50%를 가지고 있는 경우, E회사가 자기의 계산으로 D회사와 거래하기 위해서는 D회사 이사회의 승인을 받아야 한다(甲과 乙은 자연인이며, A주식회사의 자본금 총액은 10억 원 이상임).
④ 회사의 이사에 대한 채무부담행위가 상법 제398조 소정의 이사의 자기거래에 해당하여 이사회의 승인이 필요하지만 그 채무부담행위에 대하여 사전에 주주 전원의 동의가 있었다면 회사는 이사회의 승인이 없었음을 이유로 그 책임을 회피할 수 없다.
⑤ F주식회사의 이사 丁은 자신의 부동산을 F회사에 매도하는 계약을 체결하면서 사전에 이사회의 승인을 받지 못하였으면 이후 F회사 이사회가 이를 추인한 경우에도 F회사에 대해 유효한 매매계약이 되지 않는다.

> **해설**
> ① |O| 자기거래에 해당한다. 사례는 회사가 이사가 아닌 제3자와 거래(보증계약)를 하였지만, 실질적으로는 이사와 회사 간에 이익이 상반되어 이사가 이익을 보게 되는 경우로서 간접거래에 해당한다. 간접거래도 자기거래에 포함되고 이사회의 승인을 얻어야 한다(80다828). 따라서 사례에서 A회사의 연대보증은 이사회의 승인을 얻어야 하는 거래이고, 사전승인이 없었다면 대내적으로 무효이나, 회사와 제3자 간에는 그가 악의 또는 중과실이라는 것을 입증하지 못하는 한 유효이다(94다24626). 즉 상대적으로 무효이고, 절대적 무효는 아니다.
>
> > **키워드**
> > 이사의 대출, 회사의 연대보증, 간접적 자기거래

② |×| 자기거래에 해당하지 않는다. 모회사의 이사가 자회사와 거래하는 경우 상법이 정한 자기거래의 인적적용범위에 해당하지 않으므로 모회사 이사회의 승인이 필요하지 않다. 물론 자회사 이사회의 승인도 필요없다. 사례에서 乙회사는 甲회사의 자회사이고 乙회사와 거래한 자는 대표이사인 A이다. 판례도 마찬가지이다(2011다57869). 즉 회사가 모회사의 이사와 거래를 한 경우에는 설령 모회사가 자회사의 주식 전부를 소유하고 있더라도 모회사와 자회사는 상법상 별개의 법인격을 가진 회사이고, 그 거래로 인한 불이익이 있더라도 그것은 자회사에게 돌아갈 뿐 모회사는 간접적인 영향을 받는 데 지나지 아니하므로, 자회사의 거래를 곧바로 모회사의 거래와 동일하게 볼 수는 없다고 한다.

> **키워드**
> 모회사의 이사, 자회사와의 거래, 자기거래 아님

③ |○| 구법 하에서는 이사만이 그 적용대상이었으나, 2011년 개정에 의하여 이사 이외에도 주요주주와 지배주주 등이 추가되었다. 이사 또는 주요주주 이상의 자들이 단독 또는 공동으로 의결권 있는 발행주식총수의 100분의 50 이상을 가진 회사 및 그 자회사(제398조 제4호), 위 제398조 제1호부터 제3호까지의 자가 제4호의 회사와 합하여 의결권있는 발행주식총수의 50% 이상을 가진 회사(제398조 제5호)이다.

> **키워드**
> 자기거래의 인적 적용범위, 50% 이상

④ |○| 이사회의 승인이 필요없다. 판례는 정관에 아무런 규정이 없는 상황에서 주주 전원이 자기거래에 동의하는 것이 허용된다고 본다(91다16310).

> **키워드**
> 자기거래 승인, 이사회 승인, 주주 전원동의

⑤ |○| 개정상법 상 "미리" 승인받아야 하므로 사후적 추인이 불가능하다. 판례가 자기거래금지 위반의 효과를 상대적 무효설에 입각하여 설시하고 있는 바 사후추인이 가능하다고 하면 효력이 언제까지나 불확정인 상태에 있게 되는 점, 상법과 민법의 취지가 다른 것임에도 민법의 무권대리에 관한 규정을 유추적용하고 있으나 무권대리의 법리는 거래로 인한 권리의무의 귀속을 해결하기 위한 것인데 권리의무의 귀속은 상대적 무효설에 따라 회사의 추인여부와 관계없이 선의의 상대방에 대하여 자기거래로 인한 책임을 지는 식으로 해결되기 때문이라는 비판이었다.

> **키워드**
> 자기거래 승인, 사전승인, 추인불가

▶정답 ②

이사의 책임

중요도 ★★☆

073 이사의 책임에 관한 설명 중 옳은 것은?

① 이사가 아니면서 회장의 명칭을 사용하여 회사의 업무를 집행한 자는 이사의 회사에 대한 손해배상책임 및 제3자에 대한 손해배상책임의 적용에 있어서 이를 이사로 본다.

② 이사가 회사와 체결한 약정에 따라 업무를 다른 이사 등에게 포괄적으로 위임하여 실질적인 업무를 수행하지 않고 소극적인 직무만을 수행한 경우, 주주총회결의에서 정한 보수청구권을 행사할 수 없다.

③ 甲과 乙 두 회사의 대표이사를 겸하는 A가 甲회사 이사회의 승인없이 甲회사를 대표하여 乙회사의 채무를 보증한 경우에도 A는 甲회사에 대하여 자기거래금지를 위반한 것은 아니다.

④ 이사가 미리 이사회에서 해당 거래에 관한 중요 사실을 밝히고 이사회의 승인을 받아 자기거래를 하였으나 불공정한 거래로 회사에 손해가 발생한 경우 이사의 책임은 회사의 정관이 정하는 바에 따라 감면될 수 있다.

⑤ 이사는 과실이 없다 하더라도 신주인수인이 인수한 주식에 대하여 인수가액을 납입하지 않은 경우 자본금 충실의 원칙에 따라 연대하여 납입할 책임을 부담한다.

해 설

① |○| 표현이사의 설명이다. 상법 제401조의2 제1항 제3호는 이사가 아니면서 명예회장·사장·부사장·전무·상무·이사·기타 회사의 업무를 집행할 권한이 있는 것으로 인정될 만한 명칭을 사용하여 회사의 업무를 집행한 때에는 그 집행한 업무에 관하여 이사와 같은 책임을 지우고 있다.

> **키워드**
> 표현이사, 표현적 명칭, 영향력 필요 없음

② |×| 그렇다고 하더라도 보수를 청구할 수 있다. 업무를 수행하지 않는 경우에도 이사로서의 책임을 부담하기 때문이다.

> [대법원 2015.9.10. 선고, 2015다213308, 판결] 주식회사의 주주총회에서 이사·감사로 선임된 사람이 주식회사와 계약을 맺고 이사·감사로 취임한 경우에, 상법 제388조, 제415조에 따라 정관 또는 주주총회 결의에서 정한 금액·지급시기·지급방법에 의하여 보수를 받을 수 있다. 이에 비추어 보면, 주주총회에서 선임된 이사·감사가 회사와의 명시적 또는 묵시적 약정에 따라 업무를 다른 이사 등에게 포괄적으로 위임하고 이사·감사로서의 실질적인 업무를 수행하지 않는 경우라 하더라도 이사·감사로서 상법 제399조, 제401조, 제414조 등에서 정한 법적 책임을 지므로, 이사·감사를 선임하거나 보수를 정한 주주총회 결의의 효력이 무효이거나 또는 소극적인 직무 수행이 주주총회에서 이사·감사를 선임하면서 예정하였던 직무 내용과 달라 주주총회에서 한 선임 결의 및 보수지급 결의에 위배되는 배임적인 행위에 해당하는 등의 특별한 사정이 없다면, 소극적인 직무 수행 사유만을 가지고 이사·감사로서의 자격을 부정하거나 주주총회 결의에서 정한 보수청구권의 효력을 부정하기는 어렵다.

> **키워드**
> 명목상 이사(감사), 보수청구권 인정

③ |×| 쌍방대리로서 간접거래에 해당한다. 이것도 이사회의 승인이 필요한 자기거래의 범위에 포함된다.

> [대법원 2013.11.28. 선고, 2010다91831, 판결] 법인과 이사의 이익이 상반하는 사항은 법인과 이사가 직접 거래의 상대방이 되는 경우뿐 아니라, 이사의 개인적 이익과 법인의 이익이 충돌하고 이사에게 선량한 관리자로서의 의무 이행을 기대할 수 없는 사항은 모두 포함한다고 할 것이고, 이 사건과 같이 형식상 전혀 별개의 법인 대표를 겸하고 있는 자가 양쪽 법인을 대표하여 계약을 체결하는 경우는 쌍방대리로서 특별한 사정이 없는 이상 이사의 개인적 이익과 법인의 이익이 충돌할 염려가 있는 경우에 해당한다고 볼 것이다.

키워드
자기거래의 범위, 간접적 거래, 쌍방대표행위

④ |×| 이사 책임의 감면은 이해상반행위에는 적용되지 않는다. 이사가 고의 또는 중대한 과실로 손해를 발생시킨 경우와 경업금지의무 위반, 회사의 기회 및 자산의 유용금지의무 위반 및 회사와의 자기거래금지의무 위반 등과 같이 회사에 대한 이해상반행위금지 의무를 위반한 때에는 책임한도액에 관한 조항이 적용되지 않는다.

키워드
책임제한, 이해상반행위 적용 없음

⑤ |×| 무과실책임인 것은 맞지만 납입에 대한 담보책임은 없다. 이사의 자본충실책임은 회사설립시의 발기인의 자본충실책임과는 달리, 인수담보책임만 있고 납입담보책임은 없다. 신주발행시에는 인수인이 납입을 해태하면 인수인으로서의 지위가 당연 실권되므로(제423조 제2항), 인수의 효력만이 유지되면서 납입만을 담보하여야 할 경우가 발생하지 않기 때문이다.

키워드
이사의 인수담보책임, 무과실책임

▶정답 ①

대표이사의 책임

중요도 ★★☆

074 甲주식회사의 대표이사 A는 영업년도 말에 당해 회사의 결손으로 인해 금융기관으로부터 대출을 받기가 곤란해지자 이익이 난 것처럼 재무제표를 허위로 작성하여 이사회의 결의를 거친 후 乙은행으로부터 대출을 받았다. 변제기에 이르러 甲회사가 채무를 변제하지 못하게 되자 乙은행은 부실재무제표의 작성을 주도한 甲회사의 대표이사 A를 상대로 상법 제401조 제1항 소정의 손해배상을 청구하고 있다. 다음 중 이에 대한 설명으로 틀린 것은?

① 대표이사 A가 재무제표를 허위로 작성한 것은 고의 또는 중대한 과실로 그 임무를 해태한 행위이고, 이로 인해 부실채권을 갖게 된 乙은행은 손해를 입은 것이 인정된다.
② 대표이사 A의 악의 또는 중대한 과실에 대한 입증책임은 乙은행이 부담한다.
③ 회사의 임무에 대한 대표이사 A의 악의 또는 중대한 과실이 입증되면, A는 乙은행에게 손해를 배상해야 한다.
④ 법정책임설에 의하면, 대표이사 A의 부실재무제표 작성행위가 민법상 불법행위의 요건을 구비하는 경우, 乙은행은 위의 손해배상과 함께 불법행위책임을 물을 수 있다.
⑤ 위 이사회에 참가하였지만 의사록에 이의를 기재하지 않은 이사 B는 그 결의에 반대한 것으로 추정되므로, A와 연대하여 손해를 배상할 책임이 없다.

해설

① | O | 이사의 제3자에 대한 손해배상책임은 그 이사의 임무해태가 고의 또는 중과실에 의한 경우이어야 한다. 여기서의 임무는 제3자에 대한 임무가 아니라 회사의 임무를 말하고 판례는 "고의 또는 중대한 과실로 인한 임무 해태행위라 함은 이사의 직무상 충실 및 선관의무위반의 행위로서 위법한 사정이 있어야 하고"라 한다.

> **키워드**
> 이사의 제3자에 대한 책임, 고의/중과실

② | O | 임무해태를 판단함에 있어서는 경영판단원칙이 적용되고 고의 또는 중과실에 의한 임무해태에 대한 입증책임은 제3자가 부담한다. 결과적으로 이사가 회사에 대하여 책임을 지는 경우 채권자에게도 결과적으로 손해가 발생하였다면, 경과실이 아니라면 제3자에 대한 책임이 성립한다.

> **키워드**
> 임무해태, 선관주의 의무 위반, 경영판단원칙

③ | O | 대표기관의 행위가 되는 경우 법인의 불법행위책임이 인정된다. 상법은 회사를 대표하는 사원이 그 업무집행으로 인하여 타인에게 손해를 가한 때에는 회사는 사원과 연대하여 배상할 책임이 있다고 규정한다(제210조, 제389조 제3항 등). 이때 판례는 "사무의 집행에 관하여"라는 것에 해당하는지의 여부는 행위의 외형을 기준으로 객관적으로 판단할 것이지, 행위자의 의사에 따라 판단할 것이 아니라고 하며(71다598), 대표기관의 책임을 법정책임이 아니라 불법행위책임으로 보아 회사와 공동불법행위가 성립한다고 본다(2005다55473). 사례의 재무제표작성은 업무집행과 관련된 것으로 볼 수 있으므로 회사의 불법행위가 된다. 따라서 A는 乙은행에서 직접 손해를 배상해야 한다.

> **키워드**
> 법인의 불법행위, 대표이사의 행위, 영업관련성, 연대책임, 공동불법행위

④ |○| 상법 제401조의 입법취지가 이사의 책임을 강화하고 제3자를 보호하고자 하는 데에 있는 점에서 볼 때 법정책임설이 타당하다. 통설·판례는 법정책임설을 취한다. 법정책임설을 취하는 경우 이사의 제3자에 대한 책임요건과 민법상의 불법행위책임요건이 다르므로 양자의 경합이 인정된다. 이사의 임무해태가 불법행위의 요건을 갖춘 경우에는 이사의 불법행위책임과의 경합을 인정하고, 소멸시효기간은 일반채권과 같이 10년이 된다.

> **키워드**
> 이사의 제3자에 대한 책임, 법정책임, 청구권경합설, 불법행위책임

⑤ |×| 이사가 고의 또는 과실로 법령 또는 정관에 위반한 행위를 하거나 그 임무를 해태한 때 그 이사는 회사에 대하여 연대하여 손해배상책임을 지고(제399조 제1항), 그 행위가 이사회의 결의에 의한 것인 때에는 그 결의에 찬성한 이사도 책임을 지며(제399조 제2항), 결의에 참가한 이사로서 의사록에 이의를 한 기재가 없는 경우에는 그 결의에 찬성한 것으로 추정된다(제399조 제3항).

> **키워드**
> 이사의 회사에 대한 손해배상책임, 이사회결의, 찬성한 이사, 연대책임

▶정답 ⑤

▶ 주주대표소송 중요도 ★★☆

075 주주대표소송에 관한 다음의 설명 중 옳은 것은?

> (가) 대표소송을 제기한 주주는 소를 제기하면 지체 없이 회사에 대하여 그 소송의 고지를 하여야 하는데, 주주가 소송고지를 게을리한 경우 회사에 대하여 이로 인한 손해배상책임을 부담한다.
> (나) 주식을 인수하면서 타인의 승낙을 얻어 그 명의로 출자하여 주식대금을 납입한 경우, 실제로 주식을 인수하여 그 대금을 납입한 명의차용자가 아닌 명부상 주주만이 대표소송을 제기할 수 있다.
> (다) 甲과 乙이 합하여 1% 이상의 요건을 갖추어 대표소송을 제기한 이후, 甲이 그의 전 주식을 처분한 경우 乙 단독으로는 1% 요건을 갖추지 못하여도 제소의 효력에는 영향이 없다.
> (라) 1% 이상의 주식을 소유한 주주가 상법 제403조 제1항에 따라 회사에 이유를 기재한 서면으로 소송제기를 청구하는 경우 해당 서면에 책임추궁 대상 이사의 성명이 기재되어 있지 않거나 책임발생 원인사실이 다소 개략적으로 기재되어 있다면 책임추궁 대상 이사 및 책임발생 원인을 특정할 수 있더라도 상법 제403조 제2항에서 말하는 이유를 기재한 서면으로 청구한 것으로 볼 수 없다.

(마) 주주대표소송에서 회사가 소송참가를 할 경우 해임된 이사의 책임과 관련된 때에는 대표이사가 회사를 대표한다.

(바) 회사에 대하여 파산선고가 있은 후 주주가 파산관재인에 대하여 이사에 대한 책임을 추궁할 것을 청구하였는데 파산관재인이 이를 거부하였다면 주주는 대표소송으로써 이사의 책임을 추궁하는 소를 제기할 수 있다.

① (가), (다), (바)
② (나), (다), (바)
③ (나), (마), (바)
④ (가), (다), (마)
⑤ (가), (나), (마)

해설

(가) | ○ | 주주의 대표소송에 있어서 주주가 원고로서 제대로 소송수행을 하지 못하거나 상대방이 된 이사와 결탁함으로써 회사의 이익이 침해될 염려가 있는 경우 그 판결의 효력을 받는 권리귀속주체인 회사는 이를 막거나 자신의 권리를 보호하기 위하여 소송수행권한을 가진·정당한 당사자로서 그 소송에 참가할 필요가 있으므로, 상법 제404조 제1항에 따른 회사의 참가는 공동소송참가를 의미한다. 소송고지를 게을리할 경우 손해배상의 책임이 있다.

키워드
제3자의 소송담당, 소송고지, 회사의 소송참가

(나) | ○ | 전원합의체 판결에 따라 명부상 주주만이 주주권을 행사할 수 있으므로, 명의개서한 주주만이 대표소송의 원고가 될 수 있다.

[대법원 2017. 3. 23. 선고 2015다248342 전원합의체 판결] 주주명부에 주주로 기재되어 있는 자는 특별한 사정이 없는 한 회사에 대한 관계에서 주식에 관한 의결권 등 주주권을 적법하게 행사할 수 있고, 회사의 주식을 양수하였더라도 주주명부에 기재를 마치지 아니하면 주식의 양수를 회사에 대항할 수 없다는 법리에 비추어 볼 때 자연스러운 결과이다.

키워드
주주대표소소의 원고, 명부상 주주

(다) | × | 부적법 각하된다. 대표소송의 원고는 그 소 제기시에 그 요건을 갖추면 되고 이후 지분비율이 그 미만으로 감소하였다 하더라도 제소의 효력에는 영향이 없다(제403조 제5항). 하지만 주식을 전부 양도한 경우 주주가 아닌 것이 되어 당사자 적격이 없고, 소를 각하하여야 한다. 제소주주의 보유주식이 전부 소각된 경우도 마찬가지이다(2000다9086). 수인의 제소주주가 있는 경우에도 동일한 논리가 적용된다. 만약 甲과 乙이 합하여 1% 이상의 요건을 갖추어 대표소송을 제기한 이후, 甲이 그의 전 주식을 처분한 경우 乙 단독으로는 1% 요건을 갖추지 못한다면 그 소는 각하된다. 그러나 이 경우 甲이전주식을 처분한 것이 아니라 1주의 주식이라도 보유하고 있다면 상황은 다르다. 제소이후 1주만을 보유하고 있는 甲과 乙의 주식을 합하여 1% 미만으로 되었더라도 제소의 효력에는 영향이 없다(2011다57869).

키워드
대표소송 제기요건, 소제기 시에만, 감소해도 적법, 전부양도는 각하

⒧ |×| 해당 주주가 정확하고 적절한 정보를 항상 가지고 있을 수 없으므로 대상 이사의 성명이 누락되거나 원인사실이 다소 개략적이라고 해도 이를 바탕으로 회사가 구체적인 내용을 특정할 수 있다면 법정된 요건을 충족한 것으로 본다(판례).

> [대법원 2021. 5. 13. 선고 2019다291399 판결] 상법 제403조 제2항에 따른 서면에 기재되어야 하는 '이유'에는 권리귀속주체인 회사가 제소 여부를 판단할 수 있도록 **책임추궁 대상 이사, 책임발생 원인사실**에 관한 내용이 포함되어야 한다. 다만 주주가 언제나 회사의 업무 등에 대해 정확한 지식과 적절한 정보를 가지고 있다고 할 수는 없으므로, 주주가 상법 제403조 제2항에 따라 제출한 서면에 책임추궁 대상 이사의 성명이 기재되어 있지 않거나 책임발생 원인사실이 다소 개략적으로 기재되어 있더라도, 회사가 그 서면에 기재된 내용, 이사회의사록 등 회사 보유 자료 등을 종합하여 책임추궁 대상 이사, 책임발생 원인사실을 구체적으로 특정할 수 있다면, 그 서면은 상법 제403조 제2항에서 정한 요건을 충족하였다고 보아야 한다.

> **키워드**
> 대표소송 제기 전, 회사에 대한 소송제기 청구, 이유를 기재한 서면, 서면 기재 사항

⒨ |○| 원칙적으로 감사가 대표하지만 해임된 경우라면 대표이사가 대표한다. 소송의 목적이 되는 권리관계가 이사의 재직 중에 일어난 사유로 인한 것이라 할지라도 이사가 이미 퇴임한 경우라면, 감사가 대표하지 아니하고 대표이사가 대표한다(2000다9086). 원칙적으로 회사와 이사 간의 소송에서는 감사가 그 회사를 대표한다. 이는 대표소송의 경우에도 마찬가지이다. 따라서 소수주주가 대표소송을 제기하기 이전에 제403조 제1항에 따라 회사에 대하여 이사의 책임을 추궁하도록 소제기를 청구하는 경우 감사가 회사를 대표하므로 주주는 감사에게 청구하여야 한다. 이에 위반하여 대표이사가 소송행위를 한 경우 모두 무효가 된다(89다카15199).

> **키워드**
> 이사와 회사 간의 소송, 감사가 대표, 해임된 이사라면 대표이사

⒪ |×| 제기할 수 없다. 대표소송은 회사가 이사 등의 책임을 추궁하는 것을 게을리할 경우 주주가 대신하여 제기하는 것이므로, 회사의 소제기권이 전제되어 있어야 한다. 그러나 회사가 파산하게 되면 그러한 권리는 파산관재인에게 전속하게 되고, 회사는 그러한 당사자 능력을 상실한다. 따라서 주주의 대표소송 제기권은 회사 파산의 경우에는 적용되지 않는다(98가합24390).

> **키워드**
> 대표소송, 회사의 소제기권 전제, 파산, 파산관재인, 대표소송 적용 없음

▶ 정답 ⑤

▶ 업무집행지시자, 표현이사　　　　　　　　　　　　　　　　　　　중요도 ★★☆

076 다음의 설명 중 옳지 않은 것은?

① 「상법」 제401조의2 제1항 제1호의 '회사에 대한 자신의 영향력을 이용하여 이사에게 업무집행을 지시한 자'에는 자연인뿐만 아니라 법인인 지배회사도 포함된다.
② 이사가 아니면서 명예회장·회장·사장·부사장·전무·상무·이사 기타 업무를 집행할 권한이 있는 것으로 인정될 만한 명칭을 사용하여 회사의 업무를 집행한 자에게 「상법」 제399조의 책임을 묻기 위해서는 회사에 대한 영향력이 인정되어야 한다.
③ 「상법」 제401조의2 제1항의 업무집행지시 등이 회사와 자기거래를 하기 위해서 이사회의 승인을 얻을 것이 요구되지 않지만, 그 거래 결과 회사에 손해가 발생하는 경우 그 책임을 면하지 못한다.
④ 「상법」 제401조의2의 업무집행지시자 등에게 이사와 동일한 책임을 인정하기 위해서는 회사의 귀책사유가 있어야 하는 것은 아니다.
⑤ 「상법」 제401조의2의 업무집행지시자 등에게는 「상법」 제400조가 준용되지 않으므로 회사에 대한 손해배상책임이 면제되지 않는다.

해설

① |○| 법인인 경우도 포함한다. 업무집행지시자는 법률상의 이사가 아니어야 하고 여기서 이사에게 업무집행을 지시한 자는 자연인뿐 아니라 법인인 지배회사도 포함된다고 본다(2004다26119).

> **키워드**
> 업무집행지시자, 법인도 포함

② |×| 표현이사는 여기에 예시된 명칭을 사용하는 자 외에도 지배주주의 지시에 의하여 또는 자발적으로 회사의 경영에 관여하고 있는 자, 예컨대 비서실장·기획조정실장 및 임원, 이사는 아니면서 회사의 업무를 집행할 권한이 있는 것으로 인정될 만한 명칭을 사용하는 자로서 등기를 하지 않은 임원 등이 여기에 포함된다. 표현이사는 제1호, 제2호에서의 '사실상 영향력'이 요구되지 않는다. 판례도 그 명칭 자체에 업무집행권이 드러나 있기 때문에 여기에 더하여 회사에 대한 영향력까지 요구하는 것은 아니라고 본다.

> [대법원 2009.11.26. 선고 2009다39240 판결] 상법 제399조·제401조·제403조의 적용에 있어 이사로 의제되는 자에 관하여, 상법 제401조의2 제1항 제1호는 '회사에 대한 자신의 영향력을 이용하여 이사에게 업무집행을 지시한 자', 제2호는 '이사의 이름으로 직접 업무를 집행한 자', 제3호는 '이사가 아니면서 명예회장·회장·사장·부사장·전무·상무·이사 기타 업무를 집행할 권한이 있는 것으로 인정될 만한 명칭을 사용하여 회사의 업무를 집행한 자'라고 규정하고 있는바, 제1호 및 제2호는 회사에 대해 영향력을 가진 자를 전제로 하고 있으나, 제3호는 직명 자체에 업무집행권이 표상되어 있기 때문에 그에 더하여 회사에 대해 영향력을 가진 자일 것까지 요건으로 하고 있는 것은 아니다.

> **키워드**
> 업무집행지시자, 무권대행, 사실상 영향력, 표현이사, 요건아님

③ |○| 자기거래금지와 기회유용금지, 그리고 경업금지 등에 대하여는 준용하지 않고 있다. 하지만 그 효과는 이사회승인을 얻지 않고 할 수 있음에 그치고, 그 거래의 결과 회사에 손해가 발생하는 경우 그 책임을 면하지 못한다.

> **키워드**
> 자기거래, 기회유용, 이사회 승인, 거래의 유효요건, 책임면제 아님

④ |○| 상법 제401조의2 제1항 제3호는 상법 제395조의 표현대표이사의 행위에 관한 규정과 유사한 형식으로 되어 있으나 그 본질과 요건·효과는 다르다. ① 상법 제395조는 회사의 선의의 제3자에 대한 외관책임에 관한 규정으로서 대외적인 행위의 유효성에 관한 규정이다. 이에 반하여 제401조의2 제1항 제3호는 표현이사의 제3자에 대한 책임 뿐 아니라 회사에 대한 책임을 법정한 것으로서 귀책근거에 관한 규정이라 할 수 있다. 즉 입법취지가 제395조는 회사대표의 외관을 신뢰한 자를 보호하기 위한 것이나, 제401조의2는 표현이사 자신의 책임을 규정한 것이다. ② 따라서 책임의 주체도 제395조는 회사이나 제401조의2는 표현이사 자신이다. ③ 명칭사용에 대한 會社의 귀책사유에 있어서도 제395조는 이를 요건으로 하나, 제401조의2는 요건으로 하지 않는다. ④ 제3자의 신뢰도 제395조는 요건으로 하나, 제401조의2는 요건으로 하지 않는다. ⑤ 대표소송에 의한 책임추궁도 제395조는 가능하지 않고, 제401조의2는 가능하다.

> **키워드**
> 표현이사, 명칭사용, 이사와 동일한 책임, 회사의 귀책사유 필요 없음

⑤ |○| 제401조의2가 제400조를 준용하지 아니하여 책임면제를 부정하는 견해도 있으나, 이사의 책임은 면제할 수 있으나 이사로 의제된 자의 책임을 면제할 수 없다는 것은 타당하지 않다는 점에서 제400조 제1항에 의하여 총주주의 동의에 의한 책임의 전부 면제 또는 제2항에 의한 일부 면제가 가능하다고 본다.

> **키워드**
> 업무집행지시자 등, 책임제한, 면제 가능

▸정답 ②

▶ 이사회 소집, 특별이해관계, 전화회의, 위원회 　　　　　중요도 ★★☆

077 상법상 주식회사 이사회에 관한 설명으로 옳은 것은?(이견이 있으면 판례에 의함)

① 감사는 필요한 경우 이사(소집권자가 있는 경우에는 소집권자)에게 이사회 소집을 청구할 수 있고 그 이사가 지체 없이 이사회를 소집하지 아니하면 그 청구한 감사는 법원의 허가 없이 직접 소집할 수 있다.

② 상법 제397조의2(회사의 기회 및 자산의 유용 금지) 제1항에서 금지의 대상이 되는 회사기회를 자기의 이익을 위하여 이용하려는 이사는 그 승인을 위한 이사회에서 의결권을 행사할 수 있다.

③ 이사의 전부가 직접 회의에 출석하지 아니하고 모든 이사가 음성을 동시에 송수신하는 원격통신수단에 의한 결의를 금지하는 정관규정은 효력이 없다.

④ 주주와 회사채권자는 영업시간 내에 이사회의사록의 열람 또는 등사를 청구할 수 있다.

⑤ 이사회 내 위원회의 결의절차에 대한 하자는 결의취소의 소를 제기할 수 있고 그 결의내용의 중대한 하자는 결의무효확인의 소를 제기할 수 있다.

해설

① |○| 법원의 허가를 얻을 필요는 없다. 주주총회의 소집청구시에는 법원의 허가를 얻어 직접 소집할 수 있으나(제412조의3) 이사회는 그렇지 않다(제412조의4). 소집권자인 이사에게 이사회 소집을 요구할 수 있다. 소집권자인 이사가 정당한 이유 없이 이사회 소집을 거절하는 경우에는 감사가 이사회를 소집할 수 있다(제412조의4).

> **키워드**
> 이사회 소집권자, 감사청구, 법원허가

② |×| 이해관계인이므로 의결권이 제한된다. 주주총회와 마찬가지로 이사회 결의 시에도 특별이해관계인은 의결권이 제한되며(제391조 제3항 → 제386조 제3항), 이때 특별이해관계의 의미도 같다. 즉 개인법설에 따라 판단한다. 따라서 회사의 기회를 이용하려는 자나 자기거래의 상대방인 이사는 특별이해관계인으로서 의결권을 행사할 수 없다.

> [대법원 1992.4.14. 선고, 90다카22698, 판결] 특별이해관계가 있는 이사는 이사회에서 의결권을 행사할 수는 없으나 의사정족수 산정의 기초가 되는 이사의 수에는 포함되고 다만 결의성립에 필요한 출석이사에는 산입되지 아니하는 것이므로 회사의 3명의 이사 중 대표이사와 특별이해관계 있는 이사 등 2명이 출석하여 의결을 하였다면 이사 3명중 2명이 출석하여 과반수 출석의 요건을 구비하였고 특별이해관계 있는 이사가 행사한 의결권을 제외하더라도 결의에 참여할 수 있는 유일한 출석이사인 대표이사의 찬성으로 과반수의 찬성이 있는 것으로 되어 그 결의는 적법하다.

> **키워드**
> 이사회 결의, 특별이해관계인, 개인법설, 의결권 제한

③ |×| 전화회의가 허용된다. 구법에서는 모든 이사가 동영상 및 음성을 동시에 송·수신하는 통신수단에 의하여 결의에 참가하는 것을 허용할 수 있다고 하여 화상회의 방식만이 가능하였으나, 2011년 개정으로 인하여 동영상을 삭제함으로써 전화회의도 허용하고 있다(제391조 제2항).

> **키워드**
> 이사회결의, 동영상회의, 전화회의

④ |×| 채권자는 청구할 수 없다. 주주만 영업시간 내 이사회의사록의 열람 또는 등사를 청수할 수 있다(제319조의3 제3항). 채권자가 행사할 열람 또는 등사할 수 있는 회사의 정보는 정관·주주명부·주주총회의사록(제396조), 재무제표(제448조), 사채원부 등이다. 회계장부(제466조)와 이사회의사록은 주주만 가능하다.

> **키워드**
> 이사회의사록, 열람등사청구, 단독주주권

⑤ |×| 결의무효확인의 소만 인정된다. 민법의 일반원칙이 적용되므로 그 결의무효확인의 판결의 효력도 판결의 기판력의 일반원칙에 따라 대세적 효력이 없다.

> [대법원 1988.4.25. 선고 87누399 판결] 이사회의 결의에 하자가 있는 경우에 관하여 상법은 아무런 규정을 두고 있지 아니하나 그 결의에 무효사유가 있는 경우에는 이해관계인은 언제든지 또 어떤 방법에 의하든지 그 무효를 주장할 수 있다고 할 것이지만 이와 같은 무효주장의 방법으로서 이사회결의무효확인소송이 제기되어 승소확정판결을 받은 경우, 그 판결의 효력에 관하여는 주주총회결의무

위원회 위임, 주주총회 승인사항 불가효확인소송 등과는 달리 상법 제190조가 준용될 근거가 없으므로 대세적 효력은 없다.

> **키워드**
> 이사회 결의무효확인의 소, 상법규정, 대세효 없음, 전단적 대표행위

▶ 정답 ①

이사회, 위원회
중요도 ★★☆

078 이사회 및 이사회 내 위원회 제도에 관한 설명으로 옳지 않은 것은?

① 이사회는 이사 및 감사 전원의 동의가 있는 경우 상법상 소정의 소집절차 없이 언제든지 회의할 수 있다.
② 이사회의 결의는 과반수의 출석과 출석이사의 과반수로 하여야 하지만 정관으로 그 비율을 낮게 정할 수 있다.
③ 이사회는 주주총회의 승인을 요하는 사항의 제안을 이사회 내 위원회의 권한으로 위임할 수 없다.
④ 이사회 내 위원회는 2인 이상의 이사로 구성하지만 감사위원회는 3인 이상의 이사로 구성하여야 하며 그 중 사외이사가 위원의 3분의 2 이상이어야 한다.
⑤ 이사회 내 위원회는 결의된 사항을 각 이사에게 통지하여야 하고 이를 통지받은 각 이사는 이사회의 소집을 요구할 수 있다.

해설

① |O| 주주총회와 마찬가지로 전원출석총회가 인정된다. 이사회는 이사 및 감사 전원의 동의가 있는 때에는 소집절차를 거치지 않고도 언제든지 회의할 수 있다(제390조 제4항).

> **키워드**
> 이사회, 전원출석총회

② |×| 낮게 정할 수는 없다. 높게 정할 수만 있다. 주주총회와 달리 의사정족수(출석정족수)가 있어, 이사 과반수의 출석(의사정족수)과 출석이사 과반수의 찬성(의결정족수)으로 하여야 한다(제391조 제1항). 정관으로 그 비율을 높일 수는 있으나(제391조 제1항 단서) 완화하는 것은 허용되지 않는다(94다33903).

> **키워드**
> 이사회 결의요건, 높게만

③ |○| 위임할 수 없는 사항이다. 위임할 수 없는 사항에 대하여 제393조의2 제2항은 ① 주주총회의 승인을 요하는 사항의 제안, ② 대표이사의 선임 및 해임, ③ 위원회의 설치와 그 위원의 선임 및 해임, ④ 정관에서 정하는 사항 등을 규정하고 있다. 그런데 제1호부터 제3호까지는 당연한 것이고 결국 제4호에 의하면 정관에서 위임을 금지하지 않는 한 이사회의 권한 대부분을 위임할 수 있다는 뜻이 된다. 결국 신주발행, 자기거래의 승인, 중요한 자산의 처분 등도 위원회에 위임할 수 있다.

> **키워드**
>
> 위원회 위임, 주주총회 승인사항 불가

④ |○| 상법 제393조의2 제3항에서는 위원회는 2인 이상의 이사로 구성하도록 하고 있다. 일반적으로 위원회라면 적어도 3인 이상의 위원으로 구성하는 것이 보통이나 소규모회사(제383조 제1항 단서)에서도 위원회의 설치를 용이하게 한다는 취지에서 2인 이상의 이사로 구성하기로 한 것이다. 반드시 사외이사로 구성할 것을 요하지도 않는다. 다만 감사위원회는 3인 이상의 이사로 구성하고, 이 가운데 3분의 2 이상은 사외이사가 되어야 한다(제415조의2 제2항). 위원의 퇴임으로 위원회의 구성원이 법률 또는 정관에 정한 원수를 결한 경우에는 퇴임한 위원은 새로운 위원이 취임할 때까지 위원으로서의 권리와 의무를 가진다(제393조의2 제5항, 제386조 제1항).

> **키워드**
>
> 위원회, 2인 이상, 감사위원회, 3인 이상

⑤ |○| 각 이사에게 통지한다(제393조의2 제4항). 위원회의 결의가 부당하다고 생각하는 이사는 다시 이사회의 소집을 요구하여 그 내용을 이사회에서 변경할 수 있다(제393조의2제4항 후단). 이사회의 다른 결의가 있으면 위원회결의는 효력을 잃는다. 다만 감사위원회의 결정에는 적용되지 않는다.

> **키워드**
>
> 위원회의 결정, 이사회 결의 효력, 이사회의 재결정, 감사위원회 제외

▶정답 ②

▶ 대표이사, 대표권   중요도 ★☆☆

079 A는 甲주식회사의 대표이사이다. 다음 설명 중 상법상 옳은 것은?(다툼이 있는 경우 판례에 의함)

① 甲회사가 甲회사의 감사위원회 위원 B에게 소송을 제기하는 경우에는 A가 당연히 甲회사를 대표한다.
② A는 甲회사의 모회사인 乙주식회사의 감사의 직무를 겸할 수 있다.
③ 甲회사가 정관으로 A의 영업에 관한 대표 권한을 제한한 경우에는 선의의 제3자에게도 대항할 수 있다.
④ A가 객관적으로 대표권의 범위내의 행위를 한 경우에도 그것이 자기의 사적 이익을 위한 것이었고 회사에 손해가 발생한 경우 거래상대방이 이 같은 사정을 알았다면 甲회사가 이를 입증하여 무효를 주장할 수 있다.
⑤ 소액의 대표이사 직무수행자금 조달을 위한 신주발행은 정관규정이나 이사회의 결의 없이 A의 결정만으로 할 수 있다.

해설

① |×| 감사위원회 위원이 소의 당사자인 경우 감사위원회 또는 이사는 법원에 회사를 대표할 자를 선임하여 줄 것을 신청하여야 한다. 대표이사가 당연히 회사를 대표하는 것이 아니다.

> 키워드
> 대표권, 제한, 이사와 회사간의 소송

② |×| 자회사의 이사가 모회사의 감사를 겸할 수 없다. 감사는 그의 지위의 독립성과 감사의 공정성을 기하기 위하여 그의 회사 및 자회사의 이사 또는 지배인 기타의 사용인의 직무를 겸하지 못한다(제411조). 감사가 자신의 행위를 감사하는 결과가 되기 때문이다. 따라서 회사의 이사 등이 감사로 선임되면 종전의 이사 등의 직을 사임하는 의사를 표시한 것으로 해석한다.

> 키워드
> 감사의 겸직제한, 자회사의 이사

③ |×| 대표권 제한은 선의의 제3자에게 대항할 수 없다. 정관의 규정이 있다고 해도 마찬가지이다. 대표이사의 대표권은 회사영업에 관한 재판상·재판외의 모든 행위에 미치며, 대표권을 내부적으로 제한하더라도 선의의 제3자에게 대항하지 못한다(제389조 제3항, 제209조). 대표이사의 권한을 제한하는 근거로는 법률, 정관, 이사회규칙 및 주주총회결의나 이사회결의가 있을 수 있다.

> 키워드
> 대표권제한, 선의의 제3자

④ |○| 대표권남용에 관한 설명이다. 대표권한 내의 적법한 행위이나 대표이사 본인이나 제3자의 이익을 위한 경우 원칙적으로 유효한 대표행위이지만 예외적으로 거래상대방이 이를 알았거나 알 수 있었을 경우 무효이다.

> 키워드
> 대표권남용, 비진의표시설

⑤ |×| 신주발행은 이사회 혹은 정관으로 정한 경우 주주총회의 결의사항이다. 대표이사의 결정만으로 할 수 없다.

> 키워드
> 신주발행권한, 주주배정, 이사회

▶정답 ④

▶ 회사의 불법행위책임, 업무관련성 중요도 ★★☆

080 「상법」상 대표이사에 관한 다음의 설명 중 옳지 않은 것은?

① 대표이사가 회사와 공동불법행위책임을 부담하게 되었다가 주식회사 및 대표이사 이외의 다른 공동불법행위자 중 한 사람이 자신의 부담부분 이상을 변제하여 공동의 면책을 얻게 한 후 구상권을 행사하는 경우에 그 주식회사 및 대표이사는 구상권자에 대한 관계에서는 하나의 책임주체로 평가되어 각자 구상금액의 전부에 대하여 책임을 부담한다.

② 법인의 대표자가 법인에 대하여 불법행위를 한 경우 단기소멸시효의 기산점은 '손해 및 가해자를 안 날'부터 진행되며, 법인의 경우에 손해 및 가해자를 안 날은 통상 대표자가 이를 안 날을 뜻한다.

③ 대표이사가 아니지만 실질적으로 회사를 운영하면서 사실상 대표하여 회사의 사무를 집행하는 자의 행위인 경우에도 회사의 불법행위책임이 성립할 수 있다.

④ 회사가 정관이나 이사회 규정 등으로 이사회 결의를 거쳐 대표권을 행사하도록 한 경우에 대표이사가 이를 거치지 않고 거래행위를 한 경우 해당 거래행위의 당사자가 경과실로 선의인 경우에도 그 무효를 주장할 수 없다.

⑤ 대표기관의 불법행위가 외형상 업무집행의 범위 내에 속하는 것으로 보이는 경우에도, 대표기관의 행위가 업무집행행위에 해당하지 않음을 피해자 자신이 알았거나 또는 중대한 과실로 알지 못한 경우에는 회사에 대하여 상법 제210조의 책임을 물을 수 없다.

해설

① | ○ | 전액에 대해 부담한다. 내부적인 부담비율을 주장할 수 없다. 즉 구상에 대한 책임은 손해배상액 전액에 한 것이다.

> [대법원 2007.05.31. 선고 2005다55473 판결] 주식회사의 대표이사가 업무집행을 하면서 고의 또는 과실에 의한 위법행위로 타인에게 손해를 가한 경우 주식회사는 상법 제389조 제3항, 제210조에 의하여 제3자에게 손해배상책임을 부담하게 되고, 그 대표이사도 민법 제750조 또는 상법 제389조 제3항, 제210조에 의하여 주식회사와 공동불법행위책임을 부담하게 된다. 그리고 주식회사 및 대표이사 이외의 다른 공동불법행위자 중 한 사람이 자신의 부담부분 이상을 변제하여 공동의 면책을 얻게 한 후 구상권을 행사하는 경우에 그 주식회사 및 대표이사는 구상권자에 대한 관계에서는 하나의 책임주체로 평가되어 각자 구상금액의 전부에 대하여 책임을 부담하여야 하고, 이는 위 대표이사가 공동대표이사인 경우에도 마찬가지이다. 따라서 공동면책을 얻은 다른 공동불법행위자가 공동대표이사 중 한 사람을 상대로 구상권을 행사하는 경우 그 공동대표이사는 주식회사가 원래 부담하는 책임부분 전체에 관하여 구상에 응하여야 하고, 주식회사와 공동대표이사들 사이 또는 각 공동대표이사 사이의 내부적인 부담비율을 내세워 구상권자에게 대항할 수는 없다.

키워드

법인의 불법행위, 대표이사, 연대책임, 구상책임도 연대책임

② |×| 원칙적으로 대표자를 기준으로 하지만 대표자가 법인에게 불법행위책임을 부담하는 경우에는 이익이 상반되므로 그렇게 볼 수 없다.

> [대법원 2015.01.15. 선고 2013다50435 판결] 불법행위로 인한 손해배상청구권의 단기소멸시효의 기산점은 '손해 및 가해자를 안 날'부터 진행되며, 법인의 경우에 손해 및 가해자를 안 날은 통상 대표자가 이를 안 날을 뜻한다. 그렇지만 법인의 대표자가 법인에 대하여 불법행위를 한 경우에는, 법인과 그 대표자의 이익은 상반되므로 법인의 대표자가 그로 인한 손해배상청구권을 행사하리라고 기대하기 어려울 뿐만 아니라 일반적으로 그 대표권도 부인된다고 할 것이어서 법인의 대표자가 그 손해 및 가해자를 아는 것만으로는 부족하다. 따라서 이러한 경우에는 적어도 법인의 이익을 정당하게 보전할 권한을 가진 다른 대표자, 임원 또는 사원이나 직원 등이 손해배상청구권을 행사할 수 있을 정도로 이를 안 때에 비로소 단기소멸시효가 진행한다고 할 것이고, 만약 다른 대표자나 임원 등이 법인의 대표자와 공동불법행위를 한 경우에는 그 다른 대표자나 임원 등을 배제하고 단기소멸시효 기산점을 판단하여야 한다. 그리고 이는 법인의 대표자의 불법행위로 인한 법인의 그 대표자에 대한 손해배상청구권을 피보전권리로 하여 법인이 채권자취소권을 행사하는 경우의 제척기간의 기산점인 '취소원인을 안 날'을 판단할 때에도 마찬가지라 할 것이다.

③ |○| 이와 같은 경우에도 법인의 불법행위책임을 인정된다.

> [대법원 2011.04.28. 선고 2008다15438 판결] 민법 제35조 제1항은 "법인은 이사 기타 대표자가 그 직무에 관하여 타인에게 가한 손해를 배상할 책임이 있다"라고 정한다. 여기서 '법인의 대표자'에는 그 명칭이나 직위 여하, 또는 대표자로 등기되었는지 여부를 불문하고 당해 법인을 실질적으로 운영하면서 법인을 사실상 대표하여 법인의 사무를 집행하는 사람을 포함한다고 해석함이 상당하다. 구체적인 사안에서 이러한 사람에 해당하는지는 법인과의 관계에서 그 지위와 역할, 법인의 사무 집행 절차와 방법, 대내적·대외적 명칭을 비롯하여 법인 내부자나 거래 상대방에게 법인의 대표행위로 인식되는지 여부, 공부상 대표자와의 관계 및 공부상 대표자가 법인의 사무를 집행하는지 여부 등 제반 사정을 종합적으로 고려하여 판단하여야 한다. 그리고 이러한 법리는 주택조합과 같은 비법인사단에도 마찬가지로 적용된다.

④ |○| 선의이며 무중과실인 경우에만 무효를 주장할 수 없다(전원합의체 판결). 과거 판례는 비진의표시설에 따랐으므로 경과실의 제3자가 보호받을 수 없었으나, 현재는 그 태도를 변경하여 선의이며 무중과실인 경우에만 무효를 주장할 수 없다고 본다. 따라서 현재 판례의 태도에 따를 때 경과실인 제3자는 보호 받는다.

> [대법원 2021. 2. 18. 선고 2015다45451 전합] 회사 정관이나 이사회 규정 등에서 이사회 결의를 거치도록 대표이사의 대표권을 제한한 경우(이하 '내부적 제한'이라 한다)에도 선의의 제3자는 상법 제209조 제2항에 따라 보호된다. 거래행위의 상대방인 제3자가 상법 제209조 제2항에 따라 보호받기 위하여 선의 이외에 무과실까지 필요하지는 않지만, 중대한 과실이 있는 경우에는 제3자의 신뢰를 보호할 만한 가치가 없다고 보아 거래행위가 무효라고 해석함이 타당하다.

⑤ |○| 대표권 제한은 선의의 제3자에게 대항하지 못한다. 판례는 악의의 제3자에 대항할 수 있다고 보면서 (86다카2073), 중과실이 있는 제3자에 대해서도 대항 할 수 있다고 본다(96다36753).

▸ 정답 ②

공동대표이사

중요도 ★★☆

081 상법상 공동대표이사의 사례에 관한 설명으로 옳지 않은 것은? (다툼이 있는 경우 판례에 의함)

> 甲주식회사는 사장 A와 전무 B를 공동대표이사로 선임하여 공동대표이사의 등기를 하였다. 그런데 A는 '甲주식회사의 대표이사 A'라는 단독명의로 乙과 회사의 업무용 토지에 관한 매매계약을 체결하였다. 이후 甲회사는 그 계약이 불리하게 체결된 점을 발견하고 공동대표이사 규정의 위반을 이유로 매매계약의 효력을 부인하고 있다.

① 공동대표이사 중의 1인인 사장 A가 단독으로 행한 乙과의 매매계약은 무권대표행위로서 무효이다.
② 전무 B가 사장 A의 행위를 추인한 때에는 하자가 치유되므로 乙은 甲회사에 대하여 매매의 효력을 주장할 수 있다.
③ 전무 B의 추인이 없는 경우 乙은 사장 A에 대하여는 민법상 손해배상책임을 묻고 甲회사에 대하여는 사용자책임을 물을 수 있다.
④ 전무 B가 사장 A에게 대표권을 개별적으로 위임하였다면 사장 A와 乙 사이에 체결된 매매계약은 甲회사에 대하여 유효하다.
⑤ 사장 A가 '甲주식회사의 대표이사 A'라고 명함에 사용하는 것을 甲회사가 허락하였다면 선의·경과실인 乙은 甲회사에 대하여 매매계약상의 책임을 물을 수 있다.

해설

① | O | 무권대표행위이고 따라서 회사에 효력이 없는 것이 맞다. 즉 공동대표이사 중 1인의 대표이사가 단독으로 회사를 대표하여 행한 행위는 무권한에 의한 대표행위로서 회사에 대하여 효력이 없다. 이러한 원칙은 상대방의 선의 여부에 따라 달라지지 않는다. 더구나 등기사항이므로 등기했을 경우 제37조 제1항에 따라 선의의 상대방에게도 대항할 수 있다. 이것은 대표권을 제한하여 선의의 제3자에게 대항할 수 없는 것과는 다른 경우이다. 다만 등기한 경우에도 표현대표이사가 성립할 수 있고 이에 따라 회사의 책임이 인정될 수 있다.

> **키워드**
> 공동대표이사, 등기사항, 단독대표행위, 무효

② | O | 추인할 수 있다. 단독대표행위의 추인은 가능하다고 본다. 즉, 공동대표이사 중 1인이 단독으로 대표한 행위는 무효이지만, 사후에 이를 추인할 수 있다. 묵시적으로도 가능하다. 또한 표현대표이사제도(제395조)가 적용되어 공동대표이사가 단독으로 '대표이사'라는 명칭을 사용한 경우에도 표현대표이사가 적용될 수 있다.

> [대법원 2010.12.23. 선고 2009다37718 판결] 甲 주식회사의 공동대표이사 중 1인이 단독으로 乙과 주차장관리 및 건물경비에 관한 갱신계약을 체결한 사안에서, 甲 주식회사가 종전 계약기간이 만료된 이후 7개월이나 경과된 시점에서 종전 계약의 기간만을 연장한 위 갱신계약의 체결사실을 인식하고 있으면서 乙에게 기간이 만료된 종전 계약의 계속적인 이행을 요구하는 통고서를 발송하여 갱신계약

의 효과가 甲 주식회사에게 귀속되는 것을 승인함으로써 위 갱신계약을 묵시적으로 추인하였다고 봄이 상당하다.

> **키워드**
> 공동대표이사, 단독대표권, 무효, 추인가능

③ |×| 회사에 사용자책임을 물을 수는 없다. A는 "사장"이므로 민법상 불법행위책임과 별개로 표현이사로서 제3자인 Y에게 직접 손해배상책임을 부담한다. 상법 제401조의2 제1항 제3호는 이사가 아니면서 명예회장·사장·부사장·전무·상무·이사·기타 회사의 업무를 집행할 권한이 있는 것으로 인정될 만한 명칭을 사용하여 회사의 업무를 집행한 때에는 그 집행한 업무에 관하여 이사와 같은 책임을 부과한다. 지시하거나 집행한 업무에 관하여 제399조·제401조 및 제403조의 적용에 있어서 이를 이사로 본다"고 규정하여, 그 집행한 업무에 관하여 회사 및 제3자에 대하여 이사로서의 책임을 진다.

> **키워드**
> 대표이사의 불법행위, 영업관련성, 회사와 연대책임

④ |○| 개별적 위임은 가능하다. 다만 포괄적 위임은 제도의 취지에 맞지 않아 허용하지 않는 것이 통설 및 판례의 태도이다. 개별적 위임이 가능한지 여부에 대해 이를 정면으로 다룬 것은 없으나, "공동대표이사의 1인이 특정사항에 관하여 개별적으로 대표권의 행사를 다른 공동대표이사에게 위임함은 별론으로 하고"라고 설시한바(89다카3677) 있어 개별적 위임을 긍정하는 것으로 해석할 수 있다.

> [대법원 1989.5.23. 선고 89다카3677 판결] 주식회사에 있어서의 공동대표제도는 대외 관계에서 수인의 대표이사가 공동으로만 대표권을 행사할 수 있게 하여 업무집행의 통일성을 확보하고, 대표권 행사의 신중을 기함과 아울러 대표이사 상호간의 견제에 의하여 대표권의 남용 내지는 오용을 방지하여 회사의 이익을 도모하려는데 그 취지가 있으므로 공동대표이사의 1인이 그 대표권의 행사를 특정사항에 관하여 개별적으로 다른 공동대표이사에게 위임함은 별론으로 하고, 일반적, 포괄적으로 위임함은 허용되지 아니한다.

> **키워드**
> 공동대표이사, 포괄적 위임 불가

⑤ |○| 표현대표이사 책임을 인정하기 위한 회사의 귀책사유로 묵시적 승인도 가능하다. 즉 책임을 지기 위해서 회사에 귀책사유가 있어야 하고, 이러한 귀책사유가 되는 것이 회사의 외관부여행위이다. 명시적인 사용허락 뿐만 아니라 명칭사용을 소극적으로 묵인(묵시적인 승인)한 경우를 포함한다. 행위자가 임의로 표현대표이사의 명칭을 잠칭한 경우에는 회사가 몰랐다면 회사가 그러한 사실을 알지 못하고 또 제지하지 못한 점에 과실이 있다 하더라도 회사가 책임을 지지 않는다. 그러나 알면서도 아무런 조치를 취하지 않은 경우 묵시적 승인으로 본다.

> [대법원 1975.5.27. 선고 74다1366 판결] 회사가 상법 제395조에 의하여 표현대표이사의 행위에 대하여 그 책임을 지는 것은 회사가 표현대표자의 명칭사용을 명시적으로나 묵시적으로 승인한 경우에만 한하는 것이고, 회사의 명칭사용 승인없이 임의로 명칭을 잠칭한 자의 행위에 대하여는 회사가 그러한 사실을 알지 못하고 또 제지하지 못한 점에 과실이 있다 하더라도 회사가 책임을 지는 것은 아니다.

[대법원 2005.9.9. 선고 2004다17702 판결] 이사 또는 이사의 자격이 없는 자가 임의로 표현대표자의 명칭을 사용하고 있는 것을 회사가 알면서도 이에 동조하거나 아무런 조치를 취하지 아니한 채 그대로 방치한 경우도 회사가 표현대표자의 명칭사용을 묵시적으로 승인한 경우에 해당한다고 봄이 상당하다.

키워드

공동대표이사, 단독 대표행위, 표현대표이사, 단순한 대표이사 명칭

▶ 정답 ③

감사의 책임, 위법행위유치청구, 공동대표이사   중요도 ★★☆

082 주식회사의 대표이사 및 감사에 관한 다음의 설명 중 옳지 않은 것은? (다툼이 있는 경우 판례에 의함)

① 감사의 회사에 대한 임무해태로 인한 손해배상책임은 일반불법행위 책임이 아니라 위임관계로 인한 채무불이행책임이므로 그 소멸시효기간은 일반 채무의 경우와 같이 10년이다.

② 이사가 법령 또는 정관에 위반한 행위를 하여 이로 인하여 회사에 회복할 수 없는 손해가 생길 염려가 있는 경우에는 감사는 회사를 위하여 이사에 대하여 그 행위를 유지할 것을 청구할 수 있다.

③ 이사회 결의가 없음을 알지 못한데 과실이 있어 거래가 무효로 된 거래상대방은 회사와 당해 거래를 한 대표이사를 상대로 손해배상을 청구할 수 있다.

④ 회사가 공동대표이사에게 단순한 대표이사라는 명칭을 사용하여 법률행위를 하는 것을 용인 내지 방임한 경우라면 회사에가 상법 제395조에 의한 표현책임을 인정할 수 없다.

⑤ 회사의 공동대표이사 2명 중 1명이 단독으로 동의한 것이라면 특별한 사정이 없는 한 이를 회사의 동의라고 볼 수 없으나, 다만 나머지 1명의 대표이사가 그로 하여금 대표행위를 단독으로 하도록 방임하였고 또한 상대방이 이에 대해 선의라면 이를 회사의 동의로 볼 수 있다.

해설

① |O| 일반 채무의 경우와 같이 10년이다.

키워드

임무해태, 손해배상책임, 10년

② |O| 소수주주 뿐만 아니라 감사도 위법행위유치청구권을 갖는다.

키워드

이사의 위법행위 유지청구, 3%, 감사

③ |O| 이사회결의가 없어서 보증계약이 무효로 된 경우에도 대표이사는 제3자에 대한 손해배상책임을 부담하게 된다.

> [대법원 2009.3.26. 선고 2006다47677 판결] 이사회결의의 부존재를 이유로 주식회사에 대한 보증계약의 효력을 부정하면서 회사의 손해배상책임을 인정한다고 하여 상법 제393조 제1항의 규정 취지를 몰각하였다고 볼 수는 없다. 또한, 불법행위의 피해자가 제3자에 대하여 채권을 가지게 되어 그의 변제를 받는다면 손해가 생기지 않게 되는 경우에도 피해자는 불법행위자에 대하여 손해배상청구권을 행사할 수 있으므로, 위의 경우에 채권자가 채무자로부터 변제를 받을 경우 손해를 회복할 수 있게 된다 하더라도 그러한 사정만으로 보증계약을 한 주식회사 및 그 대표이사에 대하여 보증의 무효로 인한 손해배상을 청구하지 못하는 것은 아니다.

키워드
이사회결의 하자, 과실, 보증계약 무효, 회사 및 대표이사의 연대책임

④ |×| 단독대표이사 명칭 사용에 대한 회사의 귀책사유가 인정된다면 표현대표이사의 책임이 인정된다.

> [대법원 1991.11.12. 선고 91다19111 판결] 회사가 공동으로만 회사를 대표할 수 있는 공동대표이사에게 대표이사라는 명칭의 사용을 용인 내지 방임한 경우에는 회사가 이사자격이 없는 자에게 표현대표이사의 명칭을 사용하게 한 경우이거나 이사자격 없이 그 명칭을 사용하는 것을 알고서도 용인상태에 둔 경우와 마찬가지로, 회사는 상법 제395조에 의한 표현책임을 면할 수 없다.

키워드
공동대표이사, 표현대표이사, 대표이사 명칭

⑤ |O| 이러한 경우 적법한 공동대표행위로 보아 회사의 책임을 인정한 바 있다.

> [대법원 1996.10.25. 선고 95누14190 판결] 회사의 공동대표이사 2명 중 1명이 단독으로 동의한 것이라면 특별한 사정이 없는 한 이를 회사의 동의라고 볼 수 없으나, 다만 나머지 1명의 대표이사가 그로 하여금 건물의 관리에 관한 대표행위를 단독으로 하도록 용인 내지 방임하였고 또한 상대방이 그에게 단독으로 회사를 대표할 권한이 있다고 믿은 선의의 제3자에 해당한다면 이를 회사의 동의로 볼 수 있다.

키워드
공동대표, 단독 대표행위, 용인/방임, 선의의 제3자, 유효한 대표행위

▶정답 ④

▶ 감사위원회, 감사선임, 감사권, 감사의 책임 　　중요도 ★★☆

083 상법상 주식회사의 감사제도에 관한 설명으로 옳은 것은? (다툼이 있는 경우 판례에 의함)

① 감사위원회 설치의무가 있는 상장회사에서 A가 그 회사 감사위원회의 대표라면 A는 사외이사이어야 한다.
② 甲회사의 정관이 의결권 없는 주식을 제외한 발행주식총수의 100분의 5를 초과하는 수의 주식을 가진 주주는 그 초과하는 주식에 관하여 감사선임시 의결권을 행사할 수 없다고 규정한 경우 그러한 정관규정은 유효하다.
③ 모회사와 자회사는 법인격이 다르므로 모회사의 감사는 자회사의 이사에 대하여 영업의 보고를 요구하거나 자회사의 재무와 재산상태를 조사할 수가 없다.
④ 감사는 주주대표소송으로 책임추궁을 받지 않고 정관에 규정을 두어 책임을 경감 받을 수 없다.
⑤ 최근 사업연도 말 현재의 자산총액이 3천억원인 상장회사의 경우 감사위원회 위원은 이사회에서 선임하고 해임한다.

해 설

① |○| 감사위원회 대표는 사외이사이어야 한다. 감사위원회 설치의무가 있는 상장회사는 자산규모 2조원 이상인 회사이고 이 경우 감사위원회 대표는 사외이사이다(제542조의11 제2항 제2호).

> **키워드**
> 2조원, 대규모상장사, 감사위원회 설치의무, 대표는 사외이사

② |×| 의결권 없는 주식을 제외한 발행주식의 총수의 100분의 3을 초과하는 수의 주식을 가진 주주는 그 초과하는 주식에 관하여 감사의 선임에 있어서는 의결권을 행사하지 못한다. 회사는 정관으로 비율보다 낮은 비율을 정할 수 있으나 높은 비율을 정할 수는 없다.

> **키워드**
> 감사선임시, 3%까지만, 낮게만 가능

③ |×| 모회사의 감사는 그 직무를 수행하기 위하여 필요한 때에는 자회사에 대하여 영업의 보고를 요구할 수 있다(제412조의5 제1항). 또한 자회사의 업무와 재산상황을 조사할 수 있다(제412조의5 제2항). 그런데 이 권한이 자회사에 대한 감사권을 의미하는 것은 아니다.

> **키워드**
> 자회사에 대한 감사권

④ |×| 주주대표소송의 대상이 되며 정관의 규정을 두어 책임을 경감시킬 수 있다. 소수주주에 의한 대표소송이 인정된다. 또한 책임의 면제에 있어서도 총주주의 동의가 필요하다(제415조, 제403조).

> **키워드**
> 감사의 책임, 이사책임과 유사

⑤ |×| 1천억원 이상인 경우 주주총회에서 선임하고 해임한다. 자산총액 1천억원 이상 2조원 미만의 상장회사는 상근감사를 대신하여 감사위원회를 두는 경우 제542조12의 선임절차(주주총회)와 동일하다고 보아야 한다(제542조의10 제1항 단서 참조).

> **키워드**
> 1천억, 상근감사 설치, 감사위원회로 갈음, 주주총회에서 선임

▶ 정답 ①

V. 자본의 증가와 감소

▶ 신주발행, 주주배정, 제3자배정, 실권주, 신주인수권 양도   중요도 ★★★

084 「상법」상 주식회사의 신주발행에 관한 설명으로 옳은 것은? (다툼이 있으면 판례에 의함)

① 주식회사가 신주를 발행함에 있어 신기술의 도입, 재무구조의 개선 등 회사의 경영상 목적을 달성하기 위하여 필요한 범위 안에서 정관이 정한 사유가 없더라도, 회사의 경영권 분쟁이 현실화된 상황에서 경영진의 경영권이나 지배권 방어라는 목적을 달성하기 위하여 제3자에게 신주를 배정하는 것이라면, 그러한 신주발행은 「상법」 제418조 제2항을 위반하여 주주의 신주인수권을 침해하는 것이라 할 수 없다.

② 신주 등의 발행에서 주주배정방식과 제3자배정방식을 구별하는 기준은 회사가 신주 등을 발행할 때에 신주 등의 인수권을 부여받은 주주들이 실제로 인수권을 행사함으로써 신주 등을 배정받았는지 여부에 좌우되는 것이지, 주주들에게 그들의 지분비율에 따라 신주 등을 우선적으로 인수할 기회를 부여하였는지 여부에 따라 객관적으로 결정되는 성질의 것은 아니다.

③ 주주의 신주인수권은 주주가 종래 가지고 있던 주식의 수에 비례하여 우선적으로 인수의 배정을 받을 수 있는 권리로서 주주의 자격에 기하여 법률상 당연히 인정되는 것이지만 현물출자자에 대하여 발행하는 신주에 대하여는 일반주주의 신주인수권이 미치지 않는다.

④ 주주배정방식으로 신주를 발행함에 있어 기존 주주가 신주인수를 포기함에 따라 발생한 실권주를 제3자에게 배정한 경우, 발행가액이 시가보다 현저하게 낮아 기존 주식의 가치가 희석되었다면 이사가 회사에 대한 관계에서 임무를 위배하여 회사에 손해를 끼친 것으로 볼 수 있다.

⑤ 주주의 신주인수권은 정관 또는 이사회의 결의로 이를 양도할 수 있음을 정한 경우에만 회사에 대한 관계에서 유효하게 양도할 수 있으므로 정관이나 주주총회 또는 이사회의 결의로 신주인수권의 양도에 관하여 아무런 정함을 하지 않는 경우 회사가 승인하더라도 그 양도는 효력이 없다.

> 해설

① |×| 경영권 방어 등의 목적으로 제3자에게 신주를 발행하는 것은 주주의 신주인수권 침해이다. 상법에서는 "정관에 정하는 바에 따라 주주 외의 자에게 신주를 배정할 수 있다. 다만, 이 경우에는 신기술의 도입, 재무구조의 개선 등 회사의 경영상 목적을 달성하기 위하여 필요한 경우에 한한다"고 규정한다(제418조 제2항). 요컨대 제3자 배정을 하기 위하여는 정관에 규정을 두어야만 한다. 그 내용은 부여의 대상이나 주식의 종류와 수 등을 확정하여 주주들에게 예측가능성을 부여하여야 할 정도로 구체적이어야 한다. 판례는 경영진의 경영권을 방어하기 위하여 제3자 배정의 방식으로 이루어진 사안에서 이는 상법과 회사 정관을 위반하여 기존 주주의 신주인수권을 침해한 것이고 그로 인하여 회사의 지배구조에 심대한 변화가 초래되어 기존 주주의 종래의 지배권이 현저하게 약화되는 중대한 영향을 받게 된 경우이어서 무효라고 판단하였다(2008다50776).

> 키워드

제3자배정, 정관규정, 경영상 목적

② |×| 인수할 기회를 주었는지 여부로 판단한다. 신주인수권이란 회사의 성립 후 신주를 발행하는 경우에 다른 사람에 우선하여 신주를 인수할 수 있는 권리를 말한다. 원칙적으로 주주에게 지분비례에 따라 신주인수권을 부여하므로 주주가 이를 갖는 것이 원칙이나(제418조 제1항), 예외적으로는 제3자가 가질 수도 있다(제418조 제2항). 공모에 의한 경우는 일반인이 주식인수의 청약을 하고 이에 대하여 회사가 배정을 하는 경우로서 청약자에게 우선적으로 배정받을 권리를 인정하는 것이 아니므로 제3자의 신주인수권에 해당하지 않는다. 전자를 주주배정, 후자를 제3자배정이라 한다. 주주배정인지 제3자 배정인지의 여부는 형식론에 집착할 것이 아니라 제반사정을 종합적으로 고려하여 판단해야만 한다.

> 키워드

기존주주, 인수기회, 주주배정, 제3자배정 요건 불요

③ |○| 상법은 주주에게 원칙적으로 신주인수권을 부여한다(제418조). 신주인수권이란 회사의 성립 후 신주를 발행하는 경우에 다른 사람에 우선하여 신주를 인수할 수 있는 권리를 말한다. 원칙적으로 주주에게 지분비례에 따라 신주인수권을 부여하므로 주주가 이를 갖는 것이 원칙이나(제418조 제1항), 예외적으로는 제3자가 가질 수도 있다(제418조 제2항). 전자를 주주배정, 후자를 제3자배정이라 한다. 일정한 경우 주주의 신주인수권을 배제 또는 제한할 수 있다. 정관에 다른 정함이 없다면 현물출자자와 현물출자의 목적재산 및 부여할 주식에 대하여 이사회가 결정하도록 되어 있다(제416조 제4호). 주주 아닌 제3자가 현물출자를 하는 경우 이사회결의만으로 현물출자자에게 신주인수권을 부여할 수 있는 것인지에 대하여 견해의 대립이 있으나, 판례는 이를 긍정하여 이사회결의만으로 주주의 신주인수권을 배제할 수 있다고 본다(88누889).

> 키워드

주주배정이 원칙, 주식평등의 원칙, 현물출자의 예외

④ |×| 판례는 이러한 경우 이사의 선관주의의무 위반이 아니라고 보았다. 따라서 손해배상을 청구할 수도 없다. 판례는 실권주는 이사회결의로 임의로 제3자에게 배정할 수 있고, 이 경우 별도로 정관에 규정이 있어야하는 것도 아니고, 주주배정의 방법이었으나 주주들이 인수청약을 하지 아니하여 실권된 부분을 제3자에게 발행하더라도, 주주의 경우와 같은 조건으로 발행할 수밖에 없다고 본다(2007도4949 전원합의체 판결). 나아가 신주인수권의 포기로 회사 지분비율의 변화가 기존 주주 스스로의 선택에 기인한 것이라면 이사에게 지배권 이전과 관련하여 임무위배가 있다고 할 수 없다고 본다(2011다57869).

> 키워드

실권주 처리, 이사회 재량, 저가의 제3자 배정, 임무해태 없음

⑤ |×| 판례는 승인하면 효력이 있다고 본다. 주주의 신주인수권은 정관 또는 이사회의 결의로 이를 양도할 수 있음을 정한 경우에만 회사에 대한 관계에서 유효하게 양도할 수 있다(제416조 제5호). 그러나 정관이나 주주총회 또는 이사회의 결의로 신주인수권의 양도에 관하여 아무런 정함을 하지 않은 경우는 문제가 된다. 이 경우에도 당사자간에는 유효하다고 보는 데에는 의문이 없다. 그러나 회사에 대하여 그 유효성을 주장할 수 있는가에 관하여는 견해의 대립이 있다. 판례는 회사가 승인하면 효력이 있다는 견해로, 신주인수권의 양도에 대하여 정관 또는 이사회의 결의로 양도에 관한 사항을 정하지 않은 경우에도 양도가 가능하며 그 양도방법이나 효력은 지명채권양도의 방법에 의한다고 본다(94다36421).

> **키워드**
> 신주인수권 양도, 정한 바 없어도, 지명채권양도 방식

▶정답 ③

▶ 신주발행 중요도 ★★★

085 다음 사례에 관한 「상법」상 설명 중 옳은 것은?(이견이 있으면 판례에 의함)

> 甲주식회사(수권자본금 50억원, 자본금 8억원, 주주가 A와 B 2명 뿐인 비상장회사) 대표이사 A는 회사 자금사정이 급격하게 어려워지자 긴박하게 회사의 경영자금을 조달하기 위하여 이사회의 결의로 제3자인 C에게 발행가를 액면가 이상으로 신주를 배정하였다(甲회사의 정관에는 "이사회는 새로운 기술의 도입이나 긴급한 경영자금의 조달이라는 경영목적을 위해서는 주주 아닌 제3자에게 신주를 배정할 수 있다"고 규정되어 있음). C는 2억원의 신주대금의 납입을 위하여, 이사회의 결정내용대로 재산가액 4천만원의 부동산의 출자를 비롯하여, 이행기가 도래해 있는 甲회사에 대한 4천만원의 금전채권을 가지고 상계하고 나머지는 현금으로 지급하였다.

① C가 A와 공모하여 현저하게 불공정한 발행가액으로 주식을 인수했다고 하더라도 C가 공정한 발행가액과의 차액에 상당하는 금액을 회사에 지급하면 甲회사에 대한 A의 손해배상책임은 발생하지 않는다.
② B는 C에 대한 신주발행이 위법하고 이로 인하여 자신이 불이익을 입을 염려가 있다고 판단하면 A를 상대방으로 하여 신주발행유지의 소를 제기할 수 있다.
③ C의 재산가액 4천만원의 부동산 출자는 법원이 선임한 검사인의 검사나 공인된 감정인의 감정이라는 검사절차를 거치지 않은 것으로 위법하다.
④ C가 甲회사에 대한 4천만원의 금전채권으로 상계한 것은 甲회사의 동의가 있는 경우에만 신주대금 납입으로서 유효하다.
⑤ 만일 甲회사가 오직 경영권 방어만을 목적으로 C에게 신주를 배정하였더라도 C에 대한 신주발행은 유효하다.

> **해 설**

① |×| 손해배상책임도 발생한다. 이사와 통모하여 현저하게 불공정한 발행가액으로 주식을 인수한 자는 회사에 대하여 공정한 발행가액과의 차액에 상당한 금액을 지급할 의무가 있다. 주식인수인의 의무와는 별개로 그와 통모한 이사도 회사 또는 다른 주주에 대하여 손해배상책임을 진다(제424조의2 제3항).

> **키워드**
> 통모불공정발행, 차액지급, 손해배상책임도

② |×| 신주발행유지청구의 상대방은 (대표)이사가 아니라 회사이다. 회사가 법령 또는 정관에 위반하거나 현저하게 불공정한 방법에 의하여 주식을 발행함으로써 주주가 불이익을 받을 염려가 있는 경우에는 그 주주는 회사에 대하여 그 발행을 유지할 것을 청구할 수 있다(제424조).

> **키워드**
> 신주발행유지청구, 상대방은 회사

③ |×| 위법하지 않다. 원칙적으로 현물출자를 하는 자가 있는 경우에는 이사는 이를 조사하게 하기 위하여 검사인의 선임을 법원에 청구하여야 한다(제422조 제1항). 그러나 다음의 경우는 예외이다. 사례는 아래의 예외중 (a)에 해당한다.
(a) 현물출자의 목적인 재산의 가액이 자본금의 5분의 1을 초과하지 아니하고 대통령령으로 정한 금액을 초과하지 아니하는 경우(소액출자) (b) 현물출자의 목적인 재산이 거래소의 시세 있는 유가증권인 경우 이사회가 정한 평가액이 대통령령으로 정한 방법으로 산정된 시세를 초과하지 아니하는 경우 (c) 변제기가 돌아온 회사에 대한 금전채권을 출자의 목적으로 하는 경우로서 그 가액이 회사장부에 적혀 있는 가액을 초과하지 아니하는 경우(출자전환) (d) 기타 위에 준하는 경우로서 대통령령으로 정하는 경우 등
만약 위와 같은 예외에 해당하지 않는다고 해도, 검사절차를 거치지 않은 것이 '신주발행 무효사유'가 되지 않는다. 신주발행무효의 원인은 상법에 규정이 없어 해석에 따르는데, 판례는 경미한 하자를 무효의 원인으로 보지 않는데, 그 이유는 단체적 법률관계의 안정이다. 즉 신주발행무효의 원인을 매우 엄격하게 해석한다. 따라서 현물출자에 대한 검사절차를 거치지 않은 것만으로는 무효사유가 되지 않는 것으로 보지만, 주주의 신주인수권에 대한 침해는 무효원인으로 본다.

> [대법원 1980.2.12. 선고 79다509 판결] 주식회사의 현물출자에 있어서 이사는 법원에 검사인의 선임을 청구하여 일정한 사항을 조사하도록 하고 법원은 그 보고서를 심사하도록 되어 있으나 이와 같은 절차를 거치지 아니한 신주발행 및 변경등기가 당연무효가 된다고 볼 수 없다.

> **키워드**
> 현물출자, 검사절차의 불이행, 신주발행무효의 원인이 아님

④ |○| 회사의 동의가 있으면 유효하다. 즉 이사는 신주의 인수인으로 하여금 그 배정한 주수에 따라 납입기일에 그 인수한 각 주식에 대한 인수가액의 전액을 납입시켜야 한다(제421조 제1항). 신주의 인수인은 회사의 동의 없이 납입채무와 주식회사에 대한 채권을 상계할 수 없다(제421조 제2항). 다만 회사는 상대방의 동의 없이 일방적 의사표시에 의하여 상계하는 것이 허용된다.

> **키워드**
> 납입금 상계, 회사의 동의

⑤ |×| 경영권방어를 위한 제3자 배정은 위법한 신주발행이다. 제3자 배정방식을 위해서는 형식적 요건과 실질적 요건을 갖추어야 한다. 즉 예측가능성을 부여할 수 있을 정도의 구체적 정관의 규정과 경영상 목적

을 달성하기 위한 경우에만 가능하다. 판례는 경영상 목적을 해석함에 있어서 경영권방어를 위한 경우는 포함하지 않는 것으로 본다. 이를 목적으로 제3자에게 신주를 배정하는 것은 주주의 신주인수권을 침해한 것으로 신주발행무효의 원인이 된다.

> [대법원 2009.1.30. 선고 2008다50776 판결] 주식회사가 신주를 발행함에 있어 신기술의 도입, 재무구조의 개선 등 회사의 경영상 목적을 달성하기 위하여 필요한 범위 안에서 정관이 정한 사유가 없는데도, 회사의 경영권 분쟁이 현실화된 상황에서 경영진의 경영권이나 지배권 방어라는 목적을 달성하기 위하여 제3자에게 신주를 배정하는 것은 상법 제418조 제2항을 위반하여 주주의 신주인수권을 침해하는 것이다.

키워드
제3자발행, 정관/경영상 목적, 지배권 방어는 제외

▶정답 ④

▶ 자본금 감소 　　　　　　　　　　　중요도 ★★★

086 주식회사의 자본금감소에 관한 다음의 설명 중 옳은 것은? (다툼이 있는 경우 판례에 의함)

① 법원이 자본금감소 무효의 소를 재량기각하기 위해서는 원칙적으로 그 소제기 전이나 그 심리 중에 원인이 된 하자가 보완되어야 하지만, 하자가 추후 보완될 수 없는 경우에는 하자의 보완 없이도 회사의 현황 등 제반 사정을 참작하여 자본감소를 무효로 하는 것이 부적당하다고 인정한 때에는 법원은 그 청구를 기각할 수 있다.
② 주식병합의 하자를 다투는 소에 관하여는 「상법」상 규정이 없으므로 주식병합이 자본금감소를 위한 경우 상법 제445조의 자본금감소무효의 소의 절차에 따르지만, 자본금감소를 수반하지 않는 주식병합의 경우에까지 제445조가 유추적용되는 것은 아니다.
③ 취소 또는 무효의 하자가 있는 주주총회의 결의에 기초한 자본금 감소 절차가 실행되어 그 효력이 발생한 후, 주주가 자본금 감소의 효력을 다투고자 한다면, 주주는 주주총회 결의 취소의 소나 무효확인의 소를 제기하는 방식으로도 다툴 수 있고, 감자무효의 소를 제기하는 방식으로도 다툴 수 있다.
④ 자본금이 감소되는 경우 반드시 정관변경절차가 수반되어야 한다.
⑤ 자본금 감소규정에 따른 주식소각의 경우 그 효력은 채권자 보호절차가 마쳐지지 않은 때라도 공고된 주권제출기간이 만료한 때에 발생한다.

해 설

① |O| 원칙적으로 하자가 보완되어야 재량기각이 가능하다. 그러나 하자가 추후 보완될 수 없는 성질의 것으로서 자본감소 결의의 효력에는 아무런 영향을 미치지 않는 것인 경우 등에는 그 하자가 보완되지 아니

하였다 하더라도 회사의 현황 등 제반 사정을 참작하여 자본감소를 무효로 하는 것이 부적당하다고 인정한 때에는 법원은 그 청구를 기각할 수 있다(2003다29616).

> **키워드**
> 감자무효, 재량기각, 하자보완

② |×| 자본금감소를 수반하지 않는 주식병합의 경우에도 유추적용된다. 주식병합의 하자를 다투는 소에 관하여는 「상법」상 규정이 없다. 주식병합이 자본금감소를 위한 경우 제445조의 감자무효의 소에 따른다. 그런데 판례는 자본금감소를 수반하지 않는 주식병합에 대하여도 제445조를 유추적용하고 있어 결과적으로 주식병합무효의 소는 제445조의 감자무효의 소 절차에 의한다.

> **[대법원 2009.12.24. 선고 2008다15520 판결]** 상법 부칙(1984.4.10.) 제5조 제2항에 의하여 주식 1주의 금액을 5천 원 이상으로 하기 위하여 거치는 주식병합은 자본의 감소를 위한 주식병합과는 달리 자본의 감소가 수반되지 아니하지만, 주식병합에 의하여 구 주식의 실효와 신 주식의 발행이 수반되는 점에서는 자본감소를 위한 주식병합의 경우와 차이가 없다. 그런데 위와 같은 주식병합 절차에 의하여 실효되는 구 주식과 발행되는 신 주식의 효력을 어느 누구든지 그 시기나 방법 등에서 아무런 제한을 받지 않고 다툴 수 있게 한다면, 주식회사의 물적 기초와 주주 및 제3자의 이해관계에 중대한 영향을 미치는 주식을 둘러싼 법률관계를 신속하고 획일적으로 확정할 수 없게 되고, 이에 따라 주식회사의 내부적인 안정은 물론 대외적인 거래의 안전도 해할 우려가 있다. 따라서 이러한 경우에는 그 성질에 반하지 않는 한도 내에서 구 상법(1991.5.31. 법률 제4372호로 개정되기 전의 것) 제445조의 규정을 유추 적용하여, 주식병합으로 인한 변경등기가 있는 날로부터 6월 내에 주식병합 무효의 소로써만 주식병합의 무효를 주장할 수 있게 함이 상당하다.

> **키워드**
> 병합하자, 감자무효 준용, 감자 없어도

③ |×| 자본금감소무효의 소만 제기할 수 있다. 이에 대해서는 학설의 대립이 있으나, 판례도 흡수설의 입장에서 감자의 효력이 발생한 이후에는 총회결의하자의 소는 제기할 수 없고 자본금감소무효의 소만 제기할 수 있다고 본다(2009다83599).

> **키워드**
> 감자무효, 흡수설

④ |×| 반드시 정관변경이 필요한 것은 아니지만, 액면가의 감소가 있는 경우, 정관의 절대적 기재사항이므로 정관변경이 수반되어야 한다. 감자에 대한 특별결의로 충분하며, 별도의 총회가 개최되어야 하는 것은 아니다. 회사의 구조조정과 관련되므로 주주총회의 특별결의를 거쳐야 한다(제438조 제1항). 감자에 관한 주요내용은 통지시 기재되어야 하고, 총회결의 시 감자방법도 결정한다. 단 결손보전감자의 경우 보통결의에 의한다.

> **키워드**
> 감자, 자본금 감소, 등기사항

⑤ |×| 채권자 보호절차를 마치지 않으면 효력이 발생하지 않는다. 주식의 소각에 대해 1) 상법은 강제소각의 경우만 규정을 둔다. 주식소각의 절차는 주식병합절차가 준용되므로 주식병합의 절차와 동일하다(제343조 제2항). 따라서 1월 이상의 기간을 정하여 그 뜻과 그 기간 내에 주권을 회사에 제출할 것을 공고하고 주주명부에 기재된 주주와 질권자에 대하여는 각별로 그 통지를 하여야 하고(제440조), 이 기간이 종료된

때 효력이 발생한다(제441조 제1항). 그러나 채권자 보호절차를 거쳐야 한다(제441조 제2항, 제232조). 2) 임의소각은 상법규정이 없으나 주식평등의 원칙이 지켜져야 할 것이므로, 모든 주주에게 통지와 공고의 방법으로 해야 하고 채권자보호절차도 밟아야 한다. 판례는 임의소각의 효력발생시점에 관하여 주식의 강제소각의 경우와 달리, 회사가 그 주식을 취득하고 상법 소정의 자본금감소의 절차뿐만 아니라 상법 제343조가 정한 주식실효 절차까지 마친 때에 소각의 효력이 생긴다고 본다(2003다20060).

> **키워드**
> 감자의 효력발생, 제출기간 만료 시, 혹은, 채권자보호절차 종료 후

▶ 정답 ①

Ⅵ. 회사의 회계

▶ **무액면주식, 위법배당, 중간배당, 현물배당**　　　　중요도 ★★☆

087 주식회사의 회계에 관한 다음의 설명 중 옳지 않은 것은? (다툼이 있으면 판례에 의함)

① 무액면주식을 발행하는 경우 회사의 자본금은 주식 발행가액의 2분의 1 이상의 금액으로서 이사회(또는 신주발행을 주주총회 결의로 정하는 경우에는 주주총회)에서 자본금으로 계상하기로 한 금액의 총액으로 한다.

② 액면주식을 무액면주식으로 전환하거나 무액면주식을 액면주식으로 전환할 때에는 「상법」상 채권자보호절차를 거치지 않아도 된다.

③ 비상장회사가 상법 제462조 제1항에 따른 배당가능이익을 초과하여 이익배당을 한 경우, 회사채권자는 배당한 이익을 자신에게 반환할 것을 청구할 수 있다.

④ 비상장회사는 연 1회의 결산기를 정한 회사의 경우 정관에 정함에 따라 영업연도 중 1회에 한하여 이사회 결의로 중간배당을 할 수 있다.

⑤ 비상장회사는 회사의 정관으로 금전 외의 재산으로 배당을 할 수 있도록 정한 경우에 회사는 현물로 배당을 할 수 있다.

해설

① |O| 무액면주식의 경우 그 주식의 총발행가액의 2분의 1 이상의 금액으로서 이사회(또는 신주발행을 주주총회 결의로 정하는 경우에는 주주총회)가 자본금으로 계상하기로 한 금액이다(제451조 제2항). 자본금으로 계상하지 않는 금액은 자본준비금으로 계상한다(제452조 제2항).

> **키워드**
> 무액면주식, 발행가액 기준, 1/2 이상, 나머지는 준비금

② |ㅇ| 액면주식과 무액면주식 간의 전환에는 자본금이 변하지 않으므로(제451조 제3항), 채권자보호절차가 필요하지 않다.

> **키워드**
> 액면↔무액면, 자본금변동금지

③ |×| 자신에게 반환할 것을 청구할 수 없다. 법령이나 정관에 위반하여 행하여진 이익배당을 위법배당이라 한다. 전형적인 위법배당의 경우로 배당가능이익이 없음에도 불구하고 이익배당을 하거나 배당가능이익을 초과하여 이익배당을 하는 것을 말하고, 이를 협의의 위법배당이라 한다. 상법에 명문 규정은 없으나 위법배당은 당연무효이므로 부당이득의 법리에 의하여 회사에 반환하여야 한다. 요컨대 회사가 반환청구권을 행사할 수 있고, 당연무효이므로 주주의 선의·악의를 불문한다(통설). 회사채권자는 직접 이를 자신이 아닌 회사에 반환할 것을 청구할 수 있다(제462조 제3항). 이익배당 당시의 채권자가 아니어도 무방하며, 반환청구할 수 있는 금액은 채권액이 아니라 위법배당한 전액이다.

> **키워드**
> 협의의 위법배당, 무효, 채권자의 반환청구권

④ |ㅇ| 할 수 있다. 중간배당이란 연 1회의 결산기를 정한 회사가 정관의 규정에 의하여 영업연도 중간에 1회에 한하여 이사회의 결의로 일정한 날을 정하여 그 날의 주주에게 금전으로써 이익을 배당하는 것을 말한다(제462조의3 제1항). 연 2회의 결산기를 정한 회사는 중간배당을 할 수 없고 중간배당은 정관에 규정이 있을 때에 한하여 할 수 있다. 상장회사는 분기배당이 따로 마련되어 3월, 6월, 9월 말일을 기준으로 이익배당을 허용하고 있다(자본시장법 제165조의12). 분기배당은 상법의 중간배당을 여러 차례로 나누어 시행하는 것이므로, 중간배당과 동일한 규제가 있다.

> **키워드**
> 중간배당, 연 1회 결산기

⑤ |ㅇ| 현물배당이란 주식회사가 정관에 의하여 그 영업으로 얻은 이익을 주주에게 금전 외의 재산으로 분배하는 것이다(제462의4조 제1항). 2011년 개정으로 명문화 되었다. 중간배당의 경우에도 현물배당이 가능하다(제462조의3 제1항). 현물배당이 가능하려면 정관의 규정이 있어야 하고, 현물배당을 결정한 경우에도 주주가 회사에 대하여 현물 대신 금전을 청구할 수 있다.

> **키워드**
> 금전 외 재산, 중간배당도 현물로

▶ 정답 ③

▶ 주식배당

중요도 ★★☆

088 「상법」상 비상장회사의 주식배당에 관한 설명으로 옳은 것은?

① 주식배당에는 주주총회의 특별결의를 요하며 그 한도는 이익배당총액의 2분의 1에 상당하는 금액을 초과하지 못한다.
② 주식배당을 받은 주주는 주식배당의 결의를 한 주주총회가 종결한 날의 다음 날부터 신주의 주주가 된다.
③ 주식배당은 이익배당에 해당하고 유상증자가 아니므로 발행예정주식총수 중에 미발행부분이 남아있지 않더라도 신주의 발행이 가능하다.
④ 주식배당의 요건을 위반한 경우 신주발행 무효의 소를 제기할 수 있고 주식배당이 있기 전에는 신주발행의 유지를 청구할 수 있다.
⑤ 배당가능이익이 없는 주식배당의 경우 금전배당의 경우와 마찬가지로 채권자는 자신의 채권액을 한도로 주주에 대해 배당받은 주식을 회사에 반환할 것을 청구할 수 있다.

해설

① |×| 특별결의가 필요하지 않다. 보통결의 사항이다. 주식배당을 하는 경우에는 주주총회의 결의가 있어야 한다(제462조의2 제1항 본문). 보통의 신주발행은 이사회의 결의만으로 할 수 있으나(제416조), 주식배당은 주주총회의 결의가 있어야 한다. 제462조의2 제2항에서 신주의 발행가액은 액면가로 한다고 정하고 있으므로 발행가액은 결정할 필요가 없다. 주주총회의 주식배당결의는 보통결의에 의하며, 또 이 결의에서는 이익배당 총액의 2분의 1을 초과하지 않는 범위 내에서 주식으로 배당할 총액, 즉 자본금으로 전입할 액수를 정하여야 한다.

> **키워드**
> 주식배당, 보통결의

② |×| 종결한 날에 주주가 된다. 다음날이 아니다. 주식배당을 받은 주주는 배당결의를 한 주주총회가 종결된 때로부터 신주의 주주로 된다(제462조의2 제4항). 준비금의 자본금전입의 경우에 이것이 이사회의 결의에 의한 때에는 신주배정기준일에(제461조 제3항), 또 주주총회의 결의에 의한 때에는 주주총회의 결의가 있은 때에(제461조 제4항) 신주발행의 효력이 생긴다는 점과 차이가 있다.

> **키워드**
> 신주발행, 주주총회 종결한 때

③ |×| 미발행부분이 남아 있어야 한다. 이익배당의 성격으로 보지만(통설) 신주를 발행하는 것이므로 주식배당을 하려면 회사가 발행할 주식의 총수 중에 미발행주식이 있어야 한다.

> **키워드**
> 주식배당도, 이익배당이지만, 수권주식수 내에서

④ |○| 주식배당의 요건과 절차에 위반하여 주식배당을 하고 신주발행을 한 경우, 신주발행무효의 소에 관한 규정(제429조 이하)을 유추적용한다. 주주·이사 또는 감사는 신주를 발행한 날로부터 6월 내에 신주발행무효의 소를 제기할 수 있다. 만약 신주를 발행하기 전이면 신주발행유지청구권에 관한 규정(제424조)을 유추적용하여 불이익을 받을 염려가 있는 주주는 회사에 대하여 그 주식배당의 유지를 청구할 수 있다.

> **키워드**
> 주식배당 하자, 신주발행무효 소송

⑤ |×| 위법배당에 해당하는 것이나, 주식배당의 경우는 자금이 주주에게 유출되지 않으므로 채권자보호의 필요성이 없고, 신주가 발행되므로 신주발행의 효과가 있다는 점에서 일반적인 이익배당과 몇 가지 차이가 있다. 그 구제수단은 ④의 설명 참고.

▶ 정답 ④

▶ 위법배당 중요도 ★★☆

089 「상법」상 주식회사의 위법배당에 관한 설명으로 옳은 것은?

① 정관에 의하여 중간배당이 가능한 회사가 중간배당을 현물배당으로 했다면 그 외의 소정의 요건을 갖추어도 위법한 배당이 된다.
② 배당가능이익 없이 주식배당이 이루어진 경우에는 회사채권자도 신주발행무효의 소를 제기할 수 있다.
③ 상법 제462조 제1항의 배당가능이익의 범위 내에서 이익배당한 경우에도 그 절차나 시기가 위법한 경우에는 회사나 채권자는 주주에게 위법배당금을 회사에 반환할 것을 청구할 수 있다.
④ 위법한 주식배당으로 신주발행이 무효가 되면 회사는 배당받았던 주주에게 신주의 액면총액을 환급해 주어야 한다.
⑤ 대표이사가 이익배당에 관한 주주총회나 이사회에서 현물배당에 관한 결의가 없었음에도 정관규정만을 근거로 현물배당을 한 경우 회사는 주주에 대하여 지급한 현물의 반환을 청구할 수 있다.

해설

① |×| 위법하지 않다. 현물로 배당하는 것도 가능하기 때문이다. 중간배당은 다음의 요건을 갖추어야 한다.

> (a) 연 1회의 결산기를 정한 회사이다.
> (b) 정관규정이 필요하다(제462조의3 제1항).
> (c) 이사회의 결의이다. 일반적 이익배당과는 달리 주주총회결의가 아닌 이사회결의에 의한다(제462조의3 제1항). 이사회는 연 1회에 한하여 금전으로만 중간배당을 할 것을 결의할 수 있다.
> (d) 금전배당 또는 현물배당이 가능하다. 다만 주식배당은 허용되지 않는다.

> **키워드**
> 중간배당, 현물로 가능

② |×| 채권자는 소송을 제기할 수 없다. 기본적으로 주식배당의 경우는 자금이 주주에게 유출되지 않으므로 채권자보호의 필요성이 없다. 위법한 주식배당의 경우 신주발행무효의 소에 관한 규정(제429조 이하)을

유추적용한다. 주주·이사 또는 감사는 신주를 발행한 날로부터 6월 내에 신주발행무효의 소를 제기할 수 있다. 만약 신주를 발행하기 전이면 신주발행유지청구권에 관한 규정(제424조)을 유추적용하여 불이익을 받을 염려가 있는 주주는 회사에 대하여 그 주식배당의 유지를 청구할 수 있다.

> **키워드**
> 주식배당, 신주로만 가능, 신주발행무효, 채권자는 없음

③ |×| 채권자에게 반환청구권의 행사는 협의의 위법배당에만 가능하다. 협의의 위법배당이란 배당가능이익이 없음에도 불구하고 이익배당을 하거나 배당가능이익을 초과하여 이익배당을 하는 것을 말하고, 기타 배당절차나 기준·시기 등에 하자가 있거나 또는 주식평등의 원칙에 위반하는 배당 등은 광의의 위법배당이 된다. 협의의 위법배당인 경우 회사 및 채권자의 반환청구권이 인정되나, 광의의 경우에는 그 하자의 정도를 감안하여 판단한다. 주식평등의 원칙이나 강행규정에 반하는 경우는 당연무효가 될 것이지만, 하자가 경미한 경우라면(주주총회 소집절차상의 경미한 위반) 관련 규정과의 신중한 해석이 필요하다. 이 경우 무효가 되는 경우에도 회사의 반환청구권은 인정되나, 채권자의 반환청구권은 없다는 없다. 제462조 제3항에 따른 채권자의 청구권은 "제1항의 규정에 위반한" 경우에만 인정되는 것이므로 배당가능이익의 범위에서 이루어진 위법배당의 경우에는 채권자가 반환청구권을 가지지 않는다.

> **키워드**
> 협의의 위법배당, 채권자의 반환청구권

④ |×| 액면총액이 아닌 납입한 금액이다. 신주발행무효판결의 확정으로 그 주식은 효력을 잃게 되므로, 신주의 주주는 주주권을 상실하고 그 주주가 납입한 금액은 반환해야 한다. 따라서 신주발행무효의 판결이 확정된 때에는 회사는 신주의 주주에 대하여 그 납입한 금액을 반환하여야 하고, 그 금액이 무효판결확정 시의 회사의 재산상태에 비추어 현저하게 부당한 때에는 법원은 회사 또는 전항의 주주의 청구에 의하여 그 금액의 증감을 명할 수 있다(제432조).

> **키워드**
> 위법배당, 무효, 회사의 반환, 납입한 금액

⑤ |○| 절차상 하자가 있는 것이므로 광위의 위법배당이고 회사는 반환을 청구할 수 있다. 현물배당을 하기 위해서는 당연한 전제로 배당가능한 이익이 존재해야 하고, 정관에 이에 관한 규정이 있어야 한다(제462조의4 제1항). 지문의 경우 정관규정이 있었지만, 배당결의가 없는 경우이므로 광의의 위법배당에 해당한다.

> **키워드**
> 광의의 위법배당, 무효, 회사의 반환청구권

▶ 정답 ⑤

▶ 준비금의 자본금전입

중요도 ★★☆

090 「상법」상 준비금의 자본전입에 관한 설명으로 틀린 것은?

① 자본준비금과 이익준비금은 어느 것이나 순서에 관계없이 그 전부 또는 일부의 자본전입이 가능하다.
② 준비금의 자본전입에 의해 발행된 신주의 효력이 발생하는 시기는 이사회의 결의에 의한 경우 그 결의일이고 주주총회의 결의에 의한 경우는 배정기준일이다.
③ 준비금의 자본전입에 의해 발행된 신주에 대한 이익배당에 관하여는 정관이 정하는 바에 의하여 신주의 효력이 발생하는 날이 속하는 영업년도의 직전 영업년도 말일에 신주가 발행된 것으로 할 수 없다.
④ 종전 주식에 대하여 약식질이 설정되어 있는 경우 등록질이 설정된 경우와 마찬가지로 준비금의 자본전입에 의해 발행된 신주에 물상대위가 인정된다.
⑤ 판례에 의하면 준비금의 자본전입으로 발행되는 신주는 구주식의 과실에 해당하지 아니하므로 구주식을 매매하여 인도하기 전에 발행된 신주는 매매의 목적물에 포함되지 않는다.

해설

① |○| 순서는 관계없다. 준비금의 자본금 전입은 준비금 계정의 금액에서 일정액을 차감하고 동시에 자본금 계정의 금액을 증가시키는 것을 의미한다. 결손보전이 준비금 계정에서 이익잉여금 계정으로 이동시키는 것이라면, 자본금전입은 준비금 계정에서 자본금 계정으로 이동하는 것이다. 법정준비금만이 그 대상이 된다. 준비금의 자본금전입은 자본금이 증가하게 되고 그에 해당하는 만큼의 신주가 발행되어 주식수가 증가한다(무상증자, 무상주).

키워드
전입에 순서는 없음

② |×| 이사회 결의로 하는 경우 신주배정기준일이 효력발생시기이다. 이사회의 자본금전입 결의가 있는 때에는 회사는 일정한 날을 정하여 그 날에 주주명부에 기재된 주주가 자본금전입으로 신주의 주주가 된다는 뜻을 신주배정기준일의 2주간 전에 공고하여야 한다(제461조 제3항 본문). 그러나 배정기준일이 주주명부폐쇄기간 중인 때에는 그 폐쇄기간의 초일의 2주간 전에 이를 공고하여야 한다(제461조 제3항 단서).

키워드
이사회 결의, 배정기준일, 주주총회, 결의한 때

③ |○| 개정상법은 동액배당 규정을 삭제하였다. 개정 전에는 정관으로 정하는 경우 가능했으므로 정관에 규정이 있으면 예외적으로 동액배당을 할 수 있었다. 그러나 현재는 제350조 제3항을 삭제함으로써 일할배당만이 가능하도록 정하고 있다. 즉 영업연도 중간에 준비금을 자본금전입한 경우 이익배당은 자본금전입의 효력이 발생한 날부터 일할배당을 해야 한다(제461조 제6항, 제350조 제3항 후단).

키워드
영업연도 중, 일할배당

④ |○| 약식질의 경우에도 물상대위가 인정된다. 종전의 주식이 입질된 경우 자본금전입에 의하여 발행되는 신주의 주주가 받은 무상신주 및 단주의 매각대금에 대하여는 물상대위가 인정된다(제461조 제7항, 제339조).

> **키워드**
> 준비금의 자본금 전입, 무상신주 발행, 물상대위

⑤ |○| 구체적 신주인수권이므로 주식의 매매로 이전하지 않고 양도인에게 귀속한다.

> [대법원 2010.2.25. 선고, 2008다96963,96970 판결] 주식회사가 주주총회나 이사회의 결의로 신주를 발행할 경우에 발생하는 구체적 신주인수권은 주주의 고유권에 속하는 것이 아니고 위 상법의 규정에 의하여 주주총회나 이사회의 결의에 의하여 발생하는 구체적 권리에 불과하므로 그 신주인수권은 주주권의 이전에 수반되어 이전되지 아니한다. 따라서 회사가 신주를 발행하면서 그 권리의 귀속자를 주주총회나 이사회의 결의에 의한 일정시점에 있어서의 주주명부에 기재된 주주로 한정할 경우 그 신주인수권은 위 일정시점에 있어서의 실질상의 주주인가의 여부와 관계없이 회사에 대하여 법적으로 대항할 수 있는 주주, 즉 주주명부에 기재된 주주에게 귀속된다.

> **키워드**
> 구체적 신주인수권, 독립적 취급

▶정답 ②

Ⅶ. 사 채

▶ **사채발행, 특수사채** 중요도 ★★☆

091 「상법」상 주식회사의 사채에 관한 설명으로 옳지 않은 것은? (다툼이 있으면 판례에 의함)

① 이사회는 정관으로 정하는 바에 따라 대표이사에게 사채의 금액 및 종류를 정하여 1년을 초과하지 않는 기간 내에 사채를 발행할 것을 위임할 수 있다.
② 특정 종류의 사채총액(상환 받은 액은 제외함)의 10분의 1 이상에 해당하는 사채를 가진 사채권자는 회의목적사항과 소집이유를 적은 서면을 발행회사나 사채관리회사에 제출하여 사채권자집회의 소집을 청구할 수 있다.
③ 사채관리회사가 해당 사채 전부에 대한 지급의 유예를 하는 경우(사채에 관한 채권을 변제받거나 채권의 실현을 보전하기 위한 행위는 제외한다)에는 사채권자집회의 결의가 필요하다.
④ 전환사채발행 무효의 소에 대한 원고 승소판결은 형성판결로서 대세적 효력이 있으며 전환권 행사에 의해 발행된 신주는 소급하여 무효가 된다.
⑤ 전환사채의 인수인이 회사의 지배주주와 특별한 관계에 있는 자라거나 그 전환가액이 발행시점의 주가 등에 비추어 다소 낮은 가격이라는 것과 같은 사유는 무효원인이 되지 않는다.

해설

① |○| 원칙적으로 이사회 결의를 요한다(제469조 제1항). 신주발행의 경우와 마찬가지로 자금조달의 기동성을 확보하기 위한 것이다. 2011년 개정에 의하여 종래 이사회결의로만 사채를 발행할 수 있었던 것을 정관에 정함이 있는 경우 1년을 초과하지 않는 기간 내에 발행할 사채의 금액 및 종류를 정하여 이사회가 대표이사에게 사채발행을 위임할 수 있도록 하였다(제469조 제4항). 사채발행의 기동성과 자금조달의 편리성을 제고하기 위한 것이다. 자본금 총액이 10억원 미만으로서 이사를 1명 또는 2명을 둔 소규모주식회사의 경우(제383조 제1항 단서), 이사회가 없으므로, 주주총회가 이 권한을 행사한다(제383조 제4항).

> **키워드**
> 사채발행, 이사회 결의, 대표이사에 위임, 1년이 넘지 않는 기간

② |○| 사채권자집회는 원칙적으로 사채발행회사 또는 사채관리회사가 소집한다(제491조 제1항). 다만 소수사채권자도 소집을 청구할 수 있다. 사채의 종류별로 해당 종류의 사채 총액의 10분의 1 이상에 해당하는 사채를 가진 사채권자는 회의 목적인 사항과 소집 이유를 적은 서면 또는 전자문서를 사채를 발행한 회사 또는 사채관리회사에 제출하여 사채권자집회의 소집을 청구할 수 있다(제491조 제2항). 무기명사채의 경우 공탁의무가 있다.

> **키워드**
> 사채권자집회, 발행회사/관리회사, 소수사채권자

③ |○| 사채관리회사에 포괄적인 권한을 부여하고 있으나(제484조 제1항), 경우에 따라서는 사채관리회사의 권리남용으로 사채권자의 이익이 침해될 소지도 있다. 따라서 다음의 경우 사채권자집회의 결의를 얻어야 한다. (a) 해당 사채 전부에 대한 지급의 유예, 그 채무의 불이행으로 발생한 책임의 면제 또는 화해. (b) 해당 사채 전부에 관한 소송행위 또는 채무자회생 및 파산에 관한 절차에 속하는 행위(제484조 제4항 본문). (c) 다만, 기채회사는 위 (b)의 행위를 사채관리회사가 사채권자집회결의에 없이 할 수 있음을 정할 수 있다(제484조 제4항 단서). 이 경우 지체 없이 그 뜻을 공고하고, 알고 있는 사채권자에게는 따로 통지하여야 한다(제484조 제5항). 이러한 공고는 사채를 발행한 회사가 하는 공고와 같은 방법으로 하여야 한다(제484조 제6항).

> **키워드**
> 사채관리회사, 포괄적 권한, 사채권자의 이익, 지급유예, 사채권자집회

④ |×| 소급효가 없다. 전환사채의 효력이 이미 발생하였으나 그 발행절차에 중대한 하자가 있는 경우 신주발행무효의 소에 관한 규정(제429조 내지 제432조)을 유추적용할 수 있다. 판례는 이를 긍정하면서 제429조 이하의 규정을 유추적용하여 전환사채발행무효의 소를 인정한다(2000다37326). 또한 관련 이론도 신주발행무효에 관한 이론을 동일하게 적용한다. 따라서 전환사채발행무효의 소의 원인을 엄격하게 제한하고 있다. 전환사채발행의 하자가 이사회결의 또는 주주총회결의의 하자에 원인이 있는 경우 그 결의를 다투는 소를 제기할 것이 아니라 전환사채발행무효의 소를 제기하여야 한다(흡수설). 또한 판례는 신주발행 부존재의 개념을 인정하는 동일한 취지에서 전환사채발행의 실체가 없는 경우 이를 전환사채발행의 부존재라고 하여 제429조의 6월의 제소기간을 적용하지 아니하여 그 부존재의 소를 확인의 소로써 인정한다.

> **[대법원 2004.8.16. 선고 2003다9636 판결]** 전환사채 발행의 경우에도 신주발행무효의 소에 관한 상법 제429조가 유추적용되므로 전환사채발행무효 확인의 소에 있어서도 상법 제429조 소정의 6월의 제소기간의 제한이 적용된다 할 것이나, 이와 달리 전환사채 발행의 실체가 없음에도 전환사채 발행의 등기가 되어 있는 외관이 존재하는 경우 이를 제거하기 위한 전환사채발행부존재 확인의 소에 있어서는 상법 제429조 소정의 6월의 제소기간의 제한이 적용되지 아니한다.

> **키워드**
> 사채발행무효소송, 원고승소, 대세효, 불소급효

⑤ |O| 신주발행과 같이 엄격하게 무효원인을 해석한다. 무효원인이 되지 않는다고 본 사례이다.

> [대법원 2004.6.25. 선고 2000다37326 판결] 법령이나 정관의 중대한 위반 또는 현저한 불공정이 있어 그것이 주식회사의 본질이나 회사법의 기본원칙에 반하거나 기존 주주들의 이익과 회사의 경영권 내지 지배권에 중대한 영향을 미치는 경우로서 전환사채와 관련된 거래의 안전, 주주 기타 이해관계인의 이익 등을 고려하더라도 도저히 묵과할 수 없는 정도라고 평가 되는 경우에 한하여 전환사채의 발행 또는 그 전환권의 행사에 의한 주식의 발행을 무효로 할 수 있을 것이며, 그 무효원인을 회사의 경영권 분쟁이 현재 계속 중이거나 임박해 있는 등 오직 지배권의 변경을 초래하거나 이를 저지할 목적으로 전환사채를 발행하였음이 객관적으로 명백한 경우에 한정할 것은 아니다. 전환사채의 인수인이 회사의 지배주주와 특별한 관계에 있는 자라거나 그 전환가액이 발행시점의 주가 등에 비추어 다소 낮은 가격이라는 것과 같은 사유는 일반적으로 전환사채발행유지청구의 원인이 될 수 있음은 별론으로 하고 이미 발행된 전환사채 또는 그 전환권의 행사로 발행된 주식을 무효화할 만한 원인이 되지는 못한다.

> **키워드**
> 전환사채 발행무효, 엄격한 판단

▶ 정답 ④

▶ 전환사채 중요도 ★★☆

092 「상법」상 전환사채발행의 하자에 관한 설명으로 옳은 것은?

① 상법은 전환사채의 발행 무효의 주장방법으로 전환사채발행 무효의 소를 명문으로 인정하고 그 구체적인 내용에 관하여는 신주발행 무효의 소에 관한 규정을 준용한다.
② 전환사채발행 무효의 소에 대한 원고 승소판결은 형성판결로서 대세적 효력이 있으며 전환권 행사에 의해 발행된 신주는 소급하여 무효가 된다.
③ 판례에 의하면 전환사채발행의 무효원인이 이사회결의 하자에서 비롯된 경우 이사회결의 하자의 소 또는 전환사채발행 무효의 소 중에서 선택하여 다툴 수 있다.
④ 판례에 의하면 전환사채발행의 하자를 다투고자 하는 경우 전환사채가 주식으로 전환된 이후에도 신주발행 무효의 소에 의할 것이 아니라 전환사채발행 무효의 소에 의하여야 한다.
⑤ 판례에 의하면 전환사채발행의 경우 신주발행의 경우와는 달리 전환사채발행 부존재확인의 소를 별도의 쟁송수단으로 인정하지 않는다.

> 해 설

① |×| 명문으로 인정하지 않는다. 즉 전환사채의 효력이 이미 발생하였으나 그 발행절차에 중대한 하자가 있는 경우 신주발행무효의 소에 관한 규정(제429조 내지 제432조)을 유추적용할 수 있다. <u>판례는 이를 긍정하면서 제429조 이하의 규정을 유추적용하여 전환사채발행무효의 소를 인정한다</u>(2000다37326). 또한 판례는 신주발행 부존재의 개념을 인정하는 동일한 취지에서 전환사채발행의 실체가 없는 경우 이를 <u>전환사채 발행의 부존재</u>라고 하여 제429조의 6월의 제소기간을 적용하지 아니하여 그 부존재의 소를 확인의 소로서 인정한다.

> [대법원 2004.8.16. 선고 2003다9636 판결] 전환사채 발행의 경우에도 신주발행무효의 소에 관한 상법 제429조가 유추적용되므로 전환사채발행무효 확인의 소에 있어서도 상법 제429조 소정의 6월의 제소기간의 제한이 적용된다 할 것이나, 이와 달리 전환사채 발행의 실체가 없음에도 전환사채 발행의 등기가 되어 있는 외관이 존재하는 경우 이를 제거하기 위한 전환사채발행부존재 확인의 소에 있어서는 상법 제429조 소정의 6월의 제소기간의 제한이 적용되지 아니한다.

> 키워드
>
> 명문의 규정은 없으나, 신주발행무효소송 유추적용

② |×| 신주발행무효의 소를 유추적용하므로 소급효는 없다. 즉 대세적 효력이 인정되고(제430조, 제190조) 소급효가 없다(제430조, 제190조 후단). 따라서 신주발행의 효력을 전제로 그 이후 판결시까지 이루어진 모든 행위는 유효하다.

> 키워드
>
> 신주발행무효, 대세효, 불소급효

③ |×| 선택할 수 없다. 흡수된다. 이사회 결의의 하자에 대해서는 결인확인무효의 소를 제기할 수 있으나 그 외에 그 행위의 효력을 다투는 방법이 따로 마련되어 있는 경우 그 방법으로 다투어야 한다. 예컨대 하자 있는 이사회결의에 의한 신주발행의 경우 신주발행무효의 소(제429조)에 의하여 그 효력이 다루어진다.

> 키워드
>
> 전환사채발행무효, 흡수설

④ |○| 별도의 소송으로 인정하므로 전환사채무효의 소로 다루어야 한다. ①의 설명 참고.

⑤ |×| 부존재확인의 소를 인정한다. ①의 설명 참고.

▶정답 ④

Ⅷ. 기업의 구조조정

▶ 주식회사의 합병   중요도 ★★☆

093 「상법」상 주식회사의 합병에 관한 다음의 설명 중 옳지 않은 것으로 묶인 것은? (다툼이 있으면 판례에 의함)

> (ㄱ) 해산 후 청산 중에 있는 회사도 존립 중의 회사를 존속회사로 하는 경우에는 합병할 수 있다.
> (ㄴ) 존속회사가 소멸회사 주주에게 배정하기에 충분한 자기주식을 보유하고 있는 동안에는 합병신주를 발행하여야 할 이유가 없으므로 무증자합병이 인정된다.
> (ㄷ) 흡수합병에서 존속회사가 소멸회사 발행주식총수의 100분의 90 이상을 이미 소유하고 있는 때에는 존속회사의 주주총회의 승인결의 없이 이사회의 승인으로 갈음할 수 있다.
> (ㄹ) 이사는 합병결의를 위한 주주총회 회일의 2주간 전부터 합병을 위한 각 회사의 합병대차대조표를 본점에 비치해야 하는데, 주주가 아닌 채권자는 이를 열람하거나 등본·초본의 교부청구를 할 수 없다.
> (ㅁ) 신설합병에서 설립위원의 선임은 주주총회의 보통결의로 한다.
> (ㅂ) 간이합병의 경우에는 소멸회사가 주주총회의 승인을 얻지 아니하고 합병한다는 뜻을 공고하거나 주주에게 통지한 날로부터 2주 내에 회사에 대하여 서면으로 합병에 반대하는 의사를 통지한 주주는 그 기간이 경과한 날부터 20일 이내에 주식매수청구권을 행사할 수 있다.

① (ㄱ), (ㄹ), (ㅁ)
② (ㄴ), (ㄹ), (ㅂ)
③ (ㄴ), (ㄷ), (ㅂ)
④ (ㄴ), (ㄷ), (ㅁ)
⑤ (ㄷ), (ㄹ), (ㅁ)

해설

(ㄱ) │○│ 해산 후 청산중에 있는 회사도 존립 중의 회사를 존속회사로 하는 경우에는 합병할 수 있다(제174조 제3항). 이것은 기업의 유지에 필요한 범위 내에서 합병을 인정하는 것이다.

> **키워드**
> 청산 중 회사, 합병가능

(ㄴ) │○│ 합병신주가 발행되지 않는 합병, 즉 무증자합병이 허용된다. 존속회사가 소멸회사주식의 100%를 소유하고 있거나 존속회사가 소멸회사 주주에게 배정하기에 충분한 자기주식을 보유하고 있는 동안에는 합병신주를 발행하여야 할 이유가 없으므로 무증자합병이 인정된다. 또한 합병의 대가로 현금도 교부할 수 있어(제523조 제4호), 무증자합병이 가능하다. 이 경우 존속회사의 자본금과 준비금은 증가하지 않는다. 다만 등기실무에서는 채무초과회사를 소멸회사로 하는 무증자합병은 허용되지 않는다. 이 경우 채무초과상태를 해소하고 무증자합병을 하여야 한다.

> **키워드**
> 합병대가, 자기주식, 무증자합병

㈐ |×| 간이합병에 관한 설명이나 이사회의 승인으로 갈음할 수 있는 회사는 소멸회사이다. 즉, 합병할 회사의 일방이 합병후 존속하는 경우 합병으로 인하여 (i) 소멸회사의 총주주 동의가 있거나, (ii) 존속회사가 소멸회사의 발행주식총수의 100분의 90 이상을 이미 소유하고 있는 때에는 소멸회사의 주주총회의 승인결의 없이 이사회의 승인으로 갈음할 수 있는데 이러한 합병을 간이합병이라 한다(제527조의2). 간이합병의 경우는 소멸회사가 주주총회를 개최하여도 그 동의가 예정된 경우라 하겠다. 간이합병절차는 흡수합병시의 소멸회사에만 적용되는 것이므로, 신설합병에서는 이용할 수 없다. 또한 흡수합병을 하더라도 존속회사에는 적용할 수 없어, 간이합병의 경우 존속회사 주주총회의 결의는 필요하다. 결국 존속회사 입장에서는 일반적인 합병절차와 아무런 차이가 없다.

> **키워드**
> 흡수합병, 총주주 동의/90% 이상, 존속회사, 합병간소화, 이사회결의로 갈음

㈑ |×| 채권자도 열람, 등초본의 교부를 청구할 수 있다. 합병당사회사의 재산상태는 당사회사의 채권자에 중대한 영향을 미치므로 상법은 그 보호를 위한 특별한 절차를 요구하고 있다. 합병당사회사가 주식회사 또는 유한회사인 경우에는 이사는 합병결의를 위한 주주총회 또는 사원총회 회일의 2주간 전부터 합병을 위한 각 회사의 합병대차대조표를 본점에 비치하고, 주주 및 회사채권자가 이를 열람하거나 등본·초본의 교부청구를 할 수 있도록 하여야한다(제522조의2, 제603조).

> **키워드**
> 대차대조표 등 사전공시, 주주 및 채권자

㈒ |×| 특별결의이다. 신설합병의 경우에 합병결의와 동일한 방법으로 당사회사가 설립위원을 선임하며(제175조 제2항), 이 설립위원이 공동으로 정관의 작성 기타 설립에 관한 행위를 한다(제175조 제1항). 공동으로 한다는 것은 설립위원 전원의 승인이 있어야 한다는 뜻이다. 설립위원의 선임은 합명회사와 합자회사에 있어서는 총사원의 동의, 주식회사와 유한회사에 있어서는 주주총회 또는 사원총회의 특별결의로써 한다(제175조 제2항, 제230조, 제269조, 제434조, 제585조).

> **키워드**
> 합병결의, 특별결의, 설립위원 선임

㈓ |○| 간이합병의 경우 소멸회사의 주주총회결의는 이사회의 결의로 갈음할 수 있으나 주식매수청구권이 인정된다(제522조의3 제2항 후단). 그런데 상법은 소규모합병에 대하여는 주식매수청구권을 인정하지 않고 있다(제527조의3 제5항).

> **키워드**
> 간이합병, 이사회결의, 주식매수청구권 인정

▶정답 ⑤

▶ 비상장사의 합병   중요도 ★★☆

094 「상법」상 비상장 주식회사의 합병에 관한 설명으로 옳은 것은? (다툼이 있으면 판례에 의함)

① 소규모합병의 경우와 달리 간이합병의 경우는 이사회의 승인결의가 있은 날로부터 2주간 내에 채권자에 대하여 이의를 제출할 것을 공고 또는 최고하여야 한다.
② 흡수합병의 경우 소멸회사가 보유한 소멸회사의 자기주식은 물론이고 존속회사가 보유한 존속회사의 자기주식도 소멸한다.
③ 합병 후 존속하는 회사의 이사로서 합병 전에 취임한 자는 합병계약서에 다른 정함이 없는 한 합병 후 최초로 도래하는 결산기의 정기주주총회가 종료하는 때에 퇴임한다.
④ 주주총회의 합병결의에 무효원인이 있는 경우 합병등기 전에는 주주총회결의 무효의 소에 의하고 합병등기 후에는 주주총회결의 무효의 소와 합병무효의 소가 모두 가능하다.
⑤ 합병무효의 원고승소 판결이 있으면 존속회사 또는 신설회사가 합병 후에 취득한 재산은 합병당사회사의 합유가 되고 합병 후에 부담한 채무는 연대채무가 된다.

해 설

① |×| 소규모합병의 경우에도 채권자보호절차를 거쳐야 한다(제527조의5 제2항). 소규모합병과 간이합병의 경우에도 일반합병과 마찬가지로 채권자 보호의 필요성이 존재하므로 이와 같은 절차를 거치도록 하는 것이다.

> 키워드
> 소규모합병, 채권자보호절차

② |×| 존속회사의 자기주식은 합병과 관계가 없으므로 계속 존속회사가 보유할 뿐 소멸하지 않는다. 그러나 (a) 소멸회사가 보유하던 소멸회사의 자기주식은 귀속주체가 없어지게 되므로 소멸한다. 따라서 여기에 신주를 배정하지는 않는다. (b) 다만 소멸회사의 주식을 존속회사가 보유하는 경우에는 신주를 배정하고 이에 따라 존속회사는 자기주식을 보유하게 된다. (c) 또한 소멸회사가 보유하던 존속회사의 주식은 포괄적으로 존속회사에 승계되므로 특정목적으로 취득하는 자기주식이 된다.

> 키워드
> 자기주식, 소멸, 존속회사 자기주식, 유지

③ |○| 퇴임하는 것으로 본다. 합병으로 일방 회사가 존속하게 되는 흡수합병의 경우 합병 전에 취임한 이사와 감사는 합병계약에서 다르게 정하지 않는 한 합병 후 최초로 도래하는 결산기의 정기총회가 종료한 때에 퇴임한다(제527조의4 제1항).

> 키워드
> 합병 전 취임한 이사, 정기총회 종료 후, 퇴임

④ |×| 흡수설에 따라 합병등기 후 에는 합병무효의 소만 가능하다는 것이 판례의 태도이다(92누14908). 이는 별도의 소송절차가 규정된 신주발행, 자본감소무효의 경우에도 마찬가지이다. 그러나 합병의 효력이 발생하는 합병등기가 아직 이루어지지 않은 경우라면 합병을 결의한 주주총회결의의 하자를 이유로 소송을 제기할 수 있다. 다만 소송 중 다만 등기가 이루어진 경우에는 청구변경의 절차에 의하여 합병무효의 소로 변경해야 한다.

[대법원 2010.2.11. 선고 2009다83599 판결] 상법 제445조는 자본감소의 무효는 주주 등이 자본감소로 인한 변경등기가 있은 날로부터 6월 내에 소만으로 주장할 수 있다고 규정하고 있으므로, 설령 주주총회의 자본감소 결의에 취소 또는 무효의 하자가 있다고 하더라도 그 하자가 극히 중대하여 자본감소가 존재하지 아니하는 정도에 이르는 등의 특별한 사정이 없는 한 자본감소의 효력이 발생한 후에는 자본감소 무효의 소에 의해서 만 다툴 수 있다.

> **키워드**
> 합병결의 하자, 합병효력, 흡수설

⑤ |×| 합병 후 취득한 재산은 합유가 아닌 공유로 간주된다. 즉 합병 후 존속회사나 신설회사가 부담한 채무에 대하여는 연대책임을 지며, 반면 합병 후 취득한 재산은 공유로 간주한다(제239조 제1항 및 제2항, 제269조, 제530조 제2항, 제603조). 각 회사의 협의로 그 부담부분 및 지분을 정하지 못한 때에는 청구에 의하여 법원이 정하고, 이 때 합병 당시의 각 회사의 재산상태 기타의 사정을 참작하여 정한다(제239조 제3항, 제269조, 제530조 제2항, 제603조).

> **키워드**
> 합병무효, 공유, 연대책임

▶ 정답 ③

▶ 회사의 분할 중요도 ★★☆

095 「상법」상 주식회사의 분할에 관한 다음의 설명 중 옳지 않은 것은?

① 회사채권자가 분할·분할합병무효의 소를 제기한 경우 법원은 회사의 청구에 의하여 채권자에게 상당한 담보를 제공할 것을 명할 수 있는데 이때 회사는 채권자의 악의를 소명하여야 한다.
② 단순분할의 경우 주식매수청구권이 인정되지 않지만 분할합병의 경우 분할합병반대주주에게 합병반대주주의 그것과 동일한 주식매수청구권을 인정하고 있다.
③ 물적분할을 하면 피분할회사의 주주는 신설회사나 합병상대방회사의 주식을 소유하지 않고 피분할회사가 신설회사나 합병회사의 주식을 소유하게 된다.
④ 분할합병의 경우에 분할합병신설회사가 연대책임을 진다면 채권자에게 불리할 것이 없으므로 채권자의 이의신청권이 인정되지 않는다.
⑤ 분할회사의 주주에게 제공하는 재산이 분할승계회사의 모회사 주식을 포함하는 경우에는 분할승계회사는 그 지급을 위하여 모회사주식을 취득할 수 있으며, 취득한 모회사의 주식을 분할합병 후에도 계속 보유하고 있는 경우 분할합병의 효력이 발생하는 날부터 6개월 이내에 그 주식을 처분하여야 한다.

해설

① |○| 회사채권자가 분할·분할합병무효의 소를 제기한 경우 법원은 회사의 청구에 의하여 채권자에게 상당한 담보를 제공할 것을 명할 수 있는데 이때 회사는 채권자의 악의를 소명하여야 한다(제530조의11 제1항, 제237조, 제176조 제3항·제4항).

> **키워드**
> 분할/분할합병무효 소송, 제소권자, 악의소명, 담보제공 명령

② |○| 단순분할의 경우에는 분할회사의 주주는 분할 후의 회사의 주식을 주주평등의 원칙에 따라서 배정받게 되므로 분할의 전후에 따라서 주주의 지위에 차이가 없다. 그러나 분할합병의 경우 주주의 관점에서는 합병과 같은 구조변화가 생긴다. 요컨대 합병상대방회사의 경영상태 내지 재무구조 등의 여하에 따라서 분할합병 전보다 주주에게 불리하게 되는 수가 있고, 이 점은 회사합병의 경우에 합병반대주주의 이익을 고려하여 주식매수청구권(제522조의3)을 인정한 것과 사정이 같다. 따라서 상법은 분할합병의 경우에만 분할합병반대주주에게 합병반대주주의 그것과 동일한 주식매수청구권을 인정하고 있다(제530조의11, 제522조의3).

> **키워드**
> 단순분할, 주식매수청구권 없음, 분할합병, 합병과 마찬가지

③ |○| 물적분할에 대한 설명이다. 회사분할로 인하여 발행하는 신주를 누구에게 교부하는가에 따라 인적분할과 물적분할로 나뉜다. 분할 후의 신설회사나 합병회사가 회사분할로 인하여 발행하는 신주는 피분할회사의 주주에게 귀속되는 것이 원칙이지만, 예외적으로 분할회사가 스스로 이를 취득하는 경우가 있고 이를 물적분할이라 한다. 우리 상법도 물적분할을 인정하고 있다(제530조의12). 물적분할을 하면 분할회사의 주주는 신설회사나 합병상대방회사의 주식을 소유하지 않고 분할회사가 신설회사나 합병회사의 주식을 소유하게 된다.

> **키워드**
> 주식수에 따라 분배, 인적분할, 물적분할도 가능

④ |×| 연대책임을 부담하는 경우에도 이의권이 인정된다. 즉, 분할합병의 경우에는 단순분할의 경우와는 달리 분할합병신설회사가 승계하는 피분할회사의 채무를 제한하든 아니하든 상관없이 채권자의 이의권을 인정하고 있다(제530조의11 제2항, 527조의5). 즉 신회사가 연대책임을 지는 경우(제530조의9 제1항)에도 분할합병의 상대방회사의 경영상태 내지 재무구조 등으로 채권자에게 불리하게 전개될 수도 있다고 보며 따라서 이의를 인정할 필요가 있다고 보는 것이다.

> **키워드**
> 단순분할, 연대채무, 채권자보호절차 불요, 분할합병, 합변과 마찬가지

⑤ |○| 2015년 개정상법은 분할합병 시 분할회사의 주주에게 분할승계회사의 모회사 주식을 지급할 수 있도록 자회사의 모회사 주식 취득금지에 관한 예외 조항을 신설하여 삼각분할합병을 인정하고 있다. 분할회사의 주주에게 제공하는 재산이 분할승계회사의 모회사 주식을 포함하는 경우에는 분할승계회사는 그 지급을 위하여 모회사주식을 취득할 수 있는 것이다(제530조의6 제4항). 다만, 계속 보유할 수 없으며 6개월 내에 처분할 의무를 부담한다(제530조의6 제5항).

> **키워드**
> 분할합병, 합병대가, 모회사주식, 6개월 내 처분

▶ 정답 ④

▶ 주식회사의 분할, 분할합병   중요도 ★★☆

096 「상법」상 회사의 분할에 관한 다음의 설명 중 옳지 않은 것은? (다툼이 있으면 판례에 의함)

① 회사의 분할에서 분할회사는 물론 분할 후의 신회사도 주식회사이어야 하며, 분할합병 경우의 상대방회사도 주식회사라야 한다.

② 해산 후의 회사는 존립 중의 회사를 존속하는 회사로 하거나 새로 회사를 설립하는 경우에 한하여 분할 또는 분할합병할 수 있다.

③ 물적분할을 하면 분할회사의 주주는 신설회사나 합병상대방회사의 주식을 소유하지 않고 분할회사가 신설회사나 합병회사의 주식을 소유하게 된다.

④ 회사의 분할 또는 분할합병을 하는 때에는 분할계획서 또는 분할합병계약서를 작성하여 주주총회의 특별결의에 의한 승인을 얻어야 하고, 이 경우의 결의에 관하여는 상법 제344조의3 제1항에 따라 의결권이 배제되는 주주도 의결권이 있다.

⑤ 회사의 분할 또는 분할합병으로 인해 분할 또는 분할합병에 관련되는 각 회사의 주주의 부담이 가중되는 경우에는 주주총회의 특별결의 외에 종류주주총회의 승인이 필요하고 그 주주 전원의 동의가 있어야 하는 것은 아니다.

해 설

① | ○ | 상법은 주식회사에 대하여만 회사분할제도를 도입하였다(제530조의2 이하). 분할회사는 물론 분할 후의 신회사도 주식회사이어야 하며, 분할합병 경우의 상대방회사도 주식회사라야 한다. 따라서 주식회사를 분할하여 유한회사를 설립하거나 분할 후 존속중의 유한회사 또는 합명회사 등의 인적회사와 합병할 수는 없다.

> 키워드
>
> 주식회사의 분할제도

② | ○ | 주식회사는 원칙적으로 자유롭게 분할할 수 있다(제530조의2 제1항 내지 제3항). 다만 해산 후의 회사는 존립 중의 회사를 존속하는 회사로 하거나 새로 회사를 설립하는 경우에 한하여 분할 또는 분할합병할 수 있다(제530조의2 제4항).

> 키워드
>
> 분할의 자유, 해산 후 회사, 존립 중 회사

③ | ○ | 물적분할에 대한 설명이다. 회사분할로 인하여 발행하는 신주를 누구에게 교부하는가에 따라 인적분할과 물적분할로 나뉜다. 분할 후의 신설회사나 합병회사가 회사분할로 인하여 발행하는 신주는 피분할회사의 주주에게 귀속되는 것이 원칙이지만, 예외적으로 피분할회사가 스스로 이를 취득하는 경우가 있고 이를 물적분할이라 한다. 우리 상법도 물적분할을 인정하고 규정한다(제530조의12). 물적분할을 하면 피분할회사의 주주는 신설회사나 합병상대방회사의 주식을 소유하지 않고 피분할회사가 신설회사나 합병회사의 주식을 소유하게 된다.

> 키워드
>
> 물적분할, 분할회사가 주식 소유

④ ㅣㅇㅣ 합병과는 달리 의결권이 의결권 배제, 제한의 종류주식을 소유한 주주들도 의결권을 행사할 수 있다. 즉, 회사의 분할 또는 분할합병을 하는 때에는 분할계획서 또는 분할합병계약서를 작성하여 주주총회의 특별결의에 의한 승인을 얻어야 한다(제530조의3 제1항, 제2항). 이러한 주주총회 소집의 통지에는 분할계획 또는 분할합병계약의 요령을 기재하여야 한다(제530조의3 제4항). 이 경우의 결의에 관하여는 제344조의3 제1항에 따라 의결권이 배제되는 주주도 의결권이 있다(제530조의3 제3항). 합병에서는 의결권 없는 주식을 가진 주주는 의결권을 행사하지 못하는 것과는 구별된다.

> **키워드**
> 단순분할, 분할합병, 의결권 부활

⑤ ㅣ×ㅣ 당해 주주 전원의 동의가 있어야 한다. 회사가 수종의 주식을 발행한 경우에 분할 또는 분할합병으로 인하여 어느 종류의 주주에게 손해를 미치게 되는 때에는 제435조의 규정에 의하여 그 종류의 주주의 총회의 결의가 있어야 한다(제530조의3 제6항). 또한 회사의 분할 또는 분할합병으로 인하여 분할 또는 분할합병에 관련되는 각 회사의 주주의 부담이 가중되는 경우에는 위의 총회의 특별결의 및 종류주주총회의 결의 이외에 그 주주 전원의 동의가 있어야 한다(제530조의3 제6항).

> **키워드**
> 분할(합병) 시, 주주부담 가중, 총주주 동의

▶정답 ⑤

합병, 분할　　　　　　　　　　　　　　　　　　　　　　　　　　　　　　　중요도 ★★★

097 「상법」상 합명 및 회사의 분할에 관한 다음의 설명 중 옳지 않은 것은? (다툼이 있으면 판례에 의함)

① 한 회사가 다른 회사를 흡수합병하여 그 영업상 기능 내지 특성을 흡수함으로써 합병전의 통상 수익보다 높은 초과수익을 갖게 된다면 합병 후 높은 수익율을 가져올 수 있는 피흡수회사의 무형적 가치는 영업권이라 보아도 무방하다.
② 상법 제530조의9 제1항에 의하여 분할당사회사가 연대책임을 부담하지 않는 경우, 채권자가 개별 최고에 이의제출을 하지 아니하였다거나 분할 또는 분할합병에 동의하였기 때문에 개별 최고를 생략하였다는 사정으로 분할당사회사가 연대책임을 면할 수 없다.
③ 채권자가 회사분할에 관여되어 있고 회사분할을 미리 알고 있는 지위에 있으며, 사전에 회사분할에 대한 이의제기를 포기하였다고 볼만한 사정이 있다고 하여도 회사는 알고 있는 채권자에게 개별적인 통지를 하는 경우에만 분할채무를 부담한다.
④ 분할에 의하여 회사를 설립하는 경우에는 설립되는 회사가 분할되는 회사의 채무중에서 출자한 재산에 관한 채무만을 부담할 것을 정한 경우 알고 있는 채권자에 대한 개별최고의 절차를 누락한 경우, 신설회사와 분할되는 회사는 채권자에 대하여 연대책임관계에 있다.
⑤ 상법 제530조의9 제1항에 의하여 분할당사회사가 연대책임을 부담하지 않는 경우 개별 최고가 필요한 '회사가 알고 있는 채권자'에는 회사 대표이사 개인이 알고 있는 채권자도 이에 포함된다.

해 설

① |ㅇ| 판례는 승계하는 순자산보다 많은 자본금을 증가하는 경우 이를 일률적으로 무효로 보는 것이 아니라 영업권 등 무형적 가치에 대한 대가로서 볼 수 있다면 그 유효성을 인정한다.

> [대법원 2008.1.10. 선고 2007다64136 판결] 상법 제523조 제2호가 흡수합병계약서의 절대적 기재사항으로 '존속하는 회사의 증가할 자본'을 규정한 것은 원칙적으로 자본충실을 도모하기 위하여 존속회사의 증가할 자본액(즉, 소멸회사의 주주들에게 배정·교부할 합병신주의 액면총액)이 소멸회사의 순자산가액 범위 내로 제한되어야 한다는 취지라고 볼 여지가 있기는 하나, 합병당사자의 전부 또는 일방이 주권상장법인인 경우 그 합병가액 및 합병비율의 산정에 있어서는 증권거래법과 그 시행령 등이 특별법으로서 일반법인 상법에 우선하여 적용되고, 증권거래법 시행령 제84조의7 소정의 합병가액 산정기준에 의하면 주권상장법인은 합병가액을 최근 유가증권시장에서의 거래가격을 기준으로 재정경제부령이 정하는 방법에 따라 산정한 가격에 의하므로 경우에 따라 주당 자산가치를 상회하는 가격이 합병가액으로 산정될 수 있고, 주권비상장법인도 합병가액을 자산가치·수익가치 및 상대가치를 종합하여 산정한 가격에 의하는 이상 역시 주당 자산가치를 상회하는 가격이 합병가액으로 산정될 수 있으므로, 결국 소멸회사가 주권상장법인이든 주권비상장법인이든 어느 경우나 존속회사가 발행할 합병신주의 액면총액이 소멸회사의 순자산가액을 초과할 수 있게 된다. 따라서 증권거래법 및 그 시행령이 적용되는 흡수합병의 경우에는 존속회사의 증가할 자본액이 반드시 소멸회사의 순자산가액의 범위 내로 제한된다고 할 수 없다.

키워드

합병, 자본금 증가, 소멸회사 순자산 이상

② |ㅇ| 그러한 사정만으로는 연대책임을 면할 수 없다.

> [대법원 2010.08.26. 선고 2009다95769 판결] 분할 또는 분할합병으로 인하여 설립되는 회사 또는 존속하는 회사(이하 '분할당사회사'라고 한다)는 특별한 사정이 없는 한 상법 제530조의9 제1항에 의하여 각자 분할계획서 또는 분할합병계약서에 본래 부담하기로 정한 채무 이외의 채무에 대하여 연대책임을 지는 것이 원칙이고, 이 연대책임은 채권자에 대하여 개별 최고를 거쳤는지 여부와 관계없이 부담하게 되는 법정책임이므로, 채권자에 대하여 개별 최고를 하였는데 채권자가 이의제출을 하지 아니하였다거나 채권자가 분할 또는 분할합병에 동의하였기 때문에 개별 최고를 생략하였다는 등의 사정은 상법 제530조의9 제1항이 규정하는 <u>분할당사회사의 연대책임의 성부에 영향을 미치지 못한다.</u>

키워드

분할(합병), 연대책임, 채권자의 동의로 절차생략, 그래도 연대책임

③ |×| 이의제기를 포기하였다고 볼만한 사정이 있다면 개별적 통지를 누락하여도 연대책임이 부활하지 않는다.

> [대법원 2010.2.25. 선고 2008다74963 판결] 분할되는 회사와 신설회사가 분할 전 회사의 채무에 대하여 연대책임을 지지 않는 경우에는 채무자의 책임재산에 변동이 생기게 되어 채권자의 이해관계에 중대한 영향을 미치므로 채권자의 보호를 위하여 분할되는 회사가 알고 있는 채권자에게 개별적으로 이를 최고하고 만약 그러한 개별적인 최고를 누락한 경우에는 그 채권자에 대하여 신설회사와 분할되는 회사가 연대하여 변제할 책임을 지게 된다고 할 것이나, 채권자가 회사분할에 관여되어 있고 회사분할을 미리 알고 있는 지위에 있으며, 사전에 회사분할에 대한 이의제기를 포기하였다고 볼만한 사

정이 있는 등 예측하지 못한 손해를 입을 우려가 없다고 인정되는 경우에는 개별적인 최고를 누락하였다고 하여 그 채권자에 대하여 신설회사와 분할되는 회사가 연대하여 변제할 책임이 되살아난다고 할 수 없다.

> **키워드**
>
> 회사분할을 알고 있는 채권자, 이의제기 포기의 사정, 개별적 통지 없어도, 분할채무

④ |ㅇ| 이를 누락한 경우 연대책임을 부담한다.

[대법원 2004.08.30. 선고 2003다25973 판결] 분할되는 회사와 신설회사가 분할 전 회사의 채무에 대하여 연대책임을 지지 않는 경우에는 채무자의 책임재산에 변동이 생기게 되어 채권자의 이해관계에 중대한 영향을 미치므로 채권자의 보호를 위하여 분할되는 회사가 알고 있는 채권자에게 개별적으로 이를 최고하도록 규정하고 있는 것이고, 따라서 분할되는 회사와 신설회사의 채무관계가 분할채무관계로 바뀌는 것은 분할되는 회사가 자신이 알고 있는 채권자에게 개별적인 최고절차를 제대로 거쳤을 것을 요건으로 하는 것이라고 보아야 하며, 만약 그러한 개별적인 최고를 누락한 경우에는 그 채권자에 대하여 분할채무관계의 효력이 발생할 수 없고 원칙으로 돌아가 신설회사와 분할되는 회사가 연대하여 변제할 책임을 지게 되는 것이라고 해석하는 것이 옳다.

> **키워드**
>
> 채권자가 알고 있어도, 개별최고를 누락했다면, 원칙으로 돌아가, 연대책임

⑤ |ㅇ| 대표이사가 개인적으로 알고 있는 채권자도 포함된다.

[대법원 2011.9.29. 선고 2011다38516 판결] 분할 또는 분할합병으로 인하여 회사의 책임재산에 변동이 생기게 되는 채권자를 보호하기 위하여 상법이 채권자의 이의제출권을 인정하고 그 실효성을 확보하기 위하여 알고 있는 채권자에게 개별적으로 최고하도록 한 입법 취지를 고려하면, 개별 최고가 필요한 '회사가 알고 있는 채권자'란 채권자가 누구이고 채권이 어떠한 내용의 청구권인지가 대체로 회사에게 알려져 있는 채권자를 말하는 것이고, 회사에 알려져 있는지 여부는 개개의 경우에 제반 사정을 종합적으로 고려하여 판단하여야 할 것인데, 회사의 장부 기타 근거에 의하여 성명과 주소가 회사에 알려져 있는 자는 물론이고 회사 대표이사 개인이 알고 있는 채권자도 이에 포함된다고 봄이 타당하다.

> **키워드**
>
> 알고 있는 채권자, 대표이사가 개인적으로 알고 있어도, 최고필요

▶ 정답 ③

합병, 분할무효소송

중요도 ★★★

098 주식회사의 합병, 분할 무효의 소에 관한 다음의 설명 중 옳지 않은 것은?

① 회사채권자가 분할・분할합병무효의 소를 제기한 경우 법원은 회사의 청구에 의하여 채권자에게 상당한 담보를 제공할 것을 명할 수 있는데 이때 회사는 채권자의 악의를 소명하여야 한다.
② 분할합병을 무효로 한 판결이 확정된 때에는 분할후 회사의 부담채무는 분할당사회사의 연대채무로 되고, 취득재산에 대하여는 합병을 한 회사의 공유로 한다.
③ 분할・분할합병무효의 소는 주주・이사・감사・청산인・파산관재인 또는 합병을 승인하지 아니한 채권자가 분할등기가 있은 날로부터 6월 내에 소만으로 이를 주장할 수 있다
④ 하자가 추후 보완될 수 없는 성질의 것인 경우에는 회사의 현황 등 제반 사정을 참작하더라도 분할합병무효의 소를 재량기각할 수 없다.
⑤ 주주가 회사를 상대로 제기한 분할합병무효의 소에서 당사자 사이에 주주총회결의 존부에 관하여 다툼이 있는 경우, 주주총회결의 자체가 있었다는 점에 관해서는 회사가 증명책임을 부담한다.

해 설

① | ○ | 회사채권자가 분할・분할합병무효의 소를 제기한 경우 법원은 회사의 청구에 의하여 채권자에게 상당한 담보를 제공할 것을 명할 수 있는데 이때 회사는 채권자의 악의를 소명하여야 한다(제530조의11 제1항, 제237조, 제176조 제3항・제4항).

> **키워드**
> 채권자의 소제기, 악의의 소명, 담보제공

② | ○ | 분할・분할합병무효 판결의 효력은 대세적 효력이 있어 소를 제기하지 않은 주주 등에 대하여도 효력이 있고, 소급효가 없다(제530조의11 제1항, 제240조, 제190조). 단순분할의 경우에는 분할 후 회사가 취득한 재산 및 부담한 채무는 분할 전 회사에 귀속한다. 그런데 분할합병의 경우에는 합병의 규정이 준용된다. 따라서 분할합병을 무효로 한 판결이 확정된 때에는 분할후 회사의 부담채무는 분할당사회사의 연대채무로 되고, 취득재산에 대하여는 합병을 한 회사의 공유로 한다(제530조의11 제1항, 제239조 제1항・제2항). 이 경우 각 회사의 지분 또는 부담부분을 협의로 정할 수 있으나 이를 정하지 못한 때에는 법원은 그 청구에 의하여 합병 당시의 각 회사의 재산상태 기타의 사정을 참작하여 이를 정한다(제530조의11 제1항, 제239조 제3항).

> **키워드**
> 원고승소, 판결의 효력, 대세효, 불소급효, 공유, 연대채무

③ | ○ | 회사분할・분할합병절차에 하자가 있는 경우 소만으로 그 무효를 주장할 수 있다(제530조의11 제1항, 제529조). 분할・분할합병의 무효는 소송만으로 주장할 수 있으므로 형성의 소이다. 분할・분할합병무효의 소는 주주・이사・감사・청산인・파산관재인 또는 합병을 승인하지 아니한 채권자가 분할등기가 있은 날로부터 6월 내에 소만으로 이를 주장할 수 있다(제530조의11 제1항, 제529조).

> **키워드**
> 분할(합병) 무효소송, 소제기권자, 불승인채권자도, 6개월 내

02. 회사법 **185**

④ |×| 추후 보완될 수 없는 하자의 경우 제반사정을 참작하여 분할합병무효의 소를 재량기각할 수 있다. 원칙적으로 그 소 제기 전이나 그 심리 중에 원인이 된 하자가 보완되어야 할 것이다. 그러나 판례에 의하면 그 하자가 추후 보완될 수 없는 성질의 것인 경우에는 그 하자가 보완되지 아니하였다고 하더라도 회사의 현황 등 제반 사정을 참작하여 분할합병무효의 소를 재량기각할 수 있다.

> [대법원 2010.7.22. 선고 2008다37193 판결] 분할합병계약의 승인을 위한 주주총회를 개최하면서 소수주주들에게 소집통지를 하지 않음으로 인하여 위 주주들이 주식매수청구권 행사 기회를 갖지 못하였으나, 주식매수청구권은 분할합병에 반대하는 주주로 하여금 투하자본을 회수할 수 있도록 하기 위해 부여된 것인데 분할합병무효의 소를 제기한 소수주주가 자신이 보유하고 있던 주식을 제3자에게 매도함으로써 그 투하자본을 이미 회수하였다고 볼 수 있고, 위 분할합병의 목적이 독점규제 및 공정거래에 관한 법률상 상호출자관계를 해소하기 위한 것으로 위 분할합병을 무효로 함으로 인하여 당사자 회사와 그 주주들에게 이익이 된다는 사정이 엿보이지 아니하는 점 등을 참작해 볼 때, 분할합병무효 청구를 기각한 원심판단을 수긍한 사례

키워드

재량기각, 하자보완이 원칙, 보완이 불가하다면, 재량기각 가능

⑤ |○| 회사가 증명책임을 부담한다. 즉, 판례에 의하면 주주가 회사를 상대로 제기한 분할합병무효의 소에서 당사자 사이에 주주총회결의의 존부에 관하여 다툼이 있는 경우, 주주총회결의 자체가 있었다는 점에 관해서는 회사가 증명책임을 부담하고 그 결의에 이를 부존재로 볼 만한 중대한 하자가 있다는 점에 관해서는 주주가 증명책임을 부담한다(2008다37193).

키워드

총회결의하자, 합병무효소송, 흡수설, 결의 자체는 회사가, 부존재 사유는 주주가

▶정답 ④

조직변경, 1인회사, 지분양도, 사원확정절차, 청산절차

중요도 ★☆☆

099 「상법」상 회사에 관한 다음의 설명 중 옳은 것은?

① 회사의 조직변경이 있는 경우 본점소재지에서는 2주간 내, 지점소재지에서는 3주간 내에, 변경전의 회사는 해산등기를, 변경후의 회사는 설립등기를 하여야 하고, 합병의 경우와 같이 조직변경을 등기한 때에 효력이 발생한다.
② 회사의 대표이사가 자신의 개인채무를 회사로 하여금 인수하도록 하는 경우에 회사의 주식 전부가 대표이사에게 귀속되어 있다고 하여도 회사는 이사회의 승인이 없음을 이유로 채무인수의 무효를 주장할 수 있다.
③ 주식회사의 주식은 자유롭게 양도할 수 있음이 원칙이고 정관이 정하는 바에 따라 이사회의 승인을 얻도록 할 수 있으나, 유한회사의 지분을 타인에게 양도하려면 사원총회의 보통결의가 요구되고 이 제한은 정관으로 가중할 수 있으나 완화할 수는 없다.
④ 인적회사, 유한책임회사는 사원의 성명과 주민등록번호 및 주소가 정관의 절대적 기재사항이므로 정관작성에 의하여 사원이 확정되기 때문에 사원확정절차가 필요 없으나 유한회사는 사원확정절차가 필요하다.
⑤ 물적회사에 있어서는 채권자의 보호를 위하여 임의청산이 인정되지 않지만, 인적회사 및 유한책임회사가 해산한 경우에는 임의청산이 허용된다.

해설

① |O| 조직변경의 효력이 언제 발생할 것인지에 대한 상법의 규정은 없다. 합병의 경우와 같이 조직변경을 등기한 때에 효력이 발생하는 것으로 본다(통설). 조직변경을 할 경우 본점소재지에서는 2주간 내, 지점소재지에서는 3주간 내에, 변경전의 회사는 해산등기를, 변경후의 회사는 설립등기를 하여야 한다(제243조, 제286조 제3항, 제287조의44, 제606조, 제607조).

> **키워드**
>
> 조직변경 효력발생, 등기

② |×| 자기거래이지만 1인회사이므로 무효를 주장할 수 없다. 원칙적으로 대표이사의 채무를 회사가 인수한 것이므로 이사의 자기거래에 해당하고 이는 이사회의 승인이 없는 경우 상대적으로 무효이고(2006다47677), 외부적으로 선의의 제3자에게는 대항할 수 없다. 그러나 1인회사의 경우 이사회의 승인을 1인주주의 의사로 갈음할 수 있는지 여부에 대해 견해의 대립이 있으나 판례는 해석상 주주 전원의 동의가 있다면 이사회 결의를 갈음할 수 있는 것처럼 판시하고 있어 부정설을 취하는 것으로 보인다(2002다20544).

> [대법원 2002.07.12. 선고 2002다20544 판결] 피고 회사의 대표이사인 박OO이 자신의 개인채무를 피고 회사로 하여금 인수하도록 하였더라도 이는 이사의 자기거래에 해당하는데 이사회의 승인이 없어서 무효라는 피고의 주장에 대하여 그 판시 증거들에 의하여 피고 회사의 주식이 설립자로서 회사의 경영을 전적으로 책임지고 있는 대표이사이자 주주인 박OO 1인에게 사실상 전부 귀속되어 있다고 인정한 다음 박OO 1인이 동의한 것으로 주주 전원의 동의가 있었다고 볼 수 있으므로 피고 회사가 이사회의 승인이 없었음을 이유로 그 책임을 회피할 수 없다.

> **키워드**
> 1인회사, 이사회 승인, 유효한 거래

③ |×| 유한회사의 경우에도 지분양도는 원칙적으로 자유이며, 예외적으로 정관의 규정으로 제한할 수 있다. 즉 주식회사의 경우와 같이 지분의 양도가 가능하여 사원은 그 지분의 전부 또는 일부를 양도하거나 상속할 수 있으나, 정관에서 지분양도의 제한을 둘 수 있다(제556조).

> **키워드**
> 유한회사, 지분양도 자유, 정관에 의한 제한

④ |×| 유한회사의 경우에도 사원확정절차가 필요하지 않다. 인적회사 및 유한회사, 유한책임회사의 경우는 사원의 성명과 주민등록번호 및 주소가 정관의 절대적 기재사항이므로 정관작성에 의하여 사원이 확정되기 때문에 사원확정절차가 필요 없다. 그러나 주식회사의 경우는 주주가 정관의 기재사항이 아니어서 사원확정절차가 필요하게 된다. 이것이 주식인수이고 상법은 주식인수절차에 관하여 규정하고 있다(제293조, 제301조 내지 제304조).

> **키워드**
> 유한회사, 정관기재사항, 사원의 성명 등

⑤ |×| 청산절차에는 임의청산과 법정청산의 두 가지가 있다. 임의청산은 인적회사가 해산한 경우 정관 또는 총사원의 동의로 회사재산의 처분방법을 임의로 정하는 청산방법이다(제247조). 그런데 물적회사에 있어서는 채권자의 보호를 위하여 임의청산이 인정되지 않는다. 유한책임회사가 해산한 경우에도 임의청산이 허용되지 않는다(제287조의45). 법정청산은 유한책임회사 및 주식회사와 유한회사가 해산한 경우 또는 인적회사에서 임의청산의 방법에 의하지 않는 경우 이용되는 청산방법으로서 회사채권자와 사원을 보호하기 위하여 엄격한 규정을 두고 있다(제250조 이하, 제269조, 제287조의45, 제531조 이하, 제613조 제1항).

> **키워드**
> 청산, 인적회사, 임의청산

▶ 정답 ①

IX. 정관의 변경

2.6. 기타회사

I. 합명회사 / II. 합자회사

▶ 합명회사 설립하자 중요도 ★☆☆

100 「상법」상 합명회사의 설립하자에 관한 다음의 설명 중 옳지 않은 것은?

① 미성년자가 법정대리인의 동의 없이 합명회사를 설립한 경우 사원은 회사를 상대로 회사설립 무효의 소를 제기할 수 있다.
② 사원이 그 채권자를 해할 것을 알고 합명회사를 설립한 경우 사원의 채권자는 회사설립취소의 소를 제기할 수 있다.
③ 설립무효의 소는 반드시 합명회사의 성립의 날로부터 2년 내에 제기하여야 한다.
④ 설립무효의 소에서 원고가 패소한 경우, 그 효력은 당사자간에만 미치므로 제소기간 내에는 다른 제소권자가 동일한 또는 다른 원인을 들어 무효의 소를 제기할 수 있다.
⑤ 설립무효 또는 취소의 소가 제기되어 그 심리 중에 원인이 된 하자가 보완되고 회사의 현황과 제반사정을 참작하여 설립을 무효 또는 취소하는 것이 부적당하다고 인정한 때에는 법원은 그 청구를 기각할 수 있다.

해설

① |×| 주관적 하자이므로 설립취소소송의 원인이다. 회사설립의 하자는 주관적 하자와 객관적 하자로 구별되는데, 주관적 하자는 사원의 무능력과 같이 개인적인 사유에 기인한 것, 착오와 사기 또는 강박으로 설립을 하거나 사원이 채무자를 해할 것을 알고 회사설립을 하는 경우 등이다. 객관적 하자는 정관의 부재, 정관의 절대적 기재사항의 흠결, 창립총회를 소집하지 않은 경우 등을 들 수 있다. 객관적 하자는 설립무효의 소의 원인이 된다. 주관적 하자 중에는 의사무능력만이 설립무효의 소의 원인이 되고, 기타는 설립취소의 원인이 된다. 그러나 주식회사는 객관적 하자만 설립무효의 원인이 되므로 의사무능력은 설립무효의 원인이 되지 못한다. 지문은 행위무능력에 관한 경우이므로 의사무능력이 아닌 주관적 하자에 해당하므로 설립취소의 원인이 된다.

> **키워드**
> 주관적 하자, 설립취소소송, 의사무능력, 설립무효소송

② |○| 인적회사에서 사해설립은 설립취소의 원인이고 당해 채권자가 소를 제기할 수 있다. ①③의 설명 참고.
③ |○| 제소기간은 2년이다. 설립무효와 설립취소는 모두 소송으로만 이를 주장할 수 있다(제184조). 설립무효의 제소권자는 사원이고, 설립취소의 제소권자는 무능력, 착오에 의한 의사표시를 한 자, 하자 있는 의사표시를 한 자와 그 대리인 또는 승계인 등 취소권이 있는 자이다(제184조). 사원이 채권자를 해할 것을 알고 회사를 설립한 때에는 그 채권자이다(제185조). 설립무효와 설립취소의 소의 제소기간은 회사성립의 날로부터 2년 내이다(제184조).

> **키워드**
> 설립하자, 2년 내, 제소권자

④ ㅣㅇㅣ 원고패소의 경우에는 대세효가 없다. 따라서 원고가 패소한 경우, 그 효력은 당사자 간에만 미치므로 제소기간 내에는 다른 제소권자가 동일한 또는 다른 원인을 들어 무효의 소를 제기할 수 있다. 그러나 원고승소의 경우에는 대세효와 장래효가 있으므로 회사의 설립이 무효로 되어 이 판결은 당사자뿐 아니라 제3자에 대하여도 효력이 미치며(제190조 본문), 장래에 향하여서만 판결의 효력이 발생하기 때문에 판결확정 전의 권리의무에는 영향이 없다(제190조 단서).

> **키워드**
> 설립하자판결, 원고승소, 대세효/불소급효, 원고패소

⑤ ㅣㅇㅣ 재량기각이 인정된다. 설립무효 또는 취소의 소가 제기되어 그 심리 중에 원인이 된 하자가 보완되고 회사의 현황과 제반사정을 참작하여 설립을 무효 또는 취소하는 것이 부적당하다고 인정한 때에는 법원은 그 청구를 기각할 수 있다(제189조). "하자의 보완"이 요건이라는 점을 주의하자.

> **키워드**
> 재량기각, 하자보완

▶ 정답 ①

▶ 합자회사   중요도 ★☆☆

101 「상법」상 합자회사의 유한책임사원에 관한 설명으로 옳은 것은?

① 유한책임사원도 정관의 규정이나 총사원의 동의를 얻어 업무집행권과 대표권을 가질 수 있다.
② 유한책임사원은 무한책임사원의 업무집행을 감시할 수 있으며 업무집행에 이의를 제기한 경우 업무집행사원은 업무집행행위를 곧 중지하여야 한다.
③ 유한책임사원이 무한책임사원으로 변동되는 것은 회사채권자보호에 유리하므로 총사원의 동의가 필요 없다.
④ 유한책임사원이 사망한 경우 그 상속인이 지분을 상속하지 않으며 그 유한책임사원은 퇴사한다.
⑤ 유한책임사원이 회사에 이익이 없음에도 불구하고 배당을 받은 금액은 회사채무 변제 책임을 정함에 있어서 이를 가산한다.

해설

① ㅣ×ㅣ 합자회사에서 업무집행기관은 무한책임사원만이 될 수 있다(제273조). 상법은 유한책임사원은 회사의 업무집행이나 대표행위를 하지 못한다고 규정한다(제278조). ① 원칙적으로 각 무한책임사원이 업무집행기관이 될 수 있고, ② 예외적으로 정관규정에 의하여 특정한 무한책임사원을 업무집행사원으로 정할 수 있다(제269조, 제201조). ※ 다만 정관의 규정이나 총사원의 동의로 유한책임사원에게 업무집행권을 부여할 수

있는지 여부에 대해서는 견해의 대립이 있다 – 부정설/긍정설(통설) – 그러나 어떠한 경우에도 대표권은 갖지 못한다. 즉 유한책임사원은 어떠한 경우에도 합자회사의 대표기관이 되지 못한다(제278조). 이는 외부관계에 관한 사항으로서 정관 또는 총사원의 동의에 의하여도 달리 정할 수 없는 강행규정이다(통설, 판례).

> **[대법원 1972.5.9. 선고 72다8 판결]** 합자회사의 대표사원의 등기를 할 때에는 유한책임 사원의 신분으로 그 등기를 한 흠이 있어도 그 후 그 유한책임 사원을 무한책임 사원으로 변경등기를 한 이상 그는 이 변경등기를 한 때에 그 대표사원 자격의 흠결은 소멸된다.

키워드
합자회사, 업무집행기관, 무한책임사원

② |×| 업무감시권은 있다. 유한책임사원은 영업년도 말에 있어서 영업시간 내에 한하여 회사의 회계장부·대차대조표 기타의 서류를 열람할 수 있고 회사의 업무와 재산상태를 검사할 수 있다(제277조).

키워드
유한책임사원, 업무감시권

③ |×| 그렇다고 하더라도 총사원의 동의가 필요하다. 정관에 기재된 합자회사 사원의 책임변경은 정관변경의 절차에 의하여야 한다. 따라서 정관에서 달리 정하지 않는 한 총사원의 동의가 필요하다(제269조, 제204조).

> **[대법원 2010.9.30. 선고 2010다21337 판결]** 상법 제270조는 합자회사 정관에는 각 사원이 무한책임사원인지 또는 유한책임사원인지를 기재하도록 규정하고 있으므로, 정관에 기재된 합자회사 사원의 책임 변경은 정관변경의 절차에 의하여야 하고, 이를 위해서는 정관에 그 의결정족수 내지 동의정족수 등에 관하여 별도로 정하고 있다는 등의 특별한 사정이 없는 한 상법 제269조에 의하여 준용되는 상법 제204조에 따라 총 사원의 동의가 필요하다. 합자회사의 유한책임사원이 한 지분양도가 합자회사의 정관에서 규정하고 있는 요건을 갖추지 못한 경우에는 그 지분양도는 무효이다.

키워드
사원지위변경, 정관변경 사항, 총사원 동의

④ |×| 합자회사는 합명회사와 달리 유한책임사원의 사망이 당연 퇴사사유가 되지는 않는다(제283조 제1항, 제284조). 유한책임사원이 사망한 때에는 그 상속인이 그 지분을 승계하여 사원이 되는데, 이 경우에 상속인이 수인인 때에는 사원의 권리를 행사할 자 1인을 정하여야 하고 이를 정하지 아니한 때에는 회사의 통지 또는 최고는 그 중의 1인에 대하여 하면 전원에 대하여 그 효력이 있다(제283조 제2항).

키워드
유한책임사원, 사망, 퇴사사유 아님

⑤ |○| 회사에 이익이 없음에도 불구하고 배당을 받은 금액은 변제책임을 정함에 있어서 이를 가산하게 된다(제279조 제2항).

키워드
이익 없는 배당 가능, 변제책임 산정 시 가산

▶ 정답 ⑤

Ⅲ. 유한책임회사 / Ⅳ. 유한회사

▶ 유한회사, 유한책임회사   중요도 ★☆☆

102 「상법」상 회사에 관한 다음의 설명 중 옳은 것은?

① 주식회사와 유한회사, 유한책임회사의 경우 자본금의 확정은 회사설립에서의 필수불가결의 요소이므로 회사성립 전에 출자의 이행이 이루어져야 한다.

② 인적회사, 유한책임회사는 사원의 성명과 주민등록번호 및 주소가 정관의 절대적 기재사항이므로 정관작성에 의하여 사원이 확정되기 때문에 사원확정절차가 필요 없으나 유한회사는 사원확정절차가 필요하다.

③ 회사의 정관은 이를 작성한 사원뿐만 아니라 그 후에 가입한 사원이나 사단법인의 기관 등도 구속하는 점에 비추어 보면 그 법적 성질은 계약이 아니라 자치법규이지만, 그 해석이 잘못된 경우 상고이유가 되지 않는다.

④ 유한회사는 총 사원의 동의에 의해서만 주식회사로 조직변경을 할 수 있다.

⑤ 인적회사는 유한책임회사와는 다르게 무한책임사원이 원칙적으로 회사의 기관이 되지만, 정관의 규정이 있는 경우 유한책임사원을 기관으로 할 수 있다.

해설

① |○| 인적회사에서는 출자목적물이 정관의 절대적 기재사항이므로(제179조 제4호, 제270조) 자본금이 정관에 의하여 확정된다. 그 이행시기에 관하여 규정은 없으나 반드시 설립등기 이전에 이행할 필요도 없다고 본다. 그러나 주식회사와 유한회사, 유한책임회사의 경우 자본금의 확정은 회사설립에서의 필수불가결의 요소가 되고, 회사 성립전의 출자이행절차에 대하여 규정되어 있다(제287조의4 제2항, 제295조, 제303조 내지 제307조, 제548조).

> **키워드**
> 물적회사, 출자이행, 회사성립 전

② |×| 유한회사의 경우에도 사원확정절차가 필요하지 않다. 인적회사 및 유한회사, 유한책임회사의 경우는 사원의 성명과 주민등록번호 및 주소가 정관의 절대적 기재사항이므로 정관작성에 의하여 사원이 확정되기 때문에 사원확정절차가 필요 없다. 그러나 주식회사의 경우는 주주가 정관의 기재사항이 아니어서 사원확정절차가 필요하게 된다. 이것이 주식인수이고 상법은 주식인수절차에 관하여 규정하고 있다(제293조, 제301조 내지 제304조).

> **키워드**
> 유한회사, 사원, 정관기재사항

③ |×| 자치법규이므로 상법의 법원에 해당하고, 이를 잘못 해석할 경우 상고사유가 된다. 통설과 판례는 회사라는 단체의 자치법규로서의 성질을 가진다고 본다. 정관은 그 구성원이 된 자에 대하여 개별의사에 불구하고 보편적으로 적용되고, 그것을 작성한 사원이나 발기인뿐 아니라 이후에 구성원이 되는 자나 회사의 기관에 적용되는 것이므로 자치법규로 보는 것이 옳다. 따라서 정관은 법규성을 띠므로 정관의 해석이 잘못된 경우 상고이유가 된다(민사소송법 제423조). 그러나 정관은 강행법에 반할 수는 없다.

> **키워드**
> 정관, 자치법규, 법률의 해석방법

④ |×| 유한회사와 유한책임회사가 주식회사로 조직변경하는 경우 총사원의 일치에 의한 총회의 결의가 있어야 하나, 예외적으로 정관상 총 사원의 4분의 3 이상의 동의 규정을 두는 것도 가능하다(제607조 제1항 단서, 제287조의44).

> **키워드**
> 조직변경, 유한회사, 총사원 일치, 3/4 이상

⑤ |×| 유한책임사원은 회사의 기관이 될 수 없다. 인적회사는 무한책임사원이 원칙적으로 회사의 기관이 되고(제200조 제1항, 제207조, 제273조) 무한책임사원이 정관의 절대적 기재사항이므로, 정관작성만으로 기관이 구성된다. 유한책임회사의 경우도 마찬가지이다(제287/소의12). 그러나 주식회사와 유한회사에서는 별도의 기관구성절차가 필요하다(제296조, 제312조, 제547조 등).

> **키워드**
> 인적 회사의 기관, 무한책임사원

▶ 정답 ①

유한회사 중요도 ★☆☆

103 「상법」상 유한회사에 관한 설명으로 틀린 것은?

① 유한회사는 1인 사원에 의한 설립이 가능하며 사원의 수에 제한이 없다.
② 사원은 출자좌수에 따라 지분을 가지는데 출자 1좌의 금액은 100원 이상으로 균일하게 하여야 한다.
③ 업무집행기관은 이사이고 감사는 임의기관으로 되어 있으며 감사위원회제도는 인정되지 않는다.
④ 유한회사는 자본금을 증가하거나 사채발행을 통하여 필요한 자금을 조달할 수 있다.
⑤ 사원은 1출좌 1의결권을 행사할 수 있지만 정관의 정함에 의하여 출자 1좌에 대하여 복수의 의결권을 행사할 수 있다.

해설

① |○| 유한회사는 1인 사원에 의한 설립이 가능하다. 즉 1인 이상의 사원이 정관을 작성하여 기명날인 또는 서명한 이후, 공증인의 인증을 받아야 한다(제543조, 제292조).

> **키워드**
> 유한회사, 유한책임회사, 1인회사

② |○| 2011년 개정으로 최저자본금을 폐지하였고, 출자 1좌의 금액을 100원 이상으로 하였다(제546조).

> **키워드**
> 최저자본제도 폐지

③ |○| 감사는 임의기관이다. 의사결정기관으로서의 사원총회와 업무집행을 직접 담당하는 기관으로서의 이사를 둔다. 업무집행기관을 이사로 일원화하였으며 이사회·대표이사와 집행임원을 두지 않으며, 감사를 임의기관으로 한다.

> **키워드**
> 유한회사, 감사, 임의기관

④ |×| 사채는 발행할 수 없다. 유한회사에서는 사채발행이 허용되지 않으므로 자금조달방법은 자본금 증가의 방법으로만 할 수 있다. 증자의 방법에는 (a) 출자좌수의 증가, (b) 출자 1좌의 금액의 증가가 있으나, 출자 1좌의 금액을 증가시키는 후자 방법은 유한책임 원칙상 총사원의 동의를 요한다. 따라서 증자의 방법은 출자좌수를 증가시키는 것이며 상법은 이에 대해서만 규정하고 있다.

> **키워드**
> 사채는, 주식회사만 발행

⑤ |○| 복수의 의결권을 정할 수 있다. 각 사원은 출자좌수에 따라 지분을 가지므로(제554조) 주식회사와 같이 지분복수주의를 취한다. 지분을 공유하는 것이 인정된다. 이 경우 주식공유에 관한 규정이 준용되는 점(제558조, 제333조)도 주식회사와 같다. 지분에 관하여 지시식 또는 무기명식의 유가증권을 발행하지 못한다(제555조). 1출자 1의결권이 원칙이다(제575조 본문). 정관으로 이와 다른 정함을 할 수 있어 1사원 1의결권(지분단일주의 또는 두수주의)으로 하거나 출자 1좌에 대하여 복수의결권을 인정할 수도 있다(통설). 다만 사원의 의결권을 완전히 박탈할 수는 없다. 주주제안권이 인정되지 않고(제363조의2), 집중투표제가 인정되지 않으며(제382조의2), 지분 상호보유의 경우 의결권이 제한되지 않는 점(제369조 제3항) 등은 주식회사와 다르다.

> **키워드**
> 1출좌 1의결권 원칙, 정관에 의한 예외

▶정답 ④

제03장 어음·수표법

3.1. 총설

Ⅰ. 환어음·약속어음·수표의 정의
Ⅱ. 어음·수표의 법적 성질
Ⅲ. 어음·수표의 경제적 기능

3.2. 어음·수표 총론

Ⅰ. 어음·수표행위

▶ 어음요건, 수표요건 중요도 ★☆☆

104 어음요건과 수표요건의 흠에 관한 어음법·수표법의 규정으로 틀린 것은?

① 환어음에 지급지가 적혀 있지 아니한 경우 지급인의 명칭에 부기한 지(地)를 지급지 및 지급인의 주소지로 본다.
② 환어음에 발행지가 적혀 있지 아니한 경우 발행인의 명칭에 부기한 지(地)를 발행지로 본다.
③ 약속어음에 지급지가 적혀 있지 아니한 경우 발행지를 지급지 및 발행인의 주소지로 본다.
④ 약속어음에 만기가 적혀 있지 아니한 경우 일람 후 정기출급의 약속어음으로 본다.
⑤ 수표에 지급지가 적혀 있지 아니한 경우 지급인의 명칭에 부기한 지(地)의 기재나 그 밖의 다른 표시가 없는 경우에는 발행지에서 지급할 것으로 한다.

해설

① │ ○│ 환어음에는 지급지를 기재하여야 한다(어음법 제1조 제5호). 환어음에 지급지가 적혀 있지 아니한 경우, 그 환어음이 무효가 되는 것이 아니라 지급인의 명칭에 부기한 지가 지급지를 보충한다(어음법 제2조 제2호). 지급인의 명칭에 부기한 지는 또한 지급인의 주소지로 간주된다(어음법 제2조 제2호). 또한 지급장소가 지급지를 보충할 수 있다고 보는 것이 통설이다. 판례도 어음상 지급지에 대한 특별한 표시가 없다 할지라도 지급장소의 기재가 있고 그로부터 지급지에 해당하는 지역을 쉽게 알 수 있는 경우에는 그 기재에 의하여 지급지의 기재가 보충되었다고 본다.

[대법원 2001.11.30. 선고 2000다7387 판결] 어음면상 지급지에 관한 특별한 표시가 없다 할지라도 거기에 지급장소의 기재가 있고 그것이 지의 표시를 포함하고 있어 그로부터 지급지에 해당하는 일정 지역이 추지될 수 있는 경우에는 지급지의 기재가 이에 의하여 보충되는 것으로 볼 수 있다. 기록에 의하면 이 사건 약속어음에는 지급장소로서 "중소기업은행 능곡지점"이라고 표시되어 있음을 알 수 있는바, 위 지급장소의 기재 중에는 '능곡'이라는 지역 이름이 포함되어 있고, 위 기재로부터 능곡 혹은 능곡이 소재하고 있는 경기 고양시가 지급지에 해당하는 것을 쉽게 알 수 있다고 할 것이므로, 이러한 경우에 약속어음상의 지급지란 자체는 백지라고 할지라도 위 지급장소의 기재에 의하여 지급지가 보충되었다고 봄이 상당하다.

키워드

지급지 불기재, 지급인 명칭에 부기한 지로 보충, 무효아님

② I이 발행지는 어음상에 발행지로 기재된 장소를 말하는 것이며, 실제 어음이 발행된 장소와 달라도 상관없다. 발행지는 지급지와 같이 최소한의 행정구역을 알 수 있을 정도로 기재하면 충분하다. 판례는 발행지가 백지인 약속어음에 있어 발행인의 명칭에 부기된 상호에 지명표시가 있는 경우 그 장소를 발행지로 볼 수 있다고 한다.

[대법원 1984.7.10. 선고 84다카424,84다카425 판결] 이 사건 각 약속어음은 발행지가 모두 백지로 되어 있으나 각 발행인의 명칭에 "신라체인 점촌지점" 또는 "한남체인 상주슈퍼"라는 상호가 부기되어 있는 바 어음법 제76조 제4항에 의하여 발행인의 명칭에 부기한 지를 발행지로 볼 것이고 발행지 기재는 독립된 최소 행정구역을 표시하면 족한 것이므로 위 각 상호에 포함된 점촌이나 상주의 표시를 발행지 기재로 볼 것이다.

판례는 국내에서 발행되고 지급되는 국내어음에 있어서는 발행지가 별다른 의미를 가지지 못하고, 발행지 기재가 없는 국내어음이 널리 유통되고 있으며 발행지가 기재된 어음과 마찬가지로 취급되는 것이 관행이므로, 어음면의 기재 자체로 보아 국내어음으로 인정되는 경우 발행지의 기재가 없어도 유효하다고 본다. 이후 발행지 기재가 없는 수표에 관하여도 동일하게 본다.

[대법원 1998.4.23. 선고 95다36466 전원합의체 판결] 어음에 있어서 발행지의 기재는 발행지와 지급지가 국토를 달리하거나 세력을 달리하는 어음 기타 국제어음에 있어서는 어음행위의 중요한 해석 기준이 되는 것이지만 국내에서 발행되고 지급되는 이른바 국내어음에 있어서는 별다른 의미를 가지지 못하고, 또한 일반의 어음거래에 있어서 발행지가 기재되지 아니한 국내어음도 어음요건을 갖춘 완전한 어음과 마찬가지로 당사자 간에 발행·양도 등의 유통이 널리 이루어지고 있으며, 어음교환소와 은행 등을 통한 결제 과정에서도 발행지의 기재가 없다는 이유로 지급거절됨이 없이 발행지가 기재된 어음과 마찬가지로 취급되고 있음은 관행에 이른 정도인 점에 비추어 볼 때, 발행지의 기재가 없는 어음의 유통에 관여한 당사자들은 완전한 어음에 의한 것과 같은 유효한 어음행위를 하려고 하였던 것으로 봄이 상당하므로, 어음면의 기재 자체로 보아 국내어음으로 인정되는 경우에 있어서는 그 어음면상 발행지의 기재가 없는 경우라고 할지라도 이를 무효의 어음으로 볼 수는 없다.

[대법원 1999.8.19. 선고 99다23383 전원합의체 판결] 수표면의 기재 자체로 보아 국내수표로 인정되는 경우에 있어서는 발행지의 기재는 별다른 의미가 없는 것이고, 발행지의 기재가 없는 수표도 완전한 수표와 마찬가지로 유통·결제되고 있는 거래의 실정 등에 비추어, 그 수표면상 발행지의 기재가 없는 경우라고 할지라도 이를 무효의 수표로 볼 수는 없다.

> **키워드**
> 발행지 없어도, 발행인의 명칭의 부기한 지로 보충, 무효아님

③ |○| 약속어음의 경우에는 지급인이 없으므로 발행지를 가지고 지급지를 보충한다(어음법 제76조 제3호).

> **키워드**
> 약속어음, 지급지 미기재, 발행지로 보충, 무효아님

④ |×| 만기는 필요적 기재사항이므로 만기의 기재가 없으면 원칙적으로 무효이나, 어음법은 만기가 적혀 있지 아니한 경우에는 그 어음은 무효가 되지 않고 일람출급의 환어음으로 본다(어음법 제2조 제1호). 그런데 만기를 기재하지 않은 어음과 만기를 백지로 발행한 백지어음과는 외관상 구별하기 어렵다. 판례는 지급일이 기재되지 않은 채 발행된 약속어음에 대해서는 어음소지인에게 백지보충권이 부여된 백지어음으로 추정하고 있다. 지급일의 기재가 흠결된 어음의 경우 어음법 제2조의 보충규정을 적용하는 것이 아니라 어음법 제10조의 백지어음으로 추정하고 백지어음이 아니라는 점에 대한 입증책임은 이를 주장하는 자에게 있다.

> **[대법원 2001.4.24. 선고 2001다6718 판결]** 백지약속어음의 경우 발행인이 수취인 또는 그 소지인으로 하여금 백지부분을 보충케 하려는 보충권을 줄 의사로서 발행하였는지의 여부에 관하여는 발행인에게 보충권을 줄 의사로 발행한 것이 아니라는 점, 즉 백지어음이 아니고 불완전어음으로서 무효라는 점에 관한 입증책임이 있다.

> **키워드**
> 만기 미기재, 일람출급환어음으로 규정되어 있으나, 판례는 백지어음으로

⑤ |○| 수표의 경우에는 환어음과 동일하지만 지급인의 명칭에 부기한 곳이 없는 경우에는 다시 발행지를 가지고 지급지를 보충한다는 점이 다르다(수표법 제2조 제1호·제2호). 수표는 지급인이 은행이므로 지급인의 명칭에 부기한 곳은 거의 존재하지 않고 대부분 발행지로 보충한다.

> **키워드**
> 수표, 지급지 미기재, 발행지로 보충

▶ 정답 ④

▶ 어음행위, 기명날인 또는 서명　　　　　　　　　　　　　　　　　중요도 ★★☆

105 어음의 "기명날인 또는 서명"에 관한 설명으로 틀린 것은?(이견이 있으면 판례에 의함)

① 법인이 어음행위를 하는 경우 대표기관의 기명날인 없이 법인의 명칭만을 기재하고 법인의 인감을 날인한 것은 무효이다.
② 자연인의 기명은 어음행위자의 본명과 일치하여야만 한다.
③ 거래상의 유통을 목적으로 하는 어음의 경우 날인 대신 무인(拇印)으로 한 어음행위는 무효이다.
④ 기명의 명의와 날인의 명의가 반드시 일치해야 하는 것은 아니다.
⑤ 흔히 "사인(signature)"이라고 하여 성명의 일부 또는 전부를 도형화하여 표시하는 것 중 이를 통해 서명자의 성명을 식별할 수 없다면 서명으로 인정되지 않는다.

해설

① |O| 무효이다. 대표기관이 법인을 위하여 한다는 기재를 하고 대표기관 자신의 기명날인 또는 서명을 하여야 한다. 대표기관의 기명날인이 없이 법인의 명칭만을 기재하고 대표기관의 날인만 있는 경우 무효이다. 예컨대 'A 주식회사'라고만 기재하고 기명이 없이 대표기관의 날인을 하는 것은 무효이다.

> [대법원 1964.10.31. 선고 63다1168 판결] 법인의 행위는 대표관계에 의하여서만 실현할 수 있는 것이므로 법인이 어음행위를 함에 있어서는 대표기관이 법인을 위하여 하는 것이라는 취지 즉 대표자격이 있다는 것을 표시하고 그 사람이 기명날인 하여야 한다.

키워드
법인의 어음행위, 법인명, 대표기관명, 대표이사의 기명날인 또는 서명

② |×| 본명이 아니어도 관계없다. 약속어음의 발행에 있어 발행인의 기명이 반드시 그 본명과 일치하여야 하는 것은 아니다(69다742).

키워드
기명, 날인, 기명은 있으면 되는 것

③ |O| 날인으로서 문제가 되는 것이 무인(拇印) 또는 지장(指章)이다. 유통성 확보를 위하여 제3자가 신속하게 행위자를 인식할 수 있어야 한다는 취지에 반하는 것으로 무인과 지장은 무효로 봄이 통설·판례이다.

> [대법원 1962.11.1. 선고 62다604 판결] 무인 기타 지장은 그 진부를 육안으로는 식별할 수 없고 특수한 기구와 특별한 기능에 의하지 아니하면 식별할 수 없으므로 거래상의 유통을 목적으로 하는 어음에 있어서는 기명날인에는 지장을 포함하지 아니한다고 해석함이 타당하다.

키워드
무인, 지장, 무효

④ |O| 기명과 날인이 반드시 일치될 필요는 없다. 그 행위자의 진정한 의사에 기하여 기명날인이 이루어진 이상 유효한 것으로 본다(통설). 판례도 기명과 날인이 전혀 다른 경우에도 어음요건이 흠결되었다고 할 수 없어 유효하다고 하였다.

[대법원 1978.2.28. 선고 77다2489 판결] 어음법상의 기명날인이라는 것은 기명된 자와 여기에 압날된 인영이 반드시 합치됨을 요구한다고 볼 근거는 없으므로 약속어음에 기명이 되고 거기에 어떤 인장이 압날되어 있는 이상 외관상 날인이 전연 없는 경우와는 구별되어야 한다.

> **키워드**
> 기명, 있으면 되는 것

⑤ |이| 흔히 말하는 사인(signature)은 서명이 아니다. 이를 통해 행위자의 성명을 식별할 수 없으면 서명이라 할 수 없다.

> **키워드**
> 서명, 자필로, 성명기재

▶ 정답 ②

Ⅱ. 어음행위의 대리

▶ **월권대리, 융통어음**　　　　　　　　　　　　　　　　　　　　　　중요도 ★★★

106 A로부터 적법하게 대리권을 수여받은 B는 A를 위하여 C에게 약속어음을 발행하였다. 이 경우에 관한 설명으로 틀린 것은?

① 어음면에 "어음금액의 일부인 100만원을 지급하였음"이라는 문구가 기재되어 있다면 A는 누구에게나 일부지급의 항변을 할 수 있다.
② A와 C사이의 원인관계가 무효로 되었고 그 후 D가 C로부터 A를 해할 것을 알고 어음을 취득하였다면 A는 C와의 원인관계의 무효로써 D에 대하여 항변할 수 있다.
③ A가 C의 자금조달을 돕기 위해 원인관계 없이 약속어음을 발행한 경우라도 어음 자체의 효력에는 영향이 없다.
④ A에 대하여 C가 가지는 주채무이행청구권은 만기일로부터 3년간 행사하지 아니하면 시효로 소멸한다.
⑤ 판례에 의하면 B가 A로부터 부여받은 1천만원의 어음금액에 관한 대리권의 범위를 초과하여 약속어음을 발행하였다면 A는 어음상 책임을 부담하지 않는다.

해설

① |이| 일부지급의 사실이 어음면에 기재된 경우는 물적 항변사유가 된다. 기재하지 않은 경우에는 인적항변사유가 된다. 문제에서는 이를 기재한 것이므로 발행인은 일부지급의 항변을 누구에게나 주장(물적항변)할 수 있다. 어음소지인은 어음금액의 일부지급을 거절할 수 없다(어음법 제39조 제2항 · 제77조 제1항 제3호,

수표법 제34조 제2항). 소지인은 일부지급을 받더라도 나머지 금액은 전자에 상환청구할 수 있고, 또 상환의무자는 일부지급 부분에 대하여 상환의무를 면하는 이익이 있기 때문이다. 일부지급을 거절하지 못하는 것은 상환의무자의 이익을 위한 것인데, 지급제시기간 경과 후에는 이미 상환청구권이 상실되었으므로 소지인은 일부지급을 거절할 수 있다(통설). 그런데 소지인이 일부만 지급받은 경우 소지인은 잔액에 대하여 상환청구권을 행사할 수 있으므로, 이를 위하여 소지인은 어음을 소지하여야 하므로 일부지급을 하는 어음의 지급인은 어음소지인에 대하여 어음의 반환을 청구할 수 없고, 다만 일부지급의 뜻을 어음에 기재하고 영수증을 교부할 것을 청구할 수 있을 뿐이다(어음법 제39조 제3항·제77조 제1항 제3호, 수표법 제34조 제3항).

> **키워드**
> 일부지급, 어음기재, 물적항변 사유

② |○| 원인관계 무효의 항변은 원칙적으로 인적항변사유이므로 발행인 A는 C에게만 이를 주장할 수 있고 D에게는 항변으로 대항할 수 없는 것이 원칙이나 소지인의 해의가 있는 대항할 수 있다. 지문과 같은 실질관계인 원인관계의 무효·취소는 인적항변이다. 어음법 제17조는 "환어음의 청구를 받은 자는 발행인 또는 종전의 소지인에 대한 인적관계로 인한 항변으로써 소지인에게 대항하지 못한다. 그러나 소지인이 그 채무자를 해할 것을 알고 어음을 취득한 경우에는 그러하지 아니하다"고 규정하고 이를 이른바 인적항변의 절단이라 한다. 그러나 어음채무자가 그 채무자를 해할 것을 알고 어음을 취득한 경우가 아니어야 한다(어음법 제17조 단서).

> **키워드**
> 원인관계 실효, 인적항변 사유, 해의, 절단 없음

③ |○| 융통어음(호의어음)의 설명이다. 융통어음이라 함은 타인으로 하여금 어음에 의하여 제3자로부터 금융을 얻게 할 목적으로 수수되는 어음을 말하는 것이라 한다. 융통자는 융통어음임을 항변으로 삼아 어음금 지급을 거절할 수 없다고 한다. 융통어음에 관한 항변은 그 어음을 양수한 제3자에 대하여는 선의·악의를 불문하고 대항할 수 없는 것이다.

> **키워드**
> 융통어음, 제3자가 악의라도, 대항불가

④ |○| 주채무자인 환어음의 인수인과 약속어음의 발행인에 대한 청구권은 만기일로부터 3년이 경과함으로써 소멸시효가 완성된다(어음법 제70조 제1항·제77조 제1항 제8호). 주채무자는 지급제시 여부와 관계없이 3년간 어음금을 절대적으로 지급할 의무를 부담한다(86다카1858).

> **키워드**
> 주채무, 소멸시효, 3년

⑤ |×| 수권한 범위 내에서는 책임을 부담한다. 월권대리의 경우는 어음법 제8조 제3문에 '권한을 초과한 대리인에 관하여도 같다'고 규정하는데, 월권대리인의 책임범위가 전액에 대해 미치는가에 대해서 논란이 있다. 통설은 본인은 수권의 범위 내에서만 책임을 지고 월권대리인은 전액에 대해서 책임을 부담한다는 책임병행설이다. 예컨대 본인 A가 1억원의 범위에서 어음발행권을 대리인 B에게 부여하였으나, B가 4억원의 약속어음을 발행한 경우 A는 1억원, B는 4억원의 어음상 책임을 부담한다. 판례도 본인은 수권의 범위 내에서 대리인과 함께 어음상 채무를 부담한다고 하여 통설인 책임병행설을 따른다(2000마453303).

> **키워드**
> 월권대리, 본인도 권한 범위 내는 책임

▶정답 ⑤

Ⅲ. 어음의 위조와 변조

▶ 어음의 위조 중요도 ★★☆

107 A는 B에게 약속어음을 발행하였는데, C가 이를 절취하여 B의 기명날인으로 D에게 배서·교부하였다. D는 다시 E에게 배서양도하였다. 이 경우에 관한 설명으로 옳은 것은?

① B가 C의 배서행위를 추인하여도 배서의 효력이 발생하지 않는다.
② 판례에 의하면 B는 어음에 찍힌 인장이 자신의 진정한 인장이 아님을 증명하지 못하면 자신이 한 배서행위가 아니라는 항변을 할 수 없다.
③ B가 표현책임이 인정되어 어음상 책임을 부담하게 된다면 C는 별도의 민·형사상의 책임을 부담하지 않는다.
④ D가 선의이며 중과실 없이 약속어음을 취득하여 배서양도하였다면 자신의 배서행위에 따른 책임을 부담하지 않는다.
⑤ E가 선의이며 중과실 없이 약속어음을 취득하였다면 E는 A에 대하여 어음금지급청구권을 가진다.

해설

① |×| C는 B의 기명날인으로 배서를 하였으므로 이는 어음의 위조이다. 위조의 경우에는 피위조자의 기명날인 또는 서명만 있고 위조자의 기명날인 또는 서명은 어음상에 나타나지 않음에 반하여, 무권대리의 경우에는 무권대리를 한 자의 기명날인이 어음면에 나타난다. 또 위조는 대행의 방식이나 무권대리는 대리의 방식이다. 위조의 경우 피위조자는 어음상책임을 부담하지 않는 것이 원칙이나(65다1726, 물적항변), 피위조자가 위조인 사정을 알면서 추인한 경우 어음상 채무를 부담한다. 피위조자가 위조사실을 알면서 어음금을 지급한 경우 위조의 추인이 되어 유효한 지급이 된다(민법 제130조·제133조). 판례도 피위조자가 위조의 기회를 준 경우 민법과 상법의 표현대리(대표)의 규정을 유추하여 피위조자의 어음상의 책임을 인정한다(97다31113). 다만 권한 없이 기명날인을 대행하는 방식에 의하여 약속어음을 위조한 경우에 피위조자가 이를 묵시적으로 추인하였다고 인정하려면 추인의 의사가 표시되었다고 볼 만한 사유가 있어야 한다. 추인의 경우에 부담하는 책임은 어음상 책임이다.

> [대법원 1998. 2. 10. 선고 97다31113 판결] 어음에 어음채무자로 기재되어 있는 사람이 자신의 기명날인이 위조되었다고 주장하는 경우에는 그 사람에 대하여 어음채무의 이행을 구하는 어음의 소지인이 그 기명날인이 진정한 것임을 증명하지 않으면 안되고, 무권대리행위에 대한 추인은 무권대리행위로 인한 효과를 자기에게 귀속시키려는 의사표시이니 만큼 무권대리행위에 대한 추인이 있었다고 하려면 그러한 의사가 표시되었다고 볼 만한 사유가 있어야 하고, 무권대리행위가 범죄가 되는 경우에 대하여 그 사실을 알고도 장기간 형사고소를 하지 아니하였다 하더라도 그 사실만으로 묵시적인 추인이 있었다고 할 수는 없는바, 권한 없이 기명날인을 대행하는 방식에 의하여 약속어음을 위조한 경우에 피위조자가 이를 묵시적으로 추인하였다고 인정하려면 추인의 의사가 표시되었다고 볼 만한 사유가 있어야 한다.

키워드
타인의 기명날인/서명 위작, 위조, 물적항변, 추인, 어음상 책임

② |×| 이에 대한 입증책임은 어음소지인이 부담한다. 어음에 어음채무자로 기재되어 있는 사람이 자신의 기명날인이 위조되었다고 주장하는 경우에는 그 사람에 대하여 어음채무의 이행을 구하는 어음의 소지인이 그 기명날인이 진정한 것임을 증명하지 않으면 안 된다(97다31113).

> **키워드**
> 위조, 입증책임, 소지인, 진정한 기명날인

③ |×| B의 표현책임이 인정될 수 있다. 이는 어음상의 책임이므로 표현책임이 성립한다고 하여도 민법상 불법행위책임(제750조)·형법상 유가증권위조죄(제214조) 등의 책임을 진다. 표현책임과 관련하여 어음행위의 위조에 대해 민법상 표현대리에 관한 규정이 유추적용된다. 민법상 표현대리나 상법상 표현지배인 또는 표현대표이사의 법리를 유추적용하여 피위조자가 책임을 질 수 있고 이 경우도 어음상 책임이다. 표현책임의 인정에 있어 상대방의 정당한 사유는 어음행위 당시에 존재한 여러 사정을 객관적으로 관찰하여 일반인이면 유효한 행위가 있었던 것으로 믿는 것이 당연하다고 보여지는 경우이다(98다27470).

> **키워드**
> 위조, 표현책임, 어음상 책임부담

④ |×| 선의취득한 후 배서양도하였다면 자신의 배서에 대한 책임을 부담한다. 위조어음에 어음행위(기명날인 또는 서명)를 한 자는 어음행위독립의 원칙(어음법 제7조·제77조)에 의하여 그 문언에 따라 어음상 책임을 진다(77다1753). 어음이 위조된 경우라도 권한의 흠결이라는 실질적 하자가 있을 뿐 외관상으로는 완전한 어음과 다를 바 없기 때문이다.

> **키워드**
> 선위취득, 유효한 어음상 권리, 배서로 권리이전

⑤ |○| 선의, 무중과실인 경우 선의취득할 수 있고 어음상 권리를 취득한 자로서 어음채무자에게 어음금의 지급을 청구할 수 있다. 동산의 선의취득과는 달리 경과실의 경우는 선의취득이 인정된다.

> **키워드**
> 선의취득, 어음상 권리 행사 가능

▶정답 ⑤

▶ 어음의 변조   중요도 ★★☆

108 어음의 변조에 관한 설명으로 옳은 것은? (다툼이 있는 경우에는 판례에 의함)

① 어음발행인이 그의 어음보증인의 동의를 얻지 않고 수취인 명의를 변경기재하였더라도, 이는 어음보증인에 대해서는 변조에 해당하지 않는다.
② 어음발행 후에 발행인의 상호가 변경되어 어음소지인이 발행인란의 기명 부분 중 발행인의 구 상호를 지우고 신 상호를 기재한 경우에는 변조에 해당하지 않는다.
③ 어음소지인이 변조를 한 후에 이에 기명날인하여 타인에게 양도한 경우, 변조자는 변조 전의 원래 문구에 따라 어음상의 책임을 부담하면 된다.
④ 변조 여부에 관한 증명책임은 언제나 어음소지인이 부담한다.
⑤ 변조의 방법은 어음의 기재사항을 바꾸어 기재하는 행위에 한하므로, 권한 없는 제3자가 약속어음에 기재된 지시금지의 문구 위에 고의로 인지를 붙인 경우에는 변조에 해당하지 아니한다.

해설

① |×| 변조에 해당한다. 즉, 어음보증인의 동의 없이 수취인란의 기재를 삭제하고 타인에게 교부한 뒤, 교부받은 자가 수취인란에 자신을 성명을 기재하는 것은 어음보증에 대해 어음의 변조에 해당한다. 이때 어음보증의 주된 채무는 발행인과 원래 기재되었던 수취인에 대한 채무이다. 따라서 변조된 수취인에 대해서까지 어음보증의 책임을 부담하는 것은 아니다.

키워드
보증인 동의 없는, 수취인 변경기재, 변조, 물적항변

② |○| 변조에 해당하지 않는다. 판례는 무권리자가 수표 발행인 회사의 상호가 변경된 후 임의로 그 회사가 상호변경 전에 적법하게 발행하였던 백지수표의 발행인란의 기명부분만을 사선으로 지우고 그 밑에 변경된 상호를 써넣은 경우, 이는 위조 또는 변조에 해당하지 않는다고 보았다. 즉, 이 경우 기명날인의 동일성이 유지되는 것이라고 보았다(94다55163).

키워드
구 상호 삭제, 신 상호 기재, 변조아님

③ |×| 변조된 내용에 따라 책임을 부담한다. 어음소지인이 변조하고 기명날인 또는 서명을 한 경우 이러한 변조자는 변조 후의 어음에 기명날인 또는 서명을 한 자이므로 언제나 변조 후의 어음문언에 따라 어음상의 책임을 져야 한다(어음법 제69조).

키워드
변조된 문언, 기명날인 또는 서명, 변조된 문언에 따른 책임

④ |×| 언제나 소지인이 부담하는 것은 아니다. 판례는 변조사실이 명백한 경우에는 변조를 주장하는 자(어음채무자)가 입증책임을 진다는 판례(85다카131)와 소지인이 진다는 판례(2006마334)가 있어 일관되지 않은 것으로 볼 수 있고, 변조사실이 어음면상 명백하지 않은 경우에는 변조를 주장하는 자(어음채무자)가 입증책임을 부담한다는 판례가 있다(89다카14165).

> **키워드**
> 변조의 입증책임, 변조사실이 명백한 경우 그렇지 않은 경우

⑤ |×| 변조에 해당한다. 판례는 제3자가 고의로 인지를 약속어음에 기재된 지시금지의 문구위에 첨부한 경우에는 이는 어음의 기재내용을 일부 변조한 것으로 본다(80다202).

> **키워드**
> 인지첨부, 지시금지 문구 위, 변조

▶ 정답 ②

▶ 변조   중요도 ★★☆

109 A가 B에게 2013년 1월 10일을 만기일로 기재한 약속어음을 발행하고, B는 C에게 그 어음을 배서·교부하였다. C는 어음면상의 만기일을 2013년 2월 10일로 변조하여 그 사정을 모르는 D에게 배서·교부하였고 D는 이를 다시 E에게 배서·교부하였다. 아래 설명 중 틀린 것은? (다툼이 있으면 판례에 의함)

① E가 A에게 2013년 2월 10일 지급제시한 경우 A는 만기일이 변조되었음에도 불구하고 지급책임을 면할 수 없다.
② E가 A에게 2013년 2월 10일 지급제시하여 그 지급이 거절되었다면 요건을 갖추어 D에게 상환청구할 수 있다.
③ E가 A에게 2013년 2월 10일 지급제시하여 그 지급이 거절되었다면 요건을 갖추어 C에게 상환청구할 수 있다.
④ E가 A에게 2013년 2월 10일 지급제시하여 그 지급이 거절되었다면 요건을 갖추어 B에게 상환청구할 수 있다.
⑤ E가 A에게 2013년 2월 10일 지급제시하여 그 지급이 거절되어 D에게 요건을 갖추어 상환청구한 것을 D가 이행한 경우, D는 요건을 갖추어 이를 C에게 재상환청구할 수 있다.

해설

① |○| 변조된 경우에도 변조전 기명날인 한 자는 원문언에 따른 책임을 부담한다. 따라서 2013년 1월 10일 만기로 하여 발행인 A는 어음의 주채무자로서 책임을 부담한다. 따라서 2월 10일의 지급제시는 만기 후의 지급제시가 되지만 주채무자는 만기 이후에도 시효기간 내에서는 어음금을 지급할 채무를 부담한다.

> **키워드**
> 변조, 변조 전, 기명날인, 원문언에 따른 책임

② |○| 변조후의 기명날인자는 변조후의 문언에 따른 책임을 진다(어음법 제69조·제77조). 변조후의 문언을 의사표시의 내용으로 하였기 때문이다. D는 변조이후 배서한 자이므로 만기는 2월 10일이고 E는 지급제시기간 내에 제시한 것이므로 상환청구권을 행사할 수 있다.

> **키워드**
> 변조 후, 기명날인, 변조된 문언에 따른 책임

③ |○| C도 변조한 자이므로 마찬가지이다 ②의 설명 참조.
④ |×| B는 변조 전 기명날인한 자이므로 이때의 지급제시는 지급제시기간 이후가 되므로 상환청구권을 행사할 수 없다.
⑤ |○| C는 변조한 자이므로 변조한 문언에 따라 책임을 부담하므로 D는 C에게 상환청구권을 행사할 수 있다.

▶ 정답 ④

Ⅳ. 백지어음

▶ 백지어음 중요도 ★★☆

110 A가 B에게 2013년 2월 1일을 만기일로 하는 약속어음을 발행하면서 어음금액을 공란으로 비워두고 500만원의 범위 내에서 보충할 수 있는 보충권을 수여하였다. 아래 설명 중 틀린 것은? (이견이 있으면 판례에 의함)

① B는 만기일 이전에 어음금액의 보충 없이 C에게 어음금액이 공란인 약속어음을 배서양도할 수 있다.
② B가 만기일 이전에 어음금액을 1,000만원으로 보충한 후 어음을 C에게 배서양도한 경우 C가 이러한 사실에 대하여 악의 또는 중과실이 없는 경우라면 약속어음이 만기에 지급제시된 때 A는 C에게 1,000만원을 지급하여야 한다.
③ 판례에 따르면 B가 C에게 어음금액을 1,000만원의 범위 내에서 보충할 수 있다고 설명하여 C가 그러한 사실을 믿고 어음을 배서양도 받은 후 A에게 보충권의 내용에 관하여 직접 조회하지 않고 만기일에 1,000만원으로 어음금액을 보충하여 지급제시한 경우에 특별한 사정이 없는 한 A는 C에게 1,000만원을 지급하여야 한다.
④ B가 어음금액을 보충하지 아니한 상태에서 어음을 분실한 경우 B는 공시최고에 의한 제권판결을 받을 수 있다.
⑤ 판례에 따르면 B가 어음금액을 보충하지 않은 채 만기에 A에게 지급제시하였다가 지급을 거절당한 후 A를 상대로 어음금의 지급을 청구하는 소송을 제기한 경우 변론종결시까지 어음금액을 보충하였다면 A가 부담하는 어음채무의 소멸시효는 중단된다.

> 해설

① |○| 미완성인 상태에서 배서 및 교부를 통해 양도할 수 있다. 백지어음은 보충을 조건으로 하는 어음금지급청구권과 백지보충권을 표창하는 유가증권이므로 이를 지명채권 양도방법뿐만 아니라 배서에 의하여 양도할 수 있다고 하면서, 그 근거는 관습법에 의한 것으로 본다(통설, 94다23098). 즉, 수취인의 기재가 있는 백지어음은 배서에 의하여, 수취인이 백지인 백지어음은 배서 또는 교부(단순한 인도)에 의하여 양도될 수 있다. 따라서 선의취득, 인적항변의 절단 등 배서와 관련한 효력을 인정하고 있다.

> 키워드
> 백지어음, 배서로 양도 가능

② |○| 어음법은 미완성으로 발행한 환어음에 미리 합의한 사항과 다른 내용을 보충한 경우에는 그 합의의 위반을 이유로 소지인에게 대항하지 못한다. 그러나 소지인이 악의 또는 중대한 과실로 인하여 환어음을 취득한 경우에는 그러하지 아니하다고 규정한다(어음법 제10조, 수표법 제13조). 요컨대 부당보충된 어음이 제3자에게 양도되어 제3자가 악의 또는 중대한 과실 없이 취득한 경우에는 백지어음행위자는 제3자에 대하여 부당보충으로 대항할 수 없다.

> 키워드
> 부당보충, 선의의 제3자, 전액책임

③ |×| 이 경우 중과실이 있는 것으로 판단하므로 발행인은 부당보충된 내용에 대해 책임을 부담하지 않는다. 판례는 어음금액이 백지로 된 백지어음을 취득한 자가 그 어음의 발행인에게 보충권의 내용에 관하여 직접 조회하지 않았다면 특별한 사정이 없는 한 취득자에게 중대한 과실이 있는 것으로 본다(95다10945). 그 근거로 어음금액란의 기재는 대단히 중요한 사항이므로 어음금액란을 백지로 하는 어음을 발행하는 경우 발행인은 통상적으로 그 보충권의 범위를 한정한다고 봄이 상당하다는 것을 든다(95다10945).

> 키워드
> 부당보충, 악의/중과실, 보충권 범위 내 책임

④ |○| 제권판결을 받을 수 있다. 백지어음에 관하여도 완성된 어음과 동일한 유통방법이 인정되므로 공시최고에 의한 제권판결이 인정된다. 판례는 제권판결을 취득한 자는 백지부분에 대하여 어음 외의 의사표시에 의하여 보충권을 행사하고 그 어음금의 지급을 구할 수 있다고 한다.

> [대법원 1998.9.4. 선고 97다57573 판결] 제권판결 제도는 증권 또는 증서를 상실한 자에게 이를 소지하고 있는 것과 같은 형식적 자격을 부여하여 그 권리를 실현할 수 있도록 하려는 것인 점, 백지어음의 발행인은 백지보충을 조건으로 하는 어음금지급채무를 부담하게 되고, 백지에 대한 보충권과 백지보충을 조건으로 한 어음상의 권리는 백지어음의 양도와 더불어 양수인에게 이전되어 그 소지인은 언제라도 백지를 보충하여 어음상의 권리를 행사할 수 있으므로, 백지어음은 어음거래상 완성어음과 같은 경제적 가치를 가지면서 유통되고 있는 점을 함께 고려하여 보면, 백지어음에 대한 제권판결을 받은 자는 발행인에 대하여 백지보충권과 백지보충을 조건으로 한 어음상의 권리까지를 모두 민사소송법 제468조에 규정된 '증서에 의한 권리'로서 주장할 수 있다고 봄이 상당하고, 따라서 백지어음의 제권판결을 받은 자는 발행인에 대하여 백지 부분에 대하여 어음 외의 의사표시에 의하여 보충권을 행사하고 그 어음금의 지급을 구할 수 있다.

> 키워드
> 백지어음, 제권판결 가능

⑤ |ㅇ| 통설은 백지를 보충하지 않고 지급제시를 하더라도 시효중단의 효력이 생긴다고 본다. 즉 미보충상태로 어음금을 청구할 때에는 시효중단의 효력은 인정된다. 그 근거는 백지를 보충하지 않고 지급제시를 하더라도 권리 위에 잠자고 있는 자가 아니기 때문이라는 것이다. 판례도 통설과 같이 백지 부분을 보충하지 않은 상태에서 어음금을 청구하는 것은 어음상의 청구권에 관하여 잠자는 자가 아님을 객관적으로 표명한 것이고 그 청구로써 어음상의 청구권에 관한 소멸시효는 중단된다고 한다. 과거 판례는 재판상 청구의 경우에는 어음의 제시가 필요하지 않아 백지보충이 필요 없지만, 재판외 청구에는 백지보충이 있어야만 지급제시를 할 때 시효중단의 효력이 생긴다고 하는 판례도 있었다. 그러나 최근 후자 판례의 입장을 변경하면서 재판 상·재판 외를 불문하고 백지를 보충하지 않고 하는 지급제시에 대하여 시효중단의 효력을 인정한다.

> [대법원 2010.5.20. 선고 2009다48312 전원합의체 판결] 만기는 기재되어 있으나 지급지, 지급을 받을 자 등과 같은 어음요건이 백지인 약속어음의 소지인이 그 백지 부분을 보충하지 않은 상태에서 어음금을 청구하는 것은 어음상의 청구권에 관하여 잠자는 자가 아님을 객관적으로 표명한 것이라고 할 수 있고 그 청구로써 어음상의 청구권에 관한 소멸시효는 중단된다고 할 것이다. 이 경우 백지에 대한 보충권은 그 행사에 의하여 어음상의 청구권을 완성시키는 것에 불과하여 그 보충권이 어음상의 청구권과 별개로 독립하여 시효에 의하여 소멸한다고 볼 것은 아니므로 어음상의 청구권이 시효중단에 의하여 소멸하지 않고 존속하고 있는 한 이를 행사할 수 있다.

키워드
백지어음, 보충 없이, 지급제시, 소멸시효 중단

▶정답 ③

Ⅴ. 어음의 실질관계

▶ 원인관계의 소멸   중요도 ★★☆

111 A가 B에게 약속어음을 발행한 후 그 원인관계가 소멸하였으나 B는 그 약속어음을 A에게 반환하지 않고 C에게 배서·교부하였다. C가 A에게 어음금 지급을 청구해 온 경우의 법률관계에 관한 설명으로 틀린 것은?

① C가 어음을 취득할 때 원인관계가 소멸하였다는 사실과 항변이 절단되어 A에게 피해를 줄 것이라는 사실을 알았다면 A는 C에게 어음채무의 이행을 거절할 수 있다.
② C가 어음을 취득할 때 원인관계의 소멸사실을 몰랐으나 이후 그 사실을 알게 되더라도 A는 C에게 어음채무의 이행을 거절할 수 없다.
③ 판례에 의하면 C는 원인관계의 소멸과 관련하여 자신에게 해의가 없음을 입증할 책임을 부담한다.
④ B가 C에게 배서·교부한 시점이 지급제시기간 경과 후라면 A는 원인관계가 소멸하였음을 C에게 주장하여 어음채무의 이행을 거절할 수 있다.
⑤ 판례에 의하면 C가 어음을 취득할 때 원인관계의 소멸을 중과실로 알지 못한 경우 A는 C에게 어음채무의 이행을 거절할 수 없다.

해설

① |○| 해의인 경우 대항할 수 있다. 어음채무자는 당사자에게는 인적항변을 주장할 수 있어도 선의의 제3자(해의가 없는 제3자)에게는 주장할 수 없다. 다만 소지인이 채무자를 해할 것을 알고 어음을 취득한 때에는 대항할 수 있다(어음법 제17항·인적항변의 절단). 통설과 판례에 의하면 「해의」란 소지인이 전자에 관한 항변사유의 존재를 인식하는 것만으로 부족하고, 그 외에 자기가 어음을 취득함으로써 항변이 절단되고 이로 인해 채무자가 해를 입는다는 것을 알아야 된다. 판례는 이러한 취지에서 "어음법 제17조 단서에서 규정하는 채무자를 해할 것을 알고 어음을 취득하였을 때라 함은, 단지 항변사유의 존재를 아는 것만으로는 부족하고 자기가 어음을 취득함으로써 항변이 절단되고 채무자가 손해를 입게 될 사정이 객관적으로 존재한다는 사실까지도 충분히 알아야 한다"고 하였다(96다7120).

> **키워드**
> 원인관계 소멸, 인적항변, 절단가능한 항변, 해의, 절단되지 않음

② |○| 악의 유무를 결정하는 시기는 어음의 취득시이다. 따라서 어음소지인이 항변사유에 대해서 어음취득시에는 몰랐으나 그 후에 안 경우에는 어음채무자는 악의의 항변을 주장할 수 없다. 어음소지인의 해의에 대한 입증책임은 어음채무자에게 있다.

> **키워드**
> 해의의 판단시기, 취득 시

③ |×| 어음채무자인 A가 부담한다. ②의 설명 참고.

④ |○| 기한후배서는 지명채권양도의 효력밖에 없으므로(어음법 제20조), 인적항변의 절단이 인정되지 않는다.

> **키워드**
> 기한후배서, 배서인데, 지명채권양도 효력만, 인적항변 절단 없음, 항변주장 가능

⑤ |○| 해의가 아니므로 이행을 거절할 수 없다. 항변이 절단되지 않기 때문이다. ①의 설명 참고.

▶ 정답 ③

어음관계가 원인관계에 미치는 효력

중요도 ★★☆

112 甲은 2012. 3. 2. 乙로부터 물품을 공급받고 그 대금은 2012. 4. 30. 지급하기로 하였다. 그 후 甲은 2012. 4. 1. 乙의 요청에 따라 그 대금의 지급을 위하여 만기가 2012. 5. 31.이고 어음금액이 2,000만 원인 약속어음 1매를 발행하여 주었다. 이와 관련한 설명 중 옳은 것(○)과 옳지 않은 것(×)을 올바르게 조합한 것은? (다툼이 있는 경우에는 판례에 의함)

> ㄱ. 乙은 甲에 대하여 물품대금채권과 어음채권 중 어느 것이나 먼저 행사할 수 있고, 그 변제로 나머지 채권은 소멸한다.
> ㄴ. 이중지급의 위험이 있는 경우 乙이 甲에게 어음을 반환하지 않으면 甲은 어음채무는 물론 물품대금채무의 이행도 거절할 수 있다.
> ㄷ. 乙이 甲에 대하여 어음금청구의 소를 제기하여도 물품대금채권의 소멸시효는 중단되지 않는다.
> ㄹ. 물품대금채권은 특별한 사정이 없는 한 약속어음의 만기일까지 이행기가 연기된 것으로 볼 수 있다.
> ㅁ. 乙이 약속어음을 제3자에게 배서하여 양도한 경우에는 甲에 대한 물품대금채권은 소멸한다.

① ㄱ(×), ㄴ(○), ㄷ(○), ㄹ(×), ㅁ(×)
② ㄱ(○), ㄴ(×), ㄷ(×), ㄹ(○), ㅁ(×)
③ ㄱ(×), ㄴ(×), ㄷ(○), ㄹ(×), ㅁ(○)
④ ㄱ(×), ㄴ(○), ㄷ(×), ㄹ(○), ㅁ(×)
⑤ ㄱ(○), ㄴ(×), ㄷ(×), ㄹ(×), ㅁ(○)

해설

㉠ |×| 어음상의 권리를 먼저 행사해야 한다. 보통 기존채무에 관하여 당좌수표나 미인수 환어음을 교부한 경우에는 그 채무의 지급을 위한 것으로 추정한다. 따라서 기존채무는 여전히 존재하여 어음채무와 병존된다. 행사의 순서는 당사자의 의사가 명백한 경우에는 그에 따르고, 당사자의 의사가 명백하지 않으면 어음상의 권리를 먼저 행사하여야 하는 것이 원칙이다(2000다5961).

> **키워드**
> 지급을 위하여, 양자변존, 어음상 권리 먼저

㉡ |○| 채권자가 원인채권을 먼저 행사하는 경우, 채무자는 이중지급의 위험을 부담하기 때문에 채권자의 청구를 거절하면서 어음상의 권리를 행사하던지 혹은 어음상의 권리를 포기하여 어음을 반환할 것을 청구할 수 있다. 즉 채무자는 어음반환시까지 이행거절권을 행사할 수 있다(88다카7733).

> **키워드**
> 지급을 위하여, 어음상 권리 먼저, 원인채권 행사 시, 어음반환 청구

ⓒ |×| 어음채권에 기하여 청구를 하는 경우에는 원인채권의 소멸시효를 중단시키는 효력이 있다 본다(99다16378).

> **키워드**
> 지급을 위하여, 어음채권 행사, 원인채권 소멸시효 중단

ⓔ |○| 채권자가 기존채무의 변제기보다 후의 일자가 만기로 된 어음을 교부받은 때에는 특단의 사정이 없는 한 기존채무의 지급을 유예하는 의사가 있었다고 보아야 한다(2000다5961).

> **키워드**
> 지급을 위하여, 변기일 보다 후일의 만기, 지급유예 의사

ⓜ |×| 소멸하지 않는다. 어음이 기존채무의 지급을 위해서 수수된 경우 기존채무와 어음채무는 병존하게 되고, 어음채권이 이행되게 되면 본래의 목적이 달성된 것으로 기존채무는 소멸한다. 따라서 단순히 배서 양도된 경우 소멸하지 않는다. 제3자에게 배서하여 양도된 후 그 어음소지인과 채무자 사이에 어음채권의 변제가 이루어진 때에 그 목적이 달성되어 원인채권이 소멸한다.

> **키워드**
> 지급을 위해, 양자병존, 어음상 권리이전, 원인채권은 그대로

▶정답 ④

Ⅵ. 어음할인

3.3. 어음·수표 각론

Ⅰ. 어음상 권리와 책임

▶ 주채무자의 책임, 백지어음, 어음항변   중요도 ★★★

113 甲은 乙이 발행한 액면 금 1억 원, 발행일 2014. 6. 20., 지급기일 2014. 10. 20., 지급장소 주식회사 丙은행, 발행지 서울특별시, 지급지 및 수취인 각 백지, 제1배서인 丁, 제2배서인 戊로 된 약속어음 1장을 소지하고 있다. 甲은 지급지란에는 서울특별시, 수취인란에는 丁으로 보충한 후 2014. 10. 20. 위 지급장소에서 적법한 지급제시를 하였으나 예금 부족을 이유로 지급거절되었다. 다음 설명 중 옳은 것은? (다툼이 있는 경우 판례에 의함)

① 예금 부족을 이유로 지급거절되었기 때문에 甲은 丁과 戊를 상대로만 상환청구권을 행사할 수 있고, 乙을 상대로는 어음금 청구를 할 수 없다.

② 甲이 乙을 상대로 어음금 지급을 구하는 소를 제기한 경우, 乙은 丁의 사기에 의해 어음을 발행하였고, 甲이 중대한 과실로 그러한 사실을 알지 못하였다면 乙은 이를 이유로 甲에게 대항할 수 있다.

③ 만약 甲이 위 각 백지부분을 보충하지 않고 乙에게 소를 제기하였다면 그 소 제기는 시효중단의 효력이 없다.

④ 배서인들의 어음금채무는 합동책임이므로 甲이 丁, 戊를 상대로 위 어음금 지급을 구하는 소를 제기할 경우 고유필수적 공동소송에 해당한다.

⑤ 戊가 甲에게 어음금을 적법하게 지급하고 그 어음을 환수한 경우 戊가 환수한 날부터 6개월간 丁을 상대로 재상환청구권을 행사하지 아니하면 소멸시효가 완성된다.

해설

① |×| 발행인 乙을 상대로 어음금의 청구를 할 수 있다. 약속어음의 발행인은 어음상의 주된 채무자로서 어음금을 지급할 절대적 책임을 진다. 약속어음의 배서인은 반대의 문언이 없으면 지급에 대한 담보책임을 부담하므로 丁과 丙에게 상환청구권을 행사할 수 있는 것은 당연하다.

> **키워드**
> 주채무자, 최종적 책임

② |×| 중과실로 몰랐다는 사실만으로는 甲에게 대항할 수 없다. 사기에 의해 어음을 발행한 것을 이유로 지급을 거절하는 것은 원인관계의 취소에 의한 항변이고 이는 어음법 제17조에 해당하는 항변이다. 따라서 상대가 악의 또는 중과실이 있을 때 대항할 수 있는 것이 아니고 해의가 있을 때에만 대항이 가능하다.

> **키워드**
> 의사표시 하자, 인적항변, 해의가 있어야 대항

③ |×| 시효중단의 효력은 있다. 즉 미보충상태로 어음금을 재판상 청구할 때에는 시효중단의 효력은 인정된다. 백지 배서로서 된 어음의 소지인은 그 백지 부분을 보충하고 아니하고는 자유일 뿐 아니라 보충한다 하더라도 그 시기에 있어서 아무 제한이 없다 할 것이며 어음상의 권리에 의한 재판상의 청구에 있어서는 어음을 정시하지 아니하더라도 재판상의 청구로서 시효가 중단된다(61다110,111 판결).

> **키워드**
> 백지미보충, 권리행사, 시효중단

④ |×| 합동책임인 것은 맞다. 어음상에 기명날인 또는 서명한 모든 전자(환어음의 인수인과 발행인, 약속어음의 발행인, 양어음의 배서인)는 어음소지인에 대하여 합동채무자로서 어음금을 지급할 책임을 부담한다. 그러나 丁과 丙 모두를 피고로 해야 하는 것은 아니므로 고유필수적 공동소송은 아니다. 즉 배서인이 소구의무자로서 어음금을 지급하고 어음을 환수한 자는 다시 자기의 전자에 대하여 어음금 등을 청구할 수 있다(재소구). 소구가 반복됨에 따라 소구금액이 증대하므로 소구의무자는 어음이 자기에게 순차 소구되어 올 때까지 기다리지 아니하고 자기가 아직 청구를 받지 않더라도 자진하여 어음금을 지급하고 어음을 환수할 수 있다(어음법 제50조). 이 경우에 어음소지인은 많은 채무자 중에 누구에 대하여 책임을 물을 것인가는 그의 자유이기 때문이다(어음법 제47조).

> **키워드**
> 배서인들의 책임, 합동책임, 고유필수적 공동소송은 아님

⑤ |○| 이 경우는 6개월이 맞다. 배서인의 다른 배서인과 발행인에 대한 청구권은 그 배서인이 어음을 환수한 날 또는 그 자가 제소된 날로부터 6개월의 시효기간 내에 행사하지 않으면 소멸시효가 완성된다(어음법 제70조, 제77조).

> **키워드**
> 재상환청구, 소멸시효, 6개월

▶정답 ⑤

Ⅱ. 어음상 권리의 발생

조합의 어음행위   중요도 ★★★

114 어음과 수표에 관한 설명 중 옳지 않은 것을 모두 고른 것은? (다툼이 있는 경우 판례에 의함)

> ㄱ. 조합의 어음행위는 조합의 성질상 조합원 전원이 기명날인 또는 서명을 하여야 하나, 대표조합원이 그 대표자격을 밝히고 조합원 전원을 대리하여 서명한 경우라도 조합원 전원에 대한 유효한 어음행위가 될 수 있다.
> ㄴ. 선일자수표의 경우에도 그 기재된 발행일이 도래하기 전에 지급제시를 할 수 있으나, 만약 지급이 거절되면 소지인은 바로 상환청구할 수 없다.
> ㄷ. 지급지를 "서울", "여의도"와 같이 사회적으로 통용되는 일정한 지역을 표시하는 명칭을 기재하는 것도 유효하다.
> ㄹ. 수표의 경우 지급인이 지급보증을 하면 수표의 주채무자가 된다.
> ㅁ. 특정횡선수표의 지급인은 지정된 은행에 대하여만 또는 지정된 은행이 지급인인 경우에는 자기의 거래처에만 지급할 수 있는 것은 아니다.

① ㄱ, ㄴ
② ㄴ, ㄷ
③ ㄴ, ㄹ
④ ㄷ, ㅁ
⑤ ㄹ, ㅁ

해설

㉠ |○| 전원이 기명날인 또는 서명을 할 필요는 없다. 조합의 어음행위는 전 조합원의 어음상의 서명에 의한 것은 물론 대표조합원이 그 대표자격을 밝히고 조합원 전원을 대리하여 서명하였을 경우에도 유효하다(70다1360).

> **키워드**
> 조합의 어음, 대표자, 대리권, 전원에게 효력

㉡ |×| 기재된 발행일 이전이라도 지급제시가 가능하다. 수표요건이 갖추어져 있는지는 수표의 문언만으로 판단하므로 발행일의 기재가 있는 이상 선일자수표도 유효하다. 그런데 수표법 제28조 제2항에 의하여 선일자수표의 경우에도 그 기재된 발행일이 도래하기 전에 지급을 받기 위하여 제시된 수표는 그 제시된 날에 이를 지급하여야 한다(수표법 제28조 제2항). 이때 만약 지급이 거절되면 소지인은 바로 상환청구할 수 있으며(수표법 제39조) 부도처리도 가능하다. 수표를 신용증권화할 수 없도록 수표법이 규정하고 있는 것이다.

> **키워드**
> 선일자수표, 발행일 전, 지급제시 가능

㉢ |○| 지급지는 관할법원의 문제가 있으므로, 지급인과는 달리 실제 존재하는 장소를 기재하여야만 하고, 존재하지 않는 장소를 지급지로 기재하면 그 어음은 무효가 된다(통설). 지급지는 독립한 최소 행정구역을 기재하는 것으로 충분하므로, 서울이라고만 기재하고 구까지 표시할 필요는 없다.

[대법원 1981.12.8. 선고 80다863 판결] 약속어음의 지급지를 기재함에 있어 원칙적으로 독립된 최소 행정구역을 기재하여야 하나, 서울특별시의 경우는 '서울'이라고 만 기재하면 되고, 반드시 그 구까지를 표시하여야 하는 것이 아니다.

> **키워드**
> 지급지, 독립된 최소 행정구역

㉣ |×| 약속어음은 주채무자가 발행인 자신인데, 환어음과 수표는 지급위탁증권이므로 발행단계에서는 지급인이 당연히 지급채무를 부담하는 것은 아니므로 발행단계에서는 주채무자가 없다. 따라서 환어음과 수표에서는 지급의 확실을 기하기 위하여 환어음에는 인수, 수표에는 지급보증의 제도를 두었다. 환어음에서는 지급인이 인수를 하면 최종적인 지급의무를 부담하는 주채무자가 된다(어음법 제28조). 수표에서는 지급인이 지급보증을 하여도 지급제시기간내에 지급제시가 있는 때에 한하여 지급채무를 부담할 뿐 그 이외의 경우에는 최종적인 지급채무를 부담하는 것이 아니므로 주채무자가 되는 것이 아니다. 즉, 약속어음에서는 발행 당초부터 발행인이 주채무자로서 존재하고, 환어음에서는 지급인이 인수한 경우에만 그 때부터 주채무자로 된다. 이에 반하여, 수표에 있어서는 끝까지 주채무자가 없게 된다.

> **키워드**
> 수표, 끝까지, 주채무자 없음, 지급보증인은, 조건부 책임

㉤ |○| 횡선수표란 수표의 앞면에 2줄의 평행선을 그은 수표로서 은행 또는 지급인의 거래처에만 지급할 수 있도록 한 수표를 말한다(수표법 제37조·제38조 제1항·제2항). 횡선수표에는 일반횡선수표와 특정횡선수표의 두 가지가 있다. (ⅰ) 일반횡선수표의 지급인은 은행 또는 지급인의 거래처에 대하여서만 지급할 수 있다(수표법 제38조 제1항). (ⅱ) 특정횡선수표의 지급인은 지정된 은행에 대하여만 또는 지정된 은행이 지급인인 경우에는 자기의 거래처에만 지급할 수 있다.

▶정답 ③

Ⅲ. 어음상 권리의 이전

▶ 배서, 백지식 배서
중요도 ★★☆

115 A가 B에게 약속어음을 발행하고, B는 C에게 그 어음을 배서·교부하면서 피배서인을 기재하지 않았다. C가 D에게 다음과 같은 방식으로 어음을 양도하는 때 어음상 상환의무를 부담하게 되는 경우는?

① B가 행한 배서의 피배서인란을 빈 칸으로 둔 채 C가 피배서인란을 빈 칸으로 하는 배서를 하여 D에게 어음을 교부한 경우
② B가 행한 배서의 피배서인란의 빈 칸에 C가 D의 이름을 기재하여 어음을 교부한 경우
③ B가 행한 배서의 피배서인란을 빈 칸으로 둔 채 C가 D에게 배서 없이 어음을 교부한 경우
④ B가 행한 배서의 피배서인란의 빈 칸에 C가 자신의 이름을 기재하여 지명채권 양도방식에 따라 어음을 D에게 양도한 경우
⑤ B가 행한 배서의 피배서인란을 빈 칸으로 둔 채 C가 D에게 어음을 배서·교부하면서 '무담보'라는 문구를 기재한 경우

해 설

> **〈백지식배서〉**
> **백지식배서**의 방식과 효력을 묻는 문제이다. 백지식 배서란 피배서인을 지정하지 않은 배서이다. 예로서 '표기의 금액을 ( ) 또는 그 지시인에게 지급하여 주십시오'라는 경우로서 백지식배서라 한다. 그리고 배서문언의 기재까지도 없고 다만 배서인의 기명날인 또는 서명만하는 간략백지식 배서도 있다(어음법 제13조).

[비교] 백지배서와 구별해야 한다. 백지어음행위의 일종으로서 백지보충권이 존재한다. 그러나 백지식배서는 유효한 배서이므로, 그 피배서인이 이후 어음상의 권리를 행사하기 위해서 피배서인을 보충할 필요가 없다.

① |○| C는 본인의 기명날인행위를 통한 배서를 했으므로 어음문면에 드러나고 상황책임을 부담한다. 백지식배서에 의하여 어음을 취득한 자는 피배서인란에 자기의 이름을 보충할 수도 있지만, 보충하지 않고 어음을 제시하여 권리를 행사할 수도 있고(어음법 제16조), 또한 어음상의 권리를 양도할 때에도 배서에 의하든 어음의 교부만에 의하든 자유이다. 예컨대 A→B, B→( )의 경우 어음소지인 C는 ( )를 보충하지 않고 어음금지급청구를 할 수도 있고, 그 어음을 다시 양도할 수도 있다. 이 때 C는 어음의 문면상 드러나지 않아 담보책임을 지지 않는다.

> **키워드**
> 백지식배서, 다시 배서로 양도, 담보책임

② |×| 본인의 기명날인 없이 D의 성명을 기재하고 "교부"하였으므로 문면상에 C가 드러나지 않는다. 따라서 상환책임을 부담하지 않는다.

> **키워드**
> 최후의 배서, 백지식 배서, 배서없이, 교부로 양도, 담보책임 없음

③ |×| 배서 없이 "교부"한 경우이므로 마찬가지로 어음문면에 C가 드러나지 않는다.

④ |×| C가 어음을 취득하면서 공란인 피배서인란에 본인의 이름은 기재하였으나, 어음을 양도하면서 "배서"의 방식을 취하지 않고(배서하지 않았으므로 본인의 성명 등도 어음문면에 없다) 지명채권양도방식에 따라 D에게 양도하였으므로 '어음상 책임'을 부담하지 않는다.

> 〈지명채권양도 방법에 의한 어음의 양도〉
> 통설은 어음상의 권리를 민법상 지명채권양도방법에 의하여 양도하는 것도 가능하다고 본다. 다만 유가증권인 어음의 특성을 고려할 때 양수인은 어음을 소지하고 있어야만 어음상 권리를 행사할 수 있으므로 어음상 권리양도의 합의 이외에도 사실상 어음의 교부가 필요하다(94다9764). 그리고 **민법상 지명채권양도 방법인 어음채무자에게 대항하기 위한 대항요건인 채권자의 통지나 채무자의 승낙 등 대항요건을 갖출 것을 요구한다.**

> **키워드**
> 지명채권양도방식, 권리이전, 배서의 효력은 없음

⑤ |×| '무담보' 문구를 기재하고 배서, 교부하였으므로 무담보배서에 해당한다. 배서는 기본적을 담보적 효력(상환책임의 부담)이 있으나, 무담보배서는 배서인이 어음상의 담보책임을 지지 않는다는 뜻을 기재한 배서로서(어음법 제15조·제77조), 무담보배서의 배서인은 직접의 피배서인뿐만 아니라 그 후자 전원에 대하여 담보책임을 지지 않는다. 따라서 C는 자신의 후자인 D에게 상환책임을 부담하지 않는다.

> **키워드**
> 무담보배서, 후자전원, 상환책임 없음

▶ 정답 ①

▶ 선의취득   중요도 ★★☆

116 다음에서 C가 약속어음을 선의취득할 수 있는 경우는?

① A의 약속어음을 절취한 B가 자신을 피배서인으로 하는 A 명의의 배서를 하여 선의이며 중과실 없는 C에게 어음을 배서·교부한 경우
② A가 약속어음을 분실하였는데 이를 습득한 B가 지명채권 양도방식으로 선의이며 중과실 없는 C에게 어음채권을 양도한 경우
③ A가 약속어음을 의사무능력 상태에서 B에게 배서·교부하였고 B가 지급제시기간 경과 후 선의이며 중과실 없는 C에게 배서·교부한 경우
④ A가 B 소유의 약속어음을 보관하던 중 사망하였는데 A의 자녀인 C가 그 어음을 A의 소유라고 중과실 없이 믿고 점유하는 경우
⑤ A가 분실한 배서금지어음을 B가 습득하여 A 행세를 하면서 선의이며 중과실 없는 C에게 배서·교부한 경우

해설

① |○| 형식적 자격이 있으므로 가능하다. 선의취득을 위해서는 배서의 연속이 있어야 하고, 교부만에 의하여 양도되는 어음(최후의 배서가 백지식인 경우와 소지인출급식수표의 경우)의 경우에는 소지하여야 한다. 또한 어음취득자에게 악의나 중대한 과실이 없어야 한다.

> 키워드
> 선의취득, 어음법적 유통방식, 교부/배서

② |×| 어음법적 유통방식으로 취득해야 한다. 어음의 선의취득이 유효하기 위해서는 배서 또는 교부(최후의 배서가 백지식 배서이거나 소지인출급식 수표의 경우)에 의하여 취득하여야 한다. 따라서 상속·합병·유증·지명채권양도방법·전부명령의 경우에는 선의취득이 인정되지 않는다.

> 키워드
> 선의취득, 포괄승계에서 인정안됨

③ |×| (a) 기한후배서는 지명채권양도의 효력만 있으므로 선의취득이 인정되지 않고, (b) 추심위임배서에는 배서의 권리이전적 효력이 없어서 피배서인에게 보호할 독립된 경제적 이익이 없어 선의취득이 인정되지 않는다. (c) 배서금지어음도 지명채권양도의 방법으로만 양도할 수 있는 것이므로 선의취득이 인정되지 않는다.

> 키워드
> 기한후배서, 배서인데, 지명채권양도 효력만, 선의취득 없음

④ |×| ②의 설명 참고.
⑤ |×| ③의 설명 참고.

▶ 정답 ①

Ⅳ. 어음상 권리의 행사

▶ 상환청구권 중요도 ★★☆

117 환어음의 상환청구에 관한 설명으로 틀린 것은?

① 만기에 지급이 되지 아니한 경우 소지인은 배서인, 발행인, 그 밖의 어음채무자에 대하여 상환청구권을 행사할 수 있다.
② 인수의 전부 또는 일부의 거절이 있는 경우 소지인은 배서인, 발행인, 그 밖의 어음채무자에 대하여 만기 전에도 상환청구권을 행사할 수 있다.
③ 확정일출급, 발행일자 후 정기출급 또는 일람 후 정기출급 환어음의 지급거절증서는 지급을 할 날 이후의 2거래일 내에 작성시켜야 한다.
④ 일람출급 어음의 지급거절증서는 원칙적으로 인수를 위한 제시기간 내에 작성시켜야 한다.
⑤ 발행인, 배서인 또는 보증인이 환어음상에 거절증서 작성 면제의 문구를 적고 기명날인 또는 서명한 경우 소지인은 법정기간 내 어음의 제시 및 통지 의무가 면제된다.

해설

① |○| 상환청구란 인수거절, 지급거절 등으로 제1차적 지급의무자로부터 지급을 받을 가능성이 희박하게 된 때에 소지인이 발행인 또는 배서인 등 자신의 전자에 대해서 어음상 채무의 이행을 청구하는 것이다(상환청구). 상환의무자는 환어음과 약속어음의 배서인, 보증인 또 환어음의 발행인이다. 약속어음의 발행인, 환어음의 인수인은 주된 채무자이지 상환의무자가 아니다. 어음행위자 중에서 주채무자를 제외한 자들이 상환의무자이다. 환어음의 발행인은 어떠한 경우에도 지급거절로 인한 상환의무를 면할 수 없으나, 배서인의 경우 무담보배서, 추심위임배서, 기한후배서 등에 의하여 상환의무를 면할 수 있다.

> **키워드**
> 상환청구권, 상환의무자, 주채무자 외의 자

② |○| 지급인이 인수를 할 것인가는 그의 자유이고 지급인이 인수를 거절하더라도 소지인은 지급인에 대하여 아무 청구도 할 수 없다. 지급인이 인수를 거절하는 경우에는 어음소지인은 만기까지 기다릴 필요도 없이 바로 자기의 전자에 상환청구권을 행사할 수 있다(어음법 제43조).

> **키워드**
> 만기 전 상환청구, 인수거절, 일부거절

③ |○| 어음의 경우 지급거절증서의 작성기간은 확정일출급·발행일자후정기출급·일람후정기출급어음의 경우 지급을 할 날 또는 이에 이은 2거래일 이내에, 일람출급어음의 경우 인수를 위한 제시기간(어음법 제34조) 내이다(어음법 제44조 제3항·제77조 제1항 제4호).

> **키워드**
> 지급거절증서, 지급을 할 날 이후 2거래일

④ |○| ③의 설명 참고.

⑤ |×| 거절증서는 '어음상의 권리의 행사 및 보전에 필요한 행위를 한 것과 그 결과를 증명하는 공정증서'이다. 상환의무자는 거절증서의 작성을 면제할 수 있다(어음법 제46조·제77조, 수표법 제42조). 이를 위해서는 '무비용상환', '거절증서불요' 등의 문언을 기재하여야 한다. 상환의무자로서 발행인·배서인·보증인 등이 이에 해당한다(어음법 제46조, 수표법 제42조). 거절증서의 작성면제가 있는 경우 소지인은 거절증서를 작성하지 않고서도 상환청구를 할 수 있다. 그러나 거절증서 작성이 면제되었다고 하여 제시 및 지급거절의 통지까지 면제되는 것은 아니나, 소지인이 법정기간 내에 적법한 제시 및 상환청구통지를 한 것으로 추정하는 효력은 있다. 따라서 이 때 상환의무자가 책임을 면하기 위해서는 법정기간 내에 지급제시 등이 이루어지지 않았음을 상환의무자가 입증하여야 한다.

> [대법원 1985.5.28. 선고 84다카2425 판결] 약속어음의 배서인이 지급거절증서작성을 면제한 경우에는 그 소지인은 소구권을 행사하기 위하여 법정기간내에 발행인에 대하여 지급제시를 한 것으로 추정을 받는 것이므로 위와 같은 적법한 지급제시가 없었다는 사실은 이를 원용하는 자에게 그 주장 및 입증책임이 있다.

> **키워드**
> 상환의무자, 거절증서 작성 면제, 어음은 제시해야

▶ 정답 ⑤

▶ 기한후배서   중요도 ★★☆

118 약속어음의 기한후배서에 관한 설명 중 옳은 것(O)과 옳지 않은 것(×)을 올바르게 조합한 것은?
(지급거절증서작성면제의 문언이 없다고 전제하고, 다툼이 있는 경우에는 판례에 의함)

> ㄱ. 만기 후이지만 지급거절증서가 작성되지 않은 상태에서 지급거절증서 작성기간이 경과하기 전에 행해진 배서는 일반 배서와 동일한 효력이 있다.
> ㄴ. 지급거절증서가 작성되지 않은 상태에서 지급거절증서 작성기간이 경과하기 전에 백지식 배서에 의해 어음을 취득한 자가 그 기간이 경과한 후에 백지를 보충한 경우 이는 기한후배서로 본다.
> ㄷ. 기한후배서는 지명채권양도의 효력이 있는바, 지명채권양도의 방식을 따라야 하므로 어음채무자에 대한 통지·승낙 등 대항요건을 갖추어야 한다.
> ㄹ. 기한후배서를 한 경우 약속어음의 발행인은 기한후배서 당시까지 배서인에게 대항할 수 있었던 인적 항변으로 피배서인에게 대항할 수 있다.

① ㄱ(×), ㄴ(O), ㄷ(×), ㄹ(O)
② ㄱ(×), ㄴ(O), ㄷ(O), ㄹ(×)
③ ㄱ(O), ㄴ(×), ㄷ(×), ㄹ(O)
④ ㄱ(×), ㄴ(×), ㄷ(O), ㄹ(O)
⑤ ㄱ(O), ㄴ(×), ㄷ(O), ㄹ(×)

해설

㉠ |O| 동일한 효력이 있다. 즉, 만기후의 배서와 만기전의 배서는 효력이 같다. 그러나 지급거절증서가 작성된 후 이루어진 배서 또는 지급거절증서 작성기간이 지난 후의 배서는 지명채권양도의 효력만이 있다(어음법 제20조 제1항).

> **키워드**
> 만기후배서, 배서의 효력

㉡ |×| 기한후배서가 아니다. 어음행위의 성립시기와 백지의 보충시기는 구별된다(68다1176). 따라서 백지어음 만기 전에 한 배서는 만기 후에 백지가 보충된 때에도 기한후배서가 되지 않는다.

> **키워드**
> 기한후배서 판단시기, 어음행위 시, 백지보충시 아님

㉢ |×| 대항요건은 필요하지 않다. 그 효력이 지명채권 양도의 효력과 같다는 의미일 뿐이다(어음법 제20조 제1항 후단). 따라서 민법상 지명채권의 양도에 따른 통지 및 승낙의 대항요건이 필요하지 않다.

> **키워드**
> 기한후배서, 지명채권양도의 효력만, 방식은 아님

㉣ |○| 대항할 수 있다. 기한후배서는 지명채권 양도의 효력만이 있고, 이 의미는 그 배서 당시 이미 발행한 배서인에 대한 항변사실을 피배서인에 대하여도 대항할 수 있다는 의미이다(81다카353).

> **키워드**
> 기한후배서, 인적항변절단 없음

▶ 정답 ③

▶ 특수배서   중요도 ★★☆

119 특수한 배서에 관한 설명으로 옳은 것은?

① 무담보배서가 있는 경우 배서인은 자기의 직접 피배서인에 대해서만 담보책임을 부담하고 그 이후의 자에 대하여는 담보책임을 부담하지 아니한다.
② 배서금지배서가 있는 경우 배서에 의하여 어음을 양도할 수 없다.
③ 기한후배서가 있는 경우 피배서인은 배서인에게 상환청구가 가능하다.
④ 공연한 추심위임배서가 있는 경우 피배서인은 배서인에게 상환청구가 가능하다.
⑤ 공연한 입질배서가 있는 경우 피배서인이 선의이고 무중과실이면 어음상의 권리에 대한 질권을 선의취득한다.

해 설

① |×| 직접 피배서인에 대해서도 담보책임을 부담하지 않는다. 무담보배서는 배서의 담보적 효력만 배제하는 것이고 다른 효력에는 아무 영향이 없다. 권리이전적 효력과 자격수여적 효력 등은 그대로 인정된다. 따라서 피배서인은 선의취득과 어음항변의 단절에 의한 보호를 받는다. 무담보배서의 배서인은 담보책임을 자기의 후자 모두에게 지지 않는다.

> **키워드**
> 무담보배서, 후자 전원에게 책임 없음

② |×| 양도할 수 있다. 배서금지배서란 배서인이 자기 이후의 새로운 배서를 금지하는 뜻을 기재한 배서를 말한다(어음법 제15조·제77조). 보통 배서금지 또는 지시금지 등의 문언이 사용된다. 배서금지배서는 발행인의 배서금지의 경우와는 달리 배서성을 박탈하는 것이 아니고 다만 피배서인의 후자에 대한 담보책임을 면하게 하는 것뿐이다. 즉, 발행인이 배서금지문언을 기재한 때에는 어음은 지시증권성을 잃어 기명증권으로 변하지만, 배서인이 배서금지문언을 기재한 때에는 여전히 배서에 의하여 양도할 수 있다. 그리고 배서금지배서의 배서인은 자기의 직접의 피배서인에 대하여서만 담보책임을 부담한다. 이 점에서 자기의 직접의 피배서인에 대해서도 담보책임을 지지 않는 무담보배서와 다르다. 배서금지배서는 다른 배서인의 담보책임에는 아무런 영향을 미치지 아니한다. 그리고 배서금지배서도 권리이전적 효력과 자격수여적 효력은 인정된다.

> **키워드**
> 배서금지배서, 피배서인의 후자에게 책임 없음

③ |×| 담보적 효력이 없으므로 상환청구를 할 수 없다. 기한후배서는 지명채권양도의 효력만이 있다(어음법 제20조·제77조). 즉, 담보적 효력은 없고, 권리이전적 효력과 자격수여적 효력만 있다. 그리고 인적항변의 절단도 인정되지 않고, 선의취득도 인정되지 아니한다.

> **키워드**
>
> 기한후배서, 배서의 방식이지만, 지명채권양도 효력만

④ |×| 담보적 효력이 없으므로 상환청구권을 행사할 수 없다. 공연한 추심위임배서란 어음면에 '회수하기 위하여', '추심하기 위하여', '대리를 위하여' 등의 문언을 부기한다(어음법 제18조). 추심위임배서는 기명식 또는 백지식으로 할 수 있으나, 추심위임문언을 반드시 기재하여야 하므로 간략백지식 배서(어음법 제13조)는 하지 못한다. 추심위임배서에는 권리이전적 효력이 없으므로 배서금지어음에 대해서도 할 수 있다. 추심위임배서는 어음상의 권리를 행사할 대리권을 부여하는 데 그치고 권리이전적 효력과 담보적 효력이 없다.

> **키워드**
>
> 추심위임배서, 대리권 수여, 담보적 효력 없음

⑤ |○| 선의취득이 허용된다. 공연한 입질배서는 어음면에 '담보하기 위하여', '입질하기 위하여', 기타의 문언을 부기한다(어음법 제19조). 이러한 입질배서는 기명식 또는 백지식으로 할 수 있다. 입질배서에는 질권설정 목적으로 하는 것으로서 권리이전적 효력은 없고 자격수여적 효력과 담보적 효력은 있다. (ⅰ) 입질배서에는 권리이전적 효력은 없다. 따라서 피배서인은 양도배서나 입질배서를 할 수 없고 추심위임배서만을 할 수 있다. 입질배서의 피배서인이 양도배서를 하여도 추심위임배서로서의 효력밖에 생기지 않는다(어음법 제19조·제77조). 그런데 입질배서는 피배서인이 어음상 권리에 질권이라는 독립된 경제적 이익을 가지기 때문에 권리이전적효력을 제외하고는 일반의 배서에 인정되는 거의 모든 효력이 인정된다. (ⅱ) 권리이전적 효력은 없으나 인적항변은 절단된다. 입질배서의 피배서인은 어음상의 권리행사에 고유한 경제적 이익을 가지므로 어음채무자는 배서인에 대한 항변으로 피배서인에게 대항하지 못한다(어음법 제19조·제77조). (ⅲ) 자격수여적 효력이 인정되므로 입질배서의 피배서인은 실질적 권리를 입증할 필요없이 어음상의 권리를 행사할 수 있고, 어음채무자도 악의 또는 중대한 과실 없이 지급하면 면책된다(어음법 제40조·제77조). 그리고 질권의 선의취득도 인정된다. 즉, 입질배서에 의하여 어음상 권리를 선의취득할 수는 없으나 배서인이 무권리자·무권대리인·무처분권자인 경우에도 악의 또는 중대한 과실 없이 입질배서를 받은 피배서인은 어음상의 권리 위에 질권을 선의취득한다.

> **키워드**
>
> 입질배서, 선의취득 인정

▶ 정답 ⑤

V. 어음상 권리의 소멸

▶ **소멸시효** 중요도 ★★☆

120 어음·수표의 소멸시효에 관한 설명으로 틀린 것은?

① 인수인에 대한 환어음상의 청구권은 만기일부터 3년간 행사하지 아니하면 소멸시효가 완성된다.
② 환어음 소지인의 배서인과 발행인에 대한 상환청구권은 거질증서작성일 또는 만기일(거절증시 작성면제의 경우)로부터 1년간 행사하지 아니하면 소멸시효가 완성된다.
③ 환어음상 배서인의 다른 배서인과 발행인에 대한 상환청구권은 그 배서인이 어음을 환수한 날 또는 그 자가 제소된 날로부터 6개월간 행사하지 아니하면 소멸시효가 완성된다.
④ 수표소지인의 배서인, 발행인, 그 밖의 채무자에 대한 상환청구권은 제시기간이 지난 후 1년간 행사하지 아니하면 소멸시효가 완성된다.
⑤ 수표상 상환의무를 이행한 자의 그 전자에 대한 상환청구권은 상환의무를 이행한 자가 수표를 환수한 날 또는 그 자가 제소된 날로부터 6개월간 행사하지 아니하면 소멸시효가 완성된다.

해설

① |○| 주채무자인 환어음의 인수인과 약속어음의 발행인에 대한 청구권은 만기일로부터 3년이 경과함으로써 소멸시효가 완성된다(어음법 제70조 제1항·제77조 제1항 제8호). 주채무자는 지급제시 여부와 관계없이 3년간 어음금을 절대적으로 지급할 의무를 부담한다(86다카1858 판결).

키워드

주채무자, 3년

② |○| 어음소지인의 전자(배서인, 환어음의 발행인)에 대한 상환청구권은 거절증서작성일 또는 거절증서작성이 면제된 경우에는 만기일로부터 1년이다. 이것은 만기 후의 상환청구만 아니라 만기 전의 상환청구에 대하여도 동일하게 적용된다. 어음소지인이 상환의무자의 보증인·참가인수인 등에 대하여 상환청구권을 행사하는 경우에도 같다.

> [대법원 2003.3.14. 선고 2002다62555 판결] 어음법은 환어음의 경우 만기 전 소구와 만기 후 소구에 관한 규정을 모두 두고 있고, 환어음 소지인의 배서인, 발행인에 대한 청구권의 소멸시효에 관한 어음법 제70조 제2항은 "소지인의 배서인과 발행인에 대한 청구권은 적법한 기간 내에 작성시킨 거절증서의 일자로부터, 무비용상환의 문언이 기재된 경우에는 만기의 날로부터 1년간 행사하지 아니하면 소멸시효가 완성한다."라고만 규정하고 있을 뿐 만기 후 소구권의 행사의 경우에만 위 조항을 적용한다고는 규정하고 있지 아니하고 있으므로 위 규정은 환어음의 만기 전의 소구권의 행사의 경우에도 당연히 적용된다고 보아야 할 것이고, 한편 어음법상 약속어음에 관하여는 환어음의 경우와 같은 만기 전 소구에 관한 규정을 두고 있지 않으나 약속어음에 있어서도 발행인의 파산이나 지급정지 기타 그 자력을 불확실하게 하는 사유로 말미암아 만기에 지급거절이 될 것이 예상되는 경우에는 만기 전의 소구가 가능하다고 할 것이므로 만기 전의 소구가 가능한 약속어음의 경우에도 역시 만기 전·후의 소구권 행사 여부를 불문하고 그 소멸시효에 관하여는 모두 어음법 제77조 제1항 제8호에 의하여 준용되는 같은 법 제70조 제2항이 적용된다고 해석하여야 한다.

> **키워드**
> 상환청구권, 1년

③ |O| 상환을 한 배인·보증인·참가인수인의 전자에 대한 상환청구권(재상환청구권)은 그 어음을 환수한 날 또는 그 자가 제소된 날부터 6개월로 시효소멸한다. 상환자가 그 전자의 보증인·참가인수인 등에 대하여 재상환청구권을 행사하는 경우에도 같다. 어음을 '환수한 날'은 상환한 날과 구별되며, '제소된 날'은 소가 제기된 날이 아니고 소장이 송달된 날을 말한다(통설).

> **키워드**
> 재상환청구, 6개월

④ |×| 소지인의 배서인, 발행인, 그 밖의 채무자에 대한 상환청구권은 제시기간이 지난 후 6개월간 행사하지 아니하면 소멸시효가 완성된다(제51조 제1항). 또한 수표의 채무자의 다른 채무자에 대한 상환청구권은 그 채무자가 수표를 환수한 날 또는 그 자가 제소된 날부터 6개월간 행사하지 아니하면 소멸시효가 완성된다(제51조 제2항). 수표에는 주채무자가 없으므로 주채무자에 대한 시효는 없다. 다만 지급제시기간 내에 지급보증인에게 지급제시가 되는 것을 조건으로 지급보증인에 대한 청구권의 시효는 지급제시기간 경과후 1년이다(수표법 제58조).

> **키워드**
> 수표, 상환청구, 6개월, 지급보증, 1년

⑤ |O| 수표소지인의 발행인·배서인·기타 채무자 등의 상환의무자에 대한 상환청구권은 지급제시기간 경과후 6개월이다(수표법 제51조 제1항). 다만 상환청구권의 시효는 수표소지인이 지급제시기간 내에 지급제시를 하고 거절증서 또는 이와 동일한 효력이 있는 선언의 작성을 전제로 한다(수표법 제39조).

> **키워드**
> 수표, 재상환청구도, 6개월

▶정답 ④

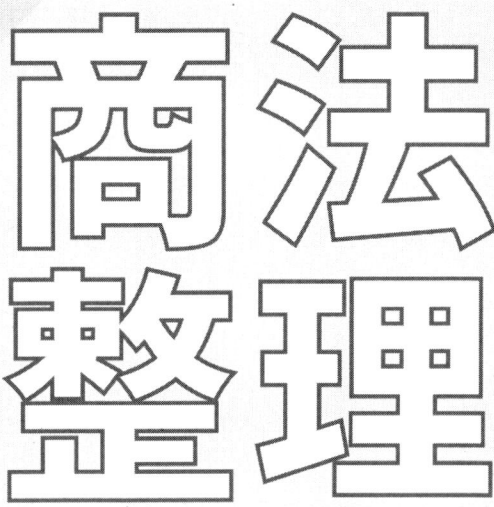

상법정리
선택형 진도별 모의고사

판례색인

대법원 결정

대결 2000. 8. 16. 99그1 ·············· 82
대결 2007. 7. 26. 2006마334 ·············· 6, 203
대결 2008. 6. 26. 2007마996 ·············· 6
대결 2009. 10. 29. 2009마1311 ·············· 127
대결 2010. 7. 2. 2010그24 ·············· 13, 36
대결 2022. 4. 19. 2022그501 ·············· 103

대법원 판결

대판[전합] 1971. 8. 31. 68다1176 ·············· 219
대판[전합] 1982. 9. 14. 80다2425 ·············· 126
대판[전합] 1985. 11. 26. 85다카122 ·············· 59
대판[전합] 2004. 6. 17. 2003도7645 ·············· 69
대판[전합] 2009. 5. 29. 2007도4949 ·············· 161
대판[전합] 1998. 4. 23. 95다36466 ·············· 196
대판[전합] 1999. 8. 19. 99다23383 ·············· 196
대판[전합] 2010. 5. 20. 2009다48312 ·············· 207
대판[전합] 2017. 3. 23. 2015다248342
·············· 88, 89, 145
대판[전합] 2017. 3. 23. 2016다251215 ·············· 123
대판[전합] 2021. 2. 18. 2015다45451 ·············· 154

대판 1962. 1. 31. 61다110·111 ·············· 212
대판 1962. 11. 1. 62다604 ·············· 198
대판 1964. 4. 28. 63다811 ·············· 18
대판 1964. 10. 31. 63다1168 ·············· 198
대판 1967. 10. 25. 66다2362 ·············· 23
대판 1969. 3. 31. 68다2270 ·············· 22
대판 1969. 7. 22. 69다742 ·············· 198
대판 1970. 8. 31. 70다1360 ·············· 213
대판 1970. 9. 29. 70다1703 ·············· 23
대판 1971. 6. 8. 71다598 ·············· 143
대판 1972. 5. 9. 72다8 ·············· 191
대판 1974. 11. 26. 74다310 ·············· 59
대판 1975. 5. 27. 74다1366 ·············· 156
대판 1976. 2. 24. 73다1238 ·············· 18
대판 1976. 4. 13. 74다1755 ·············· 56
대판 1976. 6. 22. 76 다 28 ·············· 6
대판 1976. 7. 13. 76다860 ·············· 16
대판 1977. 2. 8. 75다1732 ·············· 54
대판 1977. 3. 8. 76다1292 ·············· 81
대판 1977. 7. 26. 77다797 ·············· 6, 23

대판 1977. 11. 22. 77다1742 ·············· 129, 134
대판 1977. 12. 13. 77다1753 ·············· 202
대판 1978. 2. 28. 77다2489 ·············· 199
대판 1978. 9. 26. 78다1219 ·············· 115
대판 1978. 12. 13. 78다1567 ·············· 9, 15
대판 1979. 2. 13. 78다2245 ·············· 23
대판 1979. 7. 10. 79다644 ·············· 23
대판 1980. 2. 12. 79다509 ·············· 163
대판 1980. 3. 25. 80다202 ·············· 204
대판 1980. 7. 22. 80다828 ·············· 139
대판 1980. 12. 9. 80다128 ·············· 117
대판 1981. 9. 8. 81다141 ·············· 79
대판 1981. 12. 8. 80다863 ·············· 214
대판 1982. 2. 9. 80다2424 ·············· 126
대판 1982. 4. 13. 81다카353 ·············· 220
대판 1982. 4. 27. 81다358 ·············· 117
대판 1983. 10. 25. 83다107 ·············· 14
대판 1984. 7. 10. 84다카424·425 ·············· 196
대판 1985. 5. 28. 84다카2425 ·············· 218
대판 1985. 6. 11. 84다카963 ·············· 109
대판 1985. 11. 12. 85다카131 ·············· 203
대판 1985. 12. 10. 84다카319 ·············· 117
대판 1987. 3. 24. 86다카2073 ·············· 154
대판 1987. 10. 13. 85다카1080 ·············· 51
대판 1987. 12. 8. 86다카1230 ·············· 59
대판 1988. 4. 12. 87다카1662 ·············· 109
대판 1988. 4. 25. 87누399 ·············· 149
대판 1988. 8. 9. 86다카1858 ·············· 200, 222
대판 1989. 3. 14. 88누889 ·············· 161
대판 1989. 5. 9. 88다카7733 ·············· 209
대판 1989. 5. 23. 88다카16690 ·············· 117
대판 1989. 5. 23. 89다카3677 ·············· 156
대판 1989. 9. 12. 88다카26390 ·············· 23
대판 1989. 10. 10. 88다카8354 ·············· 22
대판 1990. 2. 9. 89다카14165 ·············· 203
대판 1990. 5. 11. 89다카15199 ·············· 146
대판 1991. 8. 9. 91다15225 ·············· 30
대판 1991. 10. 8. 91다22018·22025 ·············· 29
대판 1991. 11. 8. 91다11148 ·············· 110
대판 1991. 11. 12. 91다19111 ·············· 15, 158
대판 1991. 12. 24. 91다4355 ·············· 127
대판 1991. 12. 27. 91다4409·4416 ·············· 24
대판 1992. 2. 11. 91다21800 ·············· 54
대판 1992. 3. 31. 91다16310 ·············· 140
대판 1992. 4. 14. 90다카22698 ·············· 149
대판 1992. 5. 12. 92다5638 ·············· 127

대판 1992. 9. 14. 91다33087 ·············· 67, 71
대판 1992. 9. 14. 92도1564 ·················· 57
대판 1993. 1. 26. 91다36093 ················ 136
대판 1993. 4. 9. 92다53583 ················· 138
대판 1993. 5. 27. 92누14908 ·········· 115, 178
대판 1993. 7. 13. 92다40952 ············ 86, 90
대판 1993. 10. 12. 92다28235 · 28242 ······· 117
대판 1993. 12. 10. 93다36974 ··················· 8
대판 1993. 12. 28. 93다8719 ············ 83, 84
대판 1994. 1. 28. 93다49703 ·················· 10
대판 1994. 9. 30. 94다20884 ·················· 14
대판 1994. 10. 11. 94다24626 ················ 139
대판 1994. 11. 18. 94다23098 ················ 206
대판 1995. 2. 10. 94다55217 ·················· 79
대판 1995. 2. 24. 94다50427 ················· 117
대판 1995. 4. 11. 94다33903 ················· 150
대판 1995. 5. 23. 94다36421 ················· 162
대판 1995. 7. 28. 93다61338 ··················· 82
대판 1995. 7. 28. 94다25735 ··················· 79
대판 1995. 8. 22. 95다10945 ················· 206
대판 1995. 9. 29. 94다31365 · 31372 ········· 20
대판 1996. 2. 9. 94다27144 ··················· 52
대판 1996. 4. 26. 94다9764 ·················· 216
대판 1996. 5. 28. 96다7120 ·················· 208
대판 1996. 10. 11. 94다55163 ················ 203
대판 1996. 10. 25. 95누14190 ················ 158
대판 1996. 12. 23. 96다32768 · 32775 · 32782 ··· 85
대판 1996. 12. 23. 96다37985 ················· 27
대판 1997. 8. 26. 96다36753 ········ 8, 10, 13, 154
대판 1997. 12. 12. 95다49646 ·················· 79
대판 1998. 2. 10. 97다31113 ················· 201
대판 1998. 4. 10. 97다50619 ············ 90, 202
대판 1998. 8. 21. 97다6704 ··············· 8, 15
대판 1998. 9. 4. 97다57573 ·················· 206
대판 1998. 12. 23. 97다20649 ·················· 69
대판 1999. 1. 29. 98다1584 ····················· 4
대판 1999. 1. 29. 98다27470 ·················· 202
대판 1999. 2. 24. 97다38930 ·················· 128
대판 1999. 6. 11. 99다16378 ·················· 210
대판 1999. 12. 21. 99다137 ················ 74, 75
대판 2001. 2. 13. 2000다5961 ··········· 209, 210
대판 2001. 4. 24. 2001다6718 ················ 197
대판 2001. 5. 15. 2001다12973 ················· 93
대판 2001. 7. 13. 2000두5333 ··················· 62
대판 2001. 10. 26. 99다58051 ··················· 74
대판 2001. 11. 30. 2000다7387 ················ 196

대판 2002. 1. 25. 99다25969 ···················· 7
대판 2002. 2. 26. 2001다73879 ················· 18
대판 2002. 3. 15. 2000다9086 ·········· 145, 146
대판 2002. 7. 12. 2002다20544 ··········· 57, 187
대판 2002. 12. 24. 2000다69927 ··············· 117
대판 2002. 12. 24. 2002다54691 ················ 90
대판 2003. 3. 14. 2002다62555 ················ 222
대판 2003. 4. 8. 2002다64957 · 64964 ········· 3
대판 2003. 4. 11. 2002다70044 ················ 136
대판 2003. 7. 11. 2001다45584 ·········· 115, 116
대판 2003. 9. 26. 2002다64681 ·········· 122, 123
대판 2004. 2. 13. 2001다36580 ·················· 84
대판 2004. 2. 27. 2002다19797 ·················· 25
대판 2004. 3. 26. 2001다72081 ········ 18, 19, 20
대판 2004. 4. 27. 2003다29616 ················ 165
대판 2004. 6. 25. 2000다37326 ······ 173, 174, 175
대판 2004. 7. 8. 2004다13717 ··········· 109, 113
대판 2004. 8. 16. 2003다9636 ············ 173, 175
대판 2004. 8. 20. 2003다20060 ·········· 115, 166
대판 2004. 8. 30. 2003다25973 ················ 184
대판 2004. 10. 15. 2004다25611 ················ 124
대판 2004. 12. 10. 2004다25123
 ······························ 56, 120, 129, 134
대판 2005. 5. 27. 2005다480 ··················· 59
대판 2005. 7. 22. 2005다602 ··················· 30
대판 2005. 9. 9. 2004다17702 ················ 157
대판 2005. 10. 28. 2005도4915 ················· 58
대판 2006. 1. 27. 2004다44575 ·········· 118, 119
대판 2006. 5. 25. 2003다16092 · 16108 ······· 130
대판 2006. 8. 25. 2004다26119 ··············· 147
대판 2006. 9. 14. 2005다45537 ············ 86, 88
대판 2006. 11. 23. 2004다49570 ·········· 123, 129
대판 2007. 2. 22. 2005다73020 ················· 99
대판 2007. 3. 15. 2006다73072 ············· 12, 34
대판 2007. 4. 26. 2005다5058 ················· 51
대판 2007. 5. 10. 2005다60147 ················ 111
대판 2007. 5. 31. 2005다55473 ·········· 143, 153
대판 2007. 8. 23. 2007다23425 ············ 7, 9, 12
대판 2007. 10. 11. 2006다33333 ················ 136
대판 2007. 11. 30. 2006다19603 ················ 138
대판 2008. 1. 10. 2007다64136 ················ 183
대판 2008. 3. 14. 2007다11996 ················· 33
대판 2008. 5. 15. 2008다3671 ·················· 42
대판 2008. 5. 29. 2008다4537 ················· 127
대판 2008. 9. 11. 2006다68636 ················ 138
대판 2008. 9. 11. 2007다31518 ················ 138

판례	페이지
대판 2008.9.25. 2007다17109	129
대판 2008.10.23. 2008다46555	22
대판 2008.12.11. 2005다51471	138
대판 2009.1.30. 2006다31269	94, 95, 113
대판 2009.1.30. 2008다50776	161, 164
대판 2009.3.26. 2006다47677	57, 158, 187
대판 2009.3.26. 2007도8195	99
대판 2009.4.23. 2005다22701·22718	105, 107
대판 2009.5.28. 2007다20440·20457	10
대판 2009.11.12. 2007다53785	2
대판 2009.11.12. 2009다54034·54041	12, 33
대판 2009.11.26. 2009다39240	135, 147
대판 2009.11.26. 2009다51820	108
대판 2009.12.24. 2008다15520	165
대판 2010.2.11. 2009다83599	115, 165, 179
대판 2010.2.25. 2008다74963	183
대판 2010.2.25. 2008다96963·96970	81, 172
대판 2010.3.11. 2007다51505	114, 115
대판 2010.4.29. 2009다88631	88
대판 2010.6.24. 2010다13541	117
대판 2010.7.22. 2008다37193	75, 186
대판 2010.8.26. 2009다95769	183
대판 2010.9.9. 2010다28031	37
대판 2010.9.30. 2010다21337	191
대판 2010.12.23. 2009다37718	155
대판 2011.4.28. 2008다15438	154
대판 2011.4.28. 2010다94953	111
대판 2011.6.24. 2009다35033	69, 99
대판 2011.9.8. 2009다31260	130
대판 2011.9.29. 2011다38516	184
대판 2011.12.27. 2010다20754	20
대판 2012.2.9. 2011다62076	87
대판 2012.4.13. 2011다104246	4, 5
대판 2012.7.26. 2011다43594	5, 31
대판 2012.7.26. 2012다27377	29
대판 2012.8.23. 2012다34764	83
대판 2012.9.27. 2012다37176	36
대판 2012.11.15. 2012다47388	4, 5
대판 2012.11.29. 2012다38780	88
대판 2012.12.13. 2010다77743	137
대판 2013.2.14. 2011다28342	12, 43, 44
대판 2013.9.12. 2011다57869	131, 133, 138, 140, 145, 161
대판 2013.9.26. 2011다870	25
대판 2013.11.28. 2010다91831	142
대판 2013.11.28. 2011다41741	129
대판 2013.11.28. 2012다202383	38
대판 2014.1.23. 2013다56839	33
대판 2014.3.27. 2013다39551	127
대판 2014.4.30. 2013다99942	86
대판 2014.5.29. 2012다98720	129, 134
대판 2014.6.12. 2011다76105	37, 38
대판 2014.6.26. 2012다73530	132
대판 2014.7.24. 2013다214871	38
대판 2014.7.24. 2013다55386	85
대판 2014.10.15. 2013다38633	101, 102, 108, 109
대판 2014.10.27. 2013다29424	85
대판 2014.11.13. 2009다71312·71329·71336·71343	81
대판 2015.1.15. 2013다50435	154
대판 2015.3.26. 2014다70184	32
대판 2015.6.24. 2013다522	42
대판 2015.9.10. 2014다80440	26, 27
대판 2015.9.10. 2015다213308	141
대판 2015.9.15. 2015다210811	3
대판 2016.1.28. 2013다76635	18
대판 2016.1.28. 2014다11888	125
대판 2017.3.23. 2015다248342	76
대판 2021.4.29. 2017다261943	105
대판 2021.5.7. 2018다275888	120
대판 2021.5.13. 2019다291399	146
대판 2022.3.31. 2019다274639	83
대판 2022.4.28. 2019다272053	33
대판 2022.4.28. 2021다305659	28
대판 2022.5.13. 2019다270163	74
대판 2022.6.16. 2018다301350	35
대판 2024.3.28. 2023다265700	39

■ 하급심 판례

판례	페이지
대구지법 2000.4.14. 98가합24390	146

상법정리
선택형 진도별 모의고사

편저자 이 종 모 박사

- **약력**
  - 법학박사(상법 전공)
  - 한국상사법학회 회원, 한국상사판례학회 회원, 한국보험학회 회원
  - 한국방송통신대학교 상법교재 집필
  - 서강대, 동덕여대, 한국해양대 등 출강
  - 국내 법학전문대학원 재직 저명교수 상법 교과서, 판례해설집 등 개정작업 참여
  - 現) 윌비스한림법학원 상법 전임
    윌비스나무경영아카데미 상법 강사

- **주요저서**
  - 상법정리 (윌비스)
  - 상법정리 조문집 (윌비스)
  - 상법정리 최근 3개년 판례 (윌비스)
  - 상법정리 핵심지문총정리 (윌비스)
  - 상법정리 선택형 정지문 핸드북 (윌비스)
  - 상법정리 단문사례연습 (윌비스)
  - 상법정리 강의노트 (윌비스)
  - 객관식 상법정리 (윌비스)
  - CPA 상법정리 (윌비스)
  - 상법정리 선택형 진도별 모의고사 (윌비스)

상법정리 선택형 진도별 모의고사 (제5판)

초 판 발행	2019년 09월 04일	제2판 발행	2020년 09월 04일
제3판 발행	2021년 09월 07일	제4판 발행	2022년 09월 05일
제5판 인쇄	2024년 08월 30일		
제5판 발행	2024년 09월 04일		

편저자 이 종 모
발행인 송 주 호
발행처 ㈜윌비스
등 록 119-85-23089
주 소 서울시 관악구 신림로 129-1
전 화 02)883-0202 / Fax 02)883-0208

저자와의 협의에 의해 인지를 생략합니다.

ISBN 979-11-6618-804-6 / 13360   정가 15,000원

이 책은 도서출판 윌비스가 저작권자와의 계약에 따라 발행하였습니다.
저작권법에 의해 보호를 받는 저작물이므로 본사의 허락 없는 무단 전재와 무단 복제를 금합니다.

상법정리
선택형 진도별 모의고사